Klaus Gallas

München

Von der welfischen Gründung Heinrichs des Löwen
bis zur Gegenwart:
Kunst, Kultur, Geschichte

DuMont Buchverlag Köln

Umschlagvorderseite: Englischer Garten: Blick zur Frauenkirche und Theatinerkirche (Foto: C. L. Schmidt, München)

Umschlagrückseite: Olympiazeltdach (Detail)

Vordere Umschlaginnenklappe: Monopteros von Leo von Klenze im Englischen Garten (Foto: C. L. Schmidt, München)

Frontispiz S. 2: Blick auf München von Nordosten: im Vordergrund Hofgarten und Residenz, ganz oben die dominierende Frauenkirche, links davon St. Peter, ganz rechts die Theatinerkirche. Ausschnitt aus dem Kupferstich ›Manöver zwischen Schwabing und Freimann am 1. Oktober 1701‹ von Michael Wening (aus: ›Topographia Bavariae‹, Münchner Stadtmuseum, Inv. Nr. MI/642)

CIP-Kurztitelaufnahme der Deutschen Bibliothek

Gallas, Klaus:
München: Von der welfischen Gründung Heinrichs des Löwen
bis zur Gegenwart; Kunst, Kultur, Geschichte/Klaus Gallas. –
Köln: DuMont, 1979.
   (DuMont-Dokumente: DuMont-Kunst-Reiseführer)
   ISBN 3-7701-1094-3

© 1979 DuMont Buchverlag, Köln
Alle Rechte vorbehalten
Druck: Rasch, Bramsche
Buchbinderische Verarbeitung: Boss-Druck, Kleve

Printed in Germany   ISBN 3-7701-1094-3

Kunst-Reiseführer in der Reihe DuMont Dokumente

Zur schnellen Orientierung: Hauptsehenswürdigkeiten in München und Umgebung (Auszug aus dem ausführlichen Register S. 433–442)

Die Nummern verweisen auf den Plan in der linken Umschlagklappe

In der Umschlagklappe: Die Sehenswürdigkeiten in München (die im Übersichtsplan verwendete Numerierung von 1–129 wiederholt sich sowohl im Kapitel ›Spaziergänge durch München‹ S. 167 ff. als auch in den zugehörigen Plänen)

In der hinteren Klappe: Die Stadtentwicklung Münchens

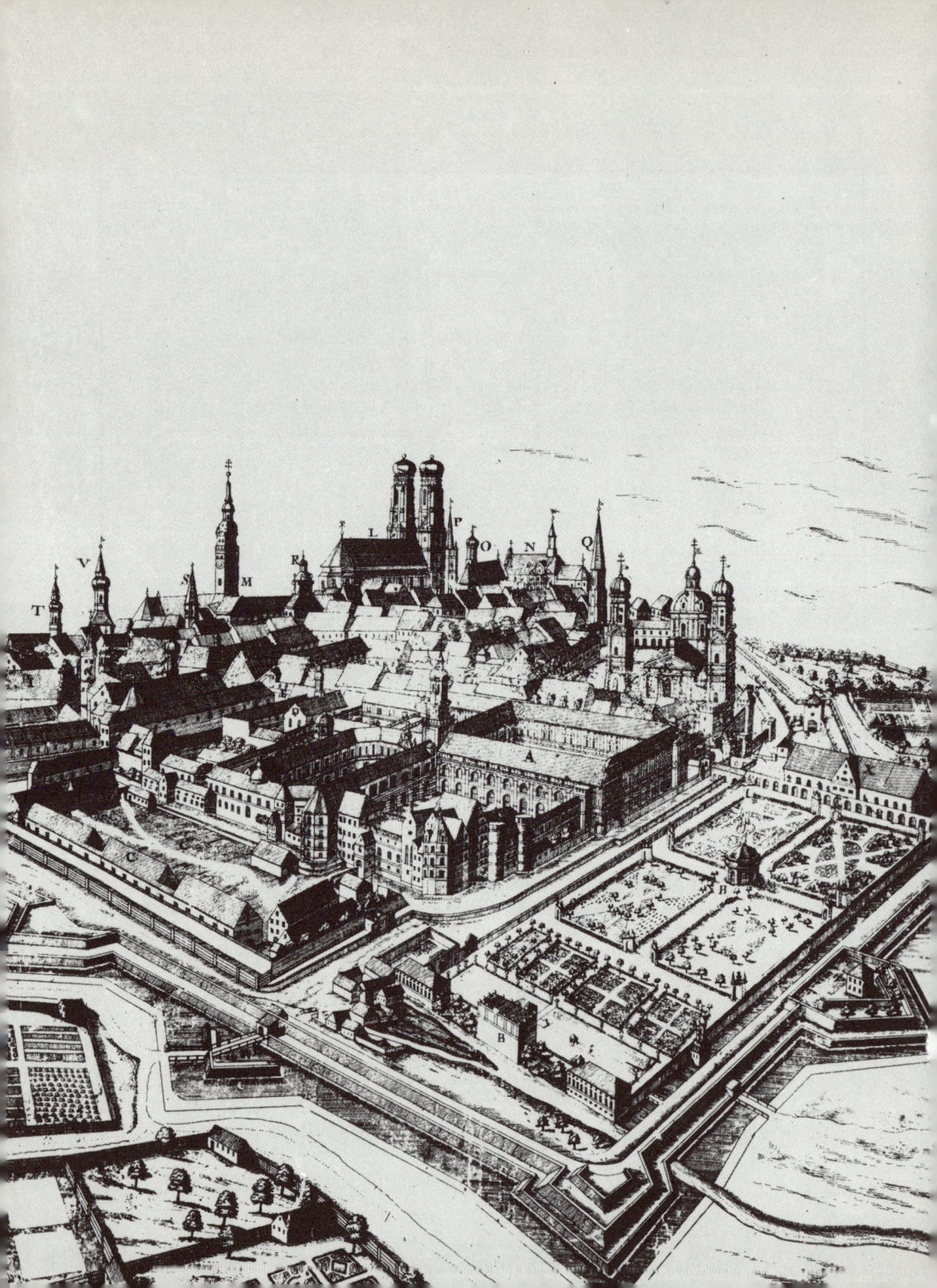

Inhalt

Hier werden Geister wach

Was alles an ungewöhnlichem Geiste hat München von je zu je in seinen gastlichen Mauern versammelt! Es ist ja das besondere Geheimnis dieser besonderen Stadt, für Menschen von Rang und Eigenart zur zweiten Heimat zu werden, und man kann wohl sagen, daß die Bedeutung Münchens, daß das eigentliche Geist- und Kunstmünchen seit mehr als hundert Jahren gewiß nicht nur, aber doch vornehmlich von diesen Wahlmünchnern geschaffen und getragen worden ist. Bleibt es aber unwidersprechbar, daß die großen Münchner in der überwiegenden Mehrzahl keine Geburtsmünchner sind, so bleibt auch unwidersprechbar, daß eben München, gerade München mit seinem eigentümlichen Fluidum dazu gehört, diese großen Münchner nicht nur anzulocken und festzuhalten, sondern auch zur vollen Entfaltung, zur Verwirklichung ihrer selbst zu bringen. Fast will es scheinen, als ob die im Boden Münchens, in seinem geheimnisvoll trächtigen Humus, im Genius loci gebundenen schlummernden Kräfte in jenen, von überall her zuströmenden Geistern erst wach geworden sind und Klang und Gestalt gewonnen haben. Was aber in diese Stadt einmal eingegangen ist, so verschieden es sein mochte an Art und Herkunft, an Gewohnheit und Gesinnung, an Begabung und Wollen: bald war es eingeschmolzen wie in einer Retorte, war es Teil der großen Münchner Familie, ob man sich nun kannte oder nicht, sich mochte oder nicht, sich befeindete oder nicht, sich gelten ließ oder nicht, man gehörte zum Münchensein als einem Zustande, der freier ist, menschlicher, unbekümmerter, hingabewilliger, beschwingter und zudem mehr bei sich selber als irgend anderswo.

Emil Preetorius, 1953

Vorwort

Meinem Lehrer und Freund Oswald Hederer

Oft verbindet man mit der 800 Jahre alten Stadt München den Begriff ›Kunststadt‹. Tatsächlich hat sich München seit dem 17. Jahrhundert, besonders jedoch während des 18. und 19. Jahrhunderts zu einer Kunstmetropole von europäischem Rang entwickelt. Die zahlreichen Kunstschätze der Stadt – teils in stillen Winkeln zu finden, teils dominierend an Plätzen und Straßen und nicht zuletzt in den Museen – ziehen Münchens Bewohner wie seine Besucher immer wieder aufs neue in ihren Bann.

Dieses Buch möchte Ihnen ein zuverlässiger Begleiter durch München sein, ohne den Anspruch auf Vollständigkeit zu erheben; es möchte Ihre Blicke auch auf verborgene Kunstschätze lenken, auf Fassaden und Details, an denen Sie vielleicht oftmals achtlos vorübergegangen sind.

Der historische Abriß des Buches versucht die Entstehung der Kunstwerke Münchens im Zusammenhang mit den politischen Ereignissen der jeweiligen Epochen aufzuzeigen. Diesem Kapitel folgt eine Zusammenfassung über die ›Gestalt der Stadt‹, die kunstgeschichtliche Entwicklung ihrer Architektur, Plastik und Malerei von der Romanik bis zum Klassizismus des 19. Jahrhunderts.

Der Hauptteil ist den Kunstobjekten der Stadt gewidmet. Ihrer Entwicklungsgeschichte folgend, beginnen die ›Spaziergänge‹ in der Altstadt, der Gründungsstadt Heinrichs des Löwen aus dem Jahre 1158, und schließen mit den Stadterweiterungen des 19. Jahrhunderts, wobei die außerhalb des Stadtkerns liegenden Stadtteile gesondert erfaßt sind. Als Ergänzungen werden wichtige Kunstdenkmäler im näheren Umkreis Münchens beschrieben, die gleichzeitig lohnende Ausflugsziele darstellen; zumeist haben sie einen direkten kunstgeschichtlichen und/oder historischen Bezug zu München.

Vielen nicht Genannten schulde ich Dank für ihre hilfreiche Unterstützung meiner Arbeit. Ganz besonders sei an dieser Stelle Oswald Hederer gedankt, der mir unermüdlich mit freundschaftlichem und fachlichem Rat zur Seite stand; ebenso sei Norbert Lieb für wertvolle Anregungen gedankt. Und schließlich geht mein Dank an folgende hilfsbereite Damen und Herren: Kim Atabaki, Lieselotte Camp, Thomas Corzelius, Barbara Diestel, Helmut Friedel, Hans-Jörg Keller, Walter Raunig, Willibald Riedmeier, Ute Tröger, Herbert Winkler und Raimund Wünsche; besonders danke ich auch Ingrid Scheithauer.

K. G.

München aus der Vogelschau

◁

München von Westen gesehen:
Deutlich erkennt man in dem Stadtgefüge den Verlauf der ehemaligen Salzstraße (Tal/Kaufingerstraße/Neuhauser Straße) von Osten nach Westen und den Verlauf der sich mit ihr kreuzenden ehemaligen Landstraße von Sendling nach Schwabing (Sendlinger Straße / Rosenstraße / Weinstraße / Theatinerstraße) von Süden nach Norden. Der gemeinsame Kreuzungspunkt dieser beiden Straßen (ehemaliger Schrannenplatz/heutiger Marienplatz) hat sich über Jahrhunderte für die morphologische Grundstruktur Münchens als bestimmend erwiesen; der Marienplatz war und ist Münchens urbane Mitte. Sowohl der Verlauf der leonischen Stadtmauer (1175) als auch der Mauerring der 2. Stadtbefestigung (1285 bis 1347) unter Ludwig dem Bayern heben sich heute als annähernd radiale Straßenzüge aus der Stadtstruktur heraus, die sich fast kreisförmig als Doppelring um den Marienplatz legen (s. auch hintere Umschlaginnenklappe, Fig. 21 und 23).

Oberer Bildrand:
Isarverlauf mit Maximilianeum (links) und Deutschem Museum (rechts).

Linker Bildrand:
Städtebauliche Erweiterung des 19. Jahrhunderts. Mitte: Theatinerkirche mit Odeonsplatz, davon Richtung Westen die Brienner Straße, Richtung Norden die Ludwigstraße, Richtung Osten die Residenz mit Hofgarten sowie Maximilianstraße (rechts von der Residenz) und Prinzregentenstraße (ganz links).

Unterer Bildrand:
Stachus (Karlsplatz) mit dem Alten Botanischen Garten (links) und der Ludwigsvorstadt (rechts).

Rechter Bildrand:
Sendlinger-Tor-Platz
(Bertram-Luftbild, München-Riem, Freigabe Reg. v. Obb. g. 4/25301)

◁◁

Marienplätz mit (unterer Bildteil) Tal, Altem Rathaus, St. Peter (links) und Spitalkirche Heilig Geist sowie (oberer Bildteil) Neuem Rathaus (Mitte/rechts), Kaufingerstraße, Frauenkirche (oben/Mitte) und St. Michael (links/oben).
(Bertram-Luftbild, München-Riem. Freigabe Reg. v. Obb. g. 4/30883)

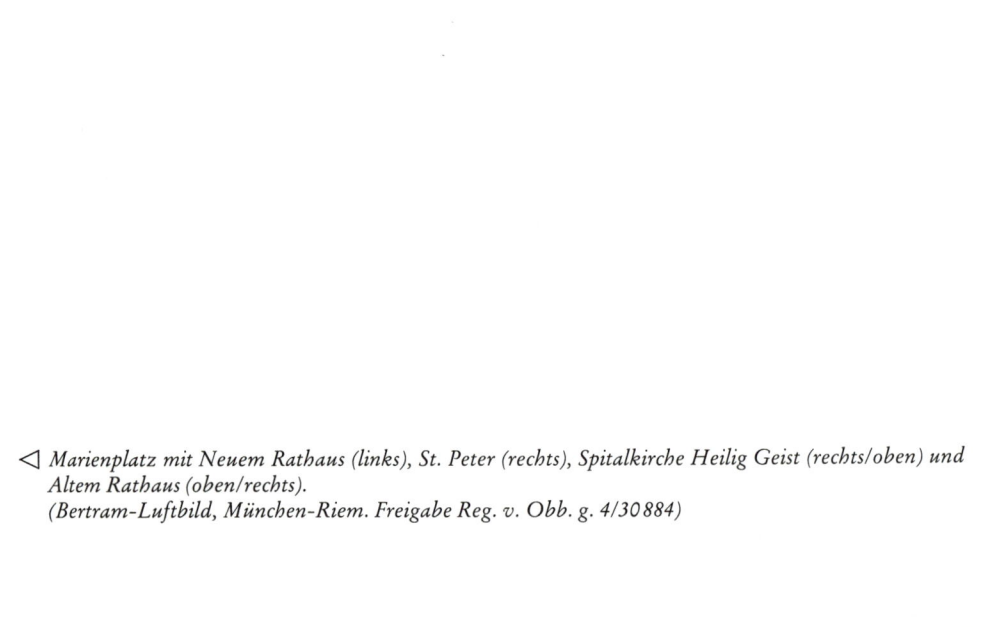

◁ *Marienplatz mit Neuem Rathaus (links), St. Peter (rechts), Spitalkirche Heilig Geist (rechts/oben) und Altem Rathaus (oben/rechts).*
(Bertram-Luftbild, München-Riem. Freigabe Reg. v. Obb. g. 4/30 884)

München im Wandel der Jahrhunderte

Die Anfänge Münchens

München, gerade erst 800 Jahre alt, ist eine verhältnismäßig junge Stadt. Ihre Anfänge liegen im Hochmittelalter – sie sind begleitet von den Folgen des Investiturstreites, der Kreuzzugsbewegung und der Auseinandersetzung zwischen Abendland und Morgenland, die die Gefahr eines ›Weltkrieges‹ in sich barg, der beinahe – auf italienischem Boden – auch stattgefunden hätte . . . Münchens Aufstieg zur Stadt fällt in das Spannungsfeld des Widerstreits zwischen Staufern und Welfen, in dem es um die Macht südlich und nördlich der Alpen ging.

Zu jener Zeit, da Konrad III. zum 2. Kreuzzug aufbrach (1147/49), nachdem Bernhard von Clairvaux mit seiner denkwürdigen Weihnachtspredigt 1146 im Dom zu Speyer Deutsche und Franzosen, Könige und Herzöge, Ritter und einfache Bürger gemeinsam zum Kampf für das ›heilige Kreuz‹ motiviert hatte, worauf eine Massenpilgerbewegung einsetzte – zu jener Zeit existierte an den damals noch dichtbewaldeten Isarufern des heutigen München nur eine bescheidene Siedlung mit wenigen Gehöften, von Mönchen und Bauern bewohnt: ein kleiner Weiler, *Munichen* genannt. Fern der großen Weltpolitik schlummerte Munichen bis 1158 als unbedeutende oberbayerische Ortschaft vor sich hin, und nichts deutete darauf hin, daß Munichen je mit den führenden bayerischen Städten Nürnberg, Regensburg und Augsburg an Ruhm, Macht und Ansehen gleichziehen sollte – bis der Welfe Heinrich der Löwe auf den Plan trat.

Die staufische Politik seit Konrad III. hatte strikt den – formaljuristisch nicht anfechtbaren – Standpunkt vertreten, kein Fürst dürfe zwei Lehen gleichzeitig besitzen; eine aus staufischer Sicht notwendige Politik, um die eigene Herrschaft gegen die Fürstenmacht zu sichern. Den Welfen gegenüber diente jedoch dieser Standpunkt als Vorwand, endlich den alten Konflikt um das Erbe des salischen Kaisertums durch Entmachtung der Gegenpartei zu beenden. So wurde den Welfen von Konrad III. nacheinander Sachsen und Bayern abgesprochen, beides Herzogtümer, auf die die Welfen rechtlichen Anspruch hatten.

Deshalb versuchte der Welfe Heinrich der Löwe bereits 1147/48 im Bündnis mit dem Normannenkönig Roger II. von Sizilien, dem französischen König sowie Ungarn und Serbien sich gegen die Koalition von Konrad III., Papst Eugen III. und Manuel (byzantinischer Kaiser) zu stellen; der Konflikt konnte jedoch nicht gelöst werden. Erst unter Friedrich I. Barbarossa, dem Nachfolger Konrads III., kam es zur Entschärfung der

Fronten: Der Druck der Probleme in Italien zwang Friedrich, im Inneren seines Reiches einigermaßen geordnete Verhältnisse zu schaffen. 1152 erhielt Heinrich der Löwe Sachsen zurück, und im Privilegium ›Minus‹ von 1156 wurden die Ansprüche der Babenberger und Welfen (beide als Verbündete für Friedrichs offensive Italienpolitik wichtig) geregelt: Heinrich der Löwe verzichtete auf die Mark Österreich, Heinrich II. Jasomirgott auf Bayern.

Damit konnte Heinrich der Löwe beginnen, seine Macht in Sachsen und Bayern kontinuierlich auszubauen. Frühzeitig erkannte er auch für Deutschland die Bedeutung des Städtewesens als einen der wesentlichsten wirtschaftspolitischen Machtfaktoren. Allein mit der Absicht, die große Nord-Süd-Achse zu sichern, zeigt sich eine Akzentverschiebung von der Politik auf die Wirtschaft, die für das damalige Deutschland wohl mit Recht als zukunftsweisend bezeichnet werden darf. Schon bald, nachdem er wieder mit dem bayerischen Herzogtum belehnt worden und somit Herzog von Bayern und Sachsen war, gründete er (1157) im ›Handstreich‹ München: Kurz entschlossen verlegte Heinrich der Löwe Markt, Zollbrücke und Münze von Oberföhring zu der bescheidenen Siedlung nach Munichen[1] – ein wohlüberlegter Akt, allerdings an der Grenze zum Rechtsbruch; zwar war er Herzog von Bayern und hatte zugestandene Gebietsansprüche auf die ländliche Region um das alte Munichen (s. Fig. 1), doch war dieses Unternehmen in jedem Fall ein massiver Eingriff in die bischöfliche Gewalt Ottos von Freising, dem der Bezirk Oberföhring (seit 903) rechtmäßig zugeteilt war. Schließlich kam der Streit um die gewaltsame Marktverlegung – nicht um die Neugründung Münchens – schon bald vor den Kaiser, der beim sogenannten ›Augsburger Schied‹ am 14. Juni 1158 nachträglich die Tat Heinrichs des Löwen rechtfertigte: »Seit wir durch Gottes Güte die Zügel des Römischen Reiches in Händen halten, gebührt es sich, daß wir mit seiner Hilfe, soviel wir können, für die Ruhe der Zeiten und den Frieden der Kirchen Sorge zu tragen uns angelegen sein lassen. So nämlich hoffen wir sowohl für die Gegenwart, daß der uns anvertraute Erdkreis friedlich regiert werden könne, als auch für die Zukunft, daß wir vom König der Könige mit der Belohnung ewiger Vergeltung beschenkt werden. Daher kommt es, daß wir die Auseinandersetzung, die zwischen Dir, teuerster Oheim, der Du gegenwärtig des Freisinger Bistums Würde trägst, und unserem hochedlen Blutsverwandten Heinrich, Herzog von Bayern und Sachsen, über den Markt zu Föhring und München bekanntlich hin und her geht, in unserer und der Fürsten Gegenwart haben derart entscheiden lassen, daß fürderhin die Gelegenheit zu jeglichem Zusammenstoß, der wegen dieser Sache zwischen Euch stattfinden könnte, als beseitigt erachtet werden kann.«[2]

Damit war die Geburtsstunde Münchens von den damals führenden drei Männern des deutschen Hochmittelalters besiegelt. Den Triumph Heinrichs des Löwen, seine Politik am

---

1 Es ist ungewiß, ob dieser Akt auf Befehl oder von Heinrich selbst vollzogen wurde; wenn der Herzog das Unternehmen selbst geleitet hat, dann kann es nur zwischen dem 23. November und dem Ende des Jahres 1157 gewesen sein.

2 Pius Dirr: ›Grundlagen der Münchner Stadtgeschichte‹, München 1937, S. 129

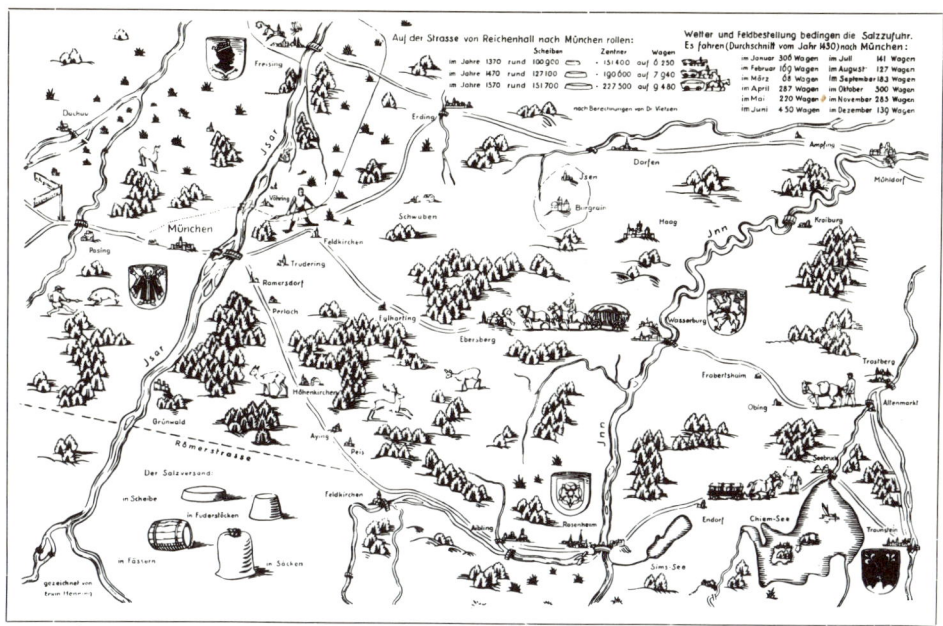

Fig. 1   Die Oberbayerischen Salzstraßen und der Isarübergang bei München im 12./13. Jh. (aus: Pius Dirr: ›Grundlagen der Münchner Stadtgeschichte‹, München 1937, Tafel 16)

Rande einer Provokation durchgesetzt zu haben, hatte Barbarossa geschickt einzuschränken gewußt: Zwar war die ›Gründung‹ Münchens feierlich durch den Kaiser bestätigt worden, doch die Macht über München mußte der Welfenherzog mit Bischof Otto von Freising teilen: ein politischer Schachzug Barbarossas, der von großer Besonnenheit und politischer Weitsicht zeugt, denn Friedrich I. hielt als deutscher König die Obergewalt über München fest in seinen Händen. Fortan mußte München dem Bischof von Freising als Entschädigung für die ›Verlegung‹ des Oberföhringer Marktes ein Drittel der Zoll- und Münzeinnahmen abtreten (bis 1803), und erst 1852 konnte sich die Stadt für 987 Gulden beim Bayerischen Staat, dem Rechtsnachfolger des Hochstiftes Freising, von dieser Hypothek für immer freikaufen.

Zielstrebig und machthungrig verfolgte Heinrich der Löwe nach der Gründung München chens weiterhin seine Politik und gründete auch anderswo Städte, die für seinen angestrebten unabhängigen welfischen Fürstenstaat die Eckpfeiler der Macht werden sollten. So war er außerdem Gründer von Ratzeburg (1142), Lübeck (1159), Schwerin (1160), Rostock (1189) und Braunschweig-Hagen sowie Förderer von Lüneburg, Hamburg, Hannover, Bremen, Stade, Celle und Haldensleben; doch auch hier Gründer und Förderer nicht immer ohne Gewalt: Lübeck, die ›Königin der Hanse‹, war ursprünglich eine Stadtgründung des

Grafen Adolf II. von Schauenburg aus dem Jahre 1143, die Heinrich der Löwe erst gewaltsam zerstören mußte, um 1159 an alter Stelle sein Lübeck gründen zu können.

Schließlich mußte die Machtpolitik des jungen Welfen doch scheitern; seine Rechnung konnte nicht aufgehen, er vergaß, daß er letztlich nur so viel Erfolg haben konnte, wie ihm die Gunst des Kaisers zubilligte. Seine ehrgeizigen Pläne verspielte er an jenem Tag, da er Friedrich I. Barbarossa 1176 im Kampf gegen die Langobarden die gewünschte Hilfeleistung verweigerte; selbst der denkwürdige Kniefall des Kaisers in Chiavenna vor seinem Vasallen konnte Heinrich nicht zum Beistand bewegen.

Im Mai 1176 ging bei Legnano die Schlacht für Barbarossa verloren; eine empfindliche Niederlage für den Kaiser, womit aber auch das Urteil über den ungetreuen Vasallen Heinrich gefällt war: Am 13. Januar 1177 verlor Heinrich der Löwe auf dem Reichstag zu Würzburg seine Herzogtümer Bayern und Sachsen, fiel in Reichsacht und floh nach England; in Bayern regte sich keine Hand für den Welfenherzog. Auf Betreiben des neuen Bischofs Adalbert von Freising setzte sich am 13. Juli 1180 in Regensburg nochmals das Gericht zusammen, um erneut über die ›Verlegung‹ des Marktes von Oberföhring nach Munichen zu verhandeln, und widerrief das Urteil von 1158 – das drohende Todesurteil für München! Schon meldeten die Schäftlarner Annalen: »München wird zerstört, Föhring wieder aufgebaut«, doch das Todesurteil über München wurde nicht vollstreckt.

Die Wittelsbacher und München

Das alte Munichen, die junge leonische³ Stadt, scheint zu diesem Zeitpunkt bereits so starke Lebenskräfte besessen zu haben, daß der Bischof von Freising zu irgendeinem Kompromiß bereit gewesen sein muß, der aber leider durch keine Quelle zu belegen ist. Fest steht jedenfalls, daß das aufstrebende München nun für Jahrzehnte zum Besitz des Freisinger Hochstiftes gehörte und die Wittelsbacher Herzöge, die am 16. September 1180 das Herzogtum Bayern erhielten, bis 1240 nicht über München regieren. Erst Otto II. erreichte im Vergleich mit Bischof Konrad I. (am 28. August 1240), daß das Bistum für immer auf München verzichtete – wofür dieses die Isarbrücke samt Zolleinnahmen erhielt und an der Gerichtsbarkeit sowie an den Zoll- und Münzeinnahmen der Stadt beteiligt wurde.

---

3 Für die Diskussion um die Problematik über ›Urmünchen‹, ob Munichen zum Schäftlarner oder Tegernseer Besitz gehörte und wo Munichen wie auch Altheim gelegen haben könnten, sei auf die Arbeit von Michael Schattenhofer verwiesen: ›Die Anfänge Münchens‹, in: ›Abensberger-Vorträge 1977‹, München 1978. Schattenhofer kommt zu dem Ergebnis: »Münchens Wurzeln liegen vor 1158, der Name und neuerdings auch karge Siedlungsspuren beweisen es, aber auch nicht mehr. Und es bleibt auch dabei: Unser München ist trotz gewisser präurbaner Siedlungsspuren, die nur schwer zu deuten sind, eine Neugründung Heinrichs des Löwen.« – In diesem Sinn soll im weiteren von der ›leonischen‹ Stadt gesprochen werden.

Die Wittelsbacher in (Ober-)Bayern und München (1180–1918)

Herzöge von Bayern

1180–1183	Otto I.
1183–1231	Ludwig I. der Kelheimer
1231–1253	Otto der Erlauchte
	Ab 1240 gehört München fest zum Wittelsbacher Herzogtum
1253–1294	Ludwig II. der Strenge
	1255 (bis 1340) Landesteilung in: Oberbayern/Pfalz und Niederbayern
1294–1347	Ludwig IV. der Bayer und Rudolf I. 1294–1317
	Ludwig IV. ab 1314 deutscher König
	Ludwig IV. ab 1328 römischer Kaiser
	1329 Landesteilung in Oberbayern und Pfalz (Rudolf II.)
	1340 (bis 1349) Vereinigung von: Oberbayern und Niederbayern
1347–1349	Ludwig V. der Brandenburger und Stephan II. m. d. Hafte
	Nicht an der Regierung beteiligt sind: Ludwig VI. der Römer, Wilhelm I., Albrecht I. und Otto V. der Faule
1349–1353	Ludwig V., Ludwig VI. und Otto V. (gemeinsam)
	1353 (bis 1505) Landesteilung in: Oberbayern/ Tirol – Niederbayern/Landshut – Niederbayern/Straubing, Niederlande und Brandenburg
1353–1361	Ludwig V.
1361–1363	Meinhard
1363–1375	Stephan II.
	1363 (bis 1392) Vereinigung von: Oberbayern/Tirol und Niederbayern/Landshut
1375–1392	Stephan III. der Kneißl, Friedrich der Weise, Johann II. (gemeinsam)
1392–1397	Johann II.
	1392 (bis 1505) Landesteilung in: Bayern/Landshut, Bayern/Ingolstadt, Bayern/München
1397–1435	Ernst und Wilhelm III.
1435–1438	Ernst
1438–1460	Albrecht III. der Fromme
1460–1463	Johann IV. und Sigismund
1463–1465	Sigismund
1465–1467	Albrecht IV. der Weise und Sigismund
1467–1508	Albrecht IV. der Weise
	1505 Endgültige Wiedervereinigung Bayerns
1508–1516	Wilhelm IV.
1516–1545	Wilhelm IV. und Ludwig X.
1545–1550	Wilhelm IV.
1550–1579	Albrecht V. der Großmütige
1579–1597	Wilhelm V. der Fromme
	Ab 1594 gemeinsam mit Maximilian I.
1597–1623	Maximilian I.

Kurfürsten von Bayern

1623–1651	Maximilian I.
1651–1679	Ferdinand Maria
1679–1726	Maximilian II. Emanuel
1726–1745	Karl Albrecht
	1742–1745 deutscher König und römischer Kaiser
1745–1777	Maximilian III. Joseph
	Mit Maximilian III. stirbt die altbayerische Linie der Wittelsbacher aus
1777–1799	Karl Theodor
	Kurfürst aus dem wittelsbachischen Haus Pfalz/Sulzbach
1799–1805	Maximilian IV. Joseph
	Kurfürst aus dem wittelsbachischen Haus Pfalz/Zweibrücken

Könige von Bayern

1806–1825	Maximilian I. Joseph
	Bis 1805 Kurfürst Maximilian IV. Joseph
1825–1848	Ludwig I.
1848–1864	Maximilian II.
1864–1886	Ludwig II.
1886–1912	Luitpold (Prinzregent, regiert für König Otto I.)
1913–1918	Ludwig III.
	Ab 12. Dezember 1912 Prinzregent für König Otto I. Ab 1913 als Ludwig III. König von Bayern. Er entbindet am 13. November 1918 seinen Hofstaat vom Treueeid, tritt zurück, verzichtet aber nicht auf den Thron.

Fig. 2 Stadtsiegel von 1239. Mönchskopf mit Gugel unter einem Torbogen, darüber schwebt ein Adler (Stadtarchiv München)

Fig. 3 Stadtsiegel von 1323. Für den Adler wird seit 1313 der wittelsbachische Löwe eingesetzt (Stadtarchiv München)

In Erinnerung an die vor-städtische ›Mönchssiedlung‹ Munichen wurde der Mönch bald Wappenfigur (s. Fig. 2) der Salzstadt, die »auf dem Salzhandel gegründet worden ist«, wie noch heute ein Sprichwort erzählt. Reichtum und Ansehen verdankt München dem Salz; als wirtschaftspolitische Marktsiedlung mit nur geringen Agrarfunktionen war München seit seiner Gründung eine ›Bürgerstadt‹, deren Gemeinde sich lange Zeit vorwiegend aus Händlern, Kaufleuten und Transportunternehmern zusammensetzte. Und bereits 1239 ist die Bürgergemeinde neben dem Stadtrichter, der vom Stadtherrn eingesetzt wird, mit einem eigenen Stadtsiegel vertreten (s. Fig. 2, 3): Auch hier erscheint als Stadtsymbol der Mönchskopf mit Gugel unter einem Torbogen; der darüberschwebende Adler wird erst 1313 durch den wittelsbachischen Löwen ersetzt.

Für Jahrhunderte – von Herzog Ludwig dem Strengen bis König Ludwig III. – bestimmte nun die Politik der Wittelsbacher die Entwicklung Münchens. Da sie schon seit 1240 im Besitz von München waren, lag es 1255 bei der bayerischen Landesteilung nahe, München als Hauptstadt (Regierungssitz) von Oberbayern und als Residenz der Wittelsbacher einzurichten. Aber München wurde 1255 nur Sitz der Wittelsbacher, nicht aber Residenzstadt. Erst im 15. Jahrhundert, als die Bürgerstadt mit dem stolzen Rathaus als Zentrum auf dem Höhepunkt der Macht angelangt war, sollten sich mit der Renaissance die sozialen und politischen Voraussetzungen derart ändern, daß München zur echten Residenzstadt aufsteigen konnte.

Kaum 100 Jahre alt, war die junge leonische Stadt bereits weit über die Gründungsmauern Heinrichs des Löwen hinausgewachsen, und zur Zeit Ludwigs des Strengen (1253–1294) fand die immer stärker zunehmende Bevölkerung kaum noch ausreichend Platz innerhalb der damaligen Mauern. Grundlage für dieses Wachstum und die Zunahme des Reichtums war der Salzhandel: Münchner Kaufleute erhielten 1244 in Salzburg und 1280 im ganzen Reich die gleichen Privilegien und Handelsfreiheiten wie die hochangesehenen Regensburger Kaufleute. Ende des 13. Jahrhunderts war München nicht nur die volkreichste wittelsbachische Stadt, sondern auch die finanzkräftigste; schließlich war auch der Münchner Pfennig dem Regensburger Pfennig gleichgestellt. 1271 errichtete der Bischof von Freising neben der Peterskirche (1225/26 erstmals urkundlich erwähnt) die Marienkirche als zweite Pfarrei in München. Immer fester etablierte sich das Bürgertum in der Stadthierarchie; im 13. Jahrhundert besaß der Bürger bereits das verbriefte Recht auf ›Freiheit der Person‹, auf ›Eigentum‹ und auf ›Erbnachlaß‹. 1289 wird erstmals der Bürgerrat urkundlich erwähnt, der aber durchaus schon Jahrzehnte früher in München bestanden haben kann. Der Rat bestand seit 1317/18 aus drei Kollegien, die die Stadtpolitik lenkten. Er setzte sich aus dem ›Inneren Rat‹ (12 Mitglieder), dem ›Äußeren Rat‹ (24 Mitglieder) und der ›Gemeinde‹ (mit wechselnder Teilnehmerzahl, zumeist aber 36 Mitgliedern) zusammen. Träger der städtischen Macht war der ›Innere Rat‹, dem keine Handwerker, sondern nur der ›Geldadel‹, also wohlhabende Kaufleute, Salz- und Tuchhändler angehörten.

Damit war eine feste Basis für die Weiterentwicklung der bürgerlichen Rechte geschaffen, die schließlich im 15. Jahrhundert zur Hochblüte der Bürgerstadt führten (s. S. 24).

Ludwig IV. der Bayer (1314–1347)

Kaiserlicher Glanz überstrahlte München, seit Ludwig der Bayer die Regentschaft in München übernommen hatte – eine Sternstunde für die oberbayerische Stadt! Seit 1314 deutscher König und ab 1328 römischer Kaiser, war Ludwig der Bayer für München und Bayern von größter Bedeutung. Im ewigen Kampf zwischen Papsttum und Kaisertum, dem Ringen zwischen Kirche und Staat, machte der Kaiser München zum Zentrum des Geistes: Bonagratia von Bergamo, Michael von Cesena, William Occam, Marsilius von Padua, Heinrich der Preisinger und Heinrich von Talheim, sie alle, internationale Gelehrte mit spitzer Feder, waren Berater des Kaisers in der Auseinandersetzung mit Papst Johannes XXII. (1316–1334). »Kaiser, verteidige mich mit dem Schwert, und ich verteidige dich mit dem Wort«, hat einst Occam geäußert. Im ›Alten Hof‹ und im Franziskanerkloster (das ehemals an der Stelle des heutigen Nationaltheaters stand, s. Fig. 53a) etablierten sich diese Männer für zwei Jahrzehnte (1328–1348) als ›geistliche Hofakademie‹ des Kaisers.

München hat Ludwig dem Bayern vieles zu verdanken, durch ihn erlebte die Stadt einen ersten Höhepunkt. Macht und Ansehen der Stadt wuchsen nicht zuletzt auch durch die Vergrößerung des Herzogtums Bayern; Flandern, Brandenburg, Tirol und andere Gebiete gehörten schon bald zum Herrschaftsbereich Ludwigs des Bayern. Nach der Aussöhnung mit Friedrich dem Schönen von Österreich (1324) kamen sogar die Reichskleinodien nach München; gehütet in der Kapelle des ›Alten Hofes‹, wurden sie erst 1350 von Ludwigs Söhnen an Kaiser Karl IV. in Prag übergeben.

Schwarz-Gold, die Reichsfarben des Kaisers, wurden die Farben der Stadt München. Münchner Bürger standen seit 1315 unter königlichem Schutz und erhielten ›Marktfreiheit‹; dies bedeutete u. a., daß der freie Marktplatz in Zukunft nicht mehr überbaut werden durfte, eine Maßnahme, die das urbane Wachstum der Stadt auf lange Zeit positiv beeinflußte. Der Metropole des Salzhandels in Bayern räumte schließlich der Kaiser auch gegenseitige Zollfreiheit mit Nürnberg ein (1325).

Besondere Bedeutung in der Münchner Stadtgeschichte errang die ›Goldbulle‹ des Kaisers von 1332, durch die München das Salzmonopol mit Stapelrecht und Wegezwang erhielt: Alle Salzhändler zwischen Reichenhall, Hallein, dem Gebirge und Landshut durften fortan ihr Salz nur über die Isarbrücke bei München transportieren und mußten es vor dem Weitertransport in München lagern und dort zum Verkauf anbieten. So blieb das Salz für lange Zeit die Haupteinnahmequelle des wittelsbachischen Fürstenstaates. Vom Rat modifiziert, vom Kaiser besiegelt, wirkt das für München so wichtige Stadtrecht Ludwigs des Bayern von 1340 teilweise noch bis in die heutige Zeit; zumindest behielt es bis 1800 in seinen Grundzügen Gültigkeit.

Aber der Niedergang von Papst- und Kaisertum war nur noch eine Frage der Zeit. Schon befand sich die ›nationale Monarchie‹ im Aufbruch; Handel, Geldwirtschaft und Merkantilismus hatten in die alten Gesellschaftsstrukturen eingegriffen und veränderten sie schließlich; neue Ideen und Impulse fanden nicht nur in der Händler- und Bürgerstadt München fruchtbaren Boden. Philosophie, Literatur und Kunst standen vor einer neuen Blüte. Zunächst jedoch verschärften sich noch die Konflikte zwischen alter Ordnung und aufbegehrendem Bürgertum: Ein halbes Jahrhundert sozialer Spannungen brach an.

Auch über München verdunkelte sich der Himmel für fast fünf Jahrzehnte. Wirtschaftsniedergang, Münzverschlechterung und der Schwarze Tod, der von 1349 bis 1680 25mal in der Stadt wütete, brachten Panik, Unruhe und Angst unter die Bürgerschaft der Stadt. Wieder ertönte Waffenlärm im oberbayerischen Lande. Wegen eines angeblichen Ritalmordes mußten Juden den erbarmungslosen Zorn der Bürger über sich ergehen lassen (1348/1349).

Die mit Waffen ausgetragenen Erbstreitigkeiten der Fürsten und die daraus resultierenden Landesteilungen von 1353 (Vier-Herzogtum) und 1392 (Drei-Herzogtum) führten zu schweren Belastungen für die bayerische Stadt- und Landbevölkerung. Unerträgliche Steuerlasten, der allgemeine Niedergang der einst kraftvollen Bürgerstadt München und die zunehmende allgemeine Armut führten schließlich zum Kampf zwischen Bürgern und patrizischen Ratsgeschlechtern, einem Kampf, wie er auch in anderen Städten, so etwa in

Frankfurt 1359, Bremen 1366, Augsburg 1368, Hamburg 1377 und Köln 1396 ausgetragen wurde und den Zünften dort zur Durchsetzung ihrer Rechte gegenüber der etablierten Ratsmacht verhalf. 1385 entlud sich in München der aufgestaute Volkszorn: Die Menge brach in das Haus des angesehenen Ratsherrn und erfolgreichen Tuchhändlers Hans Impler ein, zerrte ihn auf den Schrannenplatz (Marienplatz) und schlug ihm dort vor der aufgebrachten Masse den Kopf ab. Patrizier und Fürsten antworteten mit Gegengewalt; die Bürger mußten Sühnegeld bezahlen, doch die Bürgerrevolution (1397–1403) war nicht mehr aufzuhalten.

Jörg Kazmair, Bürgermeister der Stadt München, hat die Ereignisse dieser Bürgerrevolution in einer Denkschrift, die in einer Abschrift der Anna Reitmor auf uns gekommen ist, festgehalten. Sie fand 1563 an einem ›unziemlichen Ort‹ am Rindermarkt das Original, fertigte in ihrer einfachen Handschrift eine Kopie an und händigte das Original als ehrliche Finderin dem Besitzer des Fundortes aus (leider ging das Original für immer verloren). Die Familie des Jörg Kazmair wurde ebenso wie viele andere Patrizier-Geschlechter aus München vertrieben und mußte lange im Flüchtlingselend leben.

In dieser unruhigen Zeit suchten selbst die Wittelsbacher Fürsten Schutz vor der Volkswut. Um 1385/1400 begannen sie mit dem Neubau ihrer Hofburg, der ›Neuen Veste‹ (Neufeste). Sie errichteten das ›Bollwerk‹ außerhalb der leonischen Stadt, mit Außentor zum freien Feld, nahe der Nordwest-Ecke der Stadt (dem Platz der heutigen Residenz), um vor dem Zugriff der aufgebrachten Bürger sicher zu sein.

Niedergeschlagen und am Rande des finanziellen Ruins ergaben sich am 1. Juni 1403 die aufständischen Bürger; Jörg Kazmair und die anderen verbannten Patrizier kehrten nach München zurück und erhielten ihre Ämter wieder. In einem ›Wahlbrief‹ wurde das neue ›Stadtgrundgesetz‹ vereinbart, durch das der ›Äußere Rat‹ und die ›Gemeinde‹ mehr Macht und größere Befugnisse bekamen, ein Zugeständnis an Bürger und Zünfte von nur kurzer Dauer; denn schon bald gewannen die Patrizier wieder die Oberhand im Rat. Politischer Einfluß nach Art des Zunftwesens blieb den Bürgern in München noch lange verwehrt.

Johannes Schiltberger, ein Münchner ›Weltenbummler‹

»Das bayerische Volk reise nicht gern in fremde Länder«, so urteilt Aventinus (J. Turmair, 1477–1534), der erste große bayerische Geschichtsschreiber, über seine Landsleute; doch Ausnahmen bestätigen die Regel: so etwa der Straubinger Landsknecht Ulrich Schmiedel, der mit den spanischen Konquistadoren an der Eroberung der La-Plata-Länder (1535–1552) teilnahm und mit seinen ›Wahrhaftigen Historien einer wunderbaren Schiffahrt‹ (1599) zum ersten Historiker Argentiniens wurde. Man hat ihm später sogar in Buenos Aires ein Denkmal gesetzt. Über einen anderen Teil der Welt dagegen, den geheimnisvollen Orient, berichtet ein Münchner: ›Reisen des Johannes Schiltberger aus München in Europa, Asia und Afrika von 1394–1427‹. Größtenteils als Gefangener reiste Schiltberger 32 Jahre lang durch viele Länder: Ägypten, China, Persien, Armenien, Sibirien und Turkestan. »Ich, Johannes Schiltberger zoch uß von miner haymat, mit namen uß der Stat münchen, gelegen in payren, in der zyt als kunig sigmund zu ungern in die haidenschaft zoch.«

Johannes Schiltberger erlebte weltpolitisches Geschehen aus erster Hand: Zu Beginn seiner Reisen gehörte er dem Gefolge des türkischen Fürsten Bayazit I. (1389–1402) an, der 1402 die christliche Metropole des oströmischen Reiches, Konstantinopel, erobern wollte. Kaiser Manuel II. Palaiologos (1391–1425) hätte sein ›byzantinisches Reich‹ kaum verteidigen können, wenn nicht der Mongolenfürst Timur (1336–1405), der sich als Nachkomme Dschingis Chans ausgab, am 25. Juli 1402 Bayazit vor Ankara vernichtend besiegt und damit dem türkischen Vormarsch auf das Abendland vorübergehend Einhalt geboten hätte. Schiltberger blieb nun für Jahre in unmittelbarer Nähe Timurs; er erlebte den Aufstieg des Mongolenfürsten, die Ausweitung seiner Macht in einem Weltreich, seinen Tod und den Verfall seines Riesenreiches infolge erbitterter Erbstreitigkeiten unter seinen Nachfolgern, den Timuriden.

Nach fast 32jähriger Odyssee kehrte Schiltberger wieder nach München zurück. Über seine Eindrücke von München nach so langer Abwesenheit wissen wir nichts. Herzog Albrecht III., ein Förderer der Kunst und Wissenschaften, nahm sich des Heimkehrers an. 1473 wurden seine Abenteuer erstmals in Buchform veröffentlicht.

Bürgerliche Hochblüte des 15. Jahrhunderts

Nach der Bürgerrevolution und dem wirtschaftlichen Niedergang, die Münchens Lebensnerv getroffen hatten, folgten allmählich wieder politische Stabilität, wirtschaftliche Expansion und kulturelle Erneuerung, die schließlich zur bürgerlichen Hochblüte des 15. Jahrhunderts führten. Der patrizische Rat, dessen Kompetenzen durch die 1403 dem ›Äußeren Rat‹ und der ›Gemeinde‹ zugestandenen Rechte nun teilweise beschnitten waren, fand bald den Weg zu einer ausgewogenen Stadtpolitik.

Am Ende des 15. Jahrhunderts zählte München ca. 13 500 Einwohner und war mit seinem Lokal- und Regionalmarkt sowie als Warenumschlagplatz für den Transitverkehr das wirtschaftliche Zentrum Oberbayerns. Besonders der Fernhandel mit dem Hauptprodukt Salz, den begehrten ›Venedigwaren‹ sowie Wein und Tuchen bildeten die Grundlage für den bürgerlichen Wohlstand Münchens. Als dann 1487 die Venezianer ihr nördliches Handelszentrum von Bozen nach Mittenwald verlegten, nutzte München seine Chance und baute seine Handelsbeziehungen auf der Nord-Süd-Achse nach Italien aus. Von einiger Bedeutung war zu jener Zeit die Isar als Wasserstraße nach München; ein reger Floßverkehr von Lenggries, Mittenwald und Tölz förderte den Absatz der Produkte des Voralpengebietes. Immer mehr zu Reichtum gekommene Münchner suchten plötzlich nach Investitionsmöglichkeiten und waren gern bereit, für gesellschaftliches Prestige hohe Summen zu zahlen: So erwarben sie Adelssitze und Hofmarken außerhalb Münchens.

Fig. 4 Ritterliches Stechen auf dem Marktplatz. Kupferstich von Matthäus Zasinger, um 1500 (Stadtmuseum München, MI/30)

Bleibendes Symbol dieser bürgerlichen Hochblüte sind die Frauenkirche (1468/88; Farbt. 8, Abb. 27, 30) und das Alte Rathaus (1470/80; Farbt. 9, Abb. 30). Gemeinsam bilden sie die sakrale und die politische Mitte der bürgerlichen Stadt. Beide Bauten sind Meisterwerke von Jörg von Halspach (gen. Ganghofer). Die Frauenkirche wurde nicht als »himmelstürmende Kathedrale« errichtet, »sondern ganz in sich ruhend und breit hingelagert – dabei nicht schwerfällig, aber selbstbewußt und kraftvoll – ohne die flackernde Unruhe gotischer Dome, aber randvoll von Dasein – nicht elegant, aber von einer bäuerlichen Vornehmheit«[4] (s. Fig. 5).

Neben den Bauten Jörg von Halspachs stammen aus dieser Zeit u.a. auch die lebendig geschnitzten Moriskentänzer (Abb. 100) Erasmus Grassers, die einst den Rathaussaal schmückten, sowie die spätgotischen Altarbilder Jan Polacks aus St. Peter und dem Franziskanerkloster. Die Literaturgeschichte des 15. Jahrhunderts verzeichnet Leistungen

---

4 Michael Schattenhofer: ›München im Wandel der Jahrhunderte‹, München 1957

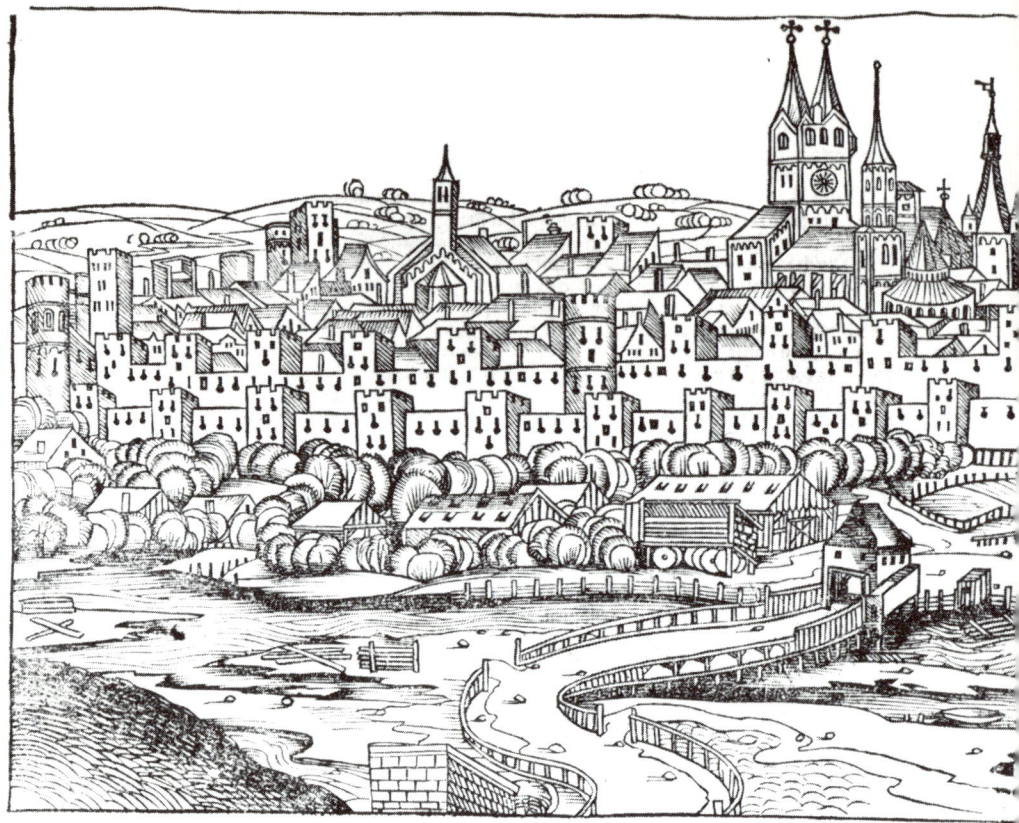

Fig. 5   Stadtansicht von Osten (Isartor), 1493. Holzschnitt. Schedelsche Weltchronik (Stadtmuseum München, MI/1)

wie den ›Alexanderroman‹, den Johann Hartlieb 1444 aus dem Lateinischen übersetzte, die Musikgeschichte Münchens hervorragende Musiker wie Konrad Paumann, den (blinden) Organisten der Frauenkirche. Noch heute erinnert dort eine schlichte Grabplatte von 1473 an ihn: »Kunstreichist aller instrumente und der musica meister.«

In dieser Zeit bietet München glanzvolle Szenen (s. Fig. 4); Ratsmitglieder und Bürger waren die Herren der Stadt; die reichsten und einflußreichsten unter ihnen verewigten sich in St. Peter, der Frauenkirche oder in der Heilig-Geist-Kirche; sie besaßen dort einen Altar und zumeist auch einen eigenen Meßkaplan. Doch zunehmend etablierten sich in München auch Adel und Fürstentum, so daß die Stadt im Jahre 1504 zur Residenz des gesamten bayerischen Herzogtums wurde – der Aufstieg Münchens von der ›Kurfürstlichen Hauptstadt‹ (1624) und schließlich zur ›Kurfürstlichen Haupt- und Residenzstadt‹ (1638) begann.

München als Residenzstadt (Reformation und Gegenreformation)

Langsam verlagerte sich das politische und gesellschaftliche Zentrum der Stadt vom Bürgerrathaus zur nun mittlerweile in den Mauerring Münchens einbezogenen ›Neufeste‹, dem Hof- und Residenzviertel der Wittelsbacher Fürsten (s. Fig. 6). München als Residenzstadt orientierte sich im 16. Jahrhundert verstärkt nach Süden: Der Hof öffnete sich bereitwillig vor allem italienischen, aber auch spanischen Einflüssen, die zur Grundlage der Renaissance an der herzoglichen Residenz werden sollten. Die noch immer gotische Bürgerstadt wurde freilich zunächst von dieser Zeitströmung kaum berührt, wie das Sandtner-Modell von 1570 zeigt (s. Fig. 23–25, 51).

Fig. 6   Hofball in der ›Neufeste‹, Residenz der wittelsbachischen Fürsten. Kupferstich von Matthäus Zasinger, um 1500 (Stadtmuseum München, MI/29)

Der Übergang Münchens von der Bürgerstadt zur Residenzstadt war von den Auswirkungen der Reformation und Gegenreformation begleitet, die in der Bürgerschaft tiefe Spuren zurückließen. »Die evangelische Bewegung in München eröffnet uns den ersten klaren Einblick in die geistige Struktur und Mentalität der Bürger, des Volkes dieser Stadt und seiner gesellschaftlichen und wirtschaftlichen Schichten und Kreise. Zum ersten Mal tritt neben den Landesherrn, seine Beamten und den Klerus der Laie, das Volk, die weltliche-bürgerliche Gesellschaft als mündige, aktiv handelnde, selbstbewußte Kraft, die nur Terror und Härte bändigen konnten, selbst um den Preis des Verlustes großer Vermögen und höchst aktiver, kraftvoller Menschen. Darum kam in Bayern so früh der Absolutismus hoch, darum wurde München so ausschließlich ›Haupt- und Residenzstadt‹.«[5]

Martin Luther (1483–1546), der 1510/11 auf seiner Romreise auch in München Station gemacht hat und in der Augustinerkirche noch ›gut päpstlich‹ gepredigt haben soll, gewann

5   Karl Bosl: ›München, Bürgerstadt – Residenz – heimliche Hauptstadt Deutschlands‹, Stuttgart 1971

in München durchaus wertvolle Fürstreiter. Fanden sich im Franziskanerkloster mit Schatzger und Nas brillante publizistische Gegner der lutherischen Ideen, so wurde dagegen im Augustinerkloster die Reformation Luthers mit vorbereitet. Nachdem Hans Schobser bereits 1518 die früh-evangelischen Adventspredigten Johann von Staupnitz' aus dem Jahre 1517 in München veröffentlicht hatte, druckte er auch ab 1519 die Reformationsschriften Luthers, die dann aber 1521, soweit noch vorhanden und auffindbar, beschlagnahmt und vernichtet wurden. Doch obwohl sich mit dem 1. bayerisch-herzoglichen Religionsmandat von 1522 Kirche und Stadt gegen die Reformation aussprachen und die strikte Einhaltung des ›Wormser Edikts‹ forderten und Herzog Wilhelm IV. (1508–1550) und sein glänzender Kanzler Leonhard von Eck die Gegenreformation der Jesuiten der Universität Ingolstadt befürworteten, sie sich also durchaus energisch der lutherischen Bewegung entgegenstellten, rechneten die Menschen in Süddeutschland »bis über die Jahrhundertmitte hinaus mit einer gütlichen Einigung in der Konfessionsfrage, ja sie hielten Luthers Kirchenreform in einer friedlichen Entwicklung für möglich und waren sich der revolutionären Sprengkräfte nicht bewußt, die in ihr ruhten«[6].

Immer stärker reifte so auch in München eine geheime religiöse Bewegung heran, wurde die Sympathie für die Reformation unter der Bürgerschaft stärker. Da diese Bewegung zur Trägerin sozialer Anliegen wurde und sich die sozialen Spannungen wieder verschärften, war es unausbleiblich, daß Staat und Kirche schließlich mit unnachgiebiger Härte durchgriffen: 1523 kommt Arsacius Seehofer, Schüler von Melanchthon (und wahrscheinlich auch von Luther), Professor an der Landesuniversität in Ingolstadt, aufgrund seiner ›ketzerischen‹ Schriften und Vorlesungen in Ettal in Klosterhaft, wo er nach fünf Jahren fliehen kann; 1524 wird der franziskanische Minorit Hans Rott (-locher) in München hingerichtet, nachdem er mit Flugblättern zum Kampf gegen die ›heidnisch-weltliche Obrigkeit‹ aufgerufen hatte; 1527 werden 29 Mitglieder der von Leonhard Dorfbrunner gegründeten ›Münchner Täufergemeinde‹ verhaftet – neun von ihnen werden verbrannt oder ertränkt, da sie nicht von ihrem ›Unglauben‹ ablassen wollen.

Die Reformationsbewegung wurde so zu einer schweren Belastung für die Bürgerschaft Münchens; hinzu kam noch der Bauernkrieg von 1525 und der bedrohliche Vormarsch des Islams. Als 1529 die Türken schon vor Wien standen und das ganze Abendland in Panik versetzten, griff man auch in München zu den Waffen und sandte Hilfstruppen zum Kriegsschauplatz. Es war eine ungeheuerliche Gefahr, der sich Europa – vor Angst gelähmt, nahezu unfähig zu reagieren – nur schwer erwehren konnte; für Mitteleuropa wurde die Gefahr gebannt, die Länder des Mittelmeerraumes dagegen, besonders Griechenland, mußten das schwere Joch türkisch-islamischer Besetzung für Jahrhunderte erdulden – Zypern versucht noch in heutiger Zeit erfolglos, sich von den Folgen dieser Besetzung zu befreien.

6 Karl Bosl: ›München, Bürgerstadt – Residenz – heimliche Hauptstadt Deutschlands‹, Stuttgart 1971

Rstlich/ A. Ist Simon Altsee von Rodenbuch am Oelberg 78. Jahr alt/ Verwittibt/habe 3. Kinder die verheürath. Fürs ander/seye er vor vngefehr 45. Jahren in daß erschröckliche Laster der Hexerey gerathen/ habe Gott vnd alle Heyligen verlaugnet/ hingegen dem Teuffel geschworen/ vnd mit ihme vnaußgesetzte Gemeinschafft gehabt. Drittens/ B. Ist zu gewissen Zeiten/ vermitels einer ihme vom Teuffel gegebnen vñ angeschmirbter Salben außgefahren/ C. die Vnholden Tänz besucht/den Teufflische D. Malzeiten beygewohnt/vñ bey solchen abscheülichen Lastern vñ Vngebühr verhebt. Fürs vierdt/ E. hat er vom Teuffel ein Wurzl vñ Salben empfangen/mit welcher er sich vest gemacht/ auch Menschen vñ Vieh erkrümpt/ vnd hingerichtet/ auch die Waiden Ailff mahl vergiffet. F. Insonderhait aber hab er auß antrib deß Teuffels/ vor 14. Jahren dem Würth zu Rotdenbuch ein Kind durch sein Wurzl dergestalt verhexet vnd erkrümpt/daß es auff diese Stund/ auff allen Vieren herumb kriechen müsse/welches er darumb gethan/weil der Würth ihne vnd andere an einer Hochzeit mit dem Mahlgelt übernommen/ vnd das Kind nit gesegnet gewest. G. Dann habe er seinem Nachbarn ein Töchterlein von 15. Jahren/ Margaretha mit Nahmen/dergestalten zugericht/das es grossen Schmerzen leyden vnd sterben müssen. Fürs fünffte/ H. habe er vnderschidliche von ihme zugerichte Haglwetter/vñ in specie Ailff bekennt/Als über Rotdenbuch 3. das 4. über Langenrieth auff Peitding zu/ so gleichwohlen der Herr Pfarrer alda abgetriben vnd nit hinein gelassen/dahero es zu Langenrieth außgebrochen/ vñ denen Pauren beym Holz nit/aber der Gemain daselbst so er es vermessen/Schaden gethan habe. Das 5. am Willstaig über den Schwarzenbach/so im Riedt/ damahls Riesel wie die Welsche Nussen gefallen/ vnd dieses darumb/ weilen einer auß den Schwarzenbeckhern ihme in einer Sach vnrecht gethan. Das 6. seye über Lautterbach/so im Riedt oder Halbesdorff/ zwischen Staingaden vnd Rottenbuch gelegen/ ergangen vnd Riesel wie ein Kluckern gefallen. Das 7. neben Saulgrueb hinein zu Vnter Amergau/welches das Riedt getroffen/vnd seinem Weib/welches damahls noch im Leben gewest/ eine Schuldt abgesprochen worden. Das 8. neben Wackhau herab/da es die Pauren getroffen/ weilen sie ihne bezüchtigt/ als habe er ein Roß gestohlen. Das 9. neben Pöbing auß die Auerhöff/dises habe alle getroffen/ohneracht es nur einen allein vermaint gewest/ weilen derselb ihme ein vnrechtes Roß zu kauffen geben.

Das 10. seye über negst verflossnen [...] noch mehrer vnd al[...] Bekandtnuß vnd [...] vnrecht gethan oder [...] andern dreyen seithe[...] denbuch in einem P[...] außgezogen/ vñ ihn[...] sbende/ K. Als [...] einem andern in D[...] Kopfft entzwey geh[...] Schaid herauß gebr[...] Vnd fürs achte/ B[...] ten/auch so gar die L[...] deme er dieselbe L[...] dem Altar auff die C[...] N. einem Hund zu[...] haben. Wegen [...] 7. mahl mit alienten[...] dig verbrennen solle[...] fen zu der Gerichts[...] gegeben/ Q. die rec[...] worden. (Gott [...] damit sich dergleiche[...] Gnad ertheilen/An[...]

aupt/ vnd das II. zu Staingaden nidergangen/ Dieses alles auch inner den
hren beschehen.   So ist doch anbey zu mercken/ daß er auffer difer jetzt gehörter
r/ als er in dem abscheülichen Laster begriffen/ eins oder zwey gemacht / mit der
daß es gemainiglich den senigen vermaint vnd getroffen/ welche jhme zuvor
nbildt zugesiegt. Fürs sechste/ I. Bekennt er/ daß vor 14. Jahren neben noch
storbnen Gesöllen/ einen vnbekandten Mann zwischen Staingaden vnd Rot-
angetroffen / dene angetastet/ vnd gezwungen / daß sich biß auffs Hemmet
. Thal. gegen seiner entlassung geachen darvon er Altsee 5. bekomen.   Fürs
e noch Lediastands auff einer Hochzeit/ wegen eines jhme verehrten Krantz mit
enheit gerathen/ vñ dieser mit einem Säbel jhme den Krantz vñ Huet/ auff dem
abe er sein Rappier / so bey dem Ohrband rostig gewest/ endlich auß der
vnd damit seinen Gegentheil gleich im ersten Stich durch vnd durch gestochen.
t dieser Maleficant/ daß er über vorige grausame vnd nie bald erhörte Vnthat-
epligaiste Hostien zu 6. vnderschiedlich mahlen auff daß ärgerlichst entwehrt/ in
mal vmb einen geringen Werth verkaufft/ Ein anders mal gleich bey/ vñ neben
niederfallen vñ ligen lassen/ M. Zur andern Zeit mit Füssen getrett/ Weiters
vorgeworffen/ daß auch in ein Spielwasser gethan/ daß es die Kälber getruncke
vnd mehr andern Vbelthaten/ ist jhme das Vrtheil ergangen/ daß man jhn
gen reissen/ beede Bain an den Füssen mit einem Radt abstossen / vnd leben-
ch es Vrtheil aber vmb so vil gemildert worden/ daß er O. auff einer Schlaipf-
führt/ drey zwick mit glienten P. Zangen auff jeden Armb/ vñ die Brust einen
vnd abgehauen/ auff dem Scheiterhauffen R. erstossett/ oft zu Aschen verbrañ
mächtige wölle vns wegen solcher Sünden vnd Lastern nit ferner straffen/ vnd
en vnd Zauberer an disem Exempel spieglen/ vnd sich bekehren/ sein Göttliche

urg/ bey Elias Wellhöffer Brieffmaler/ bey vnser lieben Frawen Thor.

Fig. 7   Hexenverfolgungen in
München, 1666 (Stadt-
museum München, MI/532)

Europa, Deutschland und auch München hatten noch anderes zu erdulden: Zahllose unschuldige Bürger fielen dem unbarmherzigen Hexenwahn zum Opfer. In München verfolgten Kirche und Staat von 1578 bis 1721 die »vom Teufel Besessenen«. Sie wurden verbrannt, manchmal ›aus Gnade‹ vorher erdrosselt, gefoltert, geschunden, gequält – »in einer Kühe-Haut wurden sie zur Richtstatt geschleift, und durch den Scharfrichter mit dem Rade von oben herab, durch Zerstoßung der Glieder vom Leben zum Tod hingerichtet« (s. Fig. 7).

Und doch konnten all diese Ereignisse den Aufstieg Münchens zur fürstlichen Kunststadt nicht unterbrechen. Gleichzeitig mit dem wirtschaftlichen, politischen und kulturellen Niedergang des Bürgertums und dem Verlust von Münchens uralten Salzhandelsprivilegien, die 1587 von Herzog Wilhelm V. (1579–1597) – um das Staatssäckl zu füllen – im staatlichen Salzmonopol aufgehoben wurden, erlebte die höfische Kunst eine Blütezeit. In der wittelsbachischen Residenz blühte eine ›nicht-öffentliche‹ Kunst, wie uns heute u. a. die Beispiele der Schatzkammer und die der Reichen Kapelle zeigen. Die Bürger standen freilich fortan im Schatten der Residenz und waren Abhängige des Hofes. Es war die Zeit der ausländischen Meister, die am Münchner Hofe herzlich willkommen waren, und es war der Anfang der skeptischen Zurückhaltung Münchner Bürger allen Fremden und Nicht-Münchnern gegenüber, die bis in unsere heutigen Tage weiterwirkt. Das 16. Jahrhundert war in München die Epoche der italienischen Meister und der großen Niederländer mit italienischem Einfluß: Friedrich Sustris schuf das Symbol der Gegenreformation, die Michaelskirche (1583/97; Farbt. 24, Abb. 39), das bedeutendste sakrale Bauwerk der deutschen Renaissance. Hans Mielich stand bei Albrecht V. (1550–1579) in hohem Rang und war ein begabter Miniaturmaler; gleichen Ruhm besaß der Hofmaler Wilhelms V. und Maximilians I. (1597–1651), Peter Candid. Orlando di Lasso (1530/32–1594) als Leiter der fürstlichen Hofkapelle spielte eine wichtige Rolle im Münchner Musikleben (s. Fig. 38). Für den bayerischen Hof arbeitete aber auch Albrecht Altdorfer, der mit seinem Monumental-werk der ›Alexanderschlacht‹ 1529 eines der ersten deutschen Landschaftsgemälde schuf.

München feierte im 16. Jahrhundert Feste wie nie zuvor. 1530 bereitete die Stadt Kaiser Karl V. einen geradezu enthusiastischen Empfang; 1568 feierten die Bürger Münchens drei Wochen lang anläßlich der Hochzeit Wilhelms V. mit Renata von Lothringen ein Fest von solcher Pracht – rund 200000 Taler kostete es den Hof –, wie es bis heute in Münchens Mauern unübertroffen blieb (s. Fig. 8).

Die große bayerische Herrscherpersönlichkeit dieser Epoche war Albrecht V. Er legte für fast 150 Jahre die Richtlinien wittelsbachischer Politik fest und brachte für fast zweihundert Jahre das Kurfürstentum Köln unter bayerische Kontrolle: Sein Sohn Ernst wurde 1583 zum ersten wittelsbachischen Kurfürsten Kölns gewählt. Albrecht liebte die höfische Kunst, war ihr Gönner und Förderer. Er eröffnete mit dem Antiquarium (1569/71, von Wilhelm Egckl errichtet; Abb. 49) das erste deutsche Museum für die herzogliche Münz- und Antiken-sammlung und legte mit der Hofbibliothek schon 1558 den Grundstein für die heutige Bayerische Staatsbibliothek – fürstliche Bauten stehen nun den traditionsreichen Bürgerbau-ten gegenüber! Zielstrebig erneuerte Albrecht V. auch die Bildungspolitik und berief 1559

1 Fischbrunnen auf dem Marienplatz (Konrad Knoll, 1862/65; 1954 von Josef Henselmann rekonstruiert)

3 Der Chinesische Turm im Englischen Garten (Joseph Frey, 1789/90; 1951/52 rekonstruiert)

◁ 2 Hofgarten-Restaurant mit Blick zur Theatinerkirche

4 Hofgarten der Residenz (1613/17 von Maximilian I. angelegt): in der Mitte der Hofgartentempel (Heinrich
Schön d. Ä., 1615) mit einer Kopie der ›Tellus Bavaria‹ (Hubert Gerhard, 1594; das Original befindet sich im
Residenzmuseum); im Hintergrund die Türme der Theatinerkirche

5   Biergarten auf der Auer Dult   6   Schwabinger Chic

        8   Winterstimmung im Englischen Garten mit Blick auf die Türme der Theatiner- und Frauenkirche ▷

7   Auf der Leopoldstraße in Schwabing

9   Blick vom Monopteros (Leo von Klenze, 1837/38) im Englischen Garten zur Theatiner- und Frauenkirche

10   Monopteros (Leo von Klenze, 1862/65) im Nymphenburger Park ▷

11   Auf dem Viktualienmarkt

12–14   Oktoberfest

17 Oktoberfest auf der Theresienwiese; rechts Ruhmeshalle und Bavaria ▷

15 Odeonsplatz, Straßen- und Platzgestaltung von Leo von Klenze

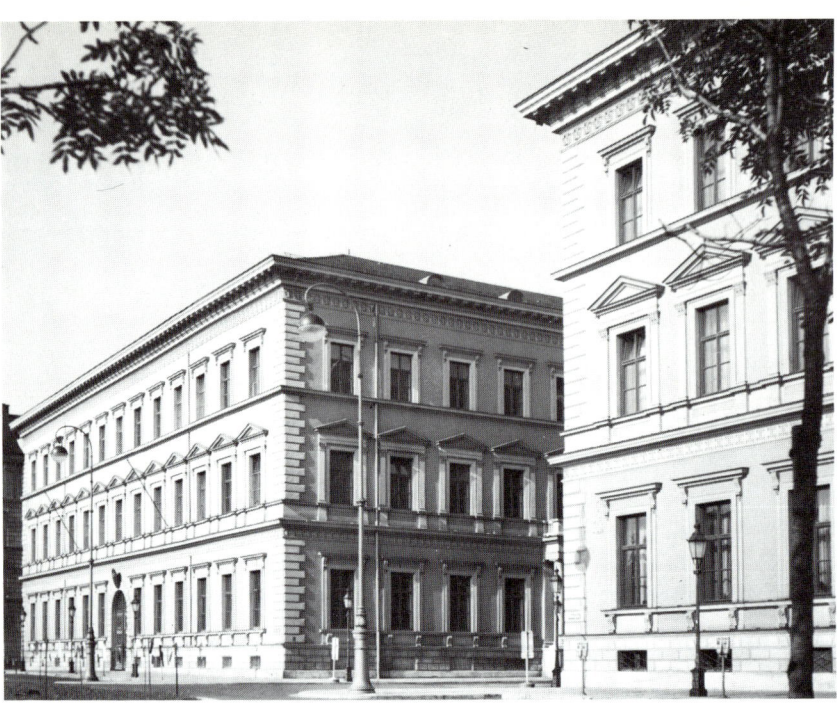

16 Ruhmeshalle mit der 18 m hohen Kolossalskulptur der ›Bavaria‹ (Entwurf Ludwig Schwanthaler, 1837; Bronzeguß Ferdinand von Miller, 1844/50)

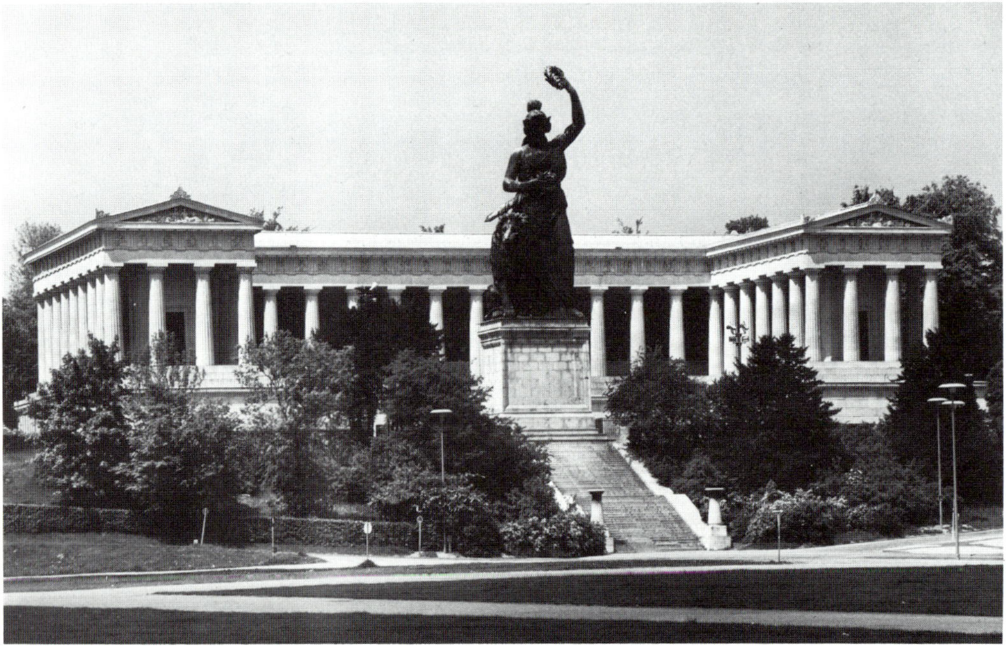

18, 19 Straßenfest in der Fußgängerzone am Stachus

20 Am Stachus

21–23 Münchner

24 Viktualienmarkt, Liesl-Karlstadt-Brunnen (Hans Osel, 1961); im Hintergrund St. Peter ▷

Fig. 8   Turnier auf dem (heutigen) Marienplatz anläßlich der Hochzeit Wilhelms V. (1579–1597) mit Renata von Lothringen im Jahre 1568. Kolorierte Radierung von Nikolaus Solis, 1568 (Stadtmuseum München, MI/35)

die Jesuiten, die ein wichtiger Garant des Papsttums im Kampf gegen die Lutheraner waren, unter Leitung des Petrus Canisius von Ingolstadt nach München. Hier richteten die Jesuiten im Augustinerblock bald ein Gymnasium ein, das im humanistischen Sinne die führenden Intellektuellen für Kirche und Staat heranbildete, die später in ganz besonderer Weise für München wirken sollten. Wesentlicher Bestandteil des Bildungsprogramms waren auch Theateraufführungen monumentalen Charakters: 1577 wurde auf dem Marienplatz drei Tage lang mit 2000 Schauspielern das Jesuitendrama ›Esther‹ aufgeführt.

Obwohl Maximilian I. die Regentschaft seines Vaters Wilhelm V. zum Zeitpunkt eines sich ankündigenden Staatsbankrotts übernahm, wurde er einer der führenden Herrscher der katholischen Liga in Deutschland und Europa während der Gegenreformation und einer der bedeutendsten Fürsten der Wittelsbacher. Auch er war ein engagierter Kunstmäzen und Kunstsammler. So gilt er heute, durch den Ankauf der ›Löwenjagd‹ für die Kunstgalerie seiner Residenz, als der Begründer der weltberühmten Münchner Rubens-Sammlung, der größten ihrer Art. Nachdem er 1613 den Paumgartner-Altar aus der Katharinenkirche in Nürnberg, 1614 den Helleraltar aus der Dominikanerkirche in Frankfurt und schließlich

Fig. 9   Gustav Adolf von Schweden zieht am 17. Mai 1632 in München ein. Kupferstich von Matthäus ▷ Merian (Stadtmuseum München, MI/327)

MÜNC

ISER

LUV.

schweden.

Ke: in Bohmen.   Herz: Wilhelm i: Weim.
     Pfaltz: Augusts

               Herz: Ioh: v:
               Holstein.

auch Dürers ›Lucretia‹ sowie das Gebetbuch des habsburgischen Kaisers Maximilians I. (1493–1518) mit Dürers kostbaren Randzeichnungen erwerben konnte, gelang ihm 1627 mit Dürers ›Vier Aposteln‹ die spektakulärste Erwerbung für seine Privatsammlung. Maximilian I. ist auch der eigentliche Schöpfer der wittelsbachischen Residenz in München, die ihm weitgehend ihre Form und ihre Ausdehnung verdankt. Von diesem Meisterwerk deutscher Renaissance-Architektur (s. S. 84f., 227ff., Abb. 48, 50) soll Gustav Adolf von Schweden so begeistert gewesen sein, daß er gern die Münchner Residenz, auf Karren verladen, nach Stockholm gebracht hätte.

Mit dem Dreißigjährigen Krieg (1618–1648) und dem Schwedenkönig brachen für München schwere Zeiten an. Gustav Adolfs Sieg bei Breitenfeld am 17. September 1631 war eine der empfindlichsten Niederlagen für die Bayerisch-Kaiserlichen unter Tilly und für den Habsburger Kaiser Ferdinand II. (1619–1637); das zähe Ringen um die Vormachtstellung in Europa ging damit für die Habsburger verloren. Schon wenig später, am 17. Mai 1632, standen die Schweden vor den Toren Münchens. Die Stadt war am Ende ihrer Kräfte, und die 1619 begonnene, aber noch nicht vollendete Stadtbefestigung bot nur ungenügenden Schutz; das ausgeblutete Umland war verwüstet und mit Kadavern übersät. München und Bayern waren schon lange nicht mehr das Zentrum der kaiserlichen Gegenreformation, als Gustav Adolf als strahlender Sieger in die Stadt einzog (s. Fig. 9). Drei Wochen später, am 7. Juni, verließ der Schwedenkönig mit 42 Bürgern (vornehmlich Geistlichen) München. Sie mußten für die noch ausstehenden 200 000 Taler Reparationen Gustav Adolf fast drei Jahre lang als Geiseln begleiten; 36 von ihnen kehrten am 3. April 1635 nach leidvollen Jahren nach München zurück[7]. Noch heute erinnert ein Votivbild von Matthias Kager in der Ramersdorfer Kirche an ihr Schicksal (s. Fig. 10). Die Geiseln erfüllten damit 1635 ihr Gelübde für eine gute Rückkehr.

Noch unbarmherziger als der Dreißigjährige Krieg wütete 1634 die Pest in München; von der spanischen Soldateska eingeschleppt, forderte der schwarze Tod fast 7000 Todesopfer – damit dezimierte die Pest beinahe ein Drittel der 22 000 Einwohner zählenden Stadt. Das große Sterben und die Leiden der Bevölkerung finden wir beschrieben in dem 1638 erstmals veröffentlichten Lied ›memento mori‹:

> Es ist ein Schnitter, heißt der Tod,
> hat G'walt vom großen Gott,
> heut' wetzt er das Messer,
> es schneid't schon viel besser,
> bald wird er drein schneiden,
> wir müssen 's nur leiden.
> Hüt' dich schön's Blümelein.

---

7 Franz Sigl, Franziskanerpater, eine der Geiseln, schrieb ein ergreifendes Tagebuch über die Gefangenschaft: ›Geschichte der Münchner Geiseln‹, München 1836

Fig. 10 ›Die Münchner Schwedengeiseln‹, die nach fast dreijähriger Odyssee wieder glücklich nach München kommen. Kupferstich von Lucas Kilian nach einem Gemälde von Matthias Kager (Stadtarchiv München, R 1550)

Maximilian I., bereits 1632 vor der drohenden Kriegsgefahr aus München geflohen, kehrte wegen der Pest erst im Mai 1635 zurück. Nun endlich wollte er sein Gelübde einhalten, »ein gottgefälliges Werk anzustellen, wenn die hiesige Hauptstadt München und auch die Stadt Landshut vor des Feindes endlichem Ruin und Zerstörung erhalten würden«[8]. Fast vier Jahre vergingen, bis am 7. November 1638 die Mariensäule mit der Marienstatue Hubert Gerhards auf dem Schrannenplatz – ab 1854 Marienplatz genannt – eingeweiht werden konnte (s. Fig. 11, Farbt. 8, 9). Maximilian I. war ein strenggläubiger Fürst, ein Asket und Erneuerer des katholischen Glaubens. Er verehrte die Muttergottes und schrieb in tiefer

8 Michael Schattenhofer: ›Die Mariensäule in München‹, München 1971

Fig. 11   Einweihung der Mariensäule auf dem Schrannenplatz am 7. November 1638. Zeitgenössische Federzeichnung (Stadtarchiv München, 10 71 II 36a)

Frömmigkeit mit seinem eigenen Blute: »Dir gebe ich mich gern zu eigen, Dir weihe ich mich ganz, o Jungfrau Maria, ich, Maximilian, der oberste der Sünder.«[9] (s. Fig. 12) Gleiche Frömmigkeit befahl er auch seinen Untertanen unter Androhung von Strafe. Fortan beginnt in Bayern der Marienkult; schon Maximilians Nachfolger, Ferdinand Maria (1651–1679), trägt neben seinem männlichen Vornamen noch den Namen der Muttergottes.

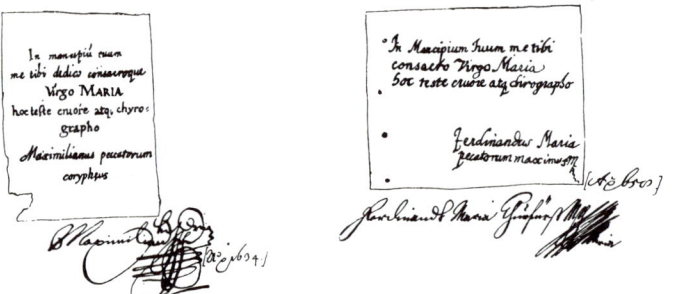

Fig. 12
Blut-Weihe-Brief von Maximilian I. und Ferdinand Maria aus der Gnadenkapelle in Altötting, 1634

9   Dieter Albrecht: ›Der Mönch im Wappen‹, in: ›München und die Gegenreformation‹, München 1960, S. 176

München im Glanz von Barock und Rokoko

Die Glocken läuteten in den geschundenen deutschen Landen, als am 24. Oktober 1648 mit dem ›Westfälischen Frieden‹ die Leiden des 30jährigen Krieges beendet waren und eine neue Epoche sich ankündigte. Die Erinnerung an die grausame Zeit, »als der Mensch dem anderen zum Tiger wurde«, war jedoch noch zu frisch, um tatsächlich an eine neue hoffnungsvolle Zukunft, an den Frieden, glauben zu können.

Auch das bürgerliche München war gebrochen und ausgeblutet; Handel und Handwerk waren an ihrem Lebensnerv getroffen; München hatte schon längst seine Stellung als oberbayerisches Wirtschaftszentrum verloren und konnte erst im 19. Jahrhundert wieder an frühere wirtschaftliche Glanzzeiten anschließen. 1651 zählte der Stadtkämmerer noch 260 Gulden, 1661 nur noch ganze 27 Gulden in seiner Kasse; einer zunehmenden Verschuldung der Stadt war nicht mehr zu entgehen.

Barock und aufkommendes Rokoko ließen schließlich schnell den Krieg in Vergessenheit geraten; neue Probleme und tiefgreifende Veränderungen der Gesellschaftsstruktur bestimmten die Zeit. Im gleichen Maße, wie die glänzende Hofhaltung der absolutistischen Zeit sich bis in den Luxus steigerte, verfiel das Bürgertum mit dem Niedergang von Handel und Handwerk, dem kontinuierlich eine immer stärkere politische Entmachtung folgte. Der Adel – bisher auf dem Lande ansässig – drängte in die Stadt und suchte die Nähe des Hofes. Der aussterbende Schwert- und Lehensadel wandelte sich mehr und mehr in Brief- und Beamtenadel und stellte gemeinsam mit den Hofangehörigen und den führenden Vertretern des Wehrstandes die ›Ersten‹ des Staates, die die Verwaltung von Staat und Stadt lenkten und denen der kurfürstliche Hof in München zur territorialen Zentralverwaltung wurde. Fortan bestimmte der wittelsbachische Kurfürst über die Wirtschaft Münchens; damit wurde der Hof zum wichtigsten Auftraggeber für das Handwerk, während der einst führende Handel der Stadt zur Bedeutungslosigkeit herabsank. Die den Bürgern aufgezwungenen Investitionen zehrten an der Finanz- und Wirtschaftskraft der Stadt, wodurch die Bürgerschaft zum Verkauf ihres Grundbesitzes an den Adel gezwungen wurde, so daß bald zwischen Residenz und Promenadenplatz ein Adelsviertel entstand. Von den prachtvollen Bauten sind einige noch heute erhalten: wie etwa das Preysing-Palais (Abb. 72) von Joseph Effner (1723/28); das Palais Holnstein von François Cuvilliés d. Ä. (1733/37), heute Erzbischöfliches Palais; das Törring-Palais von Ignaz Anton Gunetzrhainer (1747/54), heute Hauptpostamt; sie alle entstanden aus dem Wunsch ihrer Besitzer, dem Kurfürsten nahe zu sein.

Henriette Adelaide von Savoyen, seit 1652 Gemahlin Ferdinand Marias, eroberte mit ihrem Charme, ihrer jugendlichen Unbekümmertheit und ihrer musischen Bildung das adlige München; sie gab dem höfischen Geist neue Lebenskräfte und verbannte die bisherigen spanischen Einflüsse; mit ihr kamen Reifrock und Perücke des französischen Sonnenkönigs von Versailles nach München und – ebenfalls nach französischem Vorbild – eine Erneuerung des antiquierten wittelsbachischen Hofzeremoniells. Zum Bau der Theatinerkirche und zur Neugestaltung der Residenz holten die junge Kurfürstin und Ferdinand Maria außerdem Künstler des italienischen Barock nach München. Sie und ihre beiden

Nachfolger MaximilianII. Emanuel (1679–1726) und Karl Albrecht (1726–1745) machten die wittelsbachische Residenz zu einem der prächtigsten Höfe Europas, der selbst neben Versailles bestehen konnte. Oft erfüllten wochenlange, verschwenderische Feste das höfische Barockleben; ihr Glanz stand kraß dem Elend des grauen Bürgerlebens gegenüber – die Bürger konnten bestenfalls zuschauend teilhaben.

Der fürstliche Absolutismus beherrschte auch in München das gesamte Leben; der Herrscher war höchste Autorität, »halb Gott, halb Mensch«, sein Wunsch war für jeden Befehl, alles mußte sich ihm fügen, überall gab es Übersteigerungen bis zum Exzeß. So hegte Ferdinand Maria, Herrscher des bayerischen Bauernlandes, Ambitionen einer seefahrenden Nation; er wollte es dem stolzen Venedig gleichtun und ließ sich auf dem Starnberger See 1663 von dem venezianischen Ingenieur Santurini das Prunkschiff ›Bucentaur‹ erbauen (s. Fig. 13) – ein kurfürstliches Leibschiff, für das 129 bayerische Fischer und Knechte zu ›echten‹ Gallioten werden mußten, wie es sich für ein ›tüchtiges Schiff der Weltmeere‹ gehört! Und dabei stellte es nichts weiter dar als ein Spielzeug für den höchsten Repräsentan-

Fig. 13   Das bayerische Prunkschiff ›Bucentaur‹ auf dem Starnberger See, 1663 (Ausschnitt). Gemälde von Franz Joachim Beich (Bayerische Verwaltung der Staatl. Schlösser, Gärten und Seen, Neg. Nr. 7071)

ten, mit dem dieser viermal im Jahr zur Treibjagd fuhr. Diese Treibjagd war ein barbarisches, rohes Schauspiel, an dem sich der Hofstaat ergötzte: Treiber und Hunde jagten das Wild wie durch einen engen Trichter direkt vor die Breitseite des Schiffes. Ein groteskes Abschlachten begann: Was nicht von den Hunden am Ufer zerrissen wurde, erlegten die ›stolzen Jäger‹, die aus allen Rohren auf das hilflose Wild feuerten, so daß sich das Wasser blutrot färbte – dabei dröhnten Musik und Gelächter vom Schiff über den See.

Für fast ein Jahrhundert verzauberten Barock und Rokoko München, Bayern und ganz Süddeutschland; erst waren es fremde, dann auch einheimische Künstler, die sich am Hofe und in der sakralen Kunst um den bayerischen Barock verdient machten. Aus Freude über die Geburt des Thronfolgers Maximilian Emanuel erfüllte der Kurfürst 1663 ein Gelübde und ließ von Agostino Barelli und Enrico Zuccalli die Theatinerkirche errichten; 1675 war die Kirche vollendet, erst 1765 gestaltete François Cuvilliés d. Ä. die endgültige Fassade. Kraftvoll und beschwingt erheben sich die Kuppeln und Türme über die Stadt; ein Meisterwerk barocker Architektur mit einem Hauch italienischer Leichtigkeit (Farbt. 17, 25, Abb. 2, 28, 41, 70, 73). Ein Jahr später, 1664, erstand unter der Leitung Barellis das Nymphenburger Schloß (vollendet 1675 durch Enrico Zuccalli; Farbt. 44).

Am Ende des 17. Jahrhunderts führte Maximilian II. Emanuel in seinem Streben nach unsterblichem Ruhm Bayern in eine neue Krise. 1683 eilte er mit bayerischen Truppen nach Österreich; er half Wien vor den Türken zu retten, stärkte die habsburgische Kaiserherrschaft, eroberte 1688 Belgrad und war selbst auf dem Balkan als der ›blaue Kurfürst‹ ein gefeierter Kriegsheld – ein teuer bezahlter Ruhm, für den Tausende bayerische Bürger ihr Leben lassen mußten und für den sich der Staat noch obendrein mit 20 Millionen Gulden verschuldete. Die amüsante Seite dieses kriegerischen Unternehmens für München waren die 296 türkischen ›Sklaven‹, die allerlei Aufsehen und Aufregung in die Stadt brachten. Vornehmlich als Sänftenträger beschäftigt, wurden sie nach 14 Jahren Kriegsgefangenschaft von Maximilian II. Emanuel freigelassen: »Es wird gut sein, wenn die Asiaten wieder aus unserem lieben München hinauskommen, sie haben schon genug Unruhe in die Stadt gebracht, und man wird wohl noch in später Zeit zu erzählen wissen von den Vorfällen dieser Tage und von den Türken in München.«[10]

München ging auch weiterhin leidvollen Tagen entgegen. 1692 verließ der Kurfürst bis 1701 seine Residenz und begab sich als spanischer Statthalter mit seinem ganzen Hofstaat nach Brüssel. Sein Sohn Joseph Ferdinand war nämlich von dem kinderlosen spanischen König Karl II. als Universalerbe eingesetzt worden; damit schien für Bayern und das Haus der Wittelsbacher abermals die Kaiserwürde greifbar nahe. Doch 1699 starb Joseph Ferdinand – und der Versuch Maximilians II. Emanuel, trotzdem weiter in der Weltpolitik mitzuwirken, erwies sich als zu hoch gegriffen: Im weiteren Verlauf des »spanischen Erbfolgekrieges« (1701–1714) zwischen Wien und Paris schlug er sich auf die Seite

---

10 Hermann Schmid: ›Die Türken in München‹, Leipzig 1872; der einzige Roman, der das Miteinander von Bürgern und Türken in München heiter zu schildern weiß.

Fig. 14   Die ›Sendlinger Bauernschlacht‹ von 1705. Kupferstich von Friedrich Wilhelm Bollinger (Stadtarchiv München, R 1350)

Frankreichs, aber nach anfänglichem Kriegsglück folgte Niederlage und Leid: München wurde von 1705 bis 1715 von den österreichischen Kaisertruppen besetzt.

Spontan erhoben sich die Bürger gegen die Besetzung; in der sogenannten ›Sendlinger Bauernschlacht‹ von 1705 griffen die oberbayerischen Bauern zu den Waffen – Verrat führte zu einem Blutbad, österreichisches Militär wartete kampfbereit auf die couragierten Aufständischen, Tausende wurden abgeschlachtet (Fig. 14); die Rädelsführer des Bauernaufstandes erlitten einen grausamen Tod auf dem Marienplatz; geviertelt und aufgespießt zeigte man sie der Menge, ihre Köpfe hingen mahnend am Isartor. Der Kurfürst fiel am 29. April 1706 in Reichsacht: »Max Emanuels unglückseliger Leib wird jedermänniglich frei gelassen und darf sichs an ihm ein jeder ohne Strafe verfreveln.«

Einige Jahre später schien die Kaiserkrone für das bayerische Fürstenhaus nochmals erreichbar zu sein: Ein weiteres Mal flackerte die Hoffnung in Bayern auf, europäische Großmacht zu werden, das Erbe des ›Heiligen Römischen Reiches Deutscher Nation‹ antreten zu können. Am 12. Februar 1742 wurde Karl Albrecht in der Bartholomäuskirche zu Frankfurt als Karl VII. zum römischen Kaiser und deutschen König gekrönt; am gleichen Tage jedoch stürmten ungarische Husaren München, und abermals wehte (bis 1744) der österreichische Reichsadler über München. Karl VII. stand hilflos zwischen der Interessenpolitik Friedrichs II. von Preußen und Maria Theresias von Österreich. Als Kaiser ohne Land, aus Bayern von Österreich vertrieben, residierte Karl VII. in Frankfurt; dort schrieb der letzte wittelsbachische Kaiser, dem die Krone kein Glück gebracht hatte, resigniert und ernüchtert in sein Tagebuch: »So stellte ich Narr des Glücks einen Kaiser vor und tat, als ob ich Frankfurt zu meiner Residenz erwählt hätte, weil es in der Mitte des Reiches liegt, in Wahrheit aber war ich ein Verbannter, der keine Heimat hatte, da mein Land vom Feind besetzt war.«[11]

Maximilian III. Joseph (1745–1777) übernahm das schwere Erbe seines Vaters; er regierte den bayerischen Kleinstaat mit nicht mehr Bürgern, als München heute Einwohner zählt; er übernahm die ungeheure Schuldenlast von 32 Millionen Gulden, die er immerhin im Laufe seiner Regentschaft auf 15 Millionen Gulden mindern konnte. Auf der Suche nach wirtschaftlicher Stabilität gründete Maximilian III. Joseph staatliche Manufakturen, die jedoch letztlich zum Untergang verurteilt waren, da das wieder aufsteigende Bürgertum den Kampf gegen die Monopolgesellschaften des Hofes aufnahm. Mit Ausnahme der Nymphenburger Porzellanmanufaktur (1747 gegründet, 1761 nach Nymphenburg verlegt), die noch heute Weltruhm besitzt, gingen alle anderen Manufakturen aufgrund der angespannten Finanzlage bankrott. Herausragende Leistungen aus der Regierungszeit von Maximilian III. Joseph sind die Einführung der allgemeinen Schulpflicht in Bayern (1771), die Gründung der ›Akademie der Wissenschaften‹ (1759), einer Hochburg geistiger Kommunikation, und die Errichtung des Residenztheaters (1751/53) durch Cuvilliés, dessen Innenraum im »schönsten Rokoko der Welt« (J. Burckhardt) gestaltet war (Abb. 84); hier feierte Mozart die festlichen Aufführungen seiner Opern: die ›Entführung aus dem Serail‹ (1785), die ›Zauberflöte‹ (1793) und ›Figaros Hochzeit‹ (1794).

Mit Maximilian III. Joseph starb 1777 die altbayerische Linie der Wittelsbacher aus; ihm folgte aus dem wittelsbachisch-pfälzischen Haus Karl Theodor (1777–1799), der nur ungern nach Bayern kam und sich nicht recht akklimatisieren konnte oder wollte. Der pfälzische Kurfürst und sein gesamter rheinischer Hofstaat waren bei ihren bayerischen Untertanen von Anfang an ebenso wenig beliebt, wie sie ungern nach Bayern gekommen sind; als Karl Theodor dann noch Bereitschaft zu einem Tauschhandel zeigte und bayerische Gebiete an Kaiser Joseph II. von Österreich gegen rheinische eintauschen wollte, nahm der Unmut der Bürger gegen ihren Landesherrn bedrohliche Formen an. Überhaupt war das ausklingende 18. Jahrhundert voller Unruhe und gefährlicher sozialer Spannungen. Der Rat der Stadt, aus Anlaß eines geringfügigen Streits mit dem Landesvater völlig entmachtet, von einer kurfürstlichen Verwaltungskommission abgelöst, mußte schließlich am 21. Mai 1791 tiefe Schmach über sich ergehen lassen: Der abwesende Karl Theodor forderte vom gesamten Stadtregiment wegen angeblicher Majestätsbeleidigung, daß der Hof vor seinem Bildnis in der Maxburg Abbitte leistete. Unter den Bürgern gärte die Unzufriedenheit. 1795 herrschte auf dem Rathausplatz große Empörung über den Lebensmittel- und Getreidemangel; der explosionsartige Preisanstieg war für die Bürger nicht mehr erträglich. Der Kurfürst versprach zwar Abhilfe, statt jedoch Preissenkungen durchzuführen, sandte er ›zur

11   Michael Schattenhofer: ›München im Wandel der Jahrhunderte‹, München 1966, S. 28

Fig. 15
Napoleon zieht am 24. Okto-
ber 1805 als Verbündeter Bay-
erns durch das Karlstor in das
festlich geschmückte München
ein. Kupferstich von Taunais
(Stadtmuseum München,
P 1526/184)

allgemeinen Sicherheit‹ der Stadt Dragoner nach München . . . Karl Theodors Tod wurde in München gefeiert; mit großer Hoffnung blickte man auf seinen Nachfolger Maximilian IV. Joseph (1799–1825), der Bayern in ein neues Zeitalter führen sollte.

Bei aller gegenseitigen Abneigung, die zwischen Karl Theodor und seinen Untertanen bestand, hat sich der Kurfürst dennoch um München verdient gemacht: geht doch gerade auf seine Initiative eines der Herzstücke des modernen München zurück, der ›Englische Garten‹ (Farbt. 2, Abb. 8), den er 1789/91 in Auftrag gab und der dann von Benjamin Thompson (Graf von Rumford) und dem Gartenarchitekten Friedrich Ludwig von Sckell ausgeführt wurde. Auch die Entfestung Münchens, die Schleifung der etwa 4,8 km langen Stadtmauer, hat er 1791 im Hinblick auf neue, städtebaulich notwendige Erweiterungen praktisch veranlaßt – nicht aber wirklich durch kurfürstlichen Erlaß befohlen; eine Stadtplanung, die später von Ludwig I. (s. S. 65) verwirklicht wurde.

Maximilian IV. Joseph war gleich zu Beginn seiner Regentschaft mit den schweren Folgen der französischen Revolution (1789) konfrontiert; am 28. Juli 1800 besetzten französische Truppen für etwa ein Jahr München. Am 24. Oktober 1805 kommt Napoleon als Verbündeter Bayerns im Triumphzug in die festlich geschmückte Stadt (s. Fig. 15). Von München aus zieht der Kaiser in die denkwürdige ›Dreikaiserschlacht‹ von Austerlitz, wo er am 2. Dezember die vereinten Truppen Österreichs und Rußlands bezwingt. Siegesgewohnt kehrt Napoleon am 30. Dezember nach München zurück. Am 1. Januar 1806 verkündet der Landesherold die Proklamation des ›Königreiches Bayern‹; ohne Krönungszeremonie, mit Kroninsignien aus Paris wird Maximilian IV. Joseph als Maximilian I. Joseph bayerischer König von ›Napoleons Gnaden‹.

Königliche Haupt- und Residenzstadt

Bayern war nun Königreich, München königliche Haupt- und Residenzstadt; doch es blieb nicht nur bei dem neuen Namen für den süddeutschen Staat und seine Hauptstadt. Das 19. Jahrhundert sollte für Bayern – für Bürger und Herrscher – tatsächlich das segensreichste Jahrhundert seiner so wechselvollen Geschichte werden. Vorab sei jedoch an den hohen Tribut erinnert, den das neue Königreich Bayern seinem großen Gönner Napoleon darbringen mußte: Ca. 30 000 bayerische Soldaten starben 1812 beim Untergang der ›Großen Armee‹ – der Rußlandfeldzug des fanatischen Welteroberers war fehlgeschlagen!

Für die Verwaltung des Königreichs Bayern brachte die Orientierung nach Frankreich jedoch viel Gutes mit sich. Maximilian I. Joseph, Herrscher des neuen bayerischen Königreiches, hatte mit Maximilian Freiherr von Montgelas, der bereits 1799 mit dem Kurfürsten vom pfälzischen Hof nach München gekommen war, einen glänzenden Staatsmann und erfahrenen Politiker in seinen Diensten, der die Grundlage für den modernen bayerischen Staat schuf, in dem eine Stadtautonomie für München allerdings keinen Platz mehr hatte. Der Schöpfer der bayerischen Verfassung von 1808 (1818 unterzeichnet), wurde

1817 aufgrund eines unüberbrückbaren Gegensatzes zu Kronprinz Ludwig in der Verfassungsfrage entlassen; jedoch ist festzuhalten, daß München diesem Mann unendlich viel zu verdanken hat. Seine Staatsideen waren wegbereitend für die Zukunft Bayerns im 19./ 20. Jahrhundert. So ist die 1819 erfolgte Gründung des bayerischen Landtages, bestehend aus der Kammer der Reichsräte und der Abgeordnetenkammer, aus der Initiative des Freiherrn ebenso hervorgegangen wie die in ganz Bayern durchgeführte Säkularisation.

Die napoleonische Umwälzung in Bayern scherte sich wenig um altbayerisches, sondern suchte fremdes, nicht-bayerisches Gedankengut in den neuen Staatsapparat zu integrieren. Selbst das jahrhundertealte Wappensymbol Münchens, der Mönch (Abb. 98),   mußte weichen: 1808 zierte ein klassizistisches Tor mit Löwen das Stadtwappen. Doch bereits Ludwig I. (1825–1848), ein erbitterter Gegner Napoleons und Montgelas', führte 1835 das altehrwürdige Mönchswappen wieder ein. Die bisher rein katholische Stadt (nun auch Sitz des Erzbistums von München und Freising, seit 1818 vom König ernannt und vom Papst bestätigt) vergab 1801 erstmals an einen Protestanten das Münchner Bürgerrecht und ließ

Fig. 16   König Maximilian I. Joseph auf dem Sterbelager. Zeitgenössischer Kupferstich (Stadtmuseum München, MI/1859 B)

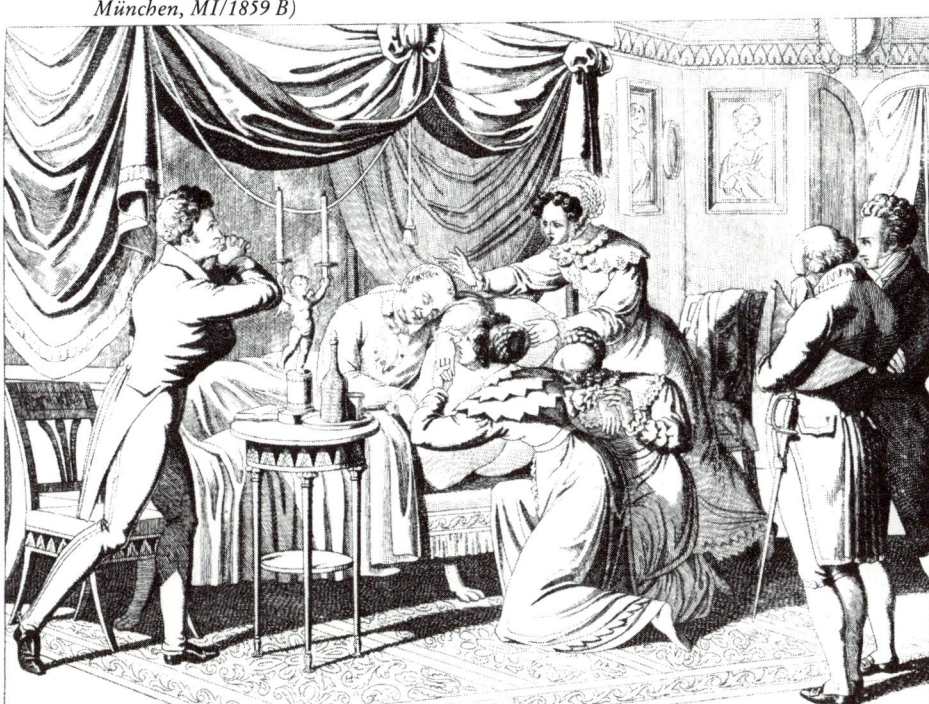

1827/33 ihre erste protestantische Kirche errichten (Matthäuskirche). Seit fränkische und schwäbische Gebiete das bayerische Territorium vergrößert hatten, gelangten – gegen den Willen der altbayerischen Bevölkerung – immer mehr Franken und Schwaben nach München; schon 1870 war die Zahl der ›Zugereisten‹ in München größer als die der in München Geborenen. Die Abneigung den Zugereisten, vor allem den norddeutschen und protestantischen Gelehrten gegenüber, entwickelte sich stetig zu einem gefährlichen innenpolitischen Zündstoff, der sich u. a. schon 1811 in dem mißglückten Mordanschlag auf Friedrich Wilhelm von Thiersch entladen hatte.

Nach dem Tode Maximilians I. Joseph (s. Fig. 16) kam mit Ludwig I. ein neuer, ›klassischer‹ Geist in die königliche Residenzstadt. Er machte München für knapp ein Jahrhundert zu einer europäischen Hochburg aller bildenden Künste, die gleich einem Magneten namhafte Künstler aus ganz Europa anzog. Thomas Mann charakterisiert am Ende dieser Epoche die Herrschaft der Ästheten mit leichter Ironie: »Die Kunst blüht, die Kunst ist an der Herrschaft, die Kunst streckt ihr rosenumwundenes Zepter über die Stadt hin und lächelt. Eine allseitige respektvolle Anteilnahme an ihrem Gedeihen, eine allseitige, fleißige und hingebungsvolle Übung und Propaganda in ihrem Dienste, ein treuherziger Kultus der Linie, des Schmuckes, der Form, der Sinne, der Schönheit obwaltet... München leuchtet.«[12]

Schon als Kronprinz war Ludwig I. der Kunst aufgeschlossen, er hatte sich bereits seit 1816 als verständnisvoller Kunstmäzen hervorgetan. Anläßlich seiner Hochzeit am 17. Oktober 1810 mit Therese von Sachsen-Hildburghausen wurde ein Pferderennen veranstaltet, zu dem auch die Bürger eingeladen waren; daraus wurde ein Volksfest typisch altbayerischer Prägung, das seit 1811 alljährlich von den Münchnern als Oktoberfest gefeiert wird und heute eines der größten Volksfeste der Welt ist (Farbt. 29, 31, 34, 35, Abb. 12–14, 17).

Die Liebe Ludwigs I. besonders zur Antike ist nicht zuletzt auf seine vielfachen Italienreisen zurückzuführen, auf denen er sich intensiv mit der antiken Kunst auseinandersetzte. Für all jene Bauten des späteren ›Isar-Athen‹, die er München und Bayern schenkte, hat er sich als Kronprinz Anregungen während seiner siebenmonatigen Italienreise geholt (15. Oktober 1817 bis 15. Mai 1818), auf der er sich auch seinen langersehnten Wunsch erfüllte, Sizilien zu bereisen (s. Fig. 17). Man kann es verstehen, daß den jungen Kronprinzen die Kunst der Griechen und Byzantiner, Normannen und Staufer auf Sizilien, der Tempel von Segesta genauso wie der Normannendom von Monreale, so sehr ergriffen hatte, daß er in seiner Heimat gleiche ›Wunderwerke‹ vollbringen wollte, die zum Symbol seiner Macht und Herrlichkeit werden sollten. Aber es waren nicht nur diese steinernen Zeugnisse, die ihn beflügelten, sondern auch intellektuelle Auseinandersetzungen, z. B. mit Klenze und Thorvaldsen, die er wiederholt in Rom traf (s. Fig. 18), die seinen Geist anregten und seine hohe Meinung prägten, so daß selbst Goethe von ihm sagte: »Da sehen Sie einen Monarchen, der neben der königlichen Majestät seine angeborene schöne Menschennatur gerettet hat.«

12   Thomas Mann: ›Gladius Dei‹, Erstveröffentlichung in: ›Die Zeit‹, Wien 1902

Fig. 17 Kronprinz Ludwig gelangt während seiner Italienreise zum Castel Brolo nach Sizilien. Aquarell von Johann Georg von Dillis (Staatl. Graphische Sammlung, München, Inv. Nr. 21 595)

Nachdem Ludwig I. kurz nach Regierungsantritt 1826 die Universität von Landshut nach München verlegt hatte, begann er sein großes Lebenswerk: Gemeinsam mit seinen königlichen Architekten Klenze und Gärtner, dem Bildhauer Schwanthaler und dem Maler Cornelius gestaltete er die ›Maxvorstadt‹, die von seinem Vater begonnene Stadterweiterung zwischen München und Schwabing mit der pulsierenden Lebensader Ludwigstraße, die im Süden von der Feldherrnhalle und im Norden vom Siegestor abgeschlossen wird. Er war der Bauherr des Odeonsplatzes, Gestalter des Königsplatzes mit den Propyläen und Initiator der so bedeutenden Sakralbauten Münchens wie der neobyzantinischen Allerheiligenhofkirche, der neuromanischen Bonifatius-Basilika und der romanisierenden Ludwigskirche. Die Bürgerrevolution von 1848 (s. Fig. 19), der Ruf nach Unabhängigkeit und nach mehr politischer Freiheit und schließlich die Liebesaffäre Ludwigs I. (als 60jähriger) mit der 28jährigen Tänzerin Lola Montez zwangen den König noch im gleichen Jahr, am 20. März, zugunsten seines Sohnes Maximilian II. (1848–1864) abzudanken; die Revolution hatte gesiegt, an der Feldherrnhalle wehte die ›schwarzrotgoldene‹ Fahne! Schließlich brachen auch die letzten politischen Hoffnungen des ewigen Griechenlandbegeisterten zusammen:

Fig. 18
Kronprinz Ludwig weilt mit seinen Reisegefährten in der spanischen Weinschenke des Don Raffaelo zu Rom: ganz links an der Ecke des Tisches winkt Kronprinz Ludwig dem Wirt Don Raffaelo; auf derselben Bank sitzen rechts von Ludwig: Bertel Thorvaldsen und Graf Seinsheim; auf der Bank gegenüber v. l. n. r.: Leo von Klenze, Johann Martin von Wagner (stehend), Philipp Veith, Johann Nepomuk von Ringseis, der Leibarzt Ludwigs (mit einem Glas Wein in seiner Linken), Schnorr von Carolsfeld, Baron Gumppenberg und Franz Catel. Dieses Gemälde von Franz Catel ist ein kulturhistorisches Werk von größtem Rang (Bayerische Staatsgemäldesammlungen, München, WAF 142)

Fig. 19 Bürgerrevolution von 1848, Erstürmung des Zeughauses. Steinzeichnung von Hans Bolz (Stadtmuseum München, Z 1878)

Sein Sohn Otto, der sich seit 1832 als König von Griechenland – wenn auch mit durchaus geringer Anerkennung durch seine griechischen Untertanen – bemüht hatte, diesem Land neue Impulse zu geben, mußte 1862 ebenfalls abdanken und kehrte enttäuscht nach München zurück. Den Intentionen seines Vaters folgend, förderte Maximilian II. verstärkt die Kulturpolitik, besonders Wissenschaft und Dichtung, weniger die bildende Kunst. Seine königlichen Ratgeber waren der Philosoph Friedrich Wilhelm Joseph von Schelling und der Historiker Leopold von Ranke; seinem Ruf nach München folgten die Historiker Wilhelm von Giesebrecht und Heinrich von Sybel, der Chemiker Justus von Liebig und der ›Soziologe‹ Wilhelm Heinrich Riehl. Mit dem Bund der ›Krokodile‹ bildete sich um Emanuel Geibel und Paul von Heyse ein brillanter Dichterkreis mit namhaften Poeten. Auf dem Gebiet des Städtebaus schloß Maximilian II. an die Tradition seines Vaters Ludwig I. an: Er ergänzte die großzügige Anlage der ›Maxvorstadt‹ östlich der Altstadt durch den Bau der Maximilianstraße (1852/75) mit dem ›Maximilianeum‹ (1857/74) und dem ›Alten Nationalmuseum‹ (1858/65), dem heutigen Völkerkunde-Museum.

Ludwig II. (1864–1886) suchte während seiner Regierungszeit den Ruhm Münchens auch durch die Musik zu mehren: Sein enger Kontakt zu Richard Wagner schien ihm Erfolg zu versprechen. Doch trotz der Uraufführungen von ›Tristan und Isolde‹ (1865), ›Meistersinger von Nürnberg‹ (1868), ›Rheingold‹ (1869) und ›Walküre‹ (1870) sowie des Wirkens von Anton Bruckner, dessen 7. Symphonie ein Jahr nach ihrer Leipziger Uraufführung 1885 in München gespielt wurde und dessen ›Tedeum‹ 1886 in München seine Uraufführung erlebte, schlug der Versuch fehl, München schon damals zur Musikstadt zu machen. Der Wunsch Ludwigs II., einen ›Musikpalast‹ zu bauen, wurde nicht verwirklicht. Dafür realisierte er seine Bauleidenschaft in den Bergen südlich von München; die dort errichteten Königsschlösser sind märchenhafte Denkmäler seiner Zeit. Als repräsentative Zeugen der Baulust jener Epoche versetzen die Schlösser Hohenschwangau (1833) und Linderhof (1870/72; Farbt. 52, Abb. 137, 138), Neuschwanstein (1838; Farbt. 53) und Herrenchiemsee (1878; Abb. 143) den heutigen Besucher in eine Märchenwelt königlicher Selbstdarstellung – ein Kontrast zur Wirklichkeit des beginnenden Industriezeitalters, das soziale Probleme ganz besonderer Schärfe mit sich bringen sollte.

Daß gerade Ludwig II. als ›Märchenkönig‹ noch so sehr in der bayerischen Erinnerung verwurzelt ist, liegt auch an der Art und Weise, wie man den kranken König entmündigte; ein Verfahren, das jeglicher Einfühlsamkeit gegenüber dem König entbehrte.

Um die Jahrhundertwende residierten in Münchens ›klassischem Schwabing‹ viele der bedeutendsten europäischen Maler; sie fanden hier eine »Atmosphäre der Menschlichkeit, des duldsamen Individualismus, der Maskenfreiheit sozusagen; eine Atmosphäre von heiterer Sinnlichkeit, von Künstlertum; eine Stimmung von Lebensfreundlichkeit, Jugend, Volkstümlichkeit, jener Volkstümlichkeit, auf deren gesunder derber Krume das Eigentümlichste, Zarteste, Künste, exotische Pflanzen manchmal, unter wahrhaft gutmütigen Umständen gedeihen konnte« (Thomas Mann).

Franz von Lenbach, Gabriel von Seidl und Lorenz Gedon, Urmünchner Künstler, fanden in diesem Umfeld genauso wie Friedrich August von Kaulbach ihren optimalen Wirkungskreis, der später durch die vielen Künstlervereinigungen wie etwa der ›Münchner Sezession‹ und dem ›Blauen Reiter‹ mit Alexej Jawlensky, Wassily Kandinsky, Franz Marc, Gabriele Münter und Alfred Kubin bereichert wurde – München war eine Stadt der Maler.

Der Beginn des 20. Jahrhunderts veränderte Bayern und München tiefgreifend; Industrie und Technik eroberten alle Lebensbereiche. München wurde Bayerns größte Industriestadt. Die beiden letzten wittelsbachischen Herrscher, Prinzregent Luitpold (1886–1912) und König Ludwig III. (1913–1918), konnten jedoch das Ende der fast 700jährigen Monarchie nicht mehr aufhalten. Der Erste Weltkrieg versetzte dem bayerischen Königtum der Wittelsbacher den Todesstoß – am 8. November 1918 wurde die Republik ausgerufen; Ludwig III. floh, entband seinen Hofstaat von seinem Treueeid, verzichtete aber nicht auf seinen Thron. Im München der zwanziger und dreißiger Jahre herrschte eine Atmosphäre, die den Faschismus begünstigte: München wurde zur ›Hauptstadt der Bewegung‹. 20 Jahre später folgte der Zweite Weltkrieg. 1945 war ein Viertel der Bevölkerung Opfer des Krieges geworden, 45% der Bausubstanz Münchens waren zerstört.

Aus Schutt und Asche stieg München im Verlauf des deutschen ›Wirtschaftswunders‹ empor zu einer neuen liebenswerten Stadt, der ›Weltstadt mit Herz‹, die mit ihrer 800-Jahrfeier (1958), dem Eucharistischen Weltkongreß (1960) und den XX. Olympischen Sommerspielen 1972 glanzvolle Höhepunkte erlebte. »Wenn heute von München so gern als von der werdenden Weltstadt gesprochen wird, so ist zu sagen, daß München schon lange Weltstadt ist, wenn damit Weltaufgeschlossenheit und der Zug ins allgemein Bedeutende, Universale gemeint ist; wir wagen zu hoffen, daß München, trotz Millionenbevölkerung, nie Weltstadt werden möge, wenn dies nur weltstädtischen Lebenskonsum und Weltstadt-allüren bedeutet.«[13]

13   Michael Schattenhofer: ›München im Wandel der Jahrhunderte‹, München 1966, S. 35

Die Gestalt der Stadt

Die städtebauliche Entwicklung Münchens

Münchens Anfänge liegen vor 1158, das ist das einzige, was man mit Sicherheit weiß. Alle anderen Theorien und Abhandlungen über frühgermanische Ursprünge – von einer Gründung durch Römer und Kelten, einer Gründung durch Mönche aus dem Kloster Tegernsee bis hin zu dem Nachweis, daß Urmünchen Schäftlarner Besitz war – sind lediglich Vermutungen; es fehlt der letzte Beweis. Die ältesten Siedlungsspuren im Stadtgebiet aus der Zeit vor 1158 lassen sich auf dem ›Petersbergl‹, unter dem Marienplatz und in ›Altheim‹ (zwischen dem heutigen Altheimer Eck und dem Färbergraben) nachweisen (s. hintere Umschlagklappe); keiner der spärlichen Funde zeigt jedoch römisches Kulturgut. Auf dem Petersbergl läßt sich mit Sicherheit eine frühe (nicht genau datierbare) dreischiffige Pfeilerbasilika mit Mittelapsis durch Grabungsfunde belegen; dagegen fehlt für ein vielfach vermutetes römisches Mithras-Heiligtum und eine Burganlage jeder Beweis.

Die Gründungsstadt Heinrichs des Löwen

Im Spätsommer 1157 zerstörte der Welfenfürst Heinrich der Löwe Markt, Brücke und Münze von Föhring (s. S. 16) und gründete am Kreuzungspunkt der Landstraße (von Sendling nach Schwabing) mit der Salzstraße an der Stelle der vorhandenen Siedlung Munichen eine ›befestigte Stadt‹[14], die er mit den alten Föhringer Marktrechten ausstattete; dies ist das historische Ereignis der Stadtgründung Münchens.

Noch heute hebt sich aus dem modernen Stadtplan diese Gründungsstadt Heinrichs des Löwen (die sich in ihrer parzellenartigen Struktur kaum verändert hat) deutlich heraus.

14 Dieter Oestereich sieht in den Einheitsgrundstücken der beiden von Heinrich dem Löwen gegründeten Städte München und Lübeck exakte Parallelen; s. ›Die Entstehung und Entwicklung des Stadtgrundrisses von München‹, Dissertation TH München 1949

Dort, wo einst die erste Stadtmauer mit Graben verlief (1157), ziehen sich heute schmale Gassen durch das Häusermeer der Millionenstadt München, die zur Zeit Heinrichs des Löwen nicht größer als 17 ha war und gerade 2500 Einwohner beherbergte. Der damalige Verlauf der Befestigung ist nahezu identisch mit dem heutigen Straßenverlauf von Augustinerstraße – Löwengrube – Schäfflerstraße – Hofgraben – Sparkassenstraße – Viktualienmarkt – Rosental und Färbergraben, die den historischen Stadtkern umschreiben (s. Fig. 21).

Topographisch günstig gelegen, bot die Stadt Heinrich dem Löwen am westlichen Isar-Hochufer genügend Schutz vor Hochwasser und war strategisch gut zu verteidigen. Fünf Tore sicherten einst den Zugang der jungen Stadt, die alle ebenfalls im heutigen Stadtplan lokalisierbar sind, ja teilweise noch – wenn auch in veränderter Form – existieren:

Im Westen	*Oberes Tor* (Kaufinger Tor/Schöner Turm); 1239 erstmals urkundlich erwähnt, 1807 abgebrochen.
Im Osten	*Unteres Tor* (1315 Talburgtor[15] genannt, später Taltor/Rathausturm); 1940 nach schweren Bombenschäden abgebrochen, 1972 im gotischen Stil von 1493 rekonstruiert (s. S. 213).
Im Süden	*Inneres Sendlinger Tor* (Pütrich-/Blauenten-/Ruffiniturm); 1289 erstmals urkundlich erwähnt, 1808 abgebrochen.
Im Norden	Die Nordflanke der Stadt sicherte man durch zwei Toranlagen: am Ende der Dienerstraße: *Vorderes Schwabinger Tor* (Krümbleinsturm/ Muggenthaler-/La-Rossee-/Polizeiturm); 1332 erstmals urkundlich erwähnt, 1842 abgebrochen; am Ende der Weinstraße: *Inneres Schwabinger Tor* (Wilbrechts-/Schäffler-/ Tömlinger-/Nudelturm); 1434 erstmals urkundlich erwähnt, 1691 für den Neubau des ›Instituts der englischen Fräulein‹ abgebrochen.

München und seine Befestigung aus dem Jahre 1175 zeigen bereits in der zweiten Hälfte des 13. Jahrhunderts urbanen Charakter und lassen im Stadtgrundriß – speziell mit seinen parzellenartigen ›Einheitsgrundstücken‹ – enge Verwandtschaft mit der ebenfalls von Heinrich dem Löwen gegründeten Stadt Lübeck erkennen. Doch erst 1180 wird München namentlich erstmals urkundlich erwähnt (s. S. 18). Als ›villa ad munichen‹ war die ›Stadt‹ letztlich in der Kaiserurkunde Barbarossas zu einer ›Dorfsiedlung‹ degradiert und damit zum Untergang verurteilt worden; doch – wohl aus wirtschaftspolitischen Gründen – überstand München die Stürme seiner Gründungszeit nahezu unbeschadet.

---

15 Das verwirrende Wort ›Talburgtor‹ hat viele Forscher dazu veranlaßt, in München eine frühe Burg Heinrichs des Löwen zu suchen. Interpretiert man dagegen (wie M. Schattenhofer vorschlägt) das Wort ›Burg‹ aus dem Alt- und Frühmittelhochdeutschen, wo es einfach ›Stadt‹ bedeutet, dann ergibt sich für ›Talburgtor‹ ›Stadttor‹, das zum Isar-›Tal‹ hin ausgerichtet war.

Immer wieder gab es Spekulationen und heftige Auseinandersetzungen über die Frage der Existenz einer Burg Heinrichs des Löwen im Münchner Stadtgebiet (s. Fußnote 15). Zweifelsfreie Beweise für oder gegen eine Burganlage fehlen auch heute noch. Für den Fall, daß Heinrich der Löwe auch in München eine Residenz hatte, dürfte eine solche Anlage im Bereich des ›Alten Hofes‹ zu suchen sein, wo sich ab 1255 auch die Wittelsbacher mit ihrer Hofhaltung etablierten. Die Tatsache, daß der junge Welfen-Fürst während seiner 24jährigen Herrschaft über sein bayerisches Herzogland nur elfmal in Bayern verweilte, läßt den Bau einer welfischen Burganlage in München jedoch als ziemlich unwahrscheinlich erscheinen.

Durch die Anlage der ersten Befestigung und durch die sich kreuzenden Straßenzüge war die Stadt München für Jahrhunderte, wie wir noch sehen werden, bis zur heutigen Zeit im Kern in ihrer topologischen Entwicklung festgelegt. Das Stadtbild dagegen hat sich im Laufe der Jahrhunderte bis zum modernen München des 20. Jahrhunderts vielfach gewandelt: So sind die meist nur erdgeschossigen, einfachen Holzhäuser mit Schindel-Deckung und die seltenen Steinhäuser (von wohlhabenden Kaufleuten der Gründungszeit), ebenso wie die typischen architektonischen Bauwerke der folgenden Epochen, bedauerlicherweise heute nicht mehr als bestenfalls fragmentarisch erhalten.

Doch um auf die große städtebauliche Grundidee zurückzukommen: Nicht diese Elemente – Häuser oder prunkvolle Fürstengebäude – sind die bestimmenden Faktoren einer Stadt, sondern ihre morphologische Grundstruktur. So wie die Stadtbefestigung, die Lage der Stadttore und der Verlauf der ältesten Straßenzüge Münchens sich über Jahrhunderte nicht veränderten, also *die* Determinanten der Stadtbaugeschichte waren, ebenso bestimmte die von Osten kommende Salzstraße als wirtschaftliche ›Schlagader‹ Wesen und Entwicklung der Stadt. Als Ost-West-Achse übernahm sie die Funktion der Marktstraße und war an ihrem Kreuzungspunkt mit der Landstraße Sendling–Schwabing zum großzügigen Marktplatz ausgeweitet, der später als Schrannenplatz und heute als Marienplatz das ›Herzstück‹ Münchens geworden und geblieben ist. Nahezu gleich große ›städtebauliche‹ Bedeutung kommen noch dem Petersbergl, dem Alten Hof/Residenz und dem Frauenplatz zu. Bei jeder Baumaßnahme wurde ihre Lage als ›unumstößliche Tatsache‹ hingenommen; an diesen Stadträumen vollzog sich in allen Epochen am unmittelbarsten die städtebauliche Entwicklung Münchens. An der (Um-) Gestaltung der Architektur von Rathaus, Peterskirche, Frauenkirche und Residenz läßt sich nahezu jeder politische und soziale Wandel des Bürgertums und des bayerischen Herzog/Fürstentums ablesen. Neben der oben schon erwähnten Peterskirche beherrschte auch schon die ›Frauenkirche‹ (damals noch Marienkirche genannt) das Stadtbild Münchens in der zweiten Hälfte des 12. Jahrhunderts. Wann die erste Marienkirche errichtet wurde, ist ungewiß, sicher ist jedoch, daß Bischof Konrad von Freising bereits am 24. November 1271 die Frauenkirche zur zweiten Pfarrkirche Münchens erhob. Diese romanische Basilika mit zwei Westtürmen war der Nachfolgebau einer kleinen Marienkapelle aus der Zeit vor der Stadtgründung Münchens. Der ›Alte Hof‹ hingegen dürfte in dieser Epoche nicht mehr als ein bescheidener herzoglicher Fronhof gewesen sein, der 1284 erstmals urkundlich erwähnt wird.

Mittelalterliche Bürgerstadt

Kaum ein Jahrhundert war seit der Gründung vergangen, als München schon über die Mauern der ersten Befestigung hinauswuchs. Weder das vom Freisinger Bischof geplante und 1180 von Barbarossa urkundlich ausgesprochene Todesurteil über München (s. S. 18) noch der verheerende Brand von 1221 konnten den Lebensnerv der Stadt treffen; Berichte über diesen Stadtbrand in den Schäftlarner Annalen bezeichnen München bereits als *civitas*. Die Wirtschaft befand sich in hoffnungsvollem Aufschwung. Als dann schließlich nach der ersten Landesteilung in Ober- und Niederbayern 1255 die Wittelsbacher ihre Hofhaltung nach München verlegten und die Stadt Verwaltungszentrum Oberbayerns wurde, stand damit der Entwicklung Münchens nichts mehr im Wege; zudem gab die herzogliche Präsenz der jungen aufblühenden Stadt neue lebenswichtige Impulse, die ein gesundes Wachstum mehr oder weniger garantierten. Nicht unwesentlich dürfte die Anziehungskraft Münchens für Kaufleute, Händler und Handwerker gerade durch den jungen Herzog Ludwig den Strengen (1253–1294) gesteigert worden sein, der sich im ›Alten Hof‹ einquartierte, den er wohl nach seinen Bedürfnissen umbauen ließ (Farbt. 16). Überhaupt setzte mit diesem Wittelsbacher eine rege Bautätigkeit ein. Seiner Initiative ist die Ausweitung der leonischen Stadt weit über die Befestigungsmauern hinaus zu verdanken, die damit begann, daß nach Osten, zur Isar hin, ein neuer Stadtteil entstand, der anfänglich den Namen ›Vorstadt‹, später ›Talstadt‹ erhielt.

Wieder bewies sich auch bei dieser topologischen Stadtplanung die Ost-West-Achse (Salzstraße) der Stadt als eines der maßgebenden Elemente: Zum einen übernahm sie auch in der ›Vorstadt‹ die unerläßliche Marktfunktion, zum anderen stellte sie eine natürliche Grenze zwischen der Alten Pfarrei St. Peter und der Marienkirche dar, die 1271 zur eigenständigen Pfarrei mit Gottesacker und Taufbecken erhoben wurde.

Vieles deutet darauf hin, daß die entscheidende Weichenstellung für die zukunftsweisende Stadterweiterung Münchens – zumindest im grundlegenden Ansatz – bereits auf die Planung Ludwigs des Strengen zurückgeht. Neben der ›Gründung‹ der ›Talstadt‹ und der Verdichtung der leonischen Kernstadt liegen den Erweiterungsplänen außerhalb der Befestigung klare Konzeptionen zugrunde. Die Leitidee war die Orientierung an der sich kreuzenden Landstraße und Salzstraße (s. S. 71 f.). Das Hauptstraßenkreuz, das bereits die leonische Stadt bestimmte, wurde verlängert und stellte als schiefwinkliges Straßen-Achsenkreuz mit nahezu gleichen Schenkel-Längen nach Norden, Süden, Osten und Westen (gemessen vom Marienplatz zu den Stadttoren der äußeren Befestigung ca. 1200 Meter) das Kerngerüst des Münchner Stadtgrundrisses bis zum 20. Jahrhundert dar. Als besonders glückliche städtebauliche Lösung hat sich die Verlängerung der Wein- und der Dienerstraße erwiesen, die nördlich der inneren Stadtmauer als Theatiner- bzw. Residenzstraße weiterverlaufen, um sich dann in der alten Schwabinger Landstraße (heute Ludwigstraße) außerhalb der alten Befestigung zu vereinen. Durch diesen Kunstgriff war statt der zwei Schwabinger Tore der Kernstadt nur noch ein Stadttor im Bereich der heutigen Feldherrnhalle erforderlich (s. S. 90, 239 f.)

Fig. 20 Stadtansicht Münchens von Osten, 1493. Schedelsche Weltchronik (Ausschnitt, s. Fig. 5). Die ›Frauentürme‹ erscheinen hier noch ohne die 1524/25 aufgesetzten ›Welschen Hauben‹ (Stadtmuseum München, MI/1)

Daß sich bereits am Ende des 13. Jahrhunderts eine zukunftsgerichtete Stadtplanung abzeichnete, läßt sich schließlich auch aus der Tatsache ablesen, daß München vor allem die Geistlichkeit anzog, die sich in der Zeit um 1280/90 fast um jeden Preis noch einen guten Bauplatz für ihre Klostergründungen sichern wollte. Während sich Franziskaner, Klarissinen und Augustiner in München niederließen, entstanden etwa zur gleichen Zeit das Heilig-Geist-Spital, St. Jakob am Anger, das Pütrich-Seelhaus und das Ridler-Regelhaus; auch wuchs nun zunehmend das ›Sonderdorf‹ Altheim in das Stadtgebiet mit hinein.

Um 1285 scheint man mit den Bauarbeiten für die zweite (›Äußere‹) Stadtbefestigung begonnen zu haben: Münchens Fläche vergrößerte sich damit auf ca. 90 ha, was einem sechsfachen Zuwachs im Vergleich zur Gründungsstadt Heinrichs des Löwen entspricht; die Stadt besaß nun bis zum 18. Jahrhundert ausreichendes Bauland, um sich innerhalb der Stadtmauern ausweiten zu können.

Gleichen Baueifer wie Ludwig der Strenge zeigte auch Ludwig der Bayer (1294–1347), der schon bald deutscher König und römischer Kaiser werden sollte (s. S. 21ff.), als er das bayerische Herzogtum der Wittelsbacher in München übernahm. Außer um die Vollendung der bereits geplanten Stadterweiterung kümmerte er sich vor allem verstärkt um die Festungsanlagen in München, weil das Aufkommen immer raffinierterer Feuerwaffen neue Baumaßnahmen erforderte; auch der Stadtbrand von 1312 und schließlich besonders die große Brandkatastrophe von 1327 – die fast die gesamte östliche Bausubstanz der Inneren Stadt vernichtete – machten neue städtebauliche Planungen unumgänglich.

Noch während die Bauarbeiten für die neue Befestigung unermüdlich vorangetrieben wurden, differenzierte man bereits seit 1300 in den Urkunden zwischen der ›Inneren‹ und der ›Äußeren‹ Stadt, wobei noch 1368 (nur) die ›Innere‹ Stadt *civitas* genannt wurde. Jene Struktur, die im Stadtplan ablesbar ist, spiegelt sich fortan auch in den politischen Gremien, bei den Vertretern der Bürgerschaft und der Rats-Zusammensetzung, wider: Seit ca. 1318 unterscheidet auch das Stadtparlament im Rathaus zwischen dem ›Äußeren Rat‹ und dem ›Inneren Rat‹ (s. S. 21). Es scheint zwischen beiden ›Städten‹ lange Zeit ein erheblicher sozialer Unterschied bestanden zu haben; immerhin zahlten die Bürger der ›Inneren Stadt‹

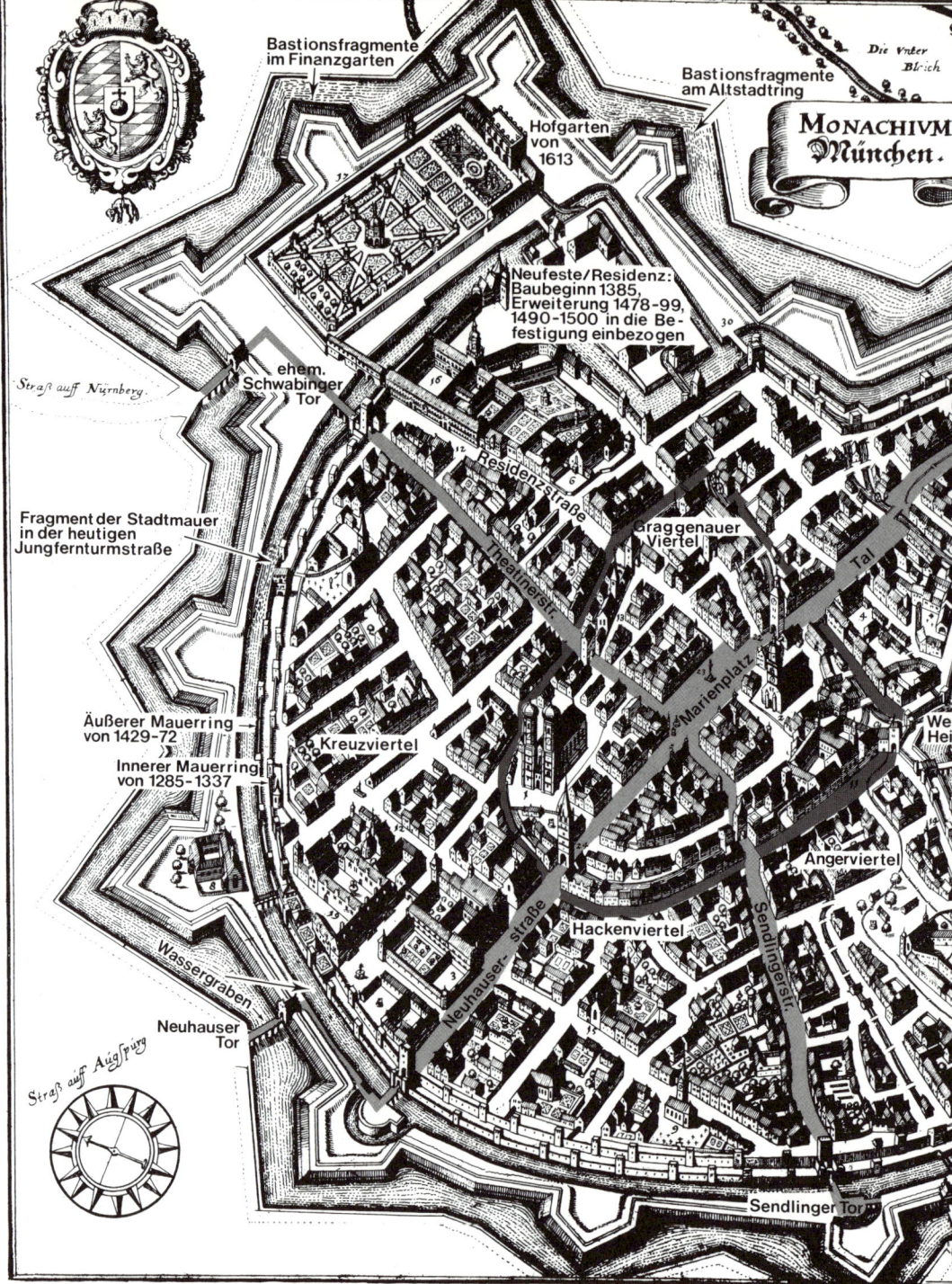

Bastionsfragmente
im Finanzgarten

Bastionsfragmente
am Altstadtring

Die Vnter
Bl-ich

Hofgarten
von 1613

MONACHIVM.
München.

Neufeste/Residenz:
Baubeginn 1385,
Erweiterung 1478-99,
1490-1500 in die Be-
festigung einbezogen

Straß auff Nürnberg.

ehem.
Schwabinger
Tor

Residenzstraße

Braggenauer
Viertel

Theatinerst.

Tal

Fragment der Stadtmauer
in der heutigen
Jungfernturmstraße

Marienplatz

Welf
Hein

Kreuzviertel

Äußerer Mauerring
von 1429-72

Angerviertel

Innerer Mauerring
von 1285-1337

Neuhauser- straße

Sendlingerst.

Hackenviertel

Wassergraben

Neuhauser
Tor

Straß auff Augspurg

Sendlinger Tor

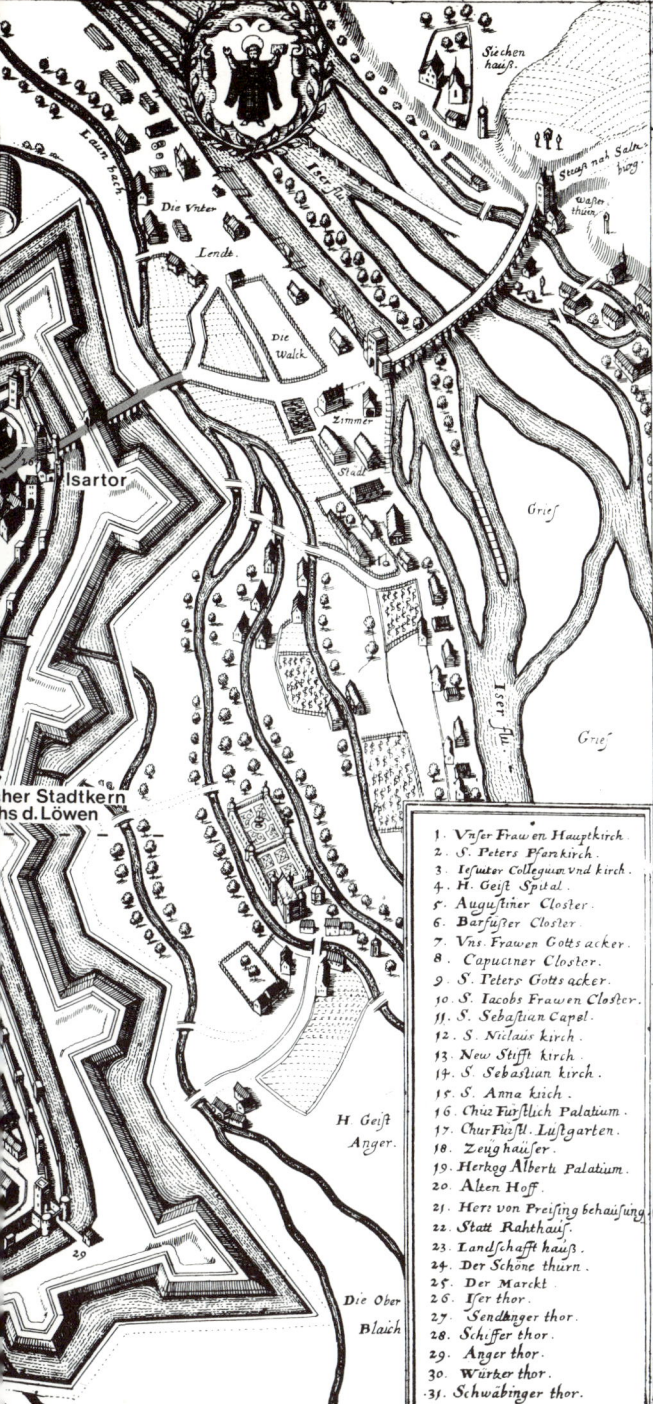

Legend on the map:

1. Vnſer Frawen Hauptkirch.
2. S. Peters Pfarkirch.
3. Ieſuter Collegium vnd kirch.
4. H. Geiſt Spital.
5. Auguſtiner Cloſter.
6. Barfuſſer Cloſter.
7. Vns. Frawen Gotts acker.
8. Capuciner Cloſter.
9. S. Peters Gotts acker.
10. S. Iacobs Frawen Cloſter.
11. S. Sebaſtian Capel.
12. S. Niclaus kirch.
13. New Stifft kirch.
14. S. Sebaſtian kirch.
15. S. Anna kich.
16. Chur Fürſtlich Palatium.
17. Chur Fürſtl. Luſtgarten.
18. Zeug haüſer.
19. Herzog Alberti Palatium.
20. Alten Hoff.
21. Herr von Preiſing behaüſung.
22. Statt Rahthaüſ.
23. Landſchafft haüſ.
24. Der Schöne thurn.
25. Der Marckt.
26. Iſer thor.
27. Sendlinger thor.
28. Schiffer thor.
29. Anger thor.
30. Wurter thor.
31. Schwäbinger thor.

Map labels: Siechen hauß, Straß nach Salzburg, Wasser thurn, Laun bach, Iſer fluß, Die Vnter Lende, Die Walck, Zimmer Stadl, Grieß, Isartor, ...her Stadtkern ...s d. Löwen, Iſer fluß, Grieß, H. Geiſt Anger, Die Ober Blaich

■

Altes Straßenkreuz der welfischen Stadtgründung Heinrichs des Löwen, das sich bis heute als bestimmend erwiesen hat

■

Ehemaliger Verlauf der Befestigung der Gründungsstadt Heinrichs des Löwen, die mit dem heutigen Straßenverlauf von Augustinerstraße – Löwengrube – Schäfflerstraße – Hofgraben – Sparkassenstraße – Viktualienmarkt – Rosental und Färbergraben identisch ist

Fig. 21

Das kurfürstliche München (1640 bis 1791) mit den Baumaßnahmen der Jahre 1385–1500. Kupferstich von Matthäus Merian, 1640 (Beschriftung vom Verfasser)

Fig. 22   Die herzoglichen ›Landschaftshäuser‹ an der Nordflanke des Marienplatzes. Kupferstich von Michael Wening, 1701 (Stadtmuseum München, MI/611)

mit nur etwa 25% Anteil an der Gesamtbevölkerung Münchens etwa die Hälfte der gesamten Stadtsteuern. Diese gesellschaftliche Abgrenzung fand zudem noch sichtbaren Ausdruck darin, daß die Tore der ›Inneren Stadt‹ nachts geschlossen blieben.

Größte städtebauliche Bedeutung hat die Anordnung Ludwigs des Bayern aus dem Jahre 1315, in der er verfügte, daß der Marktplatz (Marienplatz; Farbt. 9) für alle Zeiten unbebaut bleiben möge, auf daß der Platz »desto lustsamer und desto schöner und desto gemachsamer sei, Herren, Bürgern und Gästen und vor allen Leuten, die darauf zu schaffen haben«, womit das Herzstück der Stadt erst richtig lebensfähig wurde. Noch im gleichen Jahr erging angesichts der drohenden Gefahr eines Angriffes auf München durch Friedrich den Schönen aus Österreich der Befehl, in aller Eile die ›Äußere Stadtmauer‹ kriegsmäßig zu vollenden, was jedoch nur teilweise gelang, denn erst 1337 waren mit der Fertigstellung des Isartores die Bauarbeiten der neuen Befestigung abgeschlossen. Vier Tore sicherten nun den Weg zur

neuen Stadt; neben dem Isartor im Osten waren dies: das Schwabinger Tor im Norden, das Sendlinger Tor im Süden und das Neuhauser Tor im Westen. Schließlich wurde 1387 auch der östlichste Stadtbezirk ›Gries‹ in die Talstadt und somit in den Gesamtkomplex Münchens einbezogen. Am Ende des 14. Jahrhunderts gliederte sich das ›Neue München‹ in fünf Stadtteile auf, die, jeder für sich, eigenständige sozial-wirtschaftliche Funktionen übernommen hatten: Waren Gries und die Talstadt im Osten dem allgemeinen Handel und Gewerbe vorbehalten, so etablierte sich im Nordwesten, im Eremiten-Viertel (Kreuzviertel), vornehmlich die Geistlichkeit, während ihr gegenüber im Nordosten, dem Wilbrechts-Viertel (Graggenauer-Viertel), seit frühester Zeit der bayerische Adel residierte und im Südosten, im Kramer-Viertel (Hackenviertel/Altheim), wie im Südwesten, im Rindermarkt-Viertel (Angerviertel) – wie es die beiden Namen bezeugen –, vornehmlich handeltreibende Bürger ansässig waren (s. Fig. 21).

Dem verhältnismäßig raschen Wachstum Münchens folgten soziale Unruhen, die in den letzten Jahrzehnten des 14. Jahrhunderts die städtebauliche Erweiterung nicht unwesentlich beeinflussen sollten. Als Reaktion auf den Bürgeraufstand von 1385 (Ermordung Hans Implers, s. S. 23) verlegten die Wittelsbacher noch im gleichen Jahr ihre Residenz vom Alten Hof (wieder) zur Nordost-Ecke der Stadt, die wohl schon langfristig für ein solches Bauprojekt freigehalten worden war. Ähnlich wie in der welfischen Gründungsstadt war damit der neue herzogliche Hof, die ›Neufeste‹, der massiven bürgerlichen Umklammerung entrissen. Mit dem Rücken zum offenen Fluchtweg hin ließen sich fortan viel besser innere Unruhen überstehen, denn die Neufeste war gleichermaßen zum Schutz vor dem Feind von außen als auch von innen angelegt.

Als Wasserschloß, bestehend aus einer Vielzahl von Einzelgebäuden – kein planerisches Ganzes – war die Neufeste auch zur Bürgerstadt hin durch einen breiten Wassergraben gesichert; zusätzlich hielten sich die Herzöge nach Norden ein Fluchttor offen (s. Fig. 21). Aber erst Albrecht IV. war es, der den zügigen und systematischen Ausbau der Neufeste in Angriff nahm, womit fast 100 Jahre bis zur Fertigstellung der Burg (1469/80) vergehen mußten.

Fig. 23   Stadtmodell von Jakob Sandtner aus dem Jahre 1570, Gesamtansicht (Bayerisches Nationalmuseum, München)

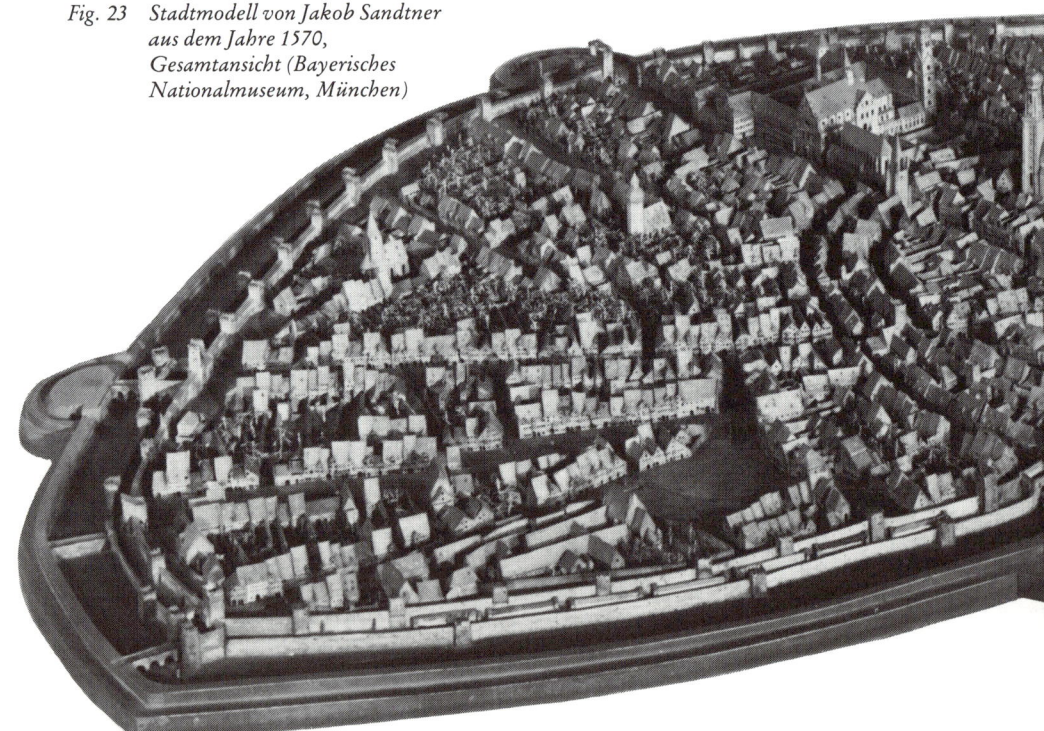

Zuvor sah sich München jedoch der Gefahr eines Hussiten-Angriffes gegenüber, woraufhin die Bürger seit 1429 fast ein halbes Jahrhundert an dem zweiten Mauerring der Äußeren Stadtbefestigung arbeiteten, um so der Stadt durch eine Zwingmauer einen noch besseren Schutz zu garantieren – selbst Bauern aus Oberbayern wurden zu je vier Tagen für die Festungsarbeiten verpflichtet! Mit dem Angertor war 1472 auch der letzte Abschnitt der Festung vollendet.

Eindrucksvoll zeigt sich uns München noch heute in der Schedelschen Weltchronik aus dem Jahre 1493 (s. Fig 20 und Fig. 5); ein zeitgenössisches Bild der Stadt mit den 110 Türmen – aus einer Epoche, die in München durch den Baueifer der Bürger eine eindrucksvolle Architektur im gotischen Zeitgeschmack hervorgebracht hat.

Zu jener Zeit war die Entscheidung für den Bau der bedeutendsten Gebäude der Stadt gefallen; so mußte 1468 die romanische Marienkirche (um 1230) mit gotischem Chor (um 1300) der Frauenkirche weichen: Während der Hochblüte des Bürgertums errichteten die Münchner in 20 Jahre langer Bauzeit ein »Bürgerdenkmal von herber Schönheit und anspruchsloser Größe«, das Wahrzeichen Münchens – den Bürgerdom zu ›Unserer Lieben Frau‹ (Farbt. 8, Abb. 27, 30). Zwei Jahre später (1470) baute Jörg von Halspach (gen.

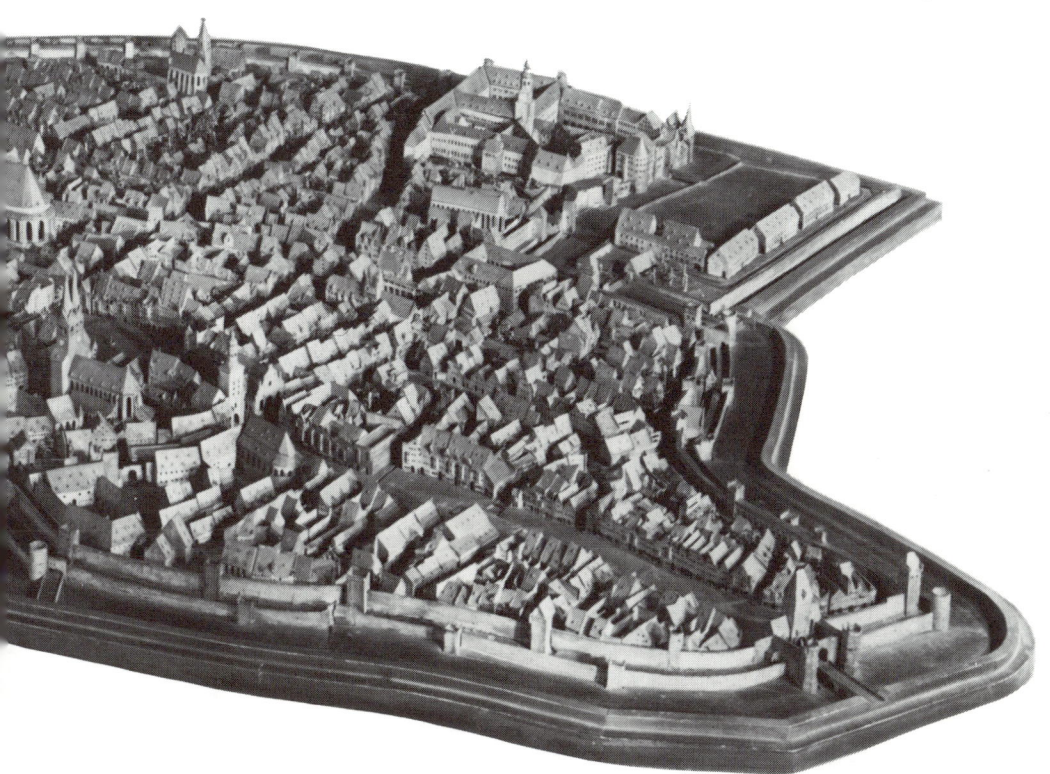

Fig. 24 Marienplatz mit Altem Rathaus (rechts unten). Detail aus dem Sandtnerschen Stadtmodell (Bayerisches Nationalmuseum, München)

Ganghofer) das Alte Rathaus, einen prachtvollen Saalbau von überregionaler künstlerischer Bedeutung, der an der Ostflanke des Marienplatzes mit dem alten Talburgtor als Rathausturm verbunden wurde (Farbt. 9, Abb. 30).

Gleichsam in Erwartung der bevorstehenden Aufgaben der Renaissance nahm am Ende der Gotik der schöpferische Baueifer in München ab. Nur vereinzelt griff man mit sehr viel Einfühlungsvermögen in die Bausubstanz der Bürger- und Patrizierhäuser ein, um die Architektur der Stadt zu veredeln. Aus dieser Übergangsphase seien exemplarisch einige Bürgerbauten vorgestellt: Da entstand 1550/52 das heute besterhaltene spätgotische Bürgerhaus, ein Werk von Hans Arnhofer d. Ä., die ehemalige Stadtschreiberei (heutiger Weinstadl in der Burgstraße 5); in der Mittelachse des Gebäudes öffnet sich eine Toreinfahrt, die zum laubenumgebenen Hof mit romantischem Treppentürmchen führt. Der Eilles-Hof (Residenzstraße 13) aus der Zeit 1560/70 ist zwar nicht mehr in seiner rein gotischen Bausubstanz erhalten, doch dafür ist dieser geschmackvolle Innenhof mit seinen umlaufenden Galerien ein schönes Beispiel Alt-Münchner Haustypen des 16. Jahrhunderts. Ein weiteres pracht-

Fig. 25   St. Peter (noch mit zwei Türmen) mit Blick zum Marienplatz (links) und zur Residenz (Mitte oben). Detail aus dem Sandtnerschen Stadtmodell (Bayerisches Nationalmuseum, München)

volles Beispiel dieser Epoche – jedoch nur noch in dem schönen Kupferstich von Michael Wening (1701) überliefert – waren die herzoglichen ›Landschaftshäuser‹ an der Nordflanke des Marienplatzes (s. Fig. 22), die den Baumaßnahmen des Neuen Rathauses zum Opfer fielen (1888): feingliedrige architektonische Meisterwerke aus dem Jahre 1568 mit Fassadenmalereien von Melchior Bocksberger (1574/77) – eine gelungene Architektur, die dem Alten Rathaus an der Ostseite ebenbürtig zur Seite stand. Das Stadtmodell von Jakob Sandtner aus dem Jahre 1570 versetzt uns zurück in die Hochblüte der gotischen Bürgerstadt; dieser Blick in die Vergangenheit erlaubt intensivere Einblicke in das Münchner Stadtgefüge des 16. Jahrhunderts, auch in seine stillen Winkel und verborgenen Reize, als es mit Worten deutlich gemacht werden kann (s. Fig. 23–25). Leider sind von der im Sandtner-Modell überlieferten gotischen Bürgerstadt nur vereinzelte Bauten erhalten geblieben, denn wie die gotische Epoche die romanischen Bauwerke fast gänzlich vernichtete, so zerstörten später vor allem Barock und Rokoko nahezu die gesamte gotische Bausubstanz.

Kurfürstliche Haupt- und Residenzstadt

Mit der endgültigen Wiedervereinigung Bayerns im Jahre 1505 hatte sich für München – nun Hauptstadt des Landes – ein kontinuierlicher Übergang von der Bürgerstadt zur Fürstenstadt angekündigt; als jetzt, auf dem Gipfel seiner wirtschaftlichen Kraft, München unter Albrecht V. 1575 Fürstliche Haupt- und Residenzstadt der Wittelsbacher wird, manifestiert sich die neue Epoche in drei monumentalen fürstlichen Bauprojekten: Residenz, St. Michael und Wilhelminischer Feste (Maxburg), die Münchens städtebauliche Struktur tiefgreifend verändern. Schon vor deren Baubeginn lassen sich erste Bauideen im Geiste der neuen Epoche erkennen, so z. B. der im Auftrage des wittelsbachischen Fürsten entstandene ›Fürstliche Marstall‹ (1563/67; heute ›Staatliche Münze‹ von Wilhelm Egckl; Abb. 55). Als weiträumiger Gebäudekomplex, der sich um einen Arkadenhof gruppierte und im Obergeschoß eine Kunstkammer nebst Bibliothek beherbergte, ist er ein Bauwerk von klarer Formensprache, das, nördlich vom Alten Hof gelegen, ein Bindeglied zur Neufeste sein sollte, die von Anfang an als ›Neue Residenz‹ an die Nordostflanke der Stadt geplant war.

Nur wenig später entstand dann von demselben Architekten und unter demselben Bauherrn das erste Gebäude der Residenz – 1569/71 schuf Wilhelm Egckl das Antiquarium, dessen Halle einen der vollkommensten Renaissance-Räume darstellt (Abb. 49). In den späteren Baustufen bis heute wurde es als Herzstück in die Gesamtanlage einbezogen; unter Albrechts Nachfolger, Wilhelm V., plante Friedrich Sustris 1581/86 das Antiquarium bei der Gestaltung des ›Grottenhofes‹ harmonisch ein. Das bedeutendste Bauwerk in Wilhelms Regentschaft ist jedoch die von Friedrich Sustris 1583/97 errichtete St. Michael-Kirche des 1559 niedergelassenen Jesuitenkolleges: ein sakrales Meisterwerk der Renaissance mit dem ersten tonnengewölbten Großraum nördlich der Alpen, geformt und gestaltet von einem hervorragenden Baumeister – Symbol der Gegenreformation und Frühwerk des Absolutismus, ruhmvolles Denkmal der Wittelsbacher, deren Standbilder noch heute die Fassade schmücken (Farbt. 24, Abb. 39, Fig. 61).

Ihre gesamtplanerische Konzeption erhielt die Residenz durch die Bauarbeiten unter Maximilian I., wobei das Antiquarium als Längsabschluß eines langgestreckten rechteckigen Hofes mit dreiseitigem Abschluß an den Schmalseiten einbezogen wurde. Durch diesen architektonischen Kunstgriff wurde 1610/20 der ›Brunnenhof‹ geschaffen, ein guter, stattlicher Raum mit krönendem Residenzturm, eine Hofkomposition, die ganz und gar ›im menschlichen Maß‹ ihre Harmonie findet. Während dieser Bauphase wurden nunmehr auch Teile der Neufeste eingerissen, um dem ›Apothekenhof‹ mit seinen anschließenden Gebäuden Platz zu machen. Schließlich erhielt die Residenz 1611/19 mit der Baugruppe um den ›Kaiserhof‹ zur Residenzstraße hin ihre erste Schauseite; es blieb die einzige Fassade der fürstlichen Festung bis zum 19. Jahrhundert. Überhaupt kehrte sich die Residenz immer stärker von der ›Bürgerstadt‹ ab, öffnete sich nach Norden hin, während sich zur gleichen Zeit auch die Residenzstadt hauptsächlich nach Norden hin erweiterte. Dem Baueifer von Maximilian I. ist es schließlich auch zu verdanken, daß in den Jahren 1613/17 der geplante ›Hofgarten‹ in die Stadtbefestigung nördlich der Residenz mit einbezogen wurde. Außer dem Alten Residenztheater und der Grünen Galerie, den Steinzimmern und Reichen Zimmern wurden in der Residenz keine Erweiterungen mehr vorgenommen, bis Bayern 1806 Königreich wurde und Ludwig I. sich der Verschönerung der Residenz annahm.

Das 16./17. Jahrhundert war die Zeit der großen Baumeister, die München mit Meisterwerken aus Renaissance, Barock und Rokoko schmückten; Straßen wurden zu Plätzen, Plätze zu intimen Stadträumen, in denen der Mensch das Maß darstellte. Parallel zu dem Großprojekt der Residenz, das mehrere Generationen der Wittelsbacher in Atem hielt, entstanden noch andere denkwürdige Gebäude. So mußten 1593/96 54 Bürgerhäuser der ›Wilhelminischen Feste‹ (Maxburg) weichen, von der heute nur noch der Turm erhalten ist.

Die Wirren der Glaubenskämpfe Anfang des 17. Jahrhunderts machten dann den kriegsmäßigen Ausbau (1618/19) der Stadtbefestigung unumgänglich, aber schon 15 Jahre nach dem Dreißigjährigen Krieg gestalteten Barelli und Zuccalli (1663/75) mit Hingabe und Können die Theatinerkirche und ihr klösterliches Anwesen. Auch im 18. Jahrhundert brachte München bedeutende künstlerische Leistungen hervor. Viscardi erhielt von den Landständen 1711/18 den Auftrag für die ›Dreifaltigkeitskirche‹ (Abb. 43), und mit Ägid Quirin Asams St. Johann Nepomuk-Kirche (1733/46) hielt nochmals der römische Spätbarock in die Kurfürstliche Haupt- und Residenzstadt Einzug.

Königliche Hauptstadt

Bislang hatte sich jede Stadterweiterung und jede architektonische Planung immer innerhalb des seit fünf Jahrhunderten festgelegten Stadtraumes Ludwigs des Strengen und Ludwigs des Bayern vollzogen. Gotik und Renaissance, Barock und Rokoko konnten in diesem Raum gedeihen und Meisterleistungen hervorbringen. Erst ein neuer politischer Hintergrund zwang zum Überdenken einer neuen städtebaulichen Situation: Bayern als Königreich und München als dessen Hauptstadt stellten architektonische Ansprüche. Königliche Repräsentation manifestierte sich in der Architektur. Dank begnadeter Baumeister wie Fischer, Gärtner und Klenze sowie der königlichen Weitsichtigkeit gelang es bereits Anfang des 19. Jahrhunderts, die Stadterweiterung über den mittelalterlichen Stadtkern hinaus zu planen und teilweise schon durchzuführen, Maßnahmen, die bis in die Gegenwart fortwirken.

»München kann fernerhin keine Festung mehr sein«, hatte Karl Theodor 1791 festgestellt. Dies war als Reaktion auf die Tatsache, daß in der kurfürstlichen Residenz mehr als 37 000 Einwohner lebten, zugleich die Entscheidung für eine neue moderne Stadtplanung. Noch im gleichen Jahr begann man Bastion und Wall am Neuhauser Tor abzutragen; die Entfestigung Münchens war eingeleitet, wurde jedoch erst 1826 abgeschlossen. Zug um Zug machte alte Bausubstanz neuen Ideen und der Erweiterung des Münchner Stadtraumes Platz. Schließlich vereinigte man die Erkenntnisse des städtebaulichen Wettbewerbes von 1808 für die

Fig. 26   Prinz-Carl-Palais. Federzeichnung von Johann Jakob Dorner, 1830 (Stadtmuseum München, Z 270 a)

›Maxvorstadt‹ in dem 1812 vom König gebilligten ›Generalplan‹ für die Erweiterung Münchens, der den Architekten und Planern zur Auflage machte, »daß die alte Stadt mit dem äußeren Stadtteil harmonisch verbunden werde, damit ein Ganzes herauskäme«. Mit dem Architekten Karl von Fischer und dem Gartenbaumeister Friedrich Ludwig von Sckell war bereits ein ausgezeichnetes Planungsteam für diesen Auftrag beisammen; 1816 trat noch der geniale Leo von Klenze hinzu, der seine Aufgabe mit folgenden Worten umriß: »Es sollte in diesem Generalplan das Bild der Zukunft sich darstellen, wie nämlich München sein sollte und nach und nach werden kann.«

Vorspiel zu dem grandiosen Städtebauprojekt, das München weltstädtische Architektur schenkte, war die Schöpfung des ›Englischen Gartens‹ – ein kostbares Geschenk des 18. Jahrhunderts an die Millionenstadt der Neuzeit (Farbt. 2, Abb. 8). Auf Anregung des Grafen von Rumford erwarb Kurfürst Karl Theodor (1777–1799) 1789 (im Jahr des Ausbruchs der Französischen Revolution) im Norden vor der Stadt – dort, wo sich schon die Vorstadt im Schönfeld als lockere, planlose Streusiedlung ausbreitete – genügend Bauland, um den ursprünglichen ›Militärgarten‹ mit öffentlichem Zugang anlegen zu lassen. Doch erst der Initiative Sckells ist es zu verdanken, daß der zwischenzeitlich in Vergessenheit geratene Englische Garten doch noch vollendet wurde.

Als er 1803 die Planung übernahm, lag ihm viel daran, die Hofgarten-Seite der Stadt zu öffnen, um so den Englischen Garten durch einen fließenden Grünzonenübergang in die Stadt überzuleiten – ein Vorhaben, das besonders durch die hartnäckigen Intrigen des Ministers Salabert vereitelt wurde, da dieser den Garten seines Privat-Palais (das spätere Prinz-Carl-Palais; s. Fig. 26) nicht als Grüngürtel zwischen Hofgarten und Englischen Garten gesetzt haben wollte.

Doch sei jetzt systematisch dargestellt, wie die verschiedenen Phasen der Stadterweiterung aufeinander folgten:

Die Entfestigungsmaßnahmen am Neuhauser Tor waren 1791 zugleich der zaghafte Einstieg in die von Kurfürsten und Königen sinnvoll geforderten Stadterweiterungspläne. Unter der Planungsleitung von Franz Thurn aktivierte man die Lebensader Münchens, die Salzstraße, wobei man jedoch die ehemalige Isar-Schauseite vernachlässigte und sich mit Rücksicht auf das stark frequentierte Neuhauser Tor vorerst nur auf die Öffnung der Stadt nach Westen hin mit neuen Anlagen konzentrierte; die neu konzipierte Toranlage erhielt zu Ehren des Kurfürsten den Namen ›Karlstor‹. Und noch im gleichen Jahr errichtete Thurn zu beiden Seiten flankierende Halbrondelle, die so den von Westen hereinströmenden Verkehr trichterförmig in die Neuhauser Straße lenkten – eine durchaus gelungene Platzlösung, die noch barockes Formempfinden verrät. Die von Johann Baptist Lechner entworfenen Mietshaus-Rondelle (1791/1802) zeigen gute Fassadenarchitektur, weniger gute Grundrißlösungen.

Damit war die weit in die Zukunft weisende Stadterweiterung eingeleitet. Rumford bemühte sich, seine Idee einer Ringstraße, aus strategischen Erwägungen einer ›offenen Verteidigung‹ heraus, zu verwirklichen, was bedauerlicherweise nur teilweise gelang. Es entstand die sogenannte Rumford-Chaussee (1796/97), die allerdings den östlichen Isar-Stadtteil vernachlässigte. In der Folge der damaligen Konzeption krankt die moderne Stadtplanung noch heute an dem Problem, diesen Stadtteil sinnvoll anzuschließen. So entsprach die von Rumford angelegte Straßenführung etwa dem heutigen Verlauf der Brienner Straße, Otto-, Sonnen-, Müller- und Rumfordstraße. Dieser Straßenzug deckt sich somit annähernd mit dem Verlauf der demontierten Stadtbefestigung.

Wenig später ging der Maximiliansplatz als Gesamtplan in Arbeit. Im Auftrag des neuen Kurfürsten und unter Berücksichtigung von Planänderungen durch Andreas Gärtner überwachten Franz Thurn und Schedel von Greiffenstein die Ausführungen. Hierzu mußten das Kapuzinerkloster (1802) und der Jungfernturm (1804) abgebrochen werden. Die Festungsmauern wurden (1803/05) niedergelegt, bis 1804 das Maxtor und andere Randbebauungen (1805/10) entstehen konnten. Gut gestaltet war der freie unbebaute Raum des Maximiliansplatzes, der als Grünzone eine harmonische Verbindung zwischen Altstadt und Neustadt schaffen sollte.

Zum Scheitern verurteilt war dagegen die Absicht, mit Hilfe der im rechten Winkel zum Maximiliansplatz neugeplanten Max-Joseph-Straße den Hauptzustrom des Verkehrs durch das Maxtor zur Altstadt zu lenken.

Um die Stadtverschönerung ähnlich wie beim Maximiliansplatz weiterzuführen, sollte nun auch der Bereich zwischen Karlstor und Sendlinger Tor neu gestaltet werden. Die

Fig. 27 Der Glaspalast im Alten Botanischen Garten, 1854 für die erste deutsche Industrie-Ausstellung errichtet, 1931 abgebrannt. Stahlstich von Joseph Maximilian Kolb nach Christoph Schwarz, 1860 (Stadtmuseum München, M III/155/32)

Entscheidung für eine ›offene Bauweise‹ erwies sich als vorteilhaft. So entstand eine prachtvolle baumbestandene Allee (1816/17, Sonnenstraße), die sich nunmehr vom Sendlinger-Tor-Platz bis nahe zum Schwabinger Tor als gefällige breite Ringstraße fortsetzte. Mutig und entschlossen öffnete man die Altstadt nach Westen, opferte alte Bausubstanz und führte Herzogspital- wie Josephspitalstraße zur Allee der Sonnenstraße hin durch. Standort der später hier gebauten ersten evangelischen Kirche Münchens: St. Matthäus, 1827/33 von Johann Nepomuk Pertsch als Zentralbau errichtet, 1938 in der Hitler-Zeit abgerissen; sie erhielt jedoch 1953/55 am Sendlinger-Tor-Platz einen Nachfolgebau.

Nunmehr war Münchens mittelalterlicher Festungsring gelegt. Die Altstadt öffnete sich dem neu angelegten Grüngürtel und mußte bald nach Norden erweitert werden, um das schnelle Wachstum der Stadt in der Zeit zwischen 1800 (rund 40 000 Einwohner) und 1900 (rund 500 000 Einwohner) aufzufangen. Die geplante Vorstadt Maximilians I. Joseph (›Maxvorstadt‹) konnte nach den Planungsunterlagen von 1812 in Angriff genommen werden. Hierbei war das vorgesehene schachbrettartige Straßennetz mit Blockbebauung parallel zur alten Ost-West-Achse der Altstadt ausgerichtet; die Gleichförmigkeit der Straßenzüge sollte durch Platz- und Raumfolgen aufgelockert werden. Das entscheidende Problem war jedoch der Anschluß an die Altstadt.

Der für die Planung verantwortliche Fischer erkannte sofort, daß die Einmündung in die Altstadt nicht über die bereits vorhandene Max-Joseph-Straße und durch das Maxtor erfolgen konnte. Fischer entschied sich dafür, die Max-Joseph-Straße mit dem strahlenförmigen Karolinenplatz aufzufangen. Der Maximiliansplatz selbst war ebenfalls für eine Anbindung der Neustadt ungeeignet, da er quer zum Straßennetz der Maxvorstadt verlief.

Neue Impulse gab Skell den Erweiterungsplänen: Er ermöglichte die Anlage des ›Alten Botanischen Gartens‹, auf dessen Kreissegment später die Hauptachse (Arcisstraße) der Maxvorstadt ausgerichtet werden sollte. Dies hatte zur Folge, daß sich die Arcisstraße gleich einer Sackgasse am Botanischen Garten (Farbt. 5) ›tot‹ lief – und noch immer läuft – und damit jede Erweiterung der Maxvorstadt nach Süden hin, z. B. eine Verbindung zur Ludwigsstadt (Gebiet um die Schwanthaler-/Landwehrstraße), verhinderte. Später übernahm der Justizpalast (1891/97) die architektonische Funktion eines Riegels, wobei schon der 1854 erbaute und 1931 abgebrannte ›Glaspalast‹ (s. Fig. 27) eine ebenso starke Abriegelung für die Maxvorstadt bedeutet hatte. Noch heute fehlt eine gute städtebauliche Lösung für einen sauberen Anschluß von Barer Straße und Stachus. Besonders problematisch war dann die Gestaltung beim nördlichen Altstadtausgang, am Schwabinger Tor (s. Fig. 28). Unter Einbeziehung der ehemaligen herzoglichen Ausfahrtstraßen nach Schleißheim und Nymphenburg verlängerte Fischer die Nymphenburger Straße bis zum Theatiner Block, wo sie als Brienner Straße – nun Hauptachse der Maxvorstadt – später rechtwinklig in die Ludwigstraße einmünden konnte. Geschickt setzte Fischer bei der Durchbildung der Brienner Straße räumliche Akzente von besonderem Reiz: »Ihre Plätze führen ein Eigenleben, eignen sich die Straße geradezu an. In der Kreisform des Karolinenplatzes ist ihr Zug aufgehoben, verfließet in der Weite des Königsplatzes. Barocke Elemente und klassizistische Gedanken verbinden sich: barock ist die zentrierende und ausstrahlende Wirkung am

Fig. 28   Das Schwabinger Tor. Federzeichnung von Johann Georg von Dillis, 1788 (Staatl. Graphische Sammlung, München, Inv. Nr. 14969)

Karolinenplatz, klassizistisch seine Auflösung im Grünen. Klassisch streng sind die genauen Achsen am Königsplatz, romantisch die Rahmung durch die Baumkulissen.«[16]

Nun galt es, das ›Gelenk‹ zwischen Altstadt und Maxvorstadt – den Platz vor dem Schwabinger Tor – städtebaulich konsequent zu lösen. Die Situation war schwierig: Diverse Grundstücksspekulationen, ›wildes Bauen‹ und die bereits bestehende Reitschule sowie andere Gebäude wohlhabender Bürger an der Schwabinger Landstraße boten scheinbar unüberwindbare Hindernisse (s. Fig. 29).

Im Mai 1817 genehmigte König Maximilian I. Joseph das wagemutige Projekt des Odeonsplatzes, aus dem sich die Ludwigstraße entwickeln konnte, ein persönliches Anliegen des Kronprinzen Ludwig, der damit seine eigenen Pläne verwirklichte, wobei jedoch der Vater nicht wissen durfte, daß der Sohn Initiator dieses Projektes war. Leo von Klenze genoß das Vertrauen des Kronprinzen und wurde des Königs Baumeister; seine Pläne für die Ludwigstraße wurden denen von Sckell vorgezogen.

16   Oswald Hederer: ›Karl von Fischer‹, München 1960, S. 54

Fig. 29
Situation vor dem Schwabinger Tor
im Jahre 1816 (aus: Oswald Hederer:
›Die Ludwigstraße in München‹,
München 1942)

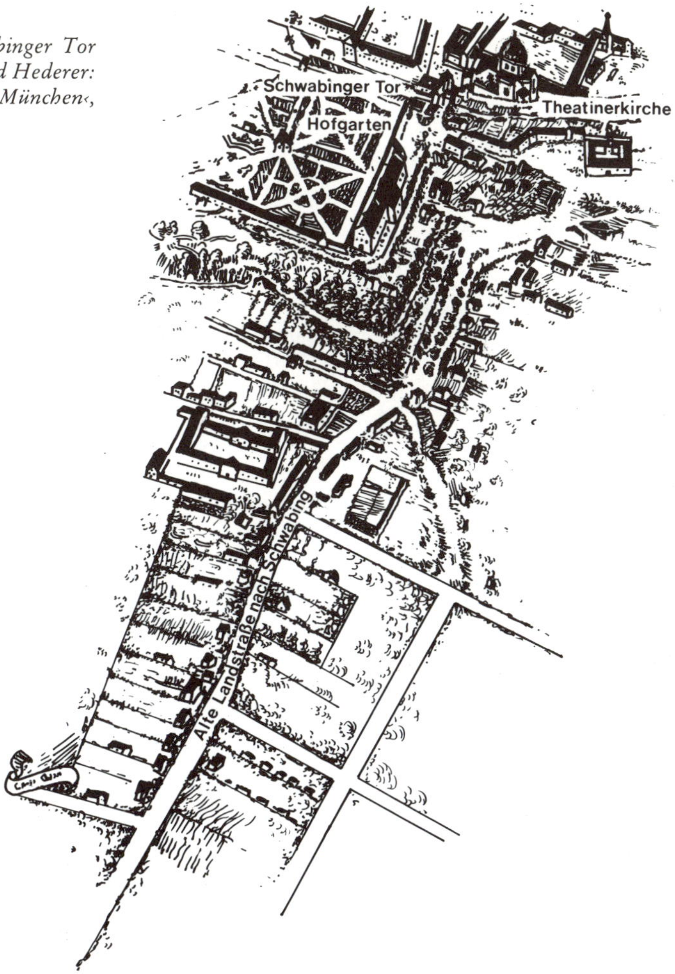

Kostspielige Grundstückskäufe, Entschädigungen und eine tiefe Abneigung der Bevölkerung gegen das Projekt und dessen norddeutschen Baumeister Klenze waren zu überwinden, damit der Platz vor dem Schwabinger Tor freigelegt werden konnte. Klenze entschied sich – vom heutigen Standpunkt aus betrachtet – für die natürlichste Lösung: Theatiner- und Residenzstraße vor dem Schwabinger Tor (s. Fig. 30), dem eigentlichen Odeonsplatz (Abb. 15), zusammenzufassen und von hier aus gegen Norden als imposante königliche Auffahrt auslaufen zu lassen. Damit kamen Residenz und Theatinerkirche in ihrer ganzen Pracht zur Geltung; die Brienner Straße fand ihren würdigen Anfang, die Ludwigstraße, klassizistische Prunkstraße Deutschlands, wurde ebenso zur Hauptachse der nördlichen Vorstadt, wie es bereits seit Jahrhunderten die Salzstraße für die Altstadt war.

Fig. 30 Feldherrnhalle und Theatinerkirche, Situation nach dem Abbruch des Schwabinger Tores (s. Fig. 28/29), ehemaliger Odeonsplatz (Stadtmuseum München, II h 706)

Mit Entschlossenheit und Verantwortung verwirklichte Klenze die Pläne König Ludwigs I. Zu den Aufträgen für die Bebauung der Ludwigstraße bis zur Theresienstraße kam noch der Ausbau der königlichen Residenz hinzu (1826/35); damit erhielt eine der großartigsten Renaissance-Residenzen Europas unter Ludwig I. ihre endgültige Gestalt.

Den Bauherren der Prachtbauten an der Ludwigstraße verlangte Klenze schriftliche Erklärungen ab, daß sie mit der von ihm gewählten Farbgestaltung seiner Fassaden einverstanden seien! So sehr bemühte sich des Königs Baumeister bis zum letzten Detail um die bauliche Ausführung. Anders als bei der Brienner Straße wurden die zur Ludwigstraße einmündenden Querstraßen absichtlich unbetont gelassen; als schluchtartige Gassen (z. B. Schönfeldstraße), haben sie für das räumliche Straßenbild der ›via triumphalis‹ keine Bedeutung.

Da Ludwig I. eine raschere Verwirklichung seiner Pläne wünschte, löste Friedrich von Gärtner 1827 Klenze, der bis dahin für München neue architektonische und städtebauliche Maßstäbe gesetzt hatte, bei den Ausführungsplänen der Ludwigstraße ab. Klenzes streng klassizistischem Straßenbild stellte Gärtner mittels nachempfundener Romanik sowie neobyzantinischer Architektur neue kontrastierende Akzente entgegen (Farbt. 1).

Während Gärtner die ›saalartige‹ Chaussee im Norden mit dem ›Siegestor‹ (1843/52) abriegelte, erhielt der Odeonsplatz als repräsentativen Anfang der Ludwigstraße das Pendant durch die Feldherrnhalle (1841/44; Abb. 74).

Die Selbstdarstellung des königlichen München war gelungen. Wieder einmal konzentrierte sich das Symbol königlich-staatlicher Macht im Norden der Stadt (s. Fig. 31), während die bürgerliche Stadterweiterung im Süden und Osten städtebaulich eher vernachlässigt worden war. Die einzige Ausnahme, die landschaftliche Gestaltung der Theresien-

Fig. 31 Die bürgerlichen und die staatlichen Monumentalbauten (aus: Wolfgang Braunfels: ›Abendländische Stadtbaukunst‹, Köln 1976). Die Auswahl der Gebäude veranschaulicht, daß die Trennung von Königstadt und Bürgerstadt einem Gesetz gefolgt ist, das bis heute fortwirkt: 1 Alter Peter 2 Alter Hof 3 Frauenkirche 4 Neues Rathaus 5 Altes Rathaus 6 Augustinerkirche 7 Heilig-Geist-Kirche 8 Jesuitenkolleg und Kirche 9 Maxburg 10 Residenz 11 Theatinerkloster und Kirche 12 Hofgarten 13 Ludwigstraße 14 Königsplatz 15 Alte Pinakothek 16 Neue Pinakothek 17 Maximilianstaße 18 Maximilianeum 19 Prinzregentenstraße mit Bayerischem Nationalmuseum 20 Friedensengel 21 Universität

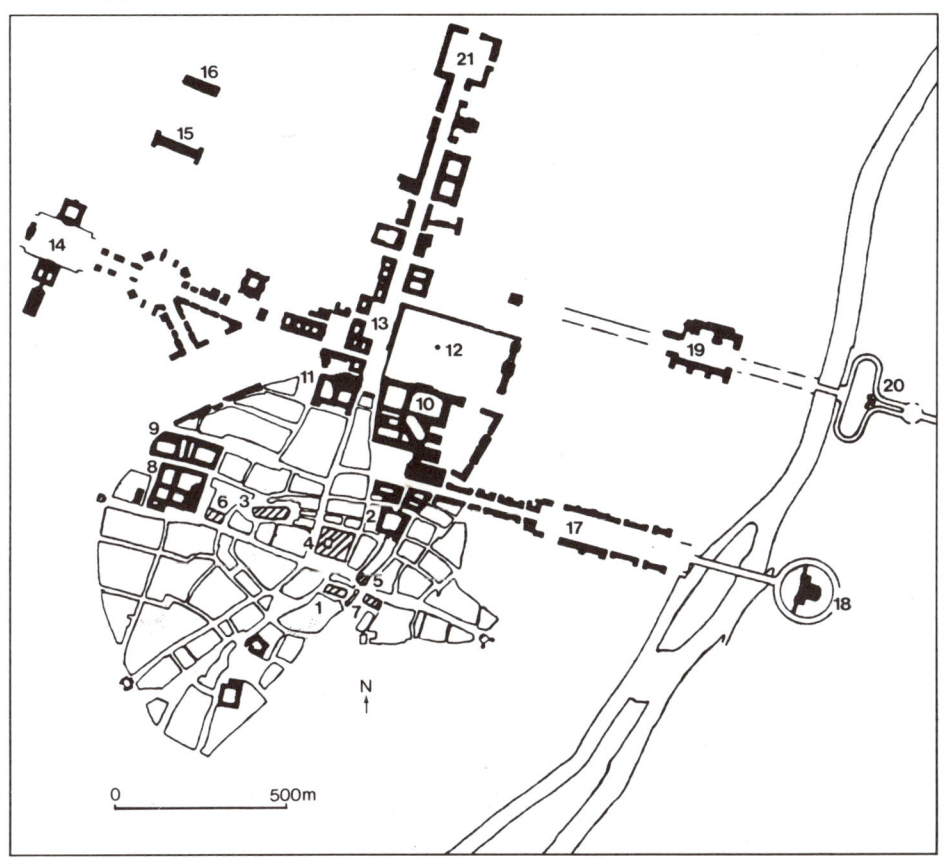

wiese mit der Ruhmeshalle von Klenze (1843/53) und die nach Modellen von Schwanthaler in Bronze gegossene ›Bavaria‹ (1844/53), blieb ohne weitere planerische Wirkung auf die urbanen Bedürfnisse dieses Stadtgebietes (Abb. 15).

Am Ende der genialen Stadtplanungen des 19. Jahrhunderts stand die Anlage der Maximilianstraße (1852/75) mit ihrem krönenden Abschluß am östlichen Isarufer, dem ›Maximilianeum‹ (1857/74) und der Prachtstraße Prinzregentenstraße (1891/1901) mit dem dominierenden ›Friedensengel‹ (1896/99); beide öffneten fortan der Stadt den Weg nach Osten, die eine schuf die Verbindung zur Altstadt, die andere lenkte den Verkehr zur Maxvorstadt.

Noch in der zweiten Hälfte des 19. Jahrhunderts kam es dann auch im Süden Münchens zu einer ausgewogenen städtebaulichen Lösung. So war die Ausführung des Gärtnerplatzes ein geschickter Versuch, durch einen sternförmigen Platz (1861/70) das umliegende Wohngebiet über die Reichenbachstraße direkt an die Altstadt und den Viktualienmarkt anzubinden. Dominierendes Gebäude des Platzes, in guter italienischer Neurenaissance, wurde das Gärtnerplatztheater (1864/65; Abb. 85) von Franz Michael Reifenstuel. Überhaupt besann man sich während dieser Jahrzehnte nicht ungern vergangener Stilrichtungen – wie bereits Gärtners Bauten der Ludwigstraße zeigen – und kopierte mit Vorliebe Werke aus verschiedenen Architektur-Epochen. Monumentalstes Beispiel dieser Bewegung ist das ›Neue Rathaus‹, für das die ›Landschaftshäuser‹ geopfert wurden (s. S. 84, 217ff., Fig. 22); in drei Bauphasen (1867/1903) von Hauberrisser errichtet, wirkt es mit seiner etwas überladenen Neugotik stark auf den Stadtraum des Marienplatzes ein: eine symbolische Erinnerung an die Hochblüte der gotischen Bürgerstadt München, im Stil der neuen Zeit ins Repräsentative gewendet (Abb. 28, 30).

Das 20. Jahrhundert

Das 20. Jahrhundert bedeutete den Beginn eines neuen Zeitalters bisher ungeahnter Möglichkeiten und Probleme. Die industrielle Revolution des 19. und 20. Jahrhunderts veränderte und verändert unsere Welt in einer ungeheuren Geschwindigkeit und mit noch nicht überschaubaren Folgen. Auch die Kunst, besonders aber die Architektur, haben sich dieser Entwicklung unterwerfen müssen. Verstärkt sahen sich die Architekten genötigt, sich mit den sozialen, politischen und technischen Gegebenheiten auseinanderzusetzen; sie waren gezwungen, die neuen Bedürfnisse der Gesellschaft mit neuen Mitteln in Architektur umzusetzen: Stahl, Eisenbeton und Glas waren die nun zur Verfügung stehenden Baumaterialien, die fortan unsere Städte und ihre Industrie-, Verwaltungs- und Wohngebäude prägen sollten. Man wandte sich ab vom plastischen Ornament vergangener Epochen, bevorzugte glatte einfache ›Loch-Fassaden‹, gliederte sie hier vertikal, dort horizontal und schadete nicht selten durch brutale Übertreibungen den tastenden Ansätzen zu einer modernen Architektur.

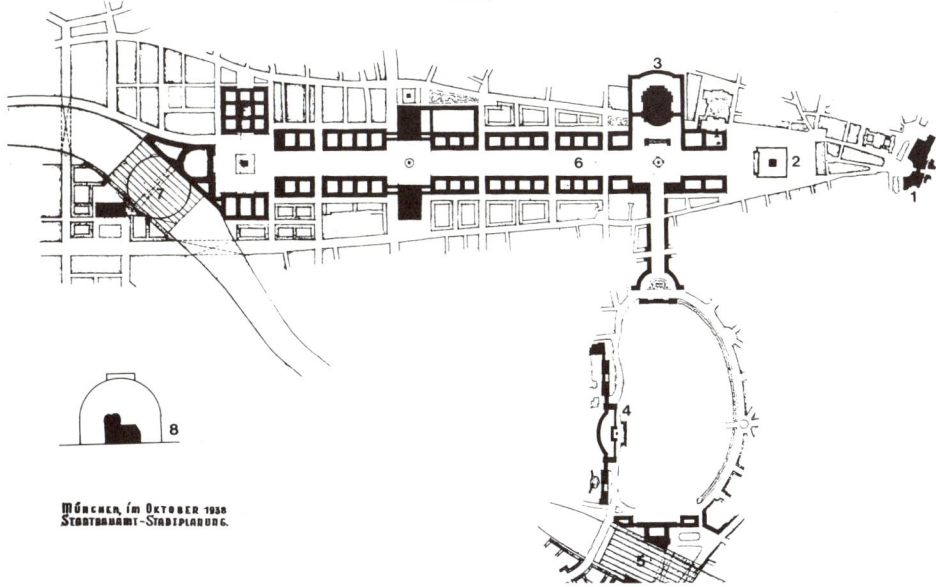

Fig. 32   Die Planung Hitlers für die Prachtstraße vom Karlsplatz nach Pasing: 1 Karlsplatz   2 Alter und bestehender Bahnhof   3 Oper   4 Ruhmeshalle von Klenze (Farbt. 29, Abb. 16), rechts Theresienwiese (Farbt. 31, Abb. 17)   5 Südbahnhof   6 Geplante Prachtstraße vom heutigen Bahnhof über Laim nach Pasing   7 Von Hitler geplanter Hauptbahnhof, der nie ausgeführt wurde (heute Bahnhof Pasing)   8 Größenverhältnis des von Hitler geplanten Bahnhofes und der Frauenkirche

München, das an Attraktivität immer mehr gewann, erlebte seit 1900 eine Bevölkerungsexplosion (vornehmlich durch Zuzug) von größtem Ausmaß: Bis 1943 stieg die Einwohnerzahl Münchens auf rund 880000 Einwohner, fiel 1945 (bei Kriegsende) auf ca. 480000 Einwohner ab und beträgt heute etwa 1,3 Millionen. Neue städtebauliche Maßnahmen wurden erforderlich; neben Verdichtung der bestehenden Bausubstanz wurden Vororte eingemeindet und schließlich Trabantenstädte errichtet. Nennenswerte Einzelbauten nach der Jahrhundertwende sind das Müllersche Volksbad (1896/1901 von Karl Hocheder), die Erweiterungen der Universität (1906/09 von German Bestelmeyer), der Anbau der Technischen Hochschule (1906/16 von Friedrich Wilhelm von Thiersch und 1923/26 von Bestelmeyer), das Deutsche Museum (1906/25 von Gabriel und Emanuel von Seidl) sowie die großen Industrieanlagen der Wasser- und Elektrizitätswerke.

Das ›Dritte Reich‹ machte aus München die ›Hauptstadt der Bewegung‹; hier wurde die NSDAP von Münchnern gegründet. Große Bauprojekte waren von Hitler geplant. Sie wurden nur teilweise durchgeführt; die ausgeführten haben aber einen nicht wieder gutzumachenden Schaden hinterlassen: Die wohlproportionierte Ludwigstraße wurde an ihrer Ostseite durch die Verbreiterung der ›Von-der-Tann-Straße‹ aufgerissen, wodurch die Geschlossenheit des Straßenzuges beeinträchtigt wurde. Das ›Haus der Kunst‹ schiebt sich wie ein sperriger Riegel zwischen Englischen Garten und Prinzregentenstraße. Noch mehr hätten den Stadtorganismus die Pläne verändert, die eine Verlegung des Hauptbahnhofes nach Pasing vorsahen; von hier aus sollte eine monumentale Prachtstraße (von dreifacher Breite der Ludwigstraße) zur Altstadt führen (s. Fig. 32).

Am 30. April 1945 war mit dem Einzug der Amerikaner für München der Krieg beendet: Die Stadt trauerte über den Tod von 22 346 Münchner Soldaten und 6632 Münchner Bürgern. 71 Luftangriffe mußte die Bevölkerung erleiden; 60 000 Sprengbomben und 500 000 Brandbomben zerstörten 45% der Bausubstanz Münchens.

»Als 1945 das bunte, reichbewegte, warme Bild Münchens hinter einem Rauch- und Aschenschleier versank, dachten wir an den Satz Nietzsches: ›Vielleicht daß niemals früher die Kunst so tief und seelenvoll erfaßt wurde wie jetzt, wo die Magie des Todes dieselbe zu umspielen scheint.‹ Diese Vision des sich neigenden 19. Jahrhunderts ist schrecklicher und totaler, als geahnt, wahr geworden. Die Magie des Todes gehört zu unserem Lebensraum – aber wir fühlen auch die Magie des Lebens. «[17]

Wiederaufbau und ›Wirtschaftswunder‹ verhalfen der Stadt zu neuem Glanz und Reichtum. Stadtplanung im großen Stil – nicht ohne bedrückende Fehler – versucht der neuen Verkehrssituation und den sozialen Bedürfnissen der Bürger gerecht zu werden: Noch immer ist der Altstadtring nicht konsequent weiterentwickelt; der Marienhof bleibt ein ungelöstes Provisorium; Trabantenstädte wie ›Neu-Perlach‹ und ›Hasenbergl‹ sind in ihrer sozialen Struktur problematisch.

München ist, wie jede Großstadt, ein vielgestaltiger Problemkomplex. Wohltuend ist die Rückbesinnung auf die eigentliche Funktion der Altstadt: Der dort angelegte Fußgängerbereich soll dazu beitragen, München seinen Bürgern wieder ›zurückzugeben‹. Da die Denkmalpfleger historische Bausubstanz möglichst erhielten, statt sie abzubrechen, blieb in München die geschichtliche Kontinuität bei der Altstadtsanierung vorbildlich erhalten (Farbt. 24, 25).

Eine gelungene Selbstdarstellung des modernen München waren die 1972 durchgeführten XX. Olympischen Sommerspiele und das Olympiagelände mit seiner kühnen Architektur, die in die architektonische Entwicklung der Zukunft weist (Umschlagrückseite, Farbt. 36, 37, Abb. 130, 133).

Doch unter der Stadtmitte begegnen sich Zukunft und Vergangenheit: Das Jahrhundert-Verkehrsprojekt U-Bahn verläuft unter dem alten Achsenkreuz der welfischen Stadtgründung Heinrichs des Löwen, unterhalb der Kreuzung von Salzstraße und Landstraße von Schwabing nach Sendling! Die alte Stadtstruktur hat sich als bestimmend erwiesen.

17 Norbert Lieb: ›München, Lebensbild einer Stadtkultur‹, München 1952

26 Das Gunetzrhainerhaus (um 1730) am Promenadeplatz; im Hintergrund die Türme der Frauenkirche
◁ 25 Kardinal-Faulhaber-Straße mit fürstlichen Stadtpalais
27 Marienskulptur mit segnendem Christuskind und Reichsapfel (Hubert Gerhard, um 1595); dahinter die Türme der Frauenkirche ▷

28 Blick über München in Richtung Norden: im Vordergrund Turm und Südfassade des Neuen Rathauses; dahinter Türme und Kuppel der Theatinerkirche; anschließend die Ludwigstraße

29 Detail vom Sockel der Mariensäule: Kämpfende Putti verkörpern allegorisch den Krieg (Löwe) und den Hunger (Drachen) – Arbeiten eines (noch) unbekannten Künstlers (1638)

30 Blick vom ›Tal‹ zum Alten Rathaus, dahinter der Turm des Neuen Rathauses und die Türme der Frauenkirche ▷

31   Hölzerne Tür der Asamkirche

32   ›Der Tod des Sünders‹ – Skulpturengruppe eines
      Beichtstuhles in der Asamkirche

33   Detail aus der Fassade des Asam-Hauses: Apoll, Gott des Lichtes (links), und Maria Immaculata (rechts)

34   Die Asamkirche (St. Johann Nepomuk, 1733/46) mit Asam-Haus (links) und Priesterhaus (1771, rechts)

35   Der Innenraum der Asamkirche (St. Johann Nepomuk, 1733/46)

36   Der ›Gnadenstuhl‹ über dem Emporen-Altar der Asamkirche: Gottvater mit Papstkrone, der gekreuzigte ▷
       Christus, vier Cherubim und die vergoldete Strahlengloriole mit der Heilig-Geist-Taube

38   Heilig-Geist-Kirche   39   St. Michael (1583/97), Renaissance-Fassade der Portalzone ▷
◁ 37   Nördliche Pfeilerreihe der Heilig-Geist-Kirche (1392)

41 Vierungskuppel der Theatinerkirche St. Kajetan (1663/75) mit üppiger Stuckdekoration von Giovanni Niccolo Perti (1685/88)

◁ 40 St. Michael, Fassadendetail: Erzengel Michael (Hubert Gerhard, 1588; Bronzeguß von Martin Frey)

42   Hochaltar in St. Peter (Ägid Quirin Asam, 1732/34) mit den vier Kirchenvätern und der gotischen St. Peter-
Skulptur (Erasmus Grasser, 1492)

Bildhauerei

Die Freude der Süddeutschen an plastischer Gestaltung hat in München immer wieder Beispiele hoher Vollendung hervorgebracht. Mit vereinzelten Werken einiger namenloser Meister des 12. Jahrhunderts aus der Umgebung Münchens beginnt die Geschichte der Plastik und Skulptur, wobei für die Gründungszeit Münchens durch Heinrich den Löwen keinerlei künstlerische Betätigung in der Stadt selbst nachweisbar ist. Das älteste uns bekannte rundplastische Frühwerk ist das Milbertshofener Kruzifix (1120/30; Bayerisches Nationalmuseum, München), eine kleine romanische Holzskulptur. Eines der großartigsten Meisterwerke jener Zeit ist das spätromanische Kruzifix in Forstenried (1160), eine Kreuzdarstellung von vornehmer Schönheit (Abb. 144), die wahrscheinlich im Kunstkreis von Salzburg entstanden und über Andechs nach Forstenried gekommen ist, wo das Gnadenbild verehrt wird.

Ebenfalls bis ins 13. Jahrhundert reichen die heraldischen Stadtsiegel Münchens (s. Fig. 2,3), die einen auffallenden Stileinfluß der Hohenstaufer zeigen und wohl von Wanderkünstlern gefertigt wurden.

Nennenswerte frühe Steinskulpturen sind aus St. Lorenz im Alten Hof erhalten; das Votivrelief (1325/30) mit Kaiser Ludwig dem Bayern und seiner Gemahlin Margarete von Holland hat über seinen künstlerischen Wert hinaus auch kulturhistorische Bedeutung. Ein Werk von tiefer Eindringlichkeit ist die sitzende Muttergottes (1330/35; Bayerisches Nationalmuseum, München) aus St. Jakob am Anger. Alle Tragik einer Trauernden, Verzweiflung und der tiefe Schmerz um den verlorenen Sohn sind meisterhaft in dem vollplastischen Holzrelief der ›Marienklage‹ (um 1340) aus der Kirche in Salmdorf wiedergegeben.

Vortrefflicher Fertigkeit in der Steinbehandlung, hier als architektonische Portalkunst, begegnen wir in dem ›Schrenck-Altar‹ aus St. Peter (um 1400), einer Totenkapelle für eine patrizische Familie (s. S. 174): Der zweigeschossige Altar mit reicher Giebelbekrönung strebt nach gotischer Art kraftvoll dem Himmel entgegen. Großartig durchgebildet sind die Skulpturen der Kreuzigungsdarstellung und des Jüngsten Gerichts, eindrucksvoll mahnend der aufgerissene Höllenschlund. »Im Figuralen aber zeigt sich neuartiges Leben: Lieblichkeit und Schönheit des um 1400 international gewordenen ›weichen‹ Stils, ebenso auch Tendenz zu natürlicher Charakteristik und motivierter Dramatisierung wie zu kultischer Feierlichkeit. Ritterliches verbindet sich mit Bürgerlichem.«[18]

Losgelöst von der romanischen Ikonographie, die sich im wesentlichen auf die religiösen Themen Pantokrator (Christus als Weltenrichter), Kreuzigung Christi und die thronende Muttergottes beschränkte, greift die Gotik ein breiteres Spektrum tiefreligiöser Inhalte auf und macht Einzelthemen der Passion Christi zum Gegenstand der Andachtskunst.

---

18   Norbert Lieb: ›München, die Geschichte seiner Kunst‹, München 1977, S. 22

Bedeutendster Auftraggeber des 15. Jahrhunderts war das Bürgertum; gerade der Neubau der Frauenkirche (s. S. 25, 81, 261 ff.) brachte den Künstlern eine große Zahl von Aufträgen: Bauplastiken benötigte man in mannigfaltigen Variationen; mit ihren skulptierten Konsolen und Schlußsteinen trat die Bildhauerei in den Dienst der Architektur. Neben steinernen Skulpturen treten jetzt immer häufiger Holzplastiken auf, wobei uns nun auch erste Namen von Künstlern bekannt werden: So war der Wanderkünstler ›Walter von München‹ um 1430 weit über die Grenzen Münchens hinaus, selbst in Italien, als Meister der Steinbildhauerei bekannt. Hans Haldner, sein Bruder Matthäus und sein Sohn Marx sowie die Künstlerfamilie Randeck waren dagegen Baumeister und Bildhauer zugleich; sie alle dürften am Bau der ›bürgerstolzen‹ Frauenkirche beteiligt gewesen sein, vielleicht Erasmus Grasser, der begnadete Künstler der spätgotischen Bildhauerkunst in München; André Wunhart ist uns durch seine ergreifenden Holzskulpturen bekannt.

Großartig sind auch die Werke der Holzschnitzerei, wie etwa der Hochaltar aus der Dorfkirche in Pipping (1479/80, s. S. 374) und das ›Pfingstwunder‹ des spätgotichen Altarschreines aus der Dorfkirche in Pullach (s. S. 399); deutlich kristallisiert sich bei den gotischen Altären die Vorliebe der Münchner Künstler für sitzende Zentralfiguren heraus.

Gegen Ende des 15. Jahrhunderts blühte zunehmend die Epitaphkunst auf. Sind in der Grabplatte des Münchner Hofmusikers Konrad Paumann (1473; s. S. 26, 139f.) erste Ansätze dieser Sakralkunst zu erkennen, so steht mit der Deckplatte vom Grabmal Ludwigs des Bayern (um 1490; Abb. 44–46) aus der Frauenkirche ein ausgereiftes, kraftvolles Meisterwerk vor uns.

Die in jüngster Zeit in der Frauenkirche wieder zum Vorschein gekommene Terrakotta-Büste vom Grabmal des Baumeisters Jörg von Polling (1488 gest.) beweist, daß auch die Tonplastik in München großer Leistungen fähig gewesen ist (heute im Diözesanmuseum, Freising).

Bedeutendster Vertreter der spätgotischen Bildschnitzerei war Erasmus Grasser (um 1450–1518). Seine Werkstatt wurde in ganz Oberbayern zum Inbegriff meisterlichen Könnens, seine Werke setzten einen Maßstab höchster künstlerischer Vollendung in der Spätgotik. Auch der gesellschaftliche Aufstieg gelingt ihm – in der Residenzstraße 10 bezieht er ein eigenes Haus, 1513 wird er Mitglied des ›Äußeren Rates‹. Nur wenige Jahre in München ansässig (er stammt aus Schmidmühlen in der Oberpfalz), erhält er 1476 die Meisterwürde und 1477 den begehrtesten Auftrag der Stadt: die Ausschmückung des Rathaussaales. Die für den Tanzsaal des Rathauses von Erasmus Grasser gestalteten ›Moriskentänzer‹ (Abb. 100) sind ein Hymnus an die Kunst der Gotik, ein Fest für das Auge, voller Farbenpracht und tänzerischer Dynamik. Von dem ekstatischen Tanz der ›Morisken‹ wird der Betrachter geradezu angesteckt, er spürt die volle Leidenschaft der Tänzer, meint das Spiel der Musikanten zu hören: In kreisenden Bewegungen, sich niederkauernd und wieder kraftvoll streckend, scheinen die Tänzer stürmisch durch den Raum zu wirbeln[19].

---

19 Von den ehemals 16 ›Moriskentänzern‹ sind heute noch zehn Figuren erhalten, sie befinden sich im Münchner Stadtmuseum.

Eines der großartigsten sakralen Meisterwerke von Erasmus Grasser ist der thronende Kirchenpatron St. Peter (1492), heute einbezogen in den spätbarocken Hochaltar der Kirche St. Peter (Abb. 42). Höchste künstlerische Vollendung zeigen ebenfalls die ›Apostel und Propheten‹ (1502) des Chorgestühls aus der Frauenkirche, von denen leider ein großer Teil der ehemals 48 Figuren im Zweiten Weltkrieg vernichtet wurde (die meisten der noch erhaltenen Figuren befinden sich heute im Diözesanmuseum, Freising, und in der Frauenkirche selbst). Neben dem kostbaren Flügelaltar mit den Themen ›Kalvarienberg‹ und ›Passion‹ (1482/83) in der Ramersdorfer Kirche (s. S. 374; Abb. 145) und der Kreuzgruppe aus der Bluntenburger Schloßkapelle (aus dem Umkreis von Erasmus Grasser; s. S. 361), beides spätgotische Schnitzwerke von hohem Rang, sei noch Grassers Arbeit als Steinbildhauer hervorgehoben: In dem ›Aresinger Epitaph‹ in St. Peter (1482) wird seine universelle künstlerische Begabung deutlich.

Der Übergang von der Gotik zur Renaissance war auf dem Gebiet der Bildhauerei verhältnismäßig fließend, hier läßt sich keine scharfe Zäsur aufzeigen. Waren es anfangs noch einheimische Künstler wie der sogenannte ›Meister von Rabenden‹ (s. S. 407), Hans Ässlinger, Hans Arnhofer, Caspar Weinhart, Hans Wörner u. a., so schufen während der Spätrenaissance besonders italienische und niederländische Meister die eigentlich bedeutenden Werke dieser Epoche in Deutschland und so auch in München.

So war u. a. der Niederländer Hubert Gerhard (um 1550–1622/23) einer der wichtigsten Renaissance-Künstler in München; seine Werke gehören zu den besten jener Zeit und schmücken noch heute die Stadt: Der ›Perseus-Brunnen‹ (um 1585) im Grottenhof der Residenz steht am Anfang seiner großen Schaffensperiode, eine vortreffliche Bronzeskulptur, modelliert nach einer Entwurfsskizze von Friedrich Sustris (s. Fig. 33), die den grausigen griechischen Mythos von Perseus und Medusa erzählt. Meisterwerke schuf Gerhard bei der Errichtung von St. Michael, der bedeutendsten sakralen Renaissance-Architektur Deutschlands (Entwurf von Sustris): den kraftvollen, dynamischen Erzengel Michael (1588; Abb. 40) an der Fassade, den Engel am Weihwasserkessel (1595) im Innenraum und das bronzene Flachrelief mit der Auferstehung Christi (1595). Von nahezu gleicher Intensität und pulsierender Lebendigkeit ist seine nackte ›Bavaria‹ (1594), die heute im Residenzmuseum steht, ehemals aber für den Hofgarten bestimmt war, wo sich heute auf dem kleinen Rundtempel eine Kopie befindet. Die Krönung von Gerhards fruchtbarer Schaffensperiode ist die feingliedrige Muttergottes auf der Mariensäule (um 1595; Farbt. 8, 9, Abb. 27). Ergreifend und von tiefer Trauer erfüllt wirkt in St. Michael – unterhalb des Kruzifixes von Giovanni da Bologna – die kniende Magdalena (1594/95) von Hans Reichle. Von ganz anderen künstlerischen Konzeptionen geht dagegen die kostbare Reiterstatue des hl. Georg aus, ein Meisterwerk des Manierismus der Münchner Goldschmiede- und Emailkunst, das nach einem Entwurf von Sustris angefertigt wurde (um 1590; heute in der Schatzkammer der Residenz).

Ähnlich prunkvoll ist die Arbeit eines unbekannten Künstlers, der nach einem Entwurf Peter Candids die monumentale Silberbüste des hl. Benno schuf, die sich in der Frauenkirche befindet.

Neben diesen Künstlern, die während der Wende zum 17. Jahrhundert das künstlerische Geschehen in München bestimmten, muß mit Vorrang Hans Krumper (1570–1634) erwähnt werden, der anfangs stark von Hubert Gerhard inspiriert wurde. Bereits mit dem Grabmal Herzog Ferdinands von Bayern (1610) stellte er sein Können unter Beweis (Heilig-Geist-Kirche); eine sensible Arbeit, die sein großes Hauptwerk ankündigte: das Grabmonument Kaiser Ludwigs des Bayern (1619/22) in der Frauenkirche (Abb. 44–46). Von gleichem künstlerischen Wert ist schließlich noch die ›Patrona Bavariae‹, die Muttergottes-Statue (1616) in der prunkvollen Westfassade der Residenz; die einfache volkstümliche ›Hausheilige‹ wurde hier zur ehrwürdigen ›Patrona‹ der hohen Renaissance-Kunst (Abb. 53).

Zwischen Renaissance und Barock liegt die Tragödie des Dreißigjährigen Krieges, die sich am Anfang der neuen Kunstepoche im Barock widerspiegelt. So erinnert u. a. die ›Schmerzhafte Maria‹ (1651; Herzogspitalkirche) von Tobias Pader an die großen Leiden des Krieges. Mit Vorliebe wenden sich die Künstler fortan der Holzschnitzerei zu, wobei die Münchner Barockbildhauer überwiegend Altbayern sind; erstmals wird eine Kunst in Bayern – der Barock und später auch das Rokoko – hauptsächlich von einheimischen Künstlern getragen, die jedoch auch ihre Studienerfahrungen aus Rom und Venedig mit einbrachten.

Träger dieser neuen Kunst sind Kirche, Staat (Fürsten) und Bürgertum. Sie alle gaben dem Hochbarock die Freiheit für seine optimale künstlerische Entfaltung, so daß der farbenfrohe Barock schnell Land und Städte in ganz Süddeutschland erobern konnte.

In München verdiente die formenreiche Plastik des Hochbarocks in den Werken von Tobias Pader, Balthasar Ableithner und Andreas Faistenberger überregionale Anerkennung. So war Ableithners künstlerische Tätigkeit in der Theatinerkirche eine große Bereicherung für dieses Meisterwerk barocker Architektur; seine vier Evangelisten (1670/72) und die Engelkaryatiden aus dieser Kirche sind die Hauptwerke seiner fruchtbaren Schaffensperiode. Ebenso war Andreas Faistenberger in der Theatinerkirche tätig: Von ihm stammt die schwungvolle schwarze Holzkanzel (1686). Andere wichtige Arbeiten Faistenbergers sind der kniende ›Erzengel Raphael‹ (1695) im Institut der Englischen Fräulein in Berg am Laim und das Relief des Hochaltars im Bürgersaal mit der ›Verkündigung‹ (1710). Zu diesem Künstlerkreis gesellte sich noch Wolfgang Leithner, der mit seiner schwebenden ›Rosenkranz-Muttergottes‹ (1692) in Alt-St. Ursula/St. Sylvester in Schwabing ein schönes Zeugnis dieser Epoche hinterließ. Ganz anders verlief die künstlerische Entwicklung Domenikus Steinharts, der mit dem feinen Elfenbeinrelief ›Apollo und Koronis‹ (um 1700; Bayerisches Nationalmuseum, München) ein Thema der griechischen Mythologie lebendig darstellte. Barocke Schönheit aus der Übergangsphase zum Rokoko strahlt die ›Schmerzhafte Muttergottes‹ (1708) von Andreas Faßbinder aus; sie steht in der Heilig-Kreuz-Kirche zu Forstenried. Ein Vergleich mit der ›Schmerzhaften Muttergottes‹ von Tobias Pader – die noch die Leiden des Dreißigjährigen Krieges duldsam trägt – zeigt deutlich die dynamische Entwicklung der barocken Kunst in Bayern.

Das letzte große Werk dieser·Epoche ist der Hochaltar in St. Peter (1732/34), ein Meisterwerk von Ägid Quirin Asam (1692–1750), der phantasievoll die gotische Petrusfigur (s. S. 173) Erasmus Grassers in den spätbarocken Altar eingefügt hat (Abb. 42). »In diesem herrlich ins Südlicht gesetzten Hochaltar hat das ›deutsche Rom‹ den von Ableithner, Faistenberger und den Asam erlebten Bernini-Barock ausgeformt zum ekklesiastischen Triumph, in welchem Papstbarock, deutscher Barock und auch die Erinnerung bayerischer Spätgotik sich zusammenfinden.«[20]

Das aufflammende bayerische Rokoko war eine fröhlich-heitere Kunst; selbst die strenge sakrale Kunst erhielt durch das höfische Rokoko verfeinernde Impulse. Ganz dem allgemeinen Zeitgeschmack verpflichtet, wurde diese Kunst durch den elementaren Glauben der Bürger wie auch durch weltliche Fröhlichkeit geprägt. Das Rokoko ist ein Produkt gelungener Verschmelzung einzelner Kunstbereiche – Architekturdekoration, Bildhauerei und Malerei –, die sich in den rauschenden Formen der Architektur offenbart.

Glänzender Vertreter sowohl des Barocks als auch des Rokokos war Ägid Quirin Asam. Als Bildhauer schuf er mit der Beichtstuhlgruppe (Hl. Bruno) ›Der Tod des Sünders‹ (Abb. 32) in der Asamkirche St. Johann Nepomuk (1733/46) ein Kunstwerk höchster Vollendung. Wichtig ist aber auch der ›Gnadenstuhl‹ derselben Kirche: Der gekreuzigte Christus und Gottvater (mit Papstkrone) erfüllen majestätisch das lichtdurchflutete Gewölbe des Kirchenschiffes (Abb. 36).

Eigentlicher ›Vater‹ des Münchner Rokokos ist Johann Baptist Straub (1704–1784), Vorbild und Meister des ruhmvollen Ignaz Günther (1725–1775), der als 18jähriger in die Lehre Straubs kam. Beide bestimmten für lange Zeit die Bildhauerkunst in München; Straub, der seinen Schüler Günther überlebte, arbeitete mit ungebrochener Energie bis ins hohe Alter und übte großen Einfluß auf seine Epoche aus. Hauptwerke Straubs befinden sich im Bayerischen Nationalmuseum, München (z. B. die Stadtgöttin ›Tyche Polios‹ aus dem ehemaligen Törring-Palais), in der Kirche St. Michael in Berg am Laim und in der Klosterkirche St. Anna im Lehel; für das Grabmal seiner Frau gestaltete er 1774/75 die weiße Marmorbüste der ›Religio‹, ein schlichtes Werk von »stiller Einfalt und edler Größe«.

Die genialsten Schöpfungen bayerischer Rokoko-Plastik verdanken wir Ignaz Günther; ihm gelang es, überzeugende Religiosität und zugleich italienische Heiterkeit in seine Bildwerke einfließen zu lassen.

»Die in empfindsamer Bildungsfähigkeit auflebende Kunst dieses Meisters ist ein Spitzenphänomen des ganzen europäischen Rokokos geworden. In mannigfachen, immer anschaulich gebildeten Übergängen, psychologisch aufs feinste durchdifferenziert, zeigt Ignaz Günther ein besonderes Gefühl für Qualitäten der ›Oberfläche‹, für Nuancen des Verfließens und der Distanz.«[21]

Am Anfang von Günthers Schaffensperiode in München steht die ›Hl. Magdalene‹ (1754?; Würmgaumuseum, Starnberg), die schon seinen unverkennbaren Stil zeigt. Bedeutung erlangte der Meister durch die künstlerische Gestaltung sakraler Einrichtungen; die Bekrönung des Corpus-Christi-Altars in St. Peter (1755), der Hochaltar in St. Maria zu

20 Norbert Lieb: ›München, die Geschichte seiner Kunst‹, München 1977, S. 178
21 ebd., S. 222

Thalkirchen (1758/59) und die anmutige Kanzel in St. Georg zu Bogenhausen zeigen seinen großen Formenreichtum.

Von inbrünstigem Glauben und tiefem Schmerz geprägt ist die ›Mater Dolorosa‹ (1763/65; Abb. 140) in der Augustinerchorherren-Klosterkirche Weyarn (s. S. 404); dagegen verblüfft die Schutzengelgruppe (1763) im Bürgersaal durch ihre liebenswerte Heiterkeit und menschliche Wärme. Ignaz Günther war nicht nur ein Meister rundplastischer Werke, sondern beherrschte auch die Reliefkunst, wie das edle ›Marientod-Relief‹ (1744; Bayerisches Nationalmuseum, München) aus Lindenholz zeigt.

Neben Johann Baptist Straub und Ignaz Günther sind aus diesem Künstlerkreis noch zu erwähnen: Johann Georg Greiff mit seinen Erzengeln Gabriel und Raphael am Hochaltar der Heilig-Geist-Kirche (1750), Franz Anton Bustelli (Schöpfer der hinreißenden Nymphenburger Porzellanfiguren ›Die italienische Komödie‹; Bayerisches Nationalmuseum, München), Wilhelm de Groff (ein Meister der Bronze- und Silberschmiedekunst), Joseph Anton Brantan (mit seiner eindrucksvollen ›Verkündigungsgruppe‹ in St. Silvester in Schwabing) und Roman Anton Boos (1730-1810) mit seinen gigantischen ›Taten des Herkules‹. Er wirkte noch bis zum Beginn des 19. Jahrhunderts und war Nachfolger des führenden Bildhauers Johann Baptist Straub. Gemeinsam mit Franz Jakob Schwanthaler (1760–1820) erlebte er noch die Anfänge des Frühklassizismus; beide waren aber der Rokoko-Epoche noch zu sehr verhaftet, als daß ihnen der Durchbruch zum Klassizismus tatsächlich gelingen konnte.

Auf dem Gebiet der Plastik ist die große künstlerische Entfaltung des (in Bayern zeitlich etwas verspätet einsetzenden) Klassizismus mit seinem Rückgriff auf Formen des klassischen Altertums unmittelbar auf König Ludwig I. zurückzuführen, der bereits als Kronprinz ein engagierter Förderer der Kunst war und jungen bayerischen Künstlern die Ausbildung bei den bedeutendsten europäischen Bildhauern wie Antonio Canova (1757–1822), Bertel Thorvaldsen (1768/70–1844) und Christian Rauch (1777–1857) ermöglichte. Seinen Ideen und Vorstellungen entsprechend stand die Renaissance-Bildhauerei stets im Rahmen eines architektonischen Gesamtentwurfes; die Plastik erzielte nun weniger als Einzelwerk, sondern als Teil einer in Bewegung und Rhythmus angepaßten Fassade (Glyptothek; Abb. 82) oder als Denkmal (Maximilian I. Joseph von Thorvaldsen) ihre Funktion und Wirkung.

Ludwig Schwanthaler (1802–1848), ein echter Sohn Bayerns, Schüler von Thorvaldsen und Rauch, entwickelte sich schnell zur genialen Künstlerpersönlichkeit des frühen 19. Jahrhunderts und prägte für Jahrzehnte die künstlerische Entwicklung in München. Zu seinen Meisterwerken gehören die ›Zwölf Wittelsbacher Fürsten‹ (um 1840; Residenzmuseum) und vor allem das kolossale Standbild der ›Bavaria‹ vor der Ruhmeshalle an der Theresienwiese, ein Meisterwerk der Bronzetechnik, das von Ferdinand von Miller ausgeführt wurde (Abb. 16, 17); gleiche Beachtung verdienen auch seine Entwürfe für die Giebelskulpturen der Glyptothek. Höchste künstlerische Vollendung der Bronzegießkunst zeigt die ›Quadriga des Siegestores‹ von Johann Halbig und Johann Martin von Wagner (um 1850). Max von Widnmann (1812–1895) schuf das schöne Denkmal König Ludwigs I. auf dem Odeonsplatz. Großen Einfluß übte die künstlerische Tätigkeit Adolf von Hildebrands (1847–1921) aus, der sich an Antike und römischem Klassizismus sowie an der toskanischen Plastik des 15./16. Jahrhunderts orientierte. Seine Werke prägen noch heute das Münchner Stadtbild und waren damals Vorbild vieler junger Künstler. Zu seinen bedeutendsten Arbeiten zählen der ›Wittelsbacher-Brunnen‹ am Lenbachplatz (1891/95) und der Hubertus-Brunnen (jetzt in Neuhausen). Aus der Zeit des Jugendstils sei hier exemplarisch die Bronzestatue der ›Helena‹ erwähnt (Bayerische Staatsgemäldesammlungen, München), ein sensibles Werk des Malers und Bildhauers Franz von Stuck (1863–1923).

Malerei

Nur allmählich – wie in der Bildhauerei – setzt sich auch in der Malerei erst nahezu 300 Jahre nach der Gründung Münchens eine eigenständige ›Münchner Malertradition‹ durch. Wenige Werke sind uns aus früherer Zeit bekannt, und wenn, dann stammen sie von unbekannter Künstlerhand. Bedeutend für jene Frühzeit ist die Initialmalerei aus der Kaiserhandschrift Ludwigs des Bayern (1334/36), die – in italienischer Manier – den Kaiser und seine Söhne darstellt. Ein erstes Beispiel ausdrucksstarker Malerei im Münchner Raum, in leuchtenden Farben und mit Sensibilität gestaltet, liefert uns das ›Tafelbildpaar‹ aus der Augustinerkirche (heute im Bayerischen Nationalmuseum, München), das, um 1400 mit böhmischen Stileinflüssen geschaffen, auf der einen Seite die ›Kreuzigung Christi‹, auf der anderen die legendäre ›Auferstehung der Drusiana‹ zum Inhalt hat. Erst im 15. Jahrhundert beginnt die Malerei auch in München bodenständig zu werden. Vornehmlich fremde Künstler lassen sich hier nieder und finden ein gutes Arbeitsfeld. Aber noch immer wird die Malerei als Handwerk, nicht als Kunst eingestuft. Gabriel Angler (um 1400–1486) und Gabriel Mälesskircher (um 1430–1495) sind neben anderen Künstlern zwei der bedeutendsten Vertreter der anfänglichen ›Münchner Malerei‹, die charakteristische Züge der oberbayerischen Landschaftsmalerei annimmt und sich damit deutlich von der schwäbischen und fränkischen Malerei unterscheidet.

Entsprechend der Bildhauerei, wo die Figuren körperlich sehr bewegt agieren (s. S. 114; Moriskentänzer, Abb. 100), läßt sich nach dem sogenannten ›weichen Stil‹ um die Jahrhundertwende auch in der Münchner Malerei ein starker Trend zur Plastizität erkennen; die nun oft prallen Figuren werden nicht ohne eine gewisse volkstümliche Derbheit in eine feingliedrige Architekturlandschaft mit starker Tiefenwirkung hineingestellt, besonders von Mälesskircher, der später in München hohes Ansehen genoß.

Der erste Höhepunkt der Münchner Malerei fiel noch in die spätgotische Epoche. Ein Fremder, möglicherweise polnischer Herkunft, Jan Polack (1519 gest.) war es, der der Malerei in München zu überregionaler Bedeutung verhalf. Schon 1479 überzeugte Polack mit seiner Freskomalerei in Pipping (s. S. 374). Seine Werke zeigen starke Verwandtschaft mit dem ›Nürnberger Kreis‹, aber auch Einflüsse aus Prag; desgleichen sind sowohl fränkische als auch niederländische Elemente erkennbar. Nachdem Polack 1480 am Hochaltar in Thalkirchen als Künstler aufgetreten war, wird er 1483 erstmals auch in München urkundlich erwähnt. Erstaunlich, wie schnell Jan Polack mit der typisch bayerischen Mentalität zurechtkam, die er sich wohl auch aneignete und die er teilweise in seinen Werken gut umzusetzen wußte: Urwüchsige Formensprache und dekorative Farbabstufungen charakterisieren seine Werke ebenso wie Liebe zum Detail und panoramahafte Kunst-Landschaften mit reizvollen architektonischen Durchblicken, vor denen Bürger und Patrizier, nicht selten in ihrem Alltagsdasein, dargestellt sind (z. B. Flügelbilder des ehemaligen Hochaltars von St. Peter, heute im Bayerischen Nationalmuseum, München). Polack hat über Jahrzehnte die Entwicklung der Malerei in München geprägt. Wie Erasmus Grasser in der Bildhauerei – mit dem er viel zusammengearbeitet hat – war Jan Polack der führende Künstler in der spätgotischen Malerei Münchens, doch die Bedeutung und Meisterschaft Grassers innerhalb der gesamten deutschen Spätgotik erlangte er nicht.

Nicht unerwähnt bleiben dürfen die Freskomalerei und die Glasmalerei, deren Werke zwar nur in geringer Anzahl erhalten sind (u. a. die ›Wittelsbacher‹ aus dem Ahnensaal des Alten Hofes – um 1470, heute im Nationalmuseum, München – sowie die Fenster des Neubaus der Frauenkirche), die aber eine starke Wirkung auf ihre Zeit gehabt haben. War die Wandmalerei mehr weltliche Kunst, für die Gestaltung von Hausfassaden und auch zur Innenraum-Ausschmückung geeignet, so konzentrierte sich die Glasmalerei verstärkt auf Werke sakralen Inhalts. In beiden Kunstrichtungen finden wir glanzvolle Vertreter der Tafelmalerei: Gabriel Angler wie Jan Polack erweiterten ihren Tätigkeitsbereich mit Arbeiten für die Glas- und Freskomalerei. Tiefe religiöse Eindringlichkeit liegt in dem Bildnis des ›Kreuztragenden Christus‹ in der Augustinerkirche (1494), einem der wenigen Fresken(-fragmente) sakralen Inhalts (wohl von Polack). Auf denselben Künstler gehen am Ende des 15. Jahrhunderts mehrere Entwürfe jener gotischen Glasfenster zurück, die für den Neubau der Frauenkirche in gelungener Kooperation zwischen Glasmalerei und (Tafelbild-) Malerei entstanden sind (›Herzogfenster‹ aus der Frauenkirche, um 1485).

Nach dem Tode Jan Polacks steht München lange Zeit im Schatten der großen Malerzentren Nürnberg (Albrecht Dürer, 1471–1528), Regensburg (Albrecht Altdorfer, um 1480–1538) und Augsburg (Hans Burgkmair, 1473–1531), wo sich für Süddeutschland der entscheidende Übergang von der Spätgotik zur Renaissance vollzieht. Zu jener Zeit wächst außerhalb Münchens die Hofkunst zu großartiger Blüte. Im Auftrag Wilhelms IV. entstehen seit etwa 1530 die ›Historienbilder‹, monumentale Schlachtenbilder und Darstellungen aus der griechischen und römischen Geschichte sowie Gemälde mit alttestamentarischer Ikonographie. Neben den Bildern von Hans Burgkmair (›Niederlage der Römer durch die Karthager bei Cannae‹), Jörg Breu (›Sieg Scipios über Hannibal bei Zama‹) und Ludwig Refinger (›M. Curtius opfert sich dem römischen Volk‹) ist vor allem Altdorfers ›Alexanderschlacht‹ (die Schlacht bei Issus 333 v. Chr. zwischen Alexander und Darius III.) als das überragende Werk weltlicher Kunst im Bayern des 16. Jahrhunderts zu betrachten.

In München selbst wirkten nur wenige bedeutende Maler dieser Epoche; zeitweise waren es der Dürer-Schüler Hans Beham, Ludwig Refinger sowie Barthel Beham, der sich 1528 in

Fig. 33
Entwurfsskizze
zum Perseus-Brunnen
von Friedrich Sustris
(Staatl. Graphische
Sammlung, München
Inv. Nr. 38871)

CHristophorus Schwarz Monach: fec:
E cius Nat: Inuencioni:

München niederließ – bis die Stadt mit Hans Mielich (1516–1573) eine große neue Künstlerpersönlichkeit hervorbrachte. Der gebürtige Münchner verband Altmünchnerisches mit Nürnberger Elementen und italienischen Einflüssen (Italienreise 1536/40) und entwickelte eine eigenständige Ausdrucksform. Mielichs Betätigungsfeld reichte von der Fassadenmalerei über die Buchmalerei bis zur anspruchsvollen Tafelmalerei. Zeigen seine Frühwerke teilweise auch sakrale Themen, so findet sein reiches Können vor allem in der Bildnismalerei Ausdruck. Die Porträtkunst Mielichs zeichnet sich besonders durch seine treffsichere psychologische Charakterisierung, die Sicherheit in der Detailausführung und seine harmonische Farbgebung aus; seine Werke gehören zu den bedeutendsten Arbeiten der Porträtkunst des 16. Jahrhunderts.

Mit der Regentschaftsübernahme Herzog Wilhelms V. (1579) kamen neue Künstler in die herzogliche Residenz, die München zu einer Hochburg des Manierismus machten. An ihrer Spitze stand der aus Italien stammende Friedrich Sustris (um 1540–1599), der führende Hofkünstler Wilhelms V. Unter seiner baulichen Oberleitung – Sustris war Architekt und Maler – ebenso wie nach seinen Skizzen entstanden neben mehreren Einzelwerken (wie etwa dem Perseus-Brunnen; s. Fig. 33) vor allem die Michaelskirche (s. S. 32, 256 ff.) und wichtige Bauabschnitte der Residenz (s. S. 84 f., 227 ff.), wobei viele der dort ausgeführten Stukkaturen und Malereien ebenfalls auf seine Entwürfe zurückgehen. Sustris Stellung am Wittelsbacher Hofe war so souverän, wie sie nach ihm im 16. Jahrhundert niemand mehr erlangte.

Peter Candid de Witte (um 1548–1628), in Brügge geboren, hatte in Italien (im Künstlerkreis Vasaris) seine Ausbildung erhalten und wurde nach Sustris der wichtigste Maler in München. 1586 von Wilhelm V. an den Fürstenhof berufen, versuchte er, sich vom Manierismus zu distanzieren und entwickelte einen eigenen Stil, der Elemente des niederländischen Realismus und des italienischen Idealismus vereint. Wie Sustris arbeitete auch Candid u. a. an der Altargestaltung der Michaelskirche.

Immer stärker gewinnen nun die Entwurfsskizzen der einzelnen Werke an Bedeutung, die bereits alle Details der künstlerischen Endfassung enthalten. Beide, Skizze und ausgeführtes Werk, werden zu gleichwertigen Kunstwerken, wie der Entwurf und das Gemälde der ›Heiligen Familie‹ von Peter Candid im Vergleich zeigen (s. Fig. 34, 35).

Eine bedeutende Rolle spielte in Candids künstlerischem Schaffen seine Tätigkeit für die seit 1604 in München etablierte Teppichmanufaktur. Nach seinen Entwürfen entstanden eine Vielzahl kostbarer Teppiche, die vorwiegend historische Themen zum Inhalt haben; Themen, die der Wittelsbacher Dynastie Bayerns ein würdiges Denkmal setzen sollten.

*Fig. 34   Entwurfsskizze Peter Candids zu seinem Gemälde ›Die Heilige Familie‹ (Staatl. Graphische ▷
Sammlung, München, Inv. Nr. 89)*

*Fig. 35   ›Die Heilige Familie‹, Gemälde von Peter Candid (Bayerische Staatsgemäldesammlungen, ▷
München, Inv. Nr. 5209/7417)*

München und Bayern standen nach dem Dreißigjährigen Krieg nicht lange abseits vom künstlerischen Geschehen in Mitteleuropa, das sich vorwiegend in Flandern, Holland und Italien konzentrierte. Zuviel Schaden hatte der Krieg angerichtet, als daß die Kunst großzügige Förderung erwarten konnte; zu viele Kunstwerke waren zerstört und vernichtet, wie Joachim von Sandrart (1606–1688, Maler und Schriftsteller, der auch in München wirkte) berichtet:

»Die Königin Germania sah ihre mit herrlichen Gemälden gezierten Paläste und Kirchen hin und wieder mit der Lohe auffliegen, und ihre Augen wurden von Rauch und Weinen dermaßen verdunkelt, daß ihr keine Begierde oder Kraft übrig bleiben konnte, nach dieser Kunst zu sehen, von welcher nun schiene, daß sie in eine lange und ewige Nacht wolte schlaffen gehen.«[22]

Doch bald blühte die Malerei auch in München wieder auf. Vorwiegend waren es jedoch auswärtige Künstler, die in München tätig wurden, indem sie vom wittelsbachischen Hofe Aufträge erhielten. So wurde Johann Heinrich Schönfeld (1609–1682) aus Augsburg der bedeutendste Maler des süddeutschen Raumes. Seine Hinwendung zu Themen aus der griechisch-römischen Antike sowie die Verwendung biblischer Ikonographie gehen auf seinen langen Italienaufenthalt (1633/51) zurück und haben viele bayerische Künstler geprägt. Nicht zuletzt ist »das Unpathetische seiner Erzählweise« ein Vorgriff auf die kommende Entwicklung der Rokoko-Malerei. Beispiele seiner Kunst finden sich u. a. in St. Peter (›Anbetung der Heiligen Drei Könige‹) und in der Heilig-Geist-Kirche (›14 Nothelfer‹). In beiden Kirchen existieren ebenfalls Zeugnisse von Schönfelds Zeitgenossen. Hervorzuheben ist dabei besonders der schon als Schriftsteller erwähnte Joachim von Sandrart. Auch seine Werke fanden in ganz Deutschland allgemeine Anerkennung, wie z. B. ›Joseph und Joachim‹ (1647) in St. Peter (s. S. 175) oder die ›Fürbitte des hl. Kajetan während der Pest in Neapel‹ (1671) in der Theatinerkirche (s. S. 251). Ein echter Münchner Maler war Johann Carl Loth, dessen Stil ebenfalls durch einen langjährigen Italienaufenthalt geprägt war. In München finden sich mehrere schöne Altarbilder von ihm (z. B. die Kopie einer ›Cranach-Madonna‹ in St. Peter, 1653).

Hofmaler jener Zeit war Johann Andreas Wolff (1652–1716), ein Altbayer mit guten künstlerischen Fähigkeiten, der mit zu den besten Altarbildmalern Oberbayerns zählte. Mehr der weltlichen Kunst dagegen war der Franzose Joseph Vivien (1657–1734) zugetan, der sich besonders der Porträtkunst (z. B. ›Kurfürst Max-Emanuel‹ in Schloß Schleißheim) widmete.

Weniger für München als vielmehr überregional war Cosmas Damian Asam (1686–1739) tätig, der stets mit seinem Bruder Ägid Quirin Asam (1692–1750) zusammenarbeitete (s. S. 270 ff., 348 ff.). Er war ein Meister der Freskomalerei und der Stukkatur, wobei er stets darauf achtete, den Innenraum im Ganzen als künstlerische Einheit ausschmücken zu können.

---

22 Joachim von Sandrart: ›Teutsche Academie der edlen Bau-, Bild- und Mahlerey-Künste‹, 2. Bd., Nürnberg 1675/79; hrsg. v. R. A. Peltzer, München 1925

Äußerst vielseitig war der in Holland und Venedig geschulte Georges de Marées, auch Desmarées (1697–1776). Er beherrschte gleichermaßen die weltliche wie die sakrale Kunst des Rokoko. Seine Arbeiten in der Heilig-Geist-Kirche (›Hl. Antonius‹, um 1770), sowie in der Theatinerkirche (›Verkündigung Mariae‹) u. a. haben jedoch nicht die Popularität seiner weltlichen Werke erreicht. In seiner Porträtkunst spiegelt sich deutlich das Schönheitsempfinden seiner Zeit wider: Nicht Geist und Charakter der Modelle, sondern der bloße Schein, die ›schöne elegante Welt‹ sollte amüsant mit feinen Linien und ansprechenden Farbnuancen dargestellt werden (Abb. 105).

Ganz anders dagegen war die Auffassung Johann Georg Edlingers (1741–1819) von der Porträtkunst; er verachtete in seinem ›revolutionären Realismus‹ schöne Gewänder und edles Beiwerk des Rokoko und konzentrierte sich einzig auf die geistige Ausstrahlung seiner Modelle.

»Als Luxus darf die Kunst nicht betrachtet werden, in allem drücke sie sich aus, sie gehe über ins Leben, und dann ist, was sein soll. Freude und Stolz sind mir meine großen Künstler. Des Staatsmannes Werke werden längst vergangen sein, wenn die des ausgezeichneten Künstlers noch erhebend erfreuen.« (Ludwig I. anläßlich der Grundsteinlegung der Neuen Pinakothek, 1842)

Unter diesem Motto des Mäzens Ludwig I. stand in München die aufblühende Kunst des 19. Jahrhunderts; München wurde ein Magnet für viele europäische Künstler von internationalem Rang. Im Laufe des 19. Jahrhunderts entwickelte sich ein unverwechselbarer Münchner Malstil, der besonders durch Wilhelm von Kobell (1766–1855; Farbt. 12, Abb. 109), Peter von Cornelius (1783–1867), Wilhelm von Kaulbach (1805–1874) und Karl von Piloty (1826–1886) geprägt wurde. Aufgrund der Vorliebe Ludwigs I. für die Historienmalerei, die er schon als Kronprinz bewunderte, geriet die 1807 gegründete ›Akademie der schönen Künste‹ jedoch schnell in eine stark einseitige Kunstrichtung, die Landschaftsmalern nur mäßige Förderung zukommen ließ. Als dann Peter von Cornelius 1824 die Leitung der Akademie übernahm, war die Entwicklung der klassizistischen Historienmalerei in München für lange Zeit vorprogrammiert; dieser Einfluß war schließlich so groß, daß der König bereits 1826 den Lehrstuhl für Landschaftsmalerei aufhob und Kobell entließ.

Welche bedeutende Rolle München im 19. Jahrhundert als Kunststadt in Europa spielte, zeigt auch die ›Große Internationale Kunstausstellung‹ jeweils der Jahre 1869, 1879 und 1888. Ein Pionier der Landschaftsmalerei des 19. Jahrhunderts war Johann Georg von Dillis (1759–1841). Anfänglich Lehrer an der Akademie und zugleich Vertrauter des Kronprinzen, begleitete er ihn auf dessen Italien- und Sizilienreise (s. S. 64, Fig. 17). Seine Bilder strahlen das Licht südlicher Landschaften aus, das Dillis malerisch in zarte Farbtöne umzusetzen wußte. Völlig neue Ausdrucksformen gelangen Wilhelm von Kobell. Mit seinem ›persönlichen Naturalismus‹ schuf er meisterhafte bayerische Landschaftsgemälde, die, sorgsam im Detail und von lichtdurchfluteter Farbigkeit, im Biedermeierstil erzählen: Miniaturhafte Szenenabläufe sind in das Bild hineingestellt, aber so geschickt, daß die perspektivisch gut gestaffelte Landschaft ihre eindringliche Wirkung nicht verliert (Farbt. 12, Abb. 109). Dieses Können zeichnet Kobell auch bei seinen großen Schlachtenbildern aus, die er 1808/15 im Auftrag des Kronprinzen malte. Nicht die Schlacht, sondern die beruhigende Landschaft dominiert in diesen Werken; das historische Ereignis wurde in eine räumlich gegliederte Landschaft hineinkomponiert.

Auch Carl Rottmann (1797–1850) zählt zu den großen Münchner Landschaftsmalern, wenngleich seine Arbeiten im weitesten Sinne ›historischen‹ Inhalt haben. Sein umfassender Zyklus der italienischen und besonders der griechischen Landschaften, im Auftrag Ludwigs I. (1834) geschaffen, löst sich abrupt von der bis dahin ›intimeren‹ Landschaftsbetrachtung. Rottmann sieht die griechische Landschaft heroisch, vernachlässigt das Detail und greift zu fast mystischer Farb- und Lichtgestaltung – sei es in Erinnerung an das antike Hellas angesichts des Freiheitskampfes gegen die Türken oder weil Otto, ein Sohn Ludwigs I., soeben König von Griechenland (1832) geworden war.

Ein Außenseiter unter den Meistern des 19. Jahrhunderts war der in München geborene Carl Spitzweg (1808–1885). Der Autodidakt fand zu einem ganz persönlichen Stil des Fabulierens und der malerischen Poesie. Mit diffusen Licht- und Schattenwirkungen, brillanter Farbigkeit und einfacher Linienführung charakterisierte er die Idylle des Alltags.

Dennoch reifte außerhalb der Akademie eine liebenswerte Biedermeier-Landschaftsmalerei heran, die mit der ›akademischen‹ Historienmalerei eines gemeinsam hatte: das ›erzählerische Element‹ des Münchner Stils. »Es ist eine volkstümliche, vertrauliche Gesprächigkeit, gemütsbetont, die Stimmungswerte des meist anspruchslosen Gegenstandes hervorhebend. Erzählung ist (hier) etwas anderes als philosophische Durchdringung oder nüchterne Tatsachenschilderung.«[23]

Es gab aber auch Bestrebungen, die der absoluten Machtposition der Kunstakademie entgegentraten. So ist der 1825 gegründete ›Kunstverein‹ (trotz der Mitgliedschaft von Ludwig I. und Cornelius) als demonstrative Kampfansage an die Akademie zu verstehen. Auch muß in diesem Zusammenhang der Mäzen Adolf Friedrich Graf von Schack (1815–1894) erwähnt werden, der sich später uneigennützig um junge Künstler (z. B. Marées und Lenbach) kümmerte, die von der öffentlichen Kunstförderung ausgeschlossen waren. Seine beträchtliche private Kunstsammlung vermachte er 1894 testamentarisch Kaiser Wilhelm II., der verfügte, daß die Sammlung in München bleiben solle, für die 1907 in der Prinzregentenstraße der heutige Bau der Schack-Galerie errichtet wurde. 1939 ging die Sammlung in den Besitz der Bayerischen Staatsgemäldesammlungen über.

Bei den Historienmalern traten vor allem Kaulbach und Piloty die Nachfolge von Cornelius an. Sie übernahmen nacheinander die Leitung der Akademie und bestimmten für Jahrzehnte die Münchner Historienmalerei, die, noch immer von stark erzählendem Charakter, nun zugleich von Theatralik und Pathos geprägt wird. Mit der meisterhaften ›Inszenierung‹ des Gemäldes ›Seni an der Leiche Wallensteins‹ (1855) gab Piloty der

---

23   H. E. Ruhmer, in: ›Bayern. Kunst und Kultur‹, Ausstellungskatalog, München 1972, S. 156

Historienmalerei, die sich langsam vom Klassizismus Cornelius' zu lösen begann, neue Impulse.

Am Ende des 19. Jahrhunderts bestimmten die ›Malerfürsten‹ Friedrich August von Kaulbach (1850–1920), Franz von Lenbach (1836–1904; Abb. 108) und Franz von Stuck (1863–1928) das Kulturleben Münchens. Ihr Einfluß war so groß, daß z. B. Lenbach ihm nicht genehme Maler – wie etwa Wilhelm Leibl (1844–1900), den Schöpfer des Gemäldes ›Frau Gedon‹ (1868/69; Abb. 106) – in ihrer künstlerischen Entfaltung zu hemmen versuchte. Sie alle gehörten dem Kreis der Porträtmaler an, die um die Jahrhundertwende sehr erfolgreich waren, wenngleich einigen heute Mangel an psychologischem Einfühlungsvermögen nachgesagt wird. So wurde Kaulbach mit seinem quasifotografischen Naturalismus bald einer der angesehensten Porträtisten Deutschlands, der sich mit besonderem Eifer den ›Damenbildnissen‹ widmete. Der junge Lenbach, Schüler Pilotys, wurde vor allem durch die Kopistenaufträge Schacks (1866) gefördert, die ihn durch ganz Europa führten. (Daß Lenbach seine Förderung mit Kopistenaufträgen ›abdienen‹ mußte, erfüllte ihn mit tiefer Abneigung gegen seinen Förderer Schack, an den er sich später oft mit Bosheit erinnerte.) Lenbachs Frühwerke (›Der rote Schirm‹, 1854; ›Bauernjunge‹, 1859/60) sind durch lichtdurchflutete Farbigkeit und erfrischenden Naturalismus charakterisiert. Später befaßte er sich fast ausschließlich mit der Porträtmalerei. Diese Werke (›Bismarck‹, 1894) sind von jener Intensität, wie sie Lenbach vom Porträtisten erwartete: »Dieses Gefühl, daß das lebendige Wesen, das man vor sich hat, nie wiederkommt, daß es ein Unikum ist in der Welt der Erscheinungen, macht dem Künstler den Gegenstand seines Schaffens zum Ereignis. Ich fühlte, daß ich nichts zu tun hätte, als etwas Bestimmtes aus der Natur herauszugreifen, was den Eindruck einer machtvollen Lebensfülle machen müsse, alles gleichsam zu einem dramatischen Moment gesteigert wäre, zugleich aber wieder zur harmonischen Ruhe durchgebildet.«

Das 20. Jahrhundert der Malerei begann in München mit dem Expressionismus – der Loslösung von bildlichen Gegenständen und der Hingabe an ›psychische Improvisationen‹ (Klee). Empfindungen der äußeren Welt sollten künstlerischen Ausdruck durch Farbkompositionen erhalten, »um nur das Notwendige stark zum Ausdruck zu bringen – kurz, das Streben nach künstlerischer Synthese« (Kandinsky); Innenwelt und Außenwelt sollten im Bild verschmelzen.

Diese Ideen der Künstlergruppe ›Der Blaue Reiter‹ markierten den Aufbruch zur modernen Kunst. Bereits 1909 war Kandinsky in München der Initiator der Gruppe ›Neue Künstlervereinigung München‹, der sich bald seine langjährige Lebensgefährtin Gabriele Münter, Paul Klee, Alexej von Jawlensky, der Münchner Franz Marc, August Macke und andere anschlossen.

Als es 1911 in der Vereinigung zu Meinungsverschiedenheiten kam, traten Kandinsky, Gabriele Münter, Marc und Kubin aus und veranstalteten in München eine eigene Ausstellung. Nach dem Titelbild, das Kandinsky für einen Almanach des Piper-Verlages (1912) gestaltete, erhielt die Gruppe den Namen ›Der Blaue Reiter‹. Ihre Ziele formulierte Kandinsky in der 1912 erschienenen Schrift ›Über das Geistige in der Kunst‹, in der er die

Autonomie von Formen und Farben, ihre Unabhängigkeit vom ›Gegenstand‹ forderte. Als Grundlage der abstrakten Kunst sah er drei Kategorien der Malerei: die ›Impression‹ (direkt von der Natur inspirierte Form), die ›Improvisation‹ (spontaner Ausdruck innerer Vorgänge) und die ›Komposition‹ (langsam und bewußt entwickelter Ausdruck der inneren Vorstellungswelt).

Der ›Blaue Reiter‹ spielte eine wichtige Rolle im Münchner Kunstleben, bis Kandinsky bei Ausbruch des Ersten Weltkrieges Deutschland verlassen mußte. Die Künstlergemeinschaft ging auseinander, doch ihre Arbeit wirkte fort und übte einen nachhaltigen Einfluß auf die Kunst des 20. Jahrhunderts aus.

Straßen und Plätze erzählen Münchner Geschichte

Namen von Straßen und Plätzen sind lebendige – nicht immer ruhmvolle – Geschichte einer Stadt. Eine Bismarckstraße oder ein Adenauerplatz erlauben leicht eine Assoziation zu jener Stadt, die diese historischen Persönlichkeiten durch einen Straßennamen ehrt und ihr Andenken pflegt. Es gibt jedoch auch Persönlichkeiten des Mittelalters, nach denen Straßen benannt wurden; oder solche, die noch vor wenigen Jahrzehnten im Licht der Öffentlichkeit standen, und wieder andere, die in Ungnade gefallen waren, Namen, zu denen der heutige Bürger meist nur wenig, ja oftmals gar keine Beziehung mehr hat; aber auch unbekannte Künstler und Poeten, die in *ihrer* Stadt ohne Ruhm blieben. Erst heute, im ›historischen‹ 20. Jahrhundert, wird einigen von ihnen späte Ehre zuteil. Eine Auswahl von Münchner Straßenbezeichnungen soll den Fremden, aber auch den Münchner beim Bummel durch die Stadt an Episoden und Episödchen, an Historien und Histörchen jener Männer und Frauen erinnern, deren Namen Münchner Straßen und Plätze zieren:

Aberlestraße
Aberle war einer der patriotischen Anführer der ›Sendlinger Bauernschlacht‹ am Weihnachtsabend 1705 und wurde mit anderen Beteiligten bei dem grausamen Massaker hingerichtet (s. S. 58, Fig. 14).

Adamstraße
Albrecht Adam (1786–1862), Schlachtenmaler, der das bayerische Heer bei seinen Feldzügen nach Österreich (1809) und Rußland (1812) begleitete; sein Bruder Heinrich malte gelungene ›Alt-Münchner‹ Motive (s. Münchner Stadtmuseum).

Agilolfingerstraße (und -platz)
Benannt nach den Agilolfingern, dem ältesten bayerischen Herzoggeschlecht, das seit ca. 540 in Bayern regierte und 788 mit Tassilo III. von Karl dem Großen entthront wurde.

Agnes-Bernauer-Straße (und -platz)
Das traurige Schicksal der Bürgerstochter Agnes Bernauer wurde von Friedrich Hebbel und in Carl Orffs Oper ›Die Bernauerin‹ (1947) dramatisch gestaltet; Agnes Bernauer war heimlich mit Herzog Albrecht III. vermählt (1432) und fiel den Verfolgungen ihres Schwiegervaters Herzog Ernst zum Opfer, der sie am 12. 10. 1435 als ›Hexe‹ in der Donau bei Straubing ertränken ließ.

Alfred-Kubin-Weg
Alfred Kubin (1877–1959), österreichischer Grafiker und Buchillustrator, Schöpfer

phantastisch-dämonischer Traumwelten, studierte ab 1898 in München, gründete später gemeinsam mit Kandinsky den Künstlerbund ›Der Blaue Reiter‹ (s. S. 127f.), danach lebte und arbeitete er in Zwickledt bei Passau.

Amalienstraße

Amalie Auguste von Bayern (1801–1877), Tochter des ersten bayerischen Königs Maximilian I. Joseph, Gemahlin des Sachsenkönigs Johann.

Anglerstraße

Gabriel Angler (um 1400–1486) war einer der bedeutendsten Maler Münchens in der Spätgotik (s. S. 119).

Arcisstraße

Am 20./21. März 1814 war das bayerische Heer unter Feldmarschall K. Ph. Wrede (1767–1838) bei Arcis-sur-Aube siegreich gegen die Franzosen (s. a. Barer und Brienner Straße; nachdem Paris erobert ist, tritt Napoleon schließlich am 31. 3. zurück).

Asamstraße

Die Brüder Cosmas Damian (1686–1739) und Ägid Quirin Asam (1692–1750) waren die angesehensten Rokoko-Künstler des 18. Jahrhunderts (s. S. 117, 270, 348 u. a.).

Baaderstraße (und -platz)

Franz Xaver Baader (1765–1841), katholischer Philosoph aus München, der während der Aufklärung die stark gefährdete Kirche durch seine Lehren stärkte.

Baldestraße (und -platz)

Jakob Balde (1604–1668) war einer der bedeutendsten Jesuitendichter Münchens; sei-

ne lateinische Dichtung steht geradezu als Prolog über dem aufkommenden Barock- und Rokoko-Zeitalter:
»Die Flamme sank, und wohlbehalten
Doppeln die Städte den Glanz, gefällig
Mit neuer und ehrwürdig mit alter Pracht.
Voran die Deutsche Roma (München). Zermalmtes steigt
Gefesteter empor vom Grund und stolzer!«

Barellistraße

Agostino Barelli (1627–1680) stammte aus Bologna; er gehörte zu jenen Ausländern, die zur Zeit Ferdinand Marias und seiner Gemahlin Henriette Adelaide von Savoyen (s. S. 55) München mit prachtvollen Barock-Bauten schmückten (z. B. Theatinerkirche, 1663/69).

Barer Straße

In der Zeit vom 24. Januar bis 27. Februar 1814 siegten bayerische Truppen unter Wrede (s. Arcisstraße) gegen die Franzosen bei Bar-sur-Aube; der Vormarsch nach Paris war nicht mehr aufzuhalten.

Becherstraße

Johann J. Becher (1635–1682) gelang erstmals die chemische Gasgewinnung aus Steinkohle; als Mediziner war er Leibarzt Ferdinand Marias.

Behamstraße

Hans Sebald Beham (1500–1550), angesehener Dürer-Schüler, wurde von seinem Bruder Barthel (1502–1540) nach München geholt, um mit an dem Holzschnitt ›Einzug Kaiser Karls V.‹ zu arbeiten.

Bestelmeyerstraße

German Bestelmeyer (1874–1942) errichtete u. a. den Universitätsanbau an der Adalbertstraße, den Erweiterungsbau der heutigen Technischen Universität und führte die Erweiterung des Deutschen Museums durch.

Boosstraße

Roman Anton Boos (1730–1810), Schüler von Johann Baptist Straub; seine Plastiken und Bildhauerwerke gehören zu den besten der Übergangszeit von Spätbarock zu Klassizismus (schönes Grabmal mit Selbstbildnis auf dem Südfriedhof).

Brienner Straße

Die alliierten Truppen unter Führung von Fürst Blücher erringen am 1. Februar 1814 bei Brienne den entscheidenden Sieg gegen Napoleon; somit erinnern drei der wichtigsten Straßen (Arcisstraße, Barer Straße) der Maxvorstadt an die denkwürdige historische Verbindung zwischen München und Napoleon, die so unglückselig mit der bayerischen Beteiligung am Rußlandfeldzug Napoleons begann, auf dem 1812 mehr als 30000 Bayern im russischen Winter den Tod fanden – ein Ereignis, an das der Obelisk auf dem Karolinenplatz (s. S. 277f.) erinnert, wo sich die Straßen der ›großen Siege‹ (Brienner/Barer Straße) kreuzen.

Canalettostraße

Bernardo Belotto, gen. Canaletto (1721 bis 1780), brachte venezianische Einflüsse der Malerei nach München; zu seinen Meisterwerken gehören die Ansichten von München und Nymphenburg, nach denen u. a. 1970/72 die ursprüngliche Fassade von Nymphenburg farblich gestaltet wurde.

Candidstraße (und -platz)

Peter Candid wurde um 1548 als Pieter de Witte in Brügge geboren und kam 1586 an den Hof Herzog Wilhelms V.; er gehörte zu den erfolgreichsten Künstlern seiner Zeit und wirkte fast 40 Jahre in München, wo er 1628 starb (Hochaltar Frauenkirche, Deckengemälde im Antiquarium der Residenz etc.).

Canisiusstraße (und -platz)

Petrus Canisius (1521–1597), latinisierter Name für Pieter de Hondt (Kanijs); Canisius war der Gründer des deutschen Jesuitenordens (1543 in Mainz) und brachte das Jesuitenkolleg nach München; er wurde 1925 als Kirchenlehrer heilig gesprochen (Namenstag 27. April).

Corneliusstraße

Ludwig I. holte Peter Cornelius (1783 bis 1867) von Düsseldorf nach München, wo er als Historienmaler Direktor der Akademie (1824) wurde, bis er 1841 dem Ruf König Wilhelms IV. nach Berlin folgte. Seine Hauptwerke in München sind die Fresken in der Glyptothek und in der Ludwigskirche.

Cuvilliésstraße

François Cuvilliés d. Ä. (1695–1768), Hofbaumeister der Wittelsbacher, der zu seiner Zeit das Stadtbild Münchens entscheidend gestaltete (Amalienburg, Abb. 135; Residenz, Abb. 48, 50; Fassade der Theatinerkirche, Abb. 73; Cuvilliés-Theater, Abb. 84; u. a.; s. S. 57, 240f.). Er wohnte 1780/81 in der Burgstraße 11.

Dillisstraße

Johann Georg von Dillis (1759–1841), Kirchenhistoriker, Vertrauter und Begleiter Kronprinz Ludwigs, des späteren Königs Ludwig I. Dillis fertigte eine Vielzahl von

Zeichnungen auf der siebenmonatigen Italienreise Ludwigs an (s. S. 64, Fig. 17) und wurde 1808 an der Kunstakademie Professor für Landschaftsmalerei.

Döllingerstraße
Ignaz Döllinger (1799–1890) gehörte zu dem ›Romantikerkreis‹ um Görres, war Mitglied der ›Frankfurter Nationalversammlung‹ (1848/49), kämpfte für die Unabhängigkeit der Kirche vom Staat und wandte sich gegen die Unfehlbarkeit des Papstes, woraufhin er 1871 exkommuniziert wurde.

Drygalski-Allee
Erich von Drygalski (1865–1949), Expeditionsleiter und Polarforscher der Universität München; er unternahm mehrere Expeditionen nach Grönland und zum Südpol, nach ihm wurden· der Drygalski-Fjord und die Drygalski-Insel benannt.

Edlingerstraße (und -platz)
Johann Georg Edlinger (1741–1819), bayerischer Hofmaler zur Zeit König Maximilians I. Joseph. Er gehört zu den besten Porträtmalern des 18./19. Jahrhunderts (Bayerische Staatsgemäldesammlungen).

Effnerstraße (und -platz)
Joseph Effner (1687–1745), neben Cuvilliés einer der erfolgreichsten Architekten am Hofe Karl Albrechts. Er vollendete das Schloß Nymphenburg (Farbt. 45, 46), plante Schloß Schleißheim und gestaltete die ›Reichen Zimmer‹ der Residenz (s. S. 235).

Elisabethstraße (und -platz)
Elisabeth Amalie Eugenie (1837–1898 ermordet), als Gattin Kaiser Franz Josephs I. von Österreich war sie Kaiserin von Österreich und Königin von Ungarn; Tochter des bayerischen Königs Maximilian II.

Faistenbergerstraße
Andreas Faistenberger (1647–1736) stammte aus Tirol und war der Sohn einer angesehenen Künstlerfamilie. In München entwickelte er sich zu einem der führenden Bildhauer der Barock-Zeit (Holzkanzel in der Theatinerkirche).

Feichtmayrstraße
Franz Xaver Feichtmayr (1705–1764), Sohn einer bayerischen Künstlerfamilie des Rokoko-Zeitalters. Er war vor allem ein hervorragender Stukkateur, wie seine Werke u. a. in Schloß Nymphenburg zeigen.

Fraunhoferstraße
Joseph Fraunhofer (1787–1826), Physiker und Astronom an der Universität München; entwickelte neue Fernrohre und beschäftigte sich als erster mit der ›Spektralanalyse‹. Die ›Fraunhoferschen Linien‹ im Sonnenspektrum sind nach ihm benannt.

Fromundstraße
Froumund (um 960–1008) war Mönch im Kloster Tegernsee; von ihm stammt eine Sammlung teils humorvoller Gedichte und Briefe, die zu den literarischen Kostbarkeiten des 10. Jahrhunderts gehören (illustrierter ›Boethius-Codex‹ in Harburg, Cod. I. 2. IV° 3).

Fig. 36 ›Alexanderroman‹ von Johann Hartlieb, ▷ 1444 (Bayerische Staatsbibliothek, München, Cgm 581–fol. 133v)

dar in gezämpt greyffen · vnd hett da vor ayne lauge stangen
dar an was den greyffen ir essen punden · vnd gehangn · die
stangen möcht ich zu den greyffen rückn oder von in · Sch lie
die greyffen ir aff kosten · dar nach reckt ich die stangn für sich
enpor · do die greiffen vermaintn die speiß erlangn · vnd schwungn
ir gefider mit dem erhüben sÿ mich · vnd das gesidl von der
erde ich rekt die stang mit dem aff enpor · die greyffen flugn
nach · vnd fürten mich so hoch in die lüft · das ich weder erd noch
wasser gesehn möcht · Da kam der götlich gewalt · vnd sanckt
die greyssen gar fast wider ab · wie vast ich · das aff der greyf
fen vber sich sreckt · Sÿ woltn mit mer vber sich · Sch schw
ebt alß in den lüftn vnd plicket vnder mich · da gedaucht mich
das alle welt ain klayner pall wäre · vnd wie er schwů auff
ainem grossen endlosen see · Da kert ich um die stang mit der
speiß vnder sich · vnd naigt die nach meiné versten auff die kugll
die greyssen sanckten sich zu tal · Je lenger ich sach sanck ie grösr.

Ganghoferstraße

Jörg von Halspach, gen. Ganghofer (Anfang 15. Jh.–1488), einer der genialsten gotischen Baumeister Münchens; Schöpfer der Frauenkirche und des Alten Rathauses.

Gedonstraße

Lorenz Gedon (1843–1883), Münchner Bildhauer, Mitbegründer des Künstlerkreises ›Allotria‹; seine Frau stand den beiden Malern Wilhelm Leibl (Abb. 106) und Friedrich August von Kaulbach Modell (Städt. Galerie im Lenbachhaus).

Geibelstraße

Emanuel Geibel (1815–1884) wurde von König Maximilian II. auf den Lehrstuhl für ›Ästhetik‹ in München berufen und war bald einer der am meisten gefeierten Lyriker des 19. Jahrhunderts; aus seiner Feder stammt u. a. der volkstümliche Text ›Der Mai ist gekommen‹.

Gerhardstraße

Hubert Gerhard (um 1545–1620), niederländischer Bildhauer, der in München seinen künstlerischen Höhepunkt erreichte; als Schüler von Giovanni da Bologna aus Florenz leistete er besonders in der Bronzegießkunst Vortreffliches. Von ihm stammen zahlreiche bedeutende Werke, darunter: die Ausstattung der Michaelskirche, die ›Tellus Bavaria‹ vom Hofgartenpavillon (heute im Residenzmuseum) und die Madonna auf der Mariensäule (Farbt. 8, Abb. 27).

Gollierstraße (und -platz)

Benannt nach einer seit 1269 urkundlich erwähnten Bürgerfamilie Münchens.

Görresstraße

Joseph Görres (1776–1848), politisch und weltanschaulich engagierter Schriftsteller; ab 1827 Geschichtsprofessor in München, gab den ›Rheinischen Merkur‹ heraus (1814), kämpfte gegen Napoleon und betrachtete den »Rhein als Herzader der Nation«. Während des ›Kölner Kirchenstreits‹ verfaßte er 1837 mit seinem ›Athanasius‹ eine scharfe Protestnote gegen die Politik Preußens und solidarisierte sich mit dem katholischen Bayern.

Grasserstraße

Erasmus Grasser (um 1450–1526), Bildhauer und Holzschnitzer der Spätgotik; seine Moriskentänzer für das Alte Rathaus (heute im Stadtmuseum) sind die ersten bedeutenden Werke deutscher Profankunst (s. S. 114f., Abb. 100).

Hartliebstraße

Johann Hartlieb (um 1400–1468), Hofarzt Herzog Albrechts III. und zugleich erfolgreicher Schriftsteller; er übersetzte 1444 aus dem Lateinischen den ›Alexanderroman‹ (erste deutsche Prosaübersetzung; s. Fig. 36), ferner übersetzte er die Minnelehre ›Tractatus amoris‹ von Andreas Capellanus und eine Mirakelsammlung ›Dialogus miraculorum‹ von Cäsarius von Heisterbach; eigentümlich ist sein Werk über die Kunst des Handlesens: ›Buch von der hannd‹ (um 1480; s. Fig. 37).

Fig. 37   Das ›Buch von der hannd‹ von Johann ▷ Hartlieb, um 1480 (Bayerische Staatsbibliothek, München, Xyl.36 – fol. 6r/fol. 29v)

An dich die lini des lebens zwischen dem dâ
vnd dem zaiger troft ift das beteüt künftige ma
ftlacht an mannen vnd an frowen vinftu dar von
der am oritz oder ftern das beteüt armüt vnd hät
leben / in dem alter ift die felb lini oben an dem dâ
gantz das bezaichnet erhangen werden Ift aber die felb lini
onder gantz on all ftrebung das beteüt am vnfeligen menfch
en Ift fie aber zerftrewt hin vnd her des felben reichtum vn
gütt wirt zerftrewt es fey dann das er dem wider ftannd
mitt groffer weifhait Ift die lini des leben gantz von der
rack bis auff die varicter das ift ain zaichen langk lebens
konhait vnd kerkhait Ift fie aber zü kurtz die fach kompt
felten zü gütt Wan aber fie gewalt wirt in zwaitüil
das beteüt reichtum vnd erfinfen an den grätt am O
der menfch verlürt am aug find aber der O zwah er
verlürt baide augen ift die lini des haüps wol auff
gererkt vnd ift gantz das bezaichnet ain gut gplexion
wan fie aber gantz durch den berg der hand das be
teüt lang leben ift aber du mit tü kurtz vnd gat durch
ch den triangel das beteüt vil vntrewen befitzen mefth
en ift die lini des haüps gantz das bezaichnet ainen
böfen tod So vinftu gefchribn In der erften hannd vnd
zaiger wie letzliche lini vnd berg vnd ballen zü der
hand vnd an den finger fey genant

Hauberrißerstraße

Georg Joseph von Hauberrisser (1841 bis 1922), Architekt, errichtete zwischen 1867 und 1908 das Neue Rathaus im Stil einer stark überladenen Neugotik (Abb. 28, 30).

Heßstraße

Peter (1792–1871) und Heinrich Maria (1798–1863) Heß, Historienmaler am Königshof Ludwigs I. Peter Heß hielt das ›erste Oktoberfest‹ vom 17. Oktober 1810 in einem schönen Stich fest.

Hildebrandstraße

Adolf von Hildebrand (1847–1921), einer der erfolgreichen Bildhauer des Neoklassizismus in München und Bayern; zu seinen bedeutendsten Werken zählen: Wittelsbacher-Brunnen am Lenbachplatz, Hubertus-Brunnen in der Waisenhausstraße.

Implerstraße (und -platz)

Während der Bürgerrevolution in der zweiten Hälfte des 14. Jahrhunderts stürmten 1385 erboste Bürger das Haus des Ratsmitgliedes Hans Impler und enthaupteten ihn auf dem Marienplatz, da sie durch ihn ihre Sache bei den Herzögen verraten glaubten (s. S. 23).

Jan-Pollack-Staße

Jan Polack (?–1519), wahrscheinlich aus Krakau stammender Maler, der seit 1482 in München einer der führenden Künstler der ausgehenden Spätgotik wurde (s. S. 119f.)

Jawlenskystraße

Alexej von Jawlensky (1864–1941), russischer Maler, der in München gemeinsam mit Kandinsky den Künstlerbund ›Der Blaue Reiter‹ gründete (s. S. 127f.).

Kagerstraße

Matthias Kager (1575–1634) malte das 1634 in Auftrag gegebene Votivbild für die Ramersdorfer Kirche, das an die 42 Münchner Geiseln erinnert, die während des Dreißigjährigen Krieges fast drei Jahre (bis 1635) Gefangene des Schwedenkönigs Gustav Adolf waren (s. S. 52, Fig. 10).

Kandinskystraße

Wassily Kandinsky (1866–1944), russischer Maler; lebte seit 1896 in München und war einer der entscheidenden Wegbereiter der modernen Malerei; er gründete den Künstlerbund ›Der Blaue Reiter‹ (s. S. 127f.).

Kathi-Kobus-Straße

Kathi Kobus (1855–1924) eröffnete mit Genehmigung von A. Langen, dem Herausgeber des ›Simplicissimus‹, in der Türkenstraße 57 das Künstlerlokal ›Simplicissimus‹ (1898) – heute ›Alter Simpl‹.

Kazmairstraße

Jörg Kazmair (?–1417), Münchner Bürgermeister, der mit seiner ›Chronik über die Revolution von 1387–1403‹ (Bayer. Staatsbibliothek, Germ. sp. g ²ᵐ -15) einen wertvollen Beitrag zur Erforschung der Münchner Stadtgeschichte lieferte (s. S. 23).

Kellerstraße

Gottfried Keller (1819–1890) lebte und studierte 1840/42 als Maler in München; er schildert in seinem Roman ›Der grüne Heinrich‹ Münchner Leben: Ein Kapitel hat das ›Albrecht-Dürer-Fest‹ zum Inhalt, eine große Künstlerveranstaltung mit Umzug von der Residenz zum Odeon im Jahre 1840.

Lebschéestraße

Karl August Lebschée (1800–1877), Architektur- und Landschaftsmaler; er besuchte auf Initiative König Maximilians I. Joseph die Akademie, war Schüler von Kobell und Dillis, später erhielt er von Ludwig II. den Auftrag, Motive des ›Alten Hofes‹ zu malen; Lebschée starb einsam und verarmt, seine Zeit nahm wenig Notiz von ihm.

Ligsalzstraße
Benannt nach einer angesehenen Münchner Bürgerfamilie, die im 16. Jahrhundert in Augsburg und Antwerpen Handelsniederlassungen besaß.

Lindenschmitstraße
Wilhelm von Lindenschmit (1829–1895) malte um 1850 an der nördlichen Außenwand der alten Sendlinger Pfarrkirche ein Fresko nach einem anonymen Aquarell, das die ›Sendlinger Bauernschlacht‹ von 1705 darstellt (s. S. 58, Fig. 14).

Löwengrube
Hier soll einst ein Zwinger aus der Zeit Heinrichs des Löwen gestanden haben; anderen Quellen zufolge existierte ehemals an einer der Hausfassaden ein Fresko mit dem Thema ›Daniel in der Löwengrube‹.

Mäleßkircherstraße
Gabriel Mälesskircher (um 1430–1495) war einer der hervorragendsten spätgotischen Tafelbildmaler Münchens (s. S. 119). Er schuf u. a. das eindrucksvolle Bildnis des hl. Onuphrius (um 1470, heute im Erzbischöflichen Klerikalseminar, Freising). Die Onuphrius-Legende soll durch Heinrich den Löwen nach München gebracht worden sein, als dieser im Heiligen Land eine Reliquie des abessinischen Heiligen (um 500) für München erhandeln konnte; über Jahrhunderte schmückte eine über-

lebensgroße Onuphrius-Darstellung die Fassade am Marienplatz 17. Ein interessantes, teils spekulatives Werk über die Legende verfaßte 1821 Alois von Hofmann: ›Legende des heiligen Onuphrius‹.

Maréesstraße
Georges de Marées (1697–1776), auch Desmarées; bedeutender Rokoko-Maler, der weniger mit sakralen Werken, aber als glänzender Porträtmaler der ›Münchner Schule‹ (Abb. 105) Ruhm erlangte.

Montgelasstraße
Maximilian Freiherr von Montgelas (1759 bis 1838), bayerischer Minister (1799–1817) savoyischer Abstammung. Unter Maximilian I. Joseph trieb er eine pro-napoleonische Politik, konnte Bayern zum größten deutschen Mittelstaat erweitern, stand jedoch in politischem Gegensatz zum Kronprinzen Ludwig, was schließlich zu seinem Sturz führte.

Occamstraße
Wilhelm von Occam (William Ockham; 1285–1349), scholastischer Religionsphilosoph aus London, der im starken Widerstreit mit dem Papsttum stand; wurde 1324 wegen Irrlehre nach Avignon zum Papst Johannes XXII. (1316–1334) befohlen, konnte aber von dort 1328 nach München fliehen. Hier wurde er Führer der ›geistlichen Hofakademie‹ Ludwigs des Bayern. Während der Auseinandersetzung zwischen Kaiser und Papst versammelten sich unter der Leitung Occams in München namhafte Gelehrte aus ganz Europa; sie begannen jenen radikalen kirchenpolitischen und reformatorischen Kampf, der die mittelalterliche Welt zu verändern begann.

Orlandostraße

Orlando di Lasso (1530/32–1594), Hofkapellmeister in der Münchner Residenz, der den wittelsbachischen Hof zum europäischen Musikzentrum machte und selbst der angesehenste Musiker des 16. Jahrhunderts war. In seine Komödienmusik nahm er u. a. auch die berühmten Moriskentänzer auf: Tänzer in Mohrenkostümen, die Schwertertänze aufführten, Symbol des Kampfes gegen die Mauren in Spanien (s. Fig. 38, 39).

Orleansstraße (und -platz)

Dieses ›Franzosenviertel‹ erinnert an den Deutsch-Französischen Krieg von 1870/71; französische Orte, bei denen die vereinigte bayerisch-preußische Armee siegreich war, wurden zu Straßennamen: Gravelottestraße, Pariser Straße, Sedanstraße, Belfortstraße – alle auf den Orleansplatz zulaufend. Aufgrund dieser Siege kommt es am 18. Januar 1871 zur Kaiserproklamation Wilhelms I. von Preußen; Bayern behält jedoch einen rechtlich souveränen Status innerhalb des ›Deutschen Kaiserreiches‹.

Pacellistraße

Eugenio Pacelli (1876–1958), apostolischer Nuntius in München (1917/25) für ganz Bayern, später für das Deutsche Reich (1920/29), schloß 1924 das Konkordat mit Bayern und 1933 das Reichskonkordat ab. Pacelli wurde 1939 zum Papst gewählt und nannte sich Pius XII. (1939–1958).

Fig. 39   *Ausschnitt aus Orlando di Lassos Notenblatt (Bayerische Staatsbibliothek, München, II Pars 2., fol. B4r, 1574)*

Palestrinastraße

Giovanni Palestrina (Pierluigi, 1525–1594) war neben Orlando di Lasso der bedeutendste Musiker des 16. Jahrhunderts; gemeinsam führten sie die abendländische Musik zu ihrem ersten Höhepunkt.

Paul-Heyse-Straße (und -Unterführung)

Paul von Heyse (1830–1914) lebte seit 1854 auf Einladung Maximilians II. in München (Jahresgehalt 1000 – 1500 Gulden). Er war für fast drei Jahrzehnte der führende Literat des Münchner Dichterkreises und erhielt 1910 den Nobelpreis für Literatur.

Paumannstraße

Konrad Paumann (1410–1473), blinder Orgelmeister, der seit 1450 als Hoforganist in München lebte. Paumann war einer der überragenden Orgelmusiker seines Jahrhunderts. Er sammelte seine Werke und Anleitungen in dem ›Fundamentum organi-

◁ *Fig. 38   Orlando di Lasso: ›Missae aliquot quinque vocum‹, Sammlung geistiger Kompositionen des 16. Jh., 1574 (Bayerische Staatsbibliothek, München, Mus.pr. 2°12, III Pars 3.4, fol. B2r, 1574)*

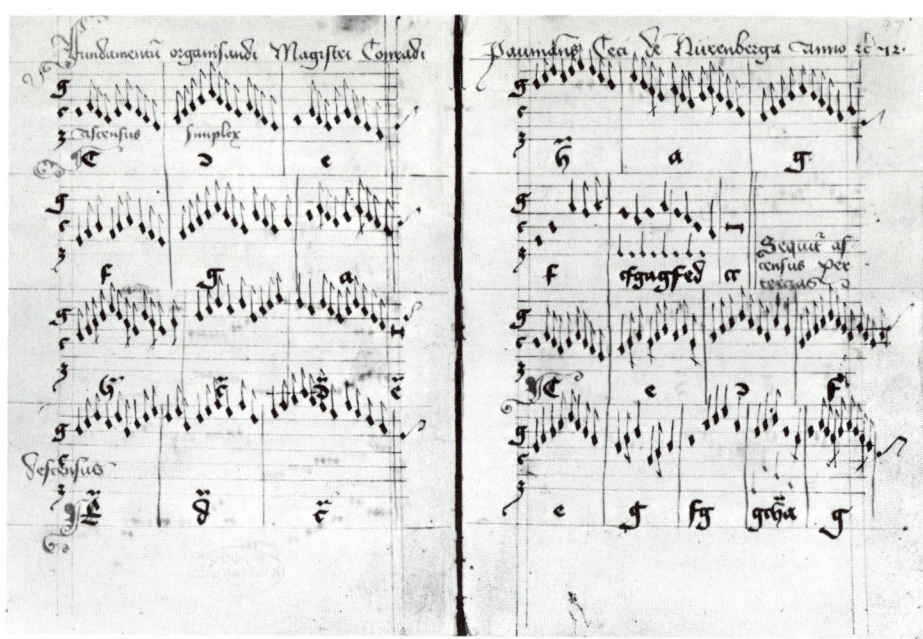

Fig. 40   Konrad Paumann, Notenseite aus seinem ›Fundamentum Organisandi‹, das dem ›Lochamer Liederbuch‹ beigebunden ist (Deutsche Staatsbibliothek, Berlin, Ms 40613, S. 46/47)

sandi‹ (1452), das 1455 mit anderen Musikstücken in dem ›Lochamer Liederbuch‹ zusammengefaßt wurde (Deutsche Staatsbibliothek, Berlin, Ms 40613; s. Fig. 40).

Pilotystraße
Karl von Piloty (1826–1886), hervorragender Historienmaler, Lehrer an der Kunstakademie in München, der mit seinem Erfolgswerk ›Seni an der Leiche Wallensteins‹ internationale Anerkennung fand (s. S. 126f.).

Poccistraße
Franz Graf von Pocci (1807–1876), Musiker und Dichter; illustrierte im satirischen Stil die ›Fliegenden Blätter‹. Seine Karikaturen erschienen 1857 in dem ›Staatshämorrhoidarius‹ (Bayerische Staatsbibliothek, Rar. 408). Für das Puppentheater ›Papa-Schmid‹ schrieb Pocci mehr als 40 Marionettenstükke; eines seiner schönsten Kinderbücher entstand 1854: ›Was du willst. Ein Büchlein für Kinder‹ (Bayerische Staatsbibliothek, München, Rar. 1409).

Pütrichstraße
Jakob Pütrich von Reichertshausen (1400 bis 1469), bayerischer Ritter, der in seinem ›Ehrenbrief‹ (1462) an die Pfalzgräfin Mechthild von Rottenburg ein detailliertes Bücherverzeichnis über die mittelalterlichen Ritterepen zusammengestellt hat.

43   Dreifaltigkeitskirche (Giovanni Antonio Viscardi, 1711/18)

44, 45, 46 Frauenkirche (1468/88), Details vom
Grabmal Kaiser Ludwigs des Bayern
(Hans Krumper, 1619/22): Lanzenträ-
ger; Kopf eines Lanzenträgers (1595,
ursprünglich für das Grabmal Wilhelms V. in St. Michael bestimmt);
Kopf Herzog Albrechts V.

47 Frauenkirche, gotisches Sterngewölbe und Kru- ▷
zifix von Josef Henselmann (1954)

49 Antiquarium (1569/71), der erste ›Bauabschnitt‹ der Residenz z. Z. Albrechts V.

◁ 48 Residenz, Portal der Westfassade (1611/19) mit Bronzefiguren von Hans Krumper (um 1615) und Löwenskulpturen von Carlo Pallago (1595)

50 Westfassade (1611/19) der Residenz (Residenzstraße)

51 ›Grottenwand‹ (1581/86) in der Residenz mit Brunnennische und Merkur-Skulptur aus der Werkstatt des Giovanni da Bologna (?)

53 ›Patrona Bavariae‹, Bronzeskulptur von Hans Krumper (1616); Westfassade der Residenz ▷

52 Grottenhof mit der östlichen Arkadenhalle des ›Kapitelstocks‹ (Friedrich Sustris, 1581/86); in der Mitte des Hofes der Perseus-Brunnen (Hubert Gerhard, um 1585)

55 Münzhof im ehemaligen Marstall Albrechts V. (Wilhelm Egckl, 1563/67)

56, 57 Altbayerische Ortsansicht ›Dachau‹ aus dem Antiquarium der Residenz

◁ 54 Ahnengalerie im Grottentrakt der Residenz; der um 1580 entstandene Gartensaal wurde 1726/31 durch
Joseph Effner umgestaltet, heute befinden sich dort 121 Bildnisse der Ahnen des Hauses Wittelsbach

58 Nordtrakt der Residenz mit der Portikus-Fassade des Festsaalbaus (1832/42); die acht Steinskulpturen über ▷
dem Portikus sind Allegorien der Ländereien Bayerns von Ludwig Schwanthaler

59–63   Im Englischen Garten ▷

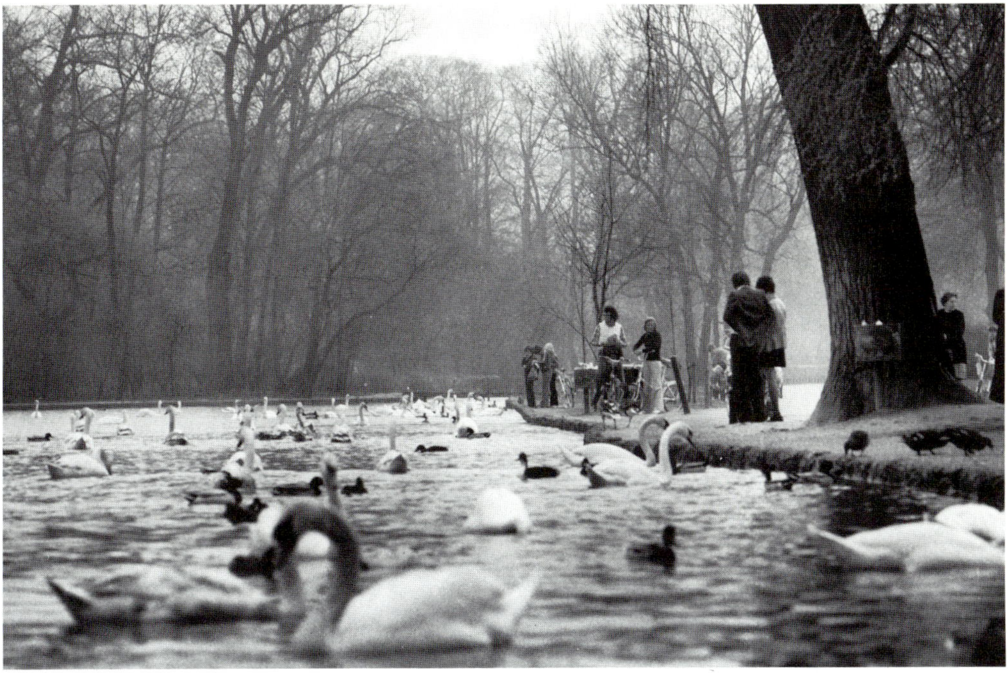

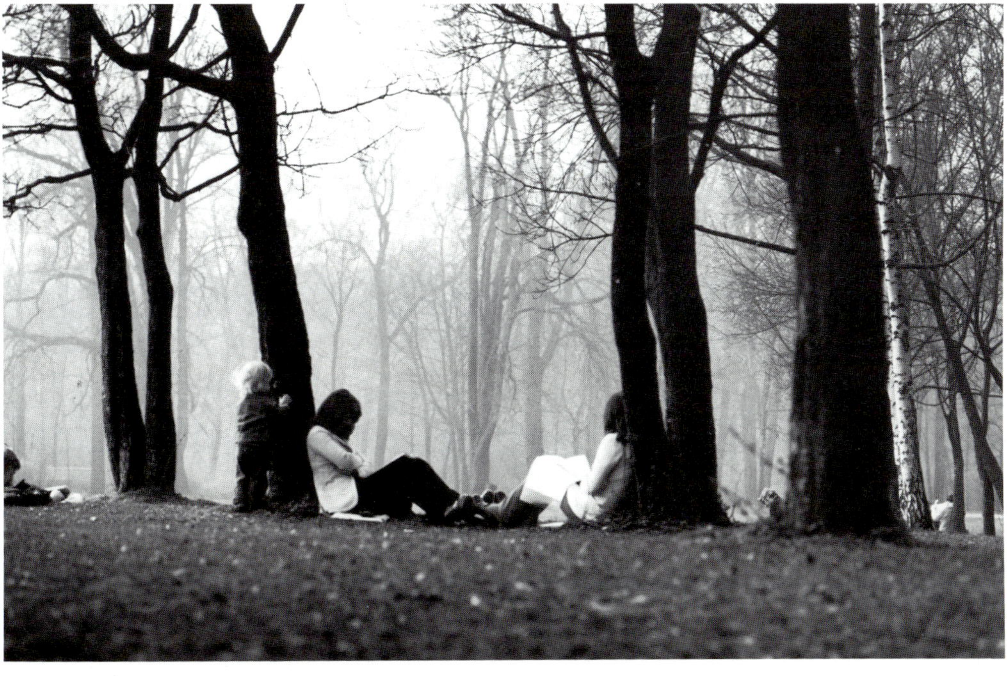

64 Alt-Schwabing am Nikolaiplatz

65 Alt-München, ›Herbergshäuser‹ in Haidhausen ›An der Kreppe‹

66   Schwabing, das ›Wolkenhaus‹ in der Herzogstraße

68   Schwabing, Flohmarkt auf der Münchner Freiheit ▷

67   Auf der Leopoldstraße in Schwabing

»...Dann kommt auf einmal die Ludwigstraße mit den übertriebenen Bauereien, die mich nicht überraschten und staunen machten, sondern mir ein Gefühl des Unbehagens über Eitelkeit der Künste erregten...«

Friedrich Rückert, 1836[26]

»Dieser Tage war ich abends in der Ludwigskirche, Cornelius imponierte mir in gewissen Sachen noch immer, aber das Gebäude ist von einer jammervollen Miserabilität, so daß man nur streiten kann, ob das Äußere oder das Innere schlechter sei. Wie herrlich dagegen die majestätische Theatinerkirche und St. Michael! Neben diesen beiden ist alle moderne Bauerei hier so matt und schwach, daß einem ›relativ übel‹ wird. Doch nehme ich Triumphbogen und Propyläen und die Alte Pinakothek aus ...

... Ihr Urteil über das Maximilianeum ist leider nur zu gerecht; es ist ein Kartonmachwerk, und wenn man die kümmerliche Rückseite sieht, wird einem vollends schwach. Ich habe nur deshalb einige Dankbarkeit für das Gebäude empfunden, weil es wenigstens äußerlich in die Formen der Renaissance hinüberleitet und den Geist von dem jämmerlichen Gotisch der Maximiliansstraße befreit...«

Jacob Burckhardt an seinen Freund Max Allioth, 1877[27]

»Seit Mitte der achtziger Jahre haben Gründer und Bauschwindler ihr Unwesen treiben dürfen, haben ganze Stadtviertel von schlecht gebauten, häßlichen Häusern errichtet, und keine vorausschauende Politik hat sie daran gehindert. In meiner Schulzeit lag vor dem Siegestor ein behäbiges Dorf mit einer netten Kirche; heute dehnen sich dort fade Straßen in die Länge, die genau so aussehen, wie überall, wo sich das Emporblühen in Geschmacklosigkeit ausdrückt...

... aber die neue Zeit, die für amerikanische Snobs Jahrmärkte abhielt, ihnen eine Originalität vorschwindelte, von der sie sich losgesagt hatte, die konnte es nicht weltstädtisch genug kriegen. Ich habe in meiner Jugend noch so viel von der lieben alten Zeit gesehen, daß ich mich ärgern darf über die protzigen Kaffe- und Bierpaläste, über die Gotik des Rathauses und die Niedlichkeit des Glockenspiels und über so vieles andere, was unserem München seine Eigenart genommen hat, um es als Schablonengroßstadt herzurichten.«

Ludwig Thoma[28]

»Das weibliche Geschlecht in München ist schön, doch beym gemeinen Volke nicht so allgemein, als in höheren Ständen. Die Stubenmädchen, die schön sind, minaudiren nicht

26 Friedrich Rückert, zitiert nach: Hanns Arens: ›Unsterbliches München‹, München und Esslingen 1968, S. 36

27 Jacob Burckhardt: ›Briefe an einen Architekten‹ (Max Allioth) 1870–1889, München 1913

28 Ludwig Thoma: ›Erinnerungen‹, München o. J. © R. Piper & Co. Verlag, München

wenig, aber auf ganz andere Art, als die sächsischen und als die wienerischen. Es ist etwas ruhiges katholisches, etwas herziges bairisches in ihren kleinen Manieren.«

Friedrich Nicolai, 1781[29]

»Nach Hamburg werde ich nicht zurückkehren. Ich werde hier sehr ernsthaft, fast deutsch; ich glaube, das tut das Bier. Ich bin in Bayern ein Preuße geworden...«
»Hier in München sieht es schlecht aus. Ein Meer von kleinen Seelen und schlechtes Klima...«
»Kleingeisterei von der großartigsten Art.«

Heinrich Heine, Briefe 1827–1888[30]

»Jede Stadt hat ihren eigentümlichen Charakter, mit dem man vertraut werden, ja gleichsam verwachsen kann, aber München hat von allen Städten etwas, man weiß nicht recht, ob man im Süden oder im Norden ist; ich wenigstens wurde hier von einer Unruhe, einer Lust, von dannen zu ziehen, erfüllt.«

Hans Christian Andersen, 1834[31]

»Diese Stadt ist in Deutschland einzig und ohnegleichen; man kann in ihr leben, wie man will, wem es gefällt, der stürze sich ins rauschende, groß-städtische Leben, und wem es nicht behagt, der ziehe sich in die Einsamkeit zurück, eines ist so gut Mode und anständig wie das andere... München hat... ganz die Physiognomie einer großen Stadt; sie ist schön, in eleganter Toilette, zu Zeiten mit großen Manieren und etwas diplomatischem Tick; dabei ein gewisser künstlerisch genialer Blick, und doch auch wieder manche breite Züge breiter Wohlbehaglichkeit.«

Friedrich Hebbel, 1836–1839 in München[32]

»Es ist so schön in München, und ich kann hier gut arbeiten. Bei aller Vergrößerung hat die Stadt etwas Ruhiges behalten und etwas Beruhigendes. Ich will noch recht lange hier bleiben. München ist mir wie eine zweite Heimat.«

Henrik Ibsen, 1875–1891 in München[33]

29 Friedrich Nicolai, in: ›München Anno 1782. Verfaßt von dem Münchner Professor Lorenz Westenrieder. Mit kritischen Bemerkungen des Berliners Friedrich Nicolai, notiert während seiner Reise 1781‹. Zusammengestellt und mit einem Nachwort versehen von Ludwig Hollweck, München 1970
30 Aus verschiedenen Briefen Heines an C. A. Varnhagen von Ense, zitiert nach: Hanns Arens: ›Unsterbliches München‹, München und Esslingen 1968, S. 47
31 Hans Christian Andersen: ›Eines Dichters Bazar. Reisetagebuch‹
32 Friedrich Hebbel: ›Autobiographie in Briefen und Tagebüchern‹, Zürich 1960
33 Henrik Ibsen, zitiert nach: Hanns Arens: ›Unsterbliches München‹, a. a. O., S. 191

»...als ich die Menschen (in München) kennen lernte, die sich zuerst ein bißchen schwerfällig oder urwüchsig gaben, da habe ich Stadt und Menschen achten und lieben gelernt, dieses trauliche, liebenswürdige, künstlerische, buntfarbige und lebensfreudige München, diese Stadt, in die ich eintrat mit leichtem Sinn und von der ich Abschied nahm mit schwerem Herzen. In diese liebe Stadt, in der sich Frommes und Weltliches gar seltsam und reizvoll mischen, in der der Qualm des Weihrauchs, der Dunst des Bieres und der Geruch des Terpentins einem prickelnd in die Nase steigt, in der man in dämmerigen Kirchennischen Liebesgötter kichern zu hören glaubt, in der sich die würzige, erfrischende Luft der heimatlichen Alpen mit weichen und verlockenden italienischen Winden geschwisterlich verbündet!«

Felix Philippi, um 1870[34]

München

Ein liederliches, sittenloses Nest
Voll Fanatismus, Grobheit, Kälbertreiber,
Voll Heil'genbilder, Knödel, Radiweiber...

Gottfried Keller, 1840–1842 in München[35]

München

Mauern wo geister noch zu wandern wagen
Boden vom doppelgift noch nicht verseucht:
Du stadt von volk und jugend! heimat deucht
Uns erst wo Unsrer Frauentürme ragen.

Stefan George[36]

»In München fand ich gerade das, was mir bisher gefehlt hatte: eine sehr unliterarische Gesellschaft, die sich um mein Tun und Treiben wenig oder gar nicht bekümmerte, am wenigsten mich durch Urteile verwirren konnte. Man sprach damals selbst in den gebildeten Münchner Kreisen niemals von Literatur, höchstens vom Theater. Dafür empfing mich eine unfreundlich, wo nicht feindselig gesinnte Schar einheimischer Kollegen, deren Verhalten gegen den Fremdling seinen Charakter stählte und ihn dazu trieb, stets sein Bestes zu geben...

Den Berliner aber, der diese in fröhlichem Aufschwung begriffene, lachende Stadt betrat, heimelte sie im Vergleich zu den endlosen Straßenzügen und schwerfälligen Palästen seiner Vaterstadt fast mit ländlichem Reize an, während doch wieder die vielen Kirchen und die

34 Felix Philippi: ›Münchner Bilderbogen‹, 2. Aufl. Berlin 1912
35 Gottfried Keller: Sämtliche Werke, Bd. 13, Frühe Gedichte, Berlin und Leipzig 1939
36 Stefan George: Werke. Ausgabe in 2 Bänden, Düsseldorf und München 1958, jetzt Stuttgart

drei großen Museen dem Ganzen ein vornehmes Gepräge gaben und die malerischen, altertümlichen Stadtteile daran erinnerte, eine wie lange, merkwürdige Geschichte dies Isar-Athen zu erzählen hatte.

Nicht minder fand sich der Norddeutsche, zumal wenn ihm das muntere Blut des ›fahrenden Schülers‹ noch in den Adern floß, durch die ungebundenen Sitten und den farbigen, volkstümlichen Zuschnitt des Lebens angezogen, wenn er auch manches Liebgewohnte vermißte.«

Paul Heyse (1854 von König Ludwig I. an die Universität berufen)[37]

»Ich höre, daß Sie an eine Übersiedlung nach München denken. Ist dem so, so gratuliere ich dazu von ganzem Herzen. Ich glaube, das ist ganz Ihr Platz. Ich gehe noch weiter: München ist die einzige Stadt in Deutschland, wo Dichter leben können! Der eigentliche Grundstock der Bevölkerung ist zwar so geistig tot und verbiert wie nur möglich, aber der Kunstzuzug aus aller Herren Länder ist so groß, daß eine Nebenbevölkerung existiert, und in dieser lebt sich's freier und frischer als irgendwo.«

Theodor Fontane an Detlev von Liliencron, 1860[38]

»Die Münchner Bevölkerung ist wohl die naivste von Deutschland, sie ist beinahe so naiv wie die Bevölkerung von Paris. Das ist auch der Grund dafür, daß sich die Kunst in München so wohl fühlt und so üppig gedeiht. Die Naivität ist der Nährboden der Kunst... Echtheit ist das erste Kunstprinzip, und das Leben ist immer das Urbild der Kunst. Ohne ein urwüchsiges Leben ist keine Kunst denkbar. Die Freude am Leben, die Freude der Menschen an sich selbst, alles so kritiklos als möglich, das Bestreben, mit allem, was man tut, nur sich selbst zu begnügen, unbekümmert darum, wie es andere halten und was andere davon denken, das ist es, was Paris zur unerschöpflichen, ewig frischen Quelle neuer Kunsterscheinungen macht; und davon hat München mit seinem gemütlichen Bierleben, mit seinem nicht geräuschvollen, aber um so übermütigeren Karneval, mit seinem hübschen, über alle kleinlichen Skrupel erhabenen, in der Toilette höchst geschmackvollen Mädchenflor viel aufzuweisen, ohne daß es jemals einem Münchner einfiele, nach Pariser Vorbildern zu leben...«

Frank Wedekind[39]

»Wie könnte man von München sprechen, ohne zu erwähnen, daß diese Stadt gleichsam ein deutsches Himmelreich ist? Es kommt vor, daß man im Schlaf vom Paradies träumt, aber der Traum der meisten Deutschen ist eine Reise nach der bayerischen Hauptstadt München.

37 Paul Heyse: ›Jugenderinnerungen und Bekenntnisse‹, Stuttgart o. J.
38 Theodor Fontane, zitiert nach: ›Fontane und München‹, hrsg. von Werner Pleister, München 1955
39 Frank Wedekind: Gesammelte Werke. Albert Langen-Georg Müller Verlag, München

Und wirklich: diese Stadt ist in erstaunlichem Maße ein lebendig gewordener germanischer Traum . . . Münchens geheimnisvoll verführerischer Reiz ist kaum äußerlich sichtbar; man muß ihn erfühlen, und gerade darum ist er um so stärker...«

Thomas Wolfe[40]

Schneiderhüpfl vor dem Ochsen am Spieß

Ein Maß Bier und zwei Maß Bier
Und hundert Maß Bier und tausend Maß Bier,
So leben wir, so leben wir
An der Isar.
Und Kalbshaxn und Kalbshaxn.
Wir sind keine Preußen, wir sind keine Sachsen.
Wir sind keine Spießer.
Wir sind Genießer.

Oktoberfest im Mai, im August,
Oktober zu jeder Zeit.
Wir sind uns unserer selbst bewußt
Und jodeln aus herziger Brust:
›Immer kampfbereit‹.

Wir sind urwüchsig und frei.
Wir sind international gesinnt.
Un, zwo, trois, gsuffa!
Es lebe unsere Polizei!
Wer unsere Behörden nicht liebt,
Der spinnt.

Wir sind tolerant.
Die preußischen Sauereien
Sind uns bekannt.
Kommt zum Oktoberfest;
Unterstützt unsere Brauereien!
Himmel Herrgott Sakrament!

Joachim Ringelnatz[41]

---

40 Thomas Wolfe: Briefe. Rowohlt Verlag, Reinbek bei Hamburg 1961. Der amerikanische Romancier besuchte München in den zwanziger und dreißiger Jahren unseres Jahrhunderts mehrmals.
41 Joachim Ringelnatz: ›. . . und auf einmal steht es neben dir.‹ Gesammelte Gedichte, Berlin 1950

AMÜSANTES VON FREMDEN, ›ZUAGROASTEN‹...

Schwabing

Schwabing,
Nepp mit Profil.
Kerzenschimmer
belegte Zimmer –
neurotischer Stil.

Abstraktes
halb nacktes
umflortes Gegaukel.
Schultergeschaukel,
Brustbepacktes!

Kommen, gehen –
besonders Fremde.
(später im Hemde!)
Blinde sehen...
Wahnsinnsblende!

Leer, ausgebrannt
verkannt.
Kindische Erregung;

fahle Begegnung;
– unbekannt.

Schwabinger Nächte,
fröhlichmonoton,
Trompete, Saxophon,
Künstlerthron –
es klagen die Spechte.

Leid im Bier.
(zweifünfzig die Flasche!)
Das laue, lasche
Erregungstier abzulegen;
Gottessegen.

Vergessen, vermessen,
im Strudel der Zeit.
Schwabing.
buntbrüchiger
      Schmetterling –
Fröhlichkeit!

Werner Schlier[42]

»Stadt der Bergluft und des südlichen Himmels. Pfeiler der Brücke zwischen Deutschland und Italien. Stadt der Bierkeller und weihraucherfüllten Kirchen, der knurrenden Beamten, der schönen Bürgertöchter, der ungeschlachten Bauern, der bacchantischen Schwabinger, wo der Trambahnschaffner die Wogen des Verkehrs mit Humor glättet, wo der Haidhausener sein Bett und der Maler seinen Pinsel versetzt, um König des Faschings zu werden, wo der Dienstmann und der Professor und der Künstler und das Kind zusammen vor dem Kasperltheater stehen, Stadt der Gegensätze, wie ein lebendiges Herz sie vereinigt, farbiges, ländliches, bier- und schönheitsseliges München! Mögest du nie deinen Rückgang so weit überwinden, daß du anstatt des Ochsen auf der Oktoberwiese das Goldene Kalb bekränzest, mögest du immer die Heimat derer bleiben, die keinen Zweck inniger verfolgen als leben und erleben.«

Ricarda Huch[43]

42 Werner Schlier, in: ›München im Gedicht‹, hrsg. von Hermann Gerstner, München 1966, S. 47
43 Ricarda Huch, zitiert nach: Hanns Arens: ›Unsterbliches München‹, München und Esslingen, S. 516. © Marietta Böhm, 6309 Rochenberg/Wetterau. Die Dichterin lebte insgesamt fast zwei Jahrzehnte in München.

Spaziergänge durch München

Die Lage der im folgenden beschriebenen Sehenswürdigkeiten 1–129 (am Rand freigestellte Zahlen) ist sowohl in den einzelnen Detailkarten als auch im Stadtplan in der vorderen Umschlagklappe in der gleichen Abfolge bezeichnet.

I Petersbergl – Marienplatz – Residenz (ehemaliges Graggenauer-Viertel) (s. Fig. 41)

Zum Rasten bei diesem Spaziergang sei auf folgende Restaurants und Cafés hingewiesen:

Haxnbauer am Platzl, Münzstraße 5
Hofbräuhaus am Platzl, Am Platzl 9
Platzl, Münzstraße 8
Ratskeller, Marienplatz 8
›Am Isartor‹, Confiserie (Mo. geschl.)
Café am Dom, Marienplatz 2
Hofgarten-Café Annast, Odeonsplatz 18
Café Richart, Marienplatz 18

Café Hag (älteste Konditorei Münchens), Residenzstraße 26 (So. und Feiertags geschl.)
Schmutzer, Confiserie, Burgstraße 7 (So. geschl.)
Feldherrnkeller, Theatinerstraße 27
Pfälzer Weinprobierstube, Residenzstraße 1
Weinstadl, Burgstraße 5
Jodlerwirt, Altenhofstraße 4

(1) **St. Peter** (Rindermarkt/Petersplatz; Farbt. 7, 26, Abb. 42)

Baugeschichte

St. Peter, eines der ehrwürdigen Wahrzeichen der Stadt, ist im Kern das älteste Gebäude Münchens. Seine Grundsteinlegung liegt sogar vor der welfischen Stadtgründung durch Heinrich den Löwen im Jahre 1158 (s. S. 15f., Fig. 42). Grabungsergebnisse 1952/53 zeigten, daß an dieser Stelle bereits in der dörflich-mönchischen Siedlung ›Munichen‹ eine bescheidene Kapelle (unter dem nördlichen Seitenschiff) lag, die von einigen Forschern als Mithras-Heiligtum identifiziert wird, ohne daß jedoch gesicherte Anhaltspunkte einer römischen Besiedlung auf dem Petersbergl vorhanden sind. Mit Sicherheit läßt sich dagegen eine nicht genau datierbare dreischiffige Pfeilerbasilika mit Mittelapsis und zwei eingebundenen Westtürmen als Gründungsbau nachweisen; eine typisch bayerische Klosterkirche der Romanik, die Otto I. von Wittelsbach 1181 erweitern ließ und die 1190 von Bischof

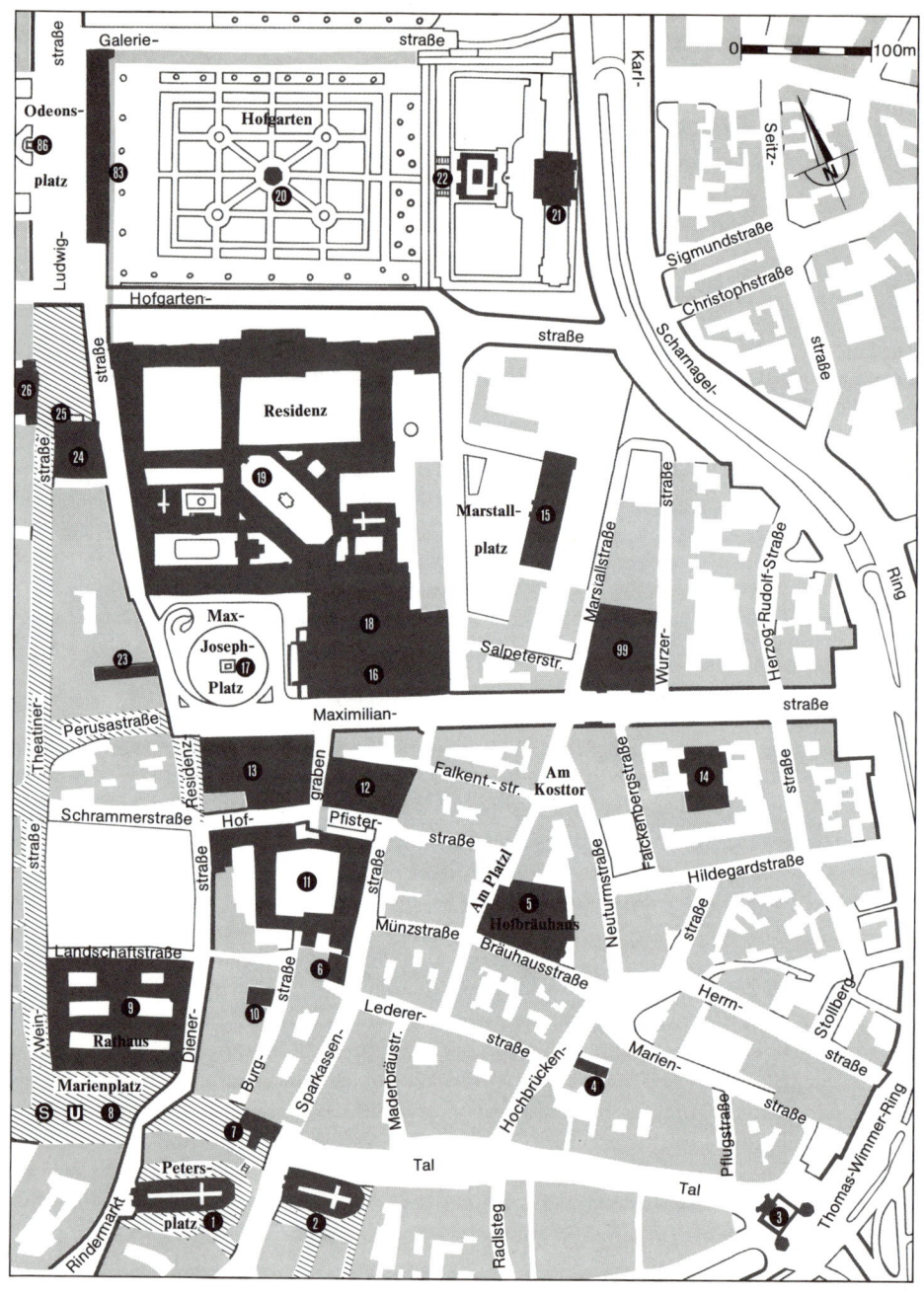

Fig. 42 St. Peter, die drei Phasen der baugeschichtlichen Entwicklung der ältesten Kirche Münchens

Otto von Freising geweiht wurde. Knapp 100 Jahre nach der Gründung zählte die Stadt bereits so viele Einwohner, daß der Bischof von Freising eine zweite Pfarrei (›Marienkirche‹, s. S. 21, 74) gründete und fast parallel zu diesen Baumaßnahmen St. Peter abbrechen ließ, um die Kirche zwar nicht wesentlich größer, doch aber prunkvoller und ›moderner‹ wieder zu errichten. Bischof Emicho von Freising weihte den Neubau am 17. Mai 1294 feierlich dem Apostel Petrus.

Als am 14. Februar 1327 durch eine schwere Brandkatastrophe fast ein Drittel Münchens dem Flammenmeer zum Opfer fiel, brannte auch St. Peter bis auf die Grundmauern nieder, woraufhin sofort ein Neubau in Angriff genommen wurde, der sich nun ganz dem gotischen Zeitgeschmack unterwarf: Bereits 1368 von Bischof Paul von Freising geweiht, erhielt der Ostchor 1378/79 je zwei gotische Gewölbeeindeckungen. Etwa zur gleichen Zeit begann man mit der Umgestaltung des Westwerkes. Bewußt löste man sich von der romanischen Zwei-Turm-Anlage, kappte die ausgebrannten Türme, verband sie miteinander (nach Norden und Süden hin erhielten sie nun leicht abfallende Pultdächer) und führte zwischen ihnen einen einzigen Turm hinauf, der in zwei nebeneinanderstehenden Helmpyramiden seinen Abschluß fand. Die 1607 neugestaltete Turmbekrönung mit offenem Tempietto ist eine gelungene architektonische Lösung, die noch heute (nach mehreren Rekonstruktionen) das Stadtbild Münchens bestimmt. Genaue Detailinformationen über die Außenarchitektur der gotischen Peterskirche liefert uns das Sandtnersche Stadtmodell (s. Fig. 25).

Die Grundrißgestaltung der gotischen Pfeilerbasilika ist dagegen durch eine Grundrißzeichnung (s. Fig. 43) von Isaak Pader überliefert, die er wohl für die barocke Umgestaltung von St. Peter im 17. Jahrhundert angefertigt hat. Nach dieser Bauaufnahme war die dreischiffige Basilika mit Pfeilerarkaden durch je sechs (im Querschnitt achteckige) Pfeiler in ein Mittel- und zwei Seitenschiffe unterteilt, deren Breiten im Verhältnis 1:2 aufeinander abgestimmt waren. Schließlich versetzte man später noch die Außenwände der Seitenschiffe hinter die ursprünglich sichtbaren Strebepfeiler, wodurch mittels der nun in den Innenraum einbezogenen Strebepfeiler zusätzliche Kapellen an den Längswänden der Seitenschiffe

◁ *Fig. 41   Spaziergang I: Petersbergl – Marienplatz – Residenz*

169

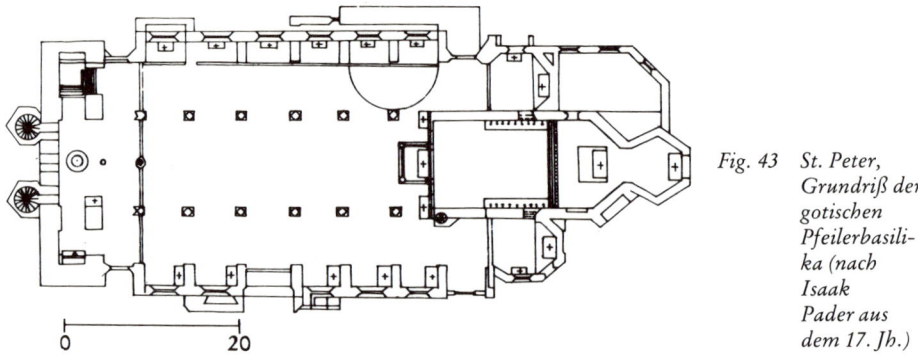

Fig. 43   St. Peter,
Grundriß der
gotischen
Pfeilerbasili-
ka (nach
Isaak
Pader aus
dem 17. Jh.)

entstanden – eine substantielle Bauveränderung, die gleichermaßen die Außengestaltung wie die Innenraumwirkung veränderte.

Äußerst eigenwillig erscheint die räumliche Anordnung des gotischen Hauptchores, dem sich in seiner östlichen Verlängerung eine im Grundriß sechseckige Sakraments-Kapelle (›Unseres Herrn Kapelle‹) anschloß. Der Hauptchor selbst griff hingegen in voller Mittelschiffbreite unmittelbar bis zur Pfeilerstellung in das Langhaus hinein und war zudem vom Kirchenschiff durch einen Lettner räumlich getrennt. Nördlich und südlich des Mittelchores schlossen im Grundriß achteckige Seitenkapellen an, wobei an der nördlichen Kapelle später einige Anbauten folgten. Anfang des 15. Jahrhunderts (um 1407?) ergänzte man die Westfassade um zwei vorgelagerte Treppentürmchen, die in der Mitte des 16. Jahrhunderts durch Zwiebelkuppeln abgedeckt wurden und die noch heute in ihrer gotischen Bausubstanz erhalten sind. Als schließlich am 24. Juli 1607 ein Blitz die beiden pyramidalen Turmhelme des Westwerkes zerstörte, erneuerte wahrscheinlich Heinrich Schön d. Ä. die Turmbekrönung in der Art, wie sie noch heute den Westturm schmückt.

Tiefgreifende Veränderungen nicht nur für die künstlerische Gestaltung des Kircheninnennenraumes, sondern auch für den Außenbau brachte die Barock-Zeit mit sich. Noch vor der Eroberung Münchens durch den Schwedenkönig Gustav Adolf während des Dreißigjährigen Krieges entschloß man sich aus Platznot im Kirchenschiff für eine Erweiterung von St. Peter nach Osten hin. So begann 1630 der Abbruch des gotischen Chores, um für die geräumige barocke Osterweiterung Platz zu schaffen. Diesen Auftrag führte wahrscheinlich Isaak Pader d. Ä. aus. Durch die Kriegswirren nahmen die Arbeiten lange Zeit in Anspruch, bis endlich 1635 die Dachstuhlarbeiten und 1636 die Einwölbung des Chores erfolgen konnten. Damit war St. Peter im Auf- und Grundriß für Jahrhunderte bis heute festgelegt; Änderungen erfolgten zumeist nur aufgrund des sich ständig ändernden Zeitgeschmacks.

Nachhaltige Umgestaltungen brachte besonders die 1640/54 durchgeführte Barockisierung mit sich. Der barocke – noch heute sichtbare – Grundriß von St. Peter zeigt ein um zwei Joche verlängertes Langhaus (statt bisher sechs trennen nun acht quadratische Pfeiler das

Mittelschiff von den beiden Seitenschiffen) und ein ›Dreikonchen‹-Ostwerk, das zumindest von der Außenarchitektur her optisch die Wirkung eines wuchtigen ›Querschiffes‹ erzielt und auf das Vorbild des Salzburger Doms zurückgeht. Im Innenraum dagegen zeigt der Grundriß eine halbkreisförmig geschlossene Mittelapsis mit Hochaltar und zwei von außen zugängliche ›Seitenkapellen‹ (Sakristeien) mit dreiseitigem Abschluß nach Norden und Süden. Höchst ungewöhnlich – aber nicht ohne architektonischen Reiz – erscheinen die mit dem Chor eingebundenen Wendeltreppentürmchen, die mit ihrem kreisrunden Grundriß weit über die Traufe des Hauptbaus hinausragen, wodurch ihre gerippten Kuppeln sich stark von der Dachlandschaft des Ostwerks abheben.

Auch das 18./19. Jahrhundert hinterließ Eingriffe in die vorangegangene künstlerische Gestaltung des Innenraumes: 1730/32 errichteten Nikolaus Gottfried Stuber, Johann Georg Greiff und Ägid Quirin Asam im römischen Papstbarock den hochgestellten Gnadenaltar, wobei die architektonischen Bauglieder Baldachin, Säulenexedra und Triumphbogen hier zu einer vollkommenen architektonischen Einheit verschmelzen (Abb. 42). Während etwa zur gleichen Zeit Ignaz Anton Gunetzrhainer den Chor neu wölbte, übernahm Johann Baptist Zimmermann die kunstvolle Stuckierung des Chores und die Gestaltung der Fresken an den rundbogigen Blendfenstern mit ikonographischen Themen aus dem Leben des hl. Petrus (nur noch sechs erhalten); ebenso bemühten sich Gunetzrhainer und Zimmermann, das – noch – gotische Langhaus dem barocken Chorraum harmonisch anzupassen.

Die schweren Bombenangriffe von 1944/45 hinterließen so verheerende Zerstörungen, daß man nicht mehr an einen Wiederaufbau glaubte und schon im Begriff war, die Trümmerruine St. Peter für die Errichtung eines Neubaues zu sprengen. Nur der persönlichen Initiative Kardinal Faulhabers ist die Rettung von St. Peter zu verdanken. 1946 begann man mit dem mühsamen Wiederaufbau, der vorbildlich gelang, woraufhin am 27. Juni 1954 der Hochaltar erneut geweiht werden konnte.

Außenarchitektur

Der Außenbau von St. Peter erscheint heute als gelungene Verschmelzung des gotischen Kernbaues (s. Fig. 44a), seiner barocken Erweiterung (s. Fig. 44b) und der zahlreichen Ergänzungen der letzten Jahrhunderte. Wirkungsvollstes architektonisches Bauglied ist das Ostwerk; gleich einem scheinbar eigenständigen Zentralbau erhebt sich die in unverputztem Ziegelmauerwerk errichtete Dreikonchen-Choranlage vom Petersbergl weit sichtbar über den Viktualienmarkt, wohl eine gewollte städtebauliche Wirkung der Barock-Zeit, da die enge Rindermarktgasse dem Westwerk wenig Raum für eine dominierende Ausstrahlung seiner ›Hauptfassade‹ ließ.

So zeigt die Westfassade auch nur spärliche Schmuckformen. Neben dem bescheidenen Portal zwischen den polygonalen, noch gotischen Treppentürmchen zieht besonders das gotische ›Blendmaß-Werkfeld‹ in Höhe der abgestumpften (pultdachförmigen) romanischen Türme alle Aufmerksamkeit auf sich. Die 1607 neugestaltete Turmbekrönung dagegen wirkt als völlig selbständiges Bauglied. Äußerst geschickt löste der Baumeister Heinrich Schön d. Ä. den Übergang von dem massigen, im Grundriß querrechteckigen Turm zur

*Fig. 44a St. Peter, gotischer Bauzustand
(1572)*

*Fig. 44b St. Peter, moderner Zustand (1939)
nach der Barockisierung (aus:
›Häuserbuch der Stadt München‹,
Bd. IV, München 1966)*

grazilen Turmbekrönung mit achteckigem Grundriß: Über dem zurückspringenden Sockel-geschoß erhebt sich eine ›Kuppel-Wechselzone‹, die einen fließenden Übergang vom rechteckigen zum achteckigen Grundriß eines offenen Tempietto (›Laterne‹) schafft und so dem quergestreckten Westwerk eine kraftvolle Wirkung verleiht. Darüber erhebt sich krönend ein harmonisch angepaßter Obelisk mit dem Papstkreuz als Abschluß.

Innenraum (s. Fig. 45)
Die Konzeption der gotischen Pfeilerbasilika ist vorwiegend nur noch im Langhaus erkennbar; auffällig gotisch sind die eng gegenüberstehenden und steil in die Höhe ragenden Mittelschiffwände, die zwar heute völlig mit barockem Schmuckinventar verziert sind, aber

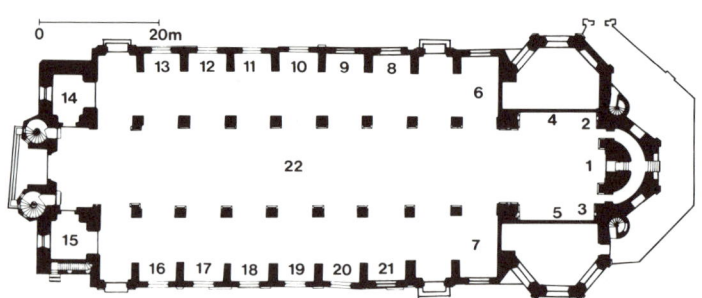

*Fig. 45 St. Peter,
Grundriß*

dennoch ihren gotischen Ursprung nicht verbergen. Die zweigeschossige Wandgliederung wird im unteren Bereich durch eine strenge Arkadenfolge mit voluminösen Pfeilern bestimmt, während die Obergeschoßpartie durch rundbogige Blendfenster, Pilaster und ovale Fenster im Gewölbeansatz strukturiert ist. Erst im 18. Jahrhundert strebte man eine Auflockerung an: Man schmückte die Blendfenster mit Rocaille-Ornamenten und ließ von Johann Baptist Zimmermann ihre Bildfelder mit ausdrucksstarken Fresken aus dem Leben des hl. Petrus ausmalen.

Architektonisch und von der Innenraumwirkung her erscheint die barocke Chorerweiterung äußerst gelungen; Gotik und Barock verschmelzen an ihrer Baunaht fast vollkommen miteinander: Zum einen greift die vorgezogene Kommunionsbank des Chores weit in das Mittelschiff hinein, zum anderen wurde im Chor das Element der Langhaus-Blendfenster aufgenommen (die Rahmungen der Ovalfenster stammen aus späterer Zeit). So entstand ein würdiger Rahmen für die vollkommene Architektur des Hochaltars von St. Peter, der optisch das ganze Langhaus auf sich konzentriert.

1 Hochaltar St. Peter (Abb. 42). 1682 fertigte Balthasar Ableithner die Entwürfe für den Hochaltar von St. Peter an, wobei er für sein Werk unverkennbar den Altar der ›Cathedra Petri‹ von Bernini (1598–1680) aus der Peterskirche in Rom zum Vorbild für den ›Münchner Petrusthron‹ herangezogen hat. Noch heute wird dieser Bezug dadurch besonders lebendig, daß während der Wahl eines neuen Papstes die Tiara von dem Kopf der Münchner Petrusfigur heruntergenommen wird. Doch erst Jahre später, nach Ergänzungsentwürfen von Nikolaus Gottfried Stuber (1712) und C. D. Asam (1725/26) sowie einem gemeinsamen Entwurf der Brüder Asam (1729), hielt man einen Entwurf für die figurale Ausschmückung von Stuber für ausgereift genug, um diesem den Auftrag für die Ausführung zu erteilen, zog dann aber 1732 doch noch Ä. Q. Asam für die künstlerische Bearbeitung der mittleren Figurengruppe (›Thron Petri‹ und ›Vier Kirchenväter‹) hinzu; eine nicht ganz einfache Aufgabe für Asam, der bisher fast ausschließlich mit Stuck zu arbeiten gewohnt war und hier – mit den vier Evangelisten –

seine wohl einzigen Holzstatuen schuf, die von Asam schlicht weiß vorgesehen waren, später jedoch vergoldet wurden.

Große Probleme muß Asam die enorme Höhenstaffelung der von Stuber angeordneten Marmorsäulen mit halbkreisförmiger Arkade und krönendem Strahlenkranz mit der Taube des Heiligen Geistes gemacht haben, die sich zwar konsequent dem Aufriß des Chorraumes mit seinen lichtdurchfluteten Fenstern anpaßt, bei der Einbeziehung der gotischen Petrusfigur Grassers (s. S. 115) aber ohne den Kunstgriff Asams ihre Wirkung hätte verlieren können. Asam fand jedoch die optimale Lösung: Er setzte die Petrus-Statue Grassers weit über die Köpfe der Evangelisten, wodurch St. Peter symbolisch und räumlich eine so dominierende Wirkung erzielt, daß er nicht nur die eigenständige Architektur des Hochaltars bestimmt, sondern auch vom Langhaus her den Blick auf sich zieht. Die beiden anbetenden Engel links und rechts des Tabernakels (von J. B. Canzler, 1756) sind Werke von Franz Schwanthaler (1804). Er fertigte sie als Kopien für die ursprünglich von Johann

Georg Greiff gestalteten Figuren, von dem auch die übrigen Skulpturen stammen.

2 und 3 Christusfigur und Marienstatue von Joseph Prötzner d. Ä.

4 Chorgestühl im schönen Rokoko-Stil der Cuvilliés-Zeit von Joachim Dietrich (1750); die beiden krönenden Kardinaltugenden sind Werke von Greiff und gehörten ursprünglich nicht zum Chorgestühl.

An der nördlichen und südlichen Wand des Presbyteriums befinden sich fünf gotische Tafelbilder von Jan Polack (1517; s. S. 119f.), die ehemals zum gotischen Hochaltar gehörten: ›Heilung der Lahmen‹ – ›Petrus in cathedra‹ – ›Petrus auf dem Meer‹ – ›Petrus im Kerker‹ – ›Die Kreuzigung Petri‹; das Dreikönigstriptychon ist ein spätgotisches Werk aus dem Jahre 1477.

5 Chorgestühl von Ignaz Günther (1767), der sich mit diesem Werk zum frühen Klassizismus bekannte; die beiden hinzugefügten Kardinaltugenden stammen von Johann Georg Greiff.

6 Corpus-Christi-Altar (1755/58) von Ignaz Günther mit dem barocken Abendmahlbild (1644) von Ulrich Loth und einem Tabernakel von Johann Benno Canzler. – Links: Erinnerungstafel von Joseph Prötzner an die von Papst Pius VI. hier zelebrierte Messe (1. Mai 1782) – Rechts: Rotmarmor-Epitaph Anton Ignaz Hertls von Johann Baptist Straub (1768), der sich als Rokoko-Künstler hier mit dem aufkommenden Klassizismus auseinandersetzte.

7 Mariahilf-Altar mit den Märtyrern Felix und Audactus von Ignaz Günther (1756); das sehr schöne Gnadenbild ist ein Werk von Johann Carl Loth (1653), der dieses Gemälde als Kopie des Marienbildes von Lukas Cranach aus der Innsbrucker Kapuzinerkirche erstellte.

8 Der ›Schrenck-Altar‹ ist das kostbarste Meisterwerk, das aus der gotischen St. Peter-Kirche erhalten geblieben ist; dieser höchst seltene Sandstein-Retabel stammt aus der Hochblüte der gotischen Bürgerstadt München (s. S. 24ff.) und war eine Stiftung der Familie Schrenck, die am 21. Juni 1407 von Bischof Berthold von Freising die Weihe für ihren ›St. Martin- und St. Ulrich-Altar‹ erhielt.

Der Altar zeigt zwar am rechten Rand des Mittelfeldes die eingravierte Jahreszahl 1376, dürfte aber wohl erst in der Zeit um 1400 entstanden sein und könnte das Werk eines Parler-Schülers sein. Gekrönt wird der in zwei Bildfelder aufgebaute Altar von einem dreieckigen Giebelfeld, in dem Christus als Weltenrichter in der Mandorla erscheint; am unteren Giebelrand sind links und rechts davon Maria, Johannes der Täufer, zwei Engel und die Wappen der Familie Schrenck dargestellt. Die Mittelzone hat das Thema des Jüngsten Gerichts zum Inhalt: Zu Füßen der zwölf Apostel entsteigen die Verstorbenen ihren Gräbern, um entweder als Verdammte in den Höllenschlund (rechts) geführt zu werden oder als Selige den Weg in die Himmelsstadt (links) gehen zu dürfen. Die untere Bildzone zeigt die Kreuzigungsgruppe, St. Martin (links), einen Papst und St. Ulrich (rechts).

9 Korbinians-Altar von Marx Schinnagl; das Altarbild stammt von Johann Carl Loth und zeigt das Martyrium des hl. Erasmus (1677 erworben); das Ovalbild St. Korbinians ist ein Werk von Nikolaus Prugger.

10 Sigismund-Altar aus der Mitte des 18. Jahrhunderts; in einem Glasschrein steht Christus an der Geißelsäule; das Ovalbild St. Sigismund soll eine Arbeit von Joachim von Sandrart sein. Die Figuren der Heiligen

Familie in dem Rokoko-Gehäuse hat 1760 Ignaz Günther geschnitzt, sie wurden aber 1883 umgestaltet.

11 St. Anna-Altar von Johann Baptist Straub (1750); das Gemälde mit den beiden Heiligen Joseph und Joachim malte Sandrart 1647.

12 Altar der Heiligen Matthäus und Matthias von Marx Schinnagl mit dem Altarbild ›Liborius als Fürbitter bei der Madonna mit dem Jesuskind‹ von Johann Baptist Zimmermann (1748). Der Schrein des hl. Mundita stammt von Franz Keßler (1677), die Gebeine kommen aus den Katakomben der hl. Cyriaca aus Rom, ebenso der Stein (liegt im Schrein), der ehemals das Grab verschloß und das Todesjahr des Heiligen mit 310 angibt. Das Bild der Heiligen Matthäus und Matthias könnte eine Arbeit von Ulrich Loth sein.

13 Gemälde der Barock-Zeit: Geburt und Himmelfahrt Mariens. Das Weihwasserbecken am Eingang mit den geflügelten Karyatiden stammt aus dem 16. Jahrhundert.

14 Nördliche Turmkapelle: An der Laibung des Pfeilers zum Langhaus hin hängt das Aresinger-Epitaph, ein Rotmarmor-Relief von Erasmus Grasser (1492) – ein seltenes Meisterwerk der Gotik, auf dem unten kniend der Dekan Aresinger, oben St. Petrus mit dem Himmelsschlüssel und St. Katharina dargestellt sind; mit dem Zeigefinger ihrer Rechten weist sie auf den Dekan und scheint mit Petrus zu sprechen. Das Epitaph des Johannes Thomas Ossinger von Hagbach stammt aus dem Jahre 1739. Der St. Eligius-Altar ist eine Arbeit von Ignaz Günther (1765/70). Von Roman Anton Boos stammt das Epitaph des Grafen C. W. von Daun (Westwand). Die Figuren der Ölberg-Komposition sind Arbeiten von

Schwanthaler (Christus) und Josef Otto Entres (die Schlafenden Petrus und Johannes).

15 Südliche Turmkapelle: An der Laibung des Pfeilers zum Langhaus hin befindet sich das Epitaph des Ritters Balthasar Bötschner von Riedersheim und seiner Frau Anna. Die Arbeit zeigt Ähnlichkeiten mit dem Aresinger-Epitaph und könnte das Werk eines Grasser-Schülers (1505) sein, dem es jedoch nicht gelang, die innere Spannung der Figuren, die bei Grasser in einem vorgetäuschten ›Innenraum‹ stehen, zu erreichen. Auch dieses Rotmarmor-Relief zeigt zwei Bildzonen: Unten knien der Ritter Bötschner und seine Frau, die hier wie isolierte Porträts wirken und kaum einen Bezug zu der oben dargestellten ›Gregorsmesse‹ haben. Papst Gregor soll einer Legende zufolge während einer Messe der ›Schmerzensmann‹ erschienen sein, wodurch er seinen Glauben wiedergewonnen haben soll. Hier zelebriert Papst Gregor gemeinsam mit einem Kardinal, Bischof und Dekan eine Messe, oben erscheint Christus als Halbfigur. Außerhalb des Bildfeldes stehen an den Ecken die Heiligen Judas und Thaddäus. – Einer Inschrift zufolge stellte Ignaz Günther »an dem Tag wie die statt Lissabona in Bortugal durch ein Ertbeben ist zu Grund gegangen« (31. Okt. 1755) das Epitaph des J. E. de Courcelles de Wachsenstein auf. – Taufbecken aus rotem Marmor von Hans Krumper (1620); den heutigen Deckel schuf Joseph Prötzner.

16 Pestbild, das wahrscheinlich an die verheerende Pest im Jahre 1517 erinnern soll.

17 Sebastians-Altar von Marx Schinnagl; das Altarbild mit der hl. Madonna, Benno, Rochus und Sebastian ist vielleicht eine Arbeit von J. H. Schönfeld; die Statue des hl. Vitus schuf Straub.

18 Dreikönigs-Altar aus der Werkstatt Straubs (1754); das Altarbild mit dem Thema der ›Heiligen Drei Könige‹ und das Ovalbild mit den Heiligen Thomas und Vitus sind vielleicht Werke von Schönfeld oder Kopien seiner Originale. Das schöne Bronzeepitaph mit Maria und Johannes stammt aus dem Jahre 1613.

19 Johannes-Altar von Ignaz Günther (1756), der ursprünglich aus Marmor bestand. Das Altarbild von Franz Josef Degler zeigt ›Maria und neun Jungfrauen‹, während das Auszugsbild von Ulrich Loth Johannes und Andreas darstellt.

20 Leonhards-Altar, der wahrscheinlich von Marx Schinnagl (1650) errichtet wurde. Das Altarbild der ›Beweinung Christi‹ ist eine von de Pay angefertigte Kopie nach dem Original von A. van Dyck; das Ovalbild des Altars stellt den Heiligen Franz von Assisi dar.

21 Kreuz-Altar von Marx Schinnagl aus der Mitte des 17. Jahrhunderts; das Altarbild mit der Kreuzigungsszene wird J. H.

Schönfeld zugeschrieben. Die Schnitzgruppe der Anna Selbdritt stammt von Franz Ableithner (1660), die dazugehörigen Stühle von Straub (1750).

22 Hauptwerk des Mittelschiffes (Mitte des 18. Jahrhunderts) ist die von Prötzner geschaffene Kanzel, die mit flammenden Rocaille-Kartuschen geschmückt und von einem Engel, der eine Posaune bläst, gekrönt wird.

Von Joseph Prötzner stammen mit Ausnahme von St. Andreas (von A. Faistenberger) und St. Paulus (von J. G. Greiff) auch die Figuren der 12 Apostel, die auf Konsolen an den Pfeilern angebracht sind; ebenso sind das Kruzifix und die ›Mater dolorosa‹ gegenüber der Kanzel Arbeiten Prötzners.

Über den drei westlichen Oratorien befinden sich die schlecht erhaltenen Fresken von Johann Baptist Zimmermann mit Themen aus dem Leben des hl. Petrus. Die Gemälde an den Pfeilern und die Kreuzwegstationen (13./14.) sind Kopien, entstanden 1776, von Heinrich Karth.

② **Spitalkirche Heilig Geist** (Tal 77; Farbt. 7, Abb. 37, 38)

Baugeschichte
Neben St. Peter und der Frauenkirche gehört die Heilig-Geist-Kirche mit ihrem ehemaligen Spital zu den ältesten Kirchenbauten Münchens. Ihre Gründung geht wahrscheinlich auf Herzog Ludwig I. den Kelheimer zurück, der hier 1208 – damals noch außerhalb der leonischen Stadtmauer Münchens – ein Pilgerhaus mit einer bescheidenen romanischen Katharinen-Kapelle errichten ließ, ein Gebäudekomplex, der seit 1257 ständig erweitert wurde (es existiert ein Ablaßbrief von Papst Alexander IV. vom 12. August 1257).

Aber auch die Heilig-Geist-Kirche blieb nicht von dem katastrophalen Stadtbrand im Jahre 1327 verschont, so daß ein Neubau erforderlich war, den man schon bald in Angriff nahm. So entstand am Ende des 14. Jahrhunderts der gotische Bau mit Heilig-Geist-Patrozinium nach Art einer bayerischen Hallenkirche mit Umgangschor und 9/16–Abschluß am Ostchor, von Gabriel Ridler 1392 vollendet.

1   Ludwigstraße, Brunnen vor der Universität mit Ludwigskirche (alles Bauten von Friedrich von Gärtner)

2   Englischer Garten, Blick zur Frauenkirche (1468/88) und Theatinerkirche (1663/75) ▷

3   Englischer Garten

4   Der Biergarten am Chinesischen Turm im Englischen Garten

5   Alter Botanischer Garten (1808/14) mit Neptun-Brunnen (Joseph Wackerle, 1935/37) und Türme der Frauenkirche

6   Augustinerbräu-Biergarten

8 Frauentürme und Marienfigur von Hubert Gerhard (um 1595)

◁ 7 Panorama der Stadt (v. l. n. r.: Frauenkirche, St. Peter, Neues Rathaus, Heilig-Geist-Kirche, Olympiaturm)

9 Marienplatz mit Altem Rathaus (1470/80; 1953/58 und 1972 Wiederaufbau) und Mariensäule ▷

10 Domenico Quaglio:
Rückansicht des Hof-
und Nationalthea-
ters, 1827. Bayerische
Staatsgemäldesamm-
lungen

11   Blick von der Haidhausener Höhe auf München, Lithographie von C. Wage, 1852

12   Wilhelm von Kobell: Terrasse bei Föhring, um 1827. Staatliche Graphische Sammlung

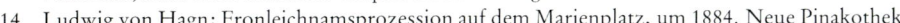

13   Ansicht aus dem Englischen Garten. Kolorierte Radierung von Simon Warnberger nach Johann Georg
         von Dillis, nach 1800. Staatliche Graphische Sammlung

14   Ludwig von Hagn: Fronleichnamsprozession auf dem Marienplatz, um 1884. Neue Pinakothek

16   Der Alte Hof (1460/70; s. Fig 50, 51)

◁ 15   Ernst Kaiser: Blick von Oberföhring auf München (Ausschnitt), 1835/40. Städtische Galerie im Lenbachhaus

17   Hofgarten (1613/17) mit Theatinerkirche (1663/75)

18   Lenbach-Villa (Gabriel von Seidl, 1887/97)

19 Fischbrunnen am Marienplatz mit Bronzeskulpturen von Konrad Knoll (1862/65)

20 Neptun-Brunnen, (Joseph Wackerle, 1935/37)

23 Brunnenhof in der Residenz, Wittelsbacher-Brunnen (1611/14) mit Bronzeplastiken von Hubert Gerhard ▷

21 Fußgängerzone mit Salome-Brunnen (Hans
Wimmer, 1962)

22 Liesl-Karlstadt-Brunnen (Hans Osel, 1961) auf
dem Viktualienmarkt

24 Fußgängerzone mit St. Michael (1583/97), ehemaliger Augustinerkirche (1341/1458; heute Deutsches Jagdmuseum) und den Türmen der Frauenkirche

25   Theatinerstraße mit Theatinerkirche

27   Isartal-Floßfahrt nach München in der Floßgasse von Mühltal

◁ 26   Viktualienmarkt mit St. Peter

28   Auer Dult auf dem Mariahilfplatz

29 ›Bavaria‹ (Entwurf Ludwig Schwanthaler, 1837; Bronzeguß Franz von Miller, 1844/50) und Ruhmeshalle (Leo von Klenze, 1843/53) zur Oktoberfestzeit

30 Der Chinesische Turm im Englischen Garten

31 Oktoberfest, im Hintergrund St. Paul (Georg Joseph von Hauberrisser, 1892/1906)

32 Münchner

33 Fasching auf dem Viktualienmarkt

34, 35 Oktoberfest: Hacker-Festzelt; Pschorrbräu-Festzelt

36 Olympiastadion (Günther Behnisch und Partner), von Norden gesehen: im Hintergrund (Mitte/links) die ▷
    Türme der Frauenkirche

37 Olympiaturm (1965/68) und Olympiazeltdach (1968/72)

38 BMW-Verwaltungsgebäude (Karl Schwanzer, 1970/72)

39 ›Dachlandschaft‹ der Amalienpassage (Jürgen von Gagern, 1975/77)

40 Kloster und Klosterkirche der Englischen Fräulein ›Zur Heiligen Dreifaltigkeit‹ (Maria-Ward-Str. 5; Josef Wiedemann, 1960/65)

41 Europäisches Patentamt (Gerkan/Mark und Partner, 1975/79)

42 Wohnanlage Moll in der Westendstraße/Stephan-Lochner-Straße (Kurt Ackermann und Partner, 1968/70)

43 Fassade der Amalienpassage, von der Amalienstraße aus gesehen (Jürgen von Gagern, 1975/77)

Tiefgreifende bauliche Veränderungen, die vornehmlich die gotische Raumwirkung entscheidend beeinflußten, waren die Folge der 1724/30 durchgeführten Barockisierung, an der maßgeblich Johann Georg Ettenhofer – ein Schüler Viscardis, dessen Stileinfluß man hier deutlich spürt – und die Brüder Asam beteiligt waren: »Am Beispiel der Umgestaltung der Heiliggeistkirche wird anschaulich, daß im Schaffen der Brüder Asam die Dekoration ihre der Architektur untergeordnete Rolle aufgibt und konstitutiv für die Raumgestaltung wird. Ihre Fähigkeit, Architektur zu überspielen und umzudeuten, ist die Voraussetzung, dem mittelalterlichen Raum durch Rhythmisierung, Zentralisierung, Bewegung, Licht und Farbe Merkmale barocker Raumauffassung zu verleihen und nicht auf der Stufe einer Auskleidung mit zeitgenössischen Formen stehenzubleiben.«[44]

Als Folge der Säkularisation fielen die Spitalbauten der Heilig-Geist-Kirche dem Abbruch zum Opfer (1885). An dieser Stelle wurde die Kirche 1888 von Franz Löwel um drei Joche nach Westen hin erweitert, was jedoch ohne Rücksicht auf die barocke Raumkonzeption Asams erfolgte. Das rhythmische Joch-Verhältnis von 1:3:1 der Asamschen Gewölbefresken war eben nicht einfach durch additive Erweiterung um drei Joche nachzuahmen, so daß der festliche Barock-Raum einen Teil seiner einst so harmonischen Wirkung verlor.

In den Jahren 1907/08 erfolgte eine gründliche Restaurierung und der Anbau der südlichen Vorhalle. Die verheerenden Luftangriffe von 1944/45 zerstörten die Heilig-Geist-Kirche nahezu bis auf ihre Außenwände, wobei auch der größte Teil der kostbaren Ausstattung verlorenging. Der bald begonnene Wiederaufbau durch Erwin Schleich erstreckte sich über mehrere Bauphasen: 1946/49 Aufmauerung und Errichten des Dachstuhls, 1950/51 Einbau der Gewölbe und der Orgelempore, 1955 Errichtung des Hochaltars, 1957/58 Wiederaufbau des Turms, seit 1973 Rekonstruktion der Asam-Fresken.

Außenarchitektur (Abb. 38)
Der verhältnismäßig massige Baukörper der Heilig-Geist-Kirche ist ein einfacher Längsbau mit mächtigem Satteldach, dem man von außen die interessante architektonische Innenraumgestaltung der ursprünglich gotischen Hallenkirche nicht ansieht. Während die südliche Längsseite sich ganz als barocke Fenster-Fassade der 1724/31 von Johann Georg Ettenhofer umgestalteten Kirche zeigt, erkennt man an ihrer Nordseite noch die gotischen Strebepfeiler. In schlichten barocken Formen ragt der am Chorschluß angebundene Turm (1729/30) über das Satteldach. Kraftvoll und fast zu überladen für die schmale Rosental-Gasse erscheint dagegen die neubarocke Westfassade, die 1888 von Friedrich Löwel im Sinne Viscardischer Formensprache konzipiert wurde (Abb. 38).

44   Dorith Riedl, in: Norbert Lieb/Heinz Jürgen Sauermost: ›Münchens Kirchen‹, München 1973, S. 75f.

Farbtafeln:
◁◁ 44   Schloß Nymphenburg (Agostino Barelli, 1664/75)
◁ 45   Schloß Nymphenburg, Steinerner Saal

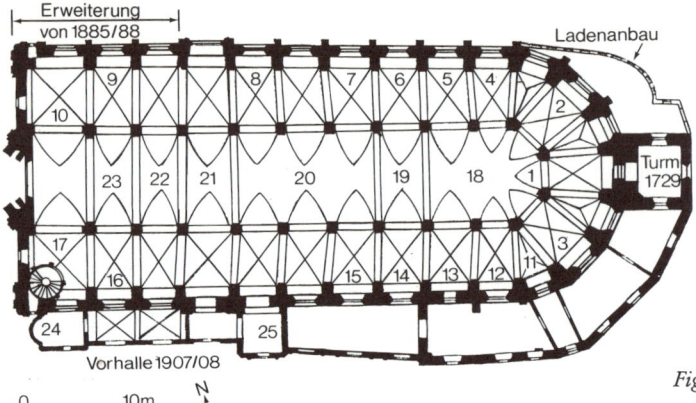

Fig. 46   Heilig-Geist-Kirche,
Grundriß

Innenraum (s. Fig. 46)
Der Grundriß der Heilig-Geist-Kirche zeigt eine elegante dreischiffige Hallenkirche mit Umgangschor und starker Höhenentwicklung (Abb. 37), wobei sowohl das Mittelschiff (mit Stichkappen-Tonnengewölbe) zu den Seitenschiffen hin (mit Kreuzgratgewölben) wie auch der Chor zu seinem Umgang hin als jeweils völlig selbständige Architekturräume wirken. Die während der Barockisierung hochgeführten Seitenschiffe und die in zwei Ebenen angeordneten Fensterreihen brachten völlig neue Lichteffekte für den Innenraum mit sich, die nicht ohne Reiz und Spannung sind.

1   Hochaltar (Rekonstruktion), den Antonio Matteo 1728/30 nach Plänen von Nikolaus Gottfried Stuber ausführte; das Altarbild mit der Darstellung des ›Heiligen Geistes‹ ist ein Werk von Ulrich Loth (1644), die beiden Engel sind Originale von Johann Georg Greiff (um 1730).
2   Sakraments-Altar mit dem Gemälde ›Herz Jesu‹; gegenüber am Pfeiler das Marmorgrab der Brigitta Mannhart (1576).
3   Johann-Baptist-Altar von Antonio Matteo (1728/30); das Altarbild ›Die Taufe Christi‹ stammt von Melchior Steidl (um 1720).
4   In den verschiedenen Seitenkapellen sind mehrere Gemälde von Peter Jacob Horemans (1753) untergebracht; hier: ›Der

Heilige Geist vergibt die Gabe der Gottesfurcht‹.
5   P. J. Horemans: ›Gabe der Stärke‹.
6   P. J. Horemans: ›Gabe der Weisheit‹.
7   Dreifaltigkeits-Altar mit einer schönen rundplastischen Arbeit: ›Krönung Mariens‹ (2. H. 17. Jh.)
8   Marien-Altar: Die großartige gotische Holzplastik im Schrein stammt aus dem Kloster Tegernsee und ist die sogenannte ›Hammerthaler Muttergottes‹ (um 1450).
9   P. J. Horemans: ›Gabe der Wissenschaft‹.
10   Links: Meisterwerk von Hans Krumper (1608), der das Grabmal Herzog Ferdinands von Bayern in Bronze ausführte.

Rechts: Gemälde von Joseph Ignaz Schilling: ›Der Heilige Geist und die göttlichen Tugenden‹ (um 1750).

11 Wenig bekanntes Sakralwerk des berühmten Rokoko-Malers Georges Desmarées: ›Hl. Antonius‹ (um 1770).

12 P. J. Horemans: ›Gabe der Frömmigkeit‹

13 Gemälde ›Mariä Empfängnis‹ (um 1716) von Johann Andreas Wolff.

14 P. J. Horemans: ›Gabe des Verstandes‹.

15 Ein Werk von J. H. Schönfeld: ›Die 14 Nothelfer‹ (um 1660); daneben steht die spätbarocke Plastik des St. Joseph.

16 P. J. Horemans: ›Gabe des Rates‹.

17 Links: Im schönen Rokokorahmen Gemälde von Balthasar August Albrecht (?): ›Hl. Florian‹ (um 1770). Rechts: Teile des Bronzegabmals von Hans Krumper (s. auch Nr. 10). Die meisterhaften Gewölbefresken der Asam-Brüder im Mittelschiff (des gotisch-barocken Teils) wurden 1944/1945 völlig zerstört, später aber originalgetreu von Karl Manninger rekonstruiert:

18 ›Der Heilige Geist als Spender der sieben Gaben: Gottesfurcht, Frömmigkeit, Verstand, Rat, Weisheit, Wissenschaft und Stärke‹.

19 ›Die himmlischen Heerscharen – Erzengel und Engel‹.

20 ›Die Gründung des Heilig-Geist-Spitals‹.

21 ›König David‹.

22 ›Die Grundsätze der Papstbulle Leos XIII.‹, Fresko von Ludwig Gloetzle (1888).

23 ›Die Heilige Cäcilie‹, Fresko von Gloetzle.

24 In der kleinen Seitenkapelle steht eine moderne Pietà von Johann Huber.

25 Kreuzkapelle, 1907/08 angebaut, mit spätgotischem Kruzifix (um 1510).

Isartor ③

Das Isartor ist eines der wenigen erhaltenen Baudenkmäler der großen städtebaulichen Erweiterung Münchens zur Zeit Ludwigs des Bayern (s. S. 21f.), der 1285–1347 die im Stadtgrundriß noch deutlich erkennbare Kernstadt plante, wobei mit dem Isartor 1337 die Festungsarbeiten für den kriegsmäßigen Zustand der ›Äußeren Stadt‹ abgeschlossen waren. Das schöne Monument – städtebaulich heute leider nicht gut plaziert – zeigt neben den beiden im Grundriß achteckigen Verteidigungstürmen (Barbakanen), die einst den zur Isarseite gelegenen Wehrhof flankierten, auch noch den zur Innenstadt hin angelegten Hauptturm.

Unter Ludwig I. erhielt 1833 Friedrich von Gärtner den Auftrag zur Wiederherstellung des Isartores; zu dieser Zeit entstanden auch die Historien-Wandfresken von Bernhard Nehr (1835): ›Triumphzug Ludwigs des Bayern nach seiner siegreichen Schlacht gegen den Habsburger Friedrich den Schönen bei Mühldorf im Jahre 1322‹.

Nachdem 1957 der Wiederaufbau durch die polnische Firma PKL (Danzig) abgeschlossen war, eröffnete man 1959 im Südturm des ›Valentin-Musäums‹ mit stimmungsvollem Café-Betrieb. Karl Valentin (1882–1948) war ein echter Münchner: Der ›Komiker‹ – wie er sich selbst nannte – verfaßte mehr als 400 Theaterstücke, Couplets und ›komische Szenen‹: ›Buchbinder Wanninger‹, ›Orchesterprobe‹, ›Raubritter von München‹ und viele andere. »Valentin ist ein Luzifer, dem stets zur unrechten Zeit das Licht ausgeht, das er den Menschen bringen will.«

Hier noch zwei Äußerungen von Zeitgenossen Valentins: »Das ›Christbaumbrettl‹

von Karl Valentin ist vom literarischen Standpunkt betrachtet, ebenso wie die anderen Stücke Valentins, ein dramatisches Produkt von Rang. Seiner inneren Struktur wie nach seinen Darstellungsmöglichkeiten greift es auf die Urformen jeder dramatischen Kunst zurück. Da Valentin, ein Darsteller allerersten Formats, ebenso wie ein Nestroy, die Hauptrollen seiner Stücke selbst verkörpert, gewinnen diese Stücke, die diese Zeit und die Menschen dieser Zeit in den Spiegel der Komik einfangen, ein besonderes Gesicht.«

Bertold Brecht

»Auf einen großen Komiker namens Valentin.
Du stolperst auf den langen Beinen –
Da stehst du nun, Karl Valentin . . .
Da fragt man sich
Ja, gibt es Dich?
Wir werden wohl vor Lachen weinen –
Grüß Gott! Willkommen in Berlin!«

Kurt Tucholsky

④ **Moradelli-Haus** (Hochbrückenstraße 8)
Gelungene Rekonstruktion (1969 von Erwin Schleich) eines typisch Altmünchner Bürgerhauses des 17. Jahrhunderts; moderne Fassadenmalerei; schöner Binnenhof mit dreiseitig umlaufenden Holzbalkonen.

⑤ **Hofbräuhaus** (Platzl 9)
Das Hofbräuhaus ist *die* Touristenattraktion Münchens. Es ist in der ganzen Welt bekannt, und so gehört ein Hofbräuhaus-Abstecher zu jedem München-Besuch, der aber leider beim oft gröhlenden Singsang des Liedes ›In München steht ein Hofbräuhaus‹ endet und nicht gerade zum Ruhme der Stadt beiträgt.

Das heutige Gebäude des Hofbräuhauses entstand 1896/97 nach Plänen von Max Littmann und G. Maxon und orientiert sich ganz an den Ende des 19. Jahrhunderts wiederentdeckten Altmünchner Bürgerhäusern. Der Ursprung des Hofbräuhauses geht bis in das 16. Jahrhundert zurück: Damals – im Jahre 1589 – hatte Wilhelm V. in München ›ein aigen Preuhaus‹ errichten lassen, um nicht mehr das teure Bier aus dem Hannoverschen Raum einkaufen zu müssen. Seit jener Zeit, bis etwa 1920, war es in München stets üblich, eine ›Maß‹ (1 Liter Bier aus einem Steinkrug ›Keferloher‹) zu trinken; eine ›Halbe‹ und noch kleinere Maßeinheiten führte man dagegen nur für Preußen, arme Künstler und Studenten ein. Das traditionsreiche Hofbräuhaus ging schließlich 1852 in den Besitz des bayerischen Staates über, wobei das Bräuhaus in die Innere Wienerstraße verlegt wurde.

Daß bereits in der Mitte des 19. Jahrhunderts mangelndes politisches Engagement der Münchner Hofbräuhausbesucher stark kritisiert wurde, geht treffend aus folgendem zeitgenössischen Vers hervor:

»Freund, ich bin zufrieden,
Geh' es, wie es will,
Hier bei Bier und Knödel
Leb' ich froh und still.
Mancher hat wohl Freiheit,
Volksrecht begehrt;
Doch nur Ruh' zu haben,
Das ist Goldes wert!«[45]

Zerwirkgewölbe (Lederstraße 3) ⑥
Einer der schönsten mittelalterlichen Profanbauten mit interessanten Gewölben in

45 In: ›Leuchtkugel‹ (satirische Zeitschrift), Nr. 9, 1849

den Innenräumen. Hier entstand 1591 das erste herzogliche Hofbräuhaus; ursprünglich befand sich an dieser Stelle das herzogliche ›Falkenhaus‹ Ludwigs des Strengen (1264).

⑦ **Altes Rathaus** (Marienplatz 15; Farbt. 9, Abb. 30, Fig. 24, 48)

Für München ist bereits seit 1310 ein Rathaus urkundlich überliefert, das ehemals – wie heute das ›Alte Rathaus‹ – den östlichen Abschluß des Marienplatzes bildete. Obwohl von diesem ersten Münchner Rathaus keinerlei bildliche Darstellungen vorhanden sind, kennt man dennoch aus den Quellen des ›Ratsbuches‹ die Baugeschichte dieses ursprünglichen Gebäudekomplexes verhältnismäßig gut, so daß man – wenn schon nicht von seiner architektonischen Gestaltung – so doch von seiner Raumgruppierung eine annähernde Vorstellung gewinnt: So spricht man neben der Ratsstube (1320) und dem Getreidespeicher (1345) seit 1367 auch von einer ›neuen Ratsstube‹, der Steuerstube und der Kammer; ebenso gehörte wohl damals das Stadtgefängnis zum Gebäudekomplex des Rathauses. Während der Umbauarbeiten in der Zeit 1392/94 erhielt dieses Rathaus einen ›großen Saal‹, wobei gleichzeitig das ›Untere Tor‹ der alten leonischen Stadtmauer als Ratsturm umgestaltet wurde, der noch heute nach seiner Wiederherstellung den dominierenden Ostabschluß des Marienplatzes darstellt.

Zur gleichen Zeit wurde aus Platznot eines der sogenannten Gollierhäuser südlich des Ratsturmes für die Bedürfnisse der Stadtverwaltung umfunktioniert und erhielt bald den Namen ›Kleines Rathaus‹ (s. Fig. 47). Von diesem Bau blieb nach den Kriegszerstörungen leider nichts mehr erhalten.

Der gesamte Gebäudekomplex des ersten Münchner Rathauses fiel 1460 einem Blitzschlag zum Opfer. Jörg von Halspach (gen. Ganghofer) errichtete daraufhin zwischen 1470/80 das eigentliche – uns noch heute bekannte – ›Alte Rathaus‹ im gotischen Stil, ursprünglich auch ›Tanzhaus‹ genannt.

Der Neu- und Umbau des ›Alten Rathauses‹ bestand im wesentlichen aus der Gestaltung des gotischen Saalbaus, der zu den überzeugendsten architektonischen Leistungen der Münchner Gotik gehört. Sowohl die schönen Schnitzarbeiten der Holztonnendecke von Hans Wenger (1476/77; heute größtenteils ergänzt) als auch der malerische Wappenfries (mit 99 Stadtwappen) von Ulrich Fuetrer an der Kämpferzone des Gewölbes und ganz besonders die 16 auf Konsolen stehenden Moriskentänzer (von denen nur noch zehn erhalten sind; s. S. 114, Abb. 100) von Erasmus Grasser verdeutlichen, daß die besten Künstler jener Zeit an diesem Projekt beteiligt waren.

Jener Saalbau ist auch das Kernstück des Wiederaufbaus von 1953/58, der sich ganz an der gotischen Gestaltung Jörg von Halspachs (gen. Ganghofer) orientierte; lediglich der 1972 von Erwin Schleich rekonstruierte Ratsturm zeigt geringfügige Abweichungen von der gotischen Fassung und bildet heute einen gelungenen städtebaulichen Akzent und einen notwendigen Abschluß an der Ostflanke des Marienplatzes.

Im Laufe der Jahrhunderte erfuhr das ›Alte Rathaus‹ mehrere – dem jeweiligen Zeitgeschmack entsprechende – Umgestaltungen: So erhielt während der Barock-Zeit u. a. der Turm eine ›Zwiebelkuppel‹; A. Demmel veränderte 1778/79 im Stil der Spätrenaissance die gesamte Westfassade, die jedoch später (1861/64) durch Arnold Zenet-

Fig. 47   Das ›Kleine Rathaus‹ am Petersbergl, links die Ostapsis von St. Peter. Ölgemälde von Ferdinand Jodl, 1838 (Stadtmuseum München, 52/8)

Fig. 48   Das ›Alte Rathaus‹ nach der Regotisierung, 1861/64. Zylographie nach einem Original von Ferdinand Knab, um 1865 (Stadtmuseum München, 29/929/2)

ti wieder regotisiert wurde, im Gegensatz zur ursprünglichen Fassung aber drei gleich hohe gotische Maßwerkfenster erhielt (s. Fig. 48); in der Giebelmitte wird die Fassade von einer Statue Ludwigs des Bayern (von K. Knoll) gekrönt, darunter zieren Wappen von Bayern, Franken und Schwaben die Westseite. Etwa zur gleichen Zeit schuf 1896/97 H. Huber am Ratsturm das Fresko der ›Patrona Bavariae‹ und des ›Hl. Benno‹ (1913 durch ein Glasmosaik ersetzt), das aber in der heute sichtbaren Rekonstruktion unberücksichtigt blieb. Dem immer stärker zunehmenden Verkehr der Stadt im 19. und 20. Jahrhundert trug man dadurch Rechnung, daß 1877 vom Marienplatz aus zum Tal durch das Rathaus-Erdgeschoß hindurch eine Durchfahrt nebst Fußgängerpassage angelegt wurde, die man 1934/35 über die gesamte Erdgeschoßzone erweiterte, was eine Verlegung des Haupteinganges zum Rathaus und seines Treppenhauses zur Burgstraße 18 zur Folge hatte.

⑧ **Marienplatz**
(Farbt. 9, 14, 19, Fig. 8, 11, 22, 24, 25, 49a)
Seit mehr als 800 Jahren, seit der Stadtgründung Münchens durch Heinrich den Löwen (s. S. 15f.; Fig. 24, 25) im Jahre 1158 ist der Marienplatz das Herz der Stadt. Über alle Jahrhunderte hinweg hat der Marienplatz nie seine die Stadtentwicklung und das Leben der Stadt bestimmende Kraft verloren – der Marienplatz war und ist Münchens urbane Mitte.

Ursprünglich ›Schrannenplatz‹ genannt – da hier der Getreidemarkt untergebracht war, den man erst 1853 zur Blumenstraße verlegte –, wurde seit dem 9. Oktober 1854 der alte Marktplatz als Marienplatz bezeichnet. Damit vertraute man München der

›Patrona Bavariae‹ an, die die Stadt vor der im Juli 1854 ausgebrochenen Cholera-Epidemie retten sollte.

Über Jahrhunderte hat der Marienplatz glanzvolle Feste und Ritterspiele, Bürgeraufstände und die Arbeit des Scharfrichters gesehen. 1568 feierte man hier mit der Hochzeit von Wilhelm V. mit Renata von Lothringen (s. S. 32) das aufwendigste Fest, das München je gesehen hatte; daran erinnert noch heute das Glockenspiel des ›Neuen Rathauses‹. Auch der ›Schäfflertanz‹ hat auf dem Marienplatz seinen Ursprung; angeblich zogen im Pestjahr 1517 die Schäffler (Faßbinder/Böttcher) tanzend zum Marienplatz, um die Bürger abzulenken. Dieses Ereignis findet hier alle sieben Jahre seine Wiederkehr. Früher zählte man sogar das Lebensalter der Münchner nach den miterlebten Schäfflertänzen, ähnlich wie im antiken Griechenland nach Olympiaden.

Und als schließlich die modernen Verkehrsplaner den Hauptkreuzungspunkt der Münchner U-Bahn zum Karlsplatz (Stachus) verlegen wollten, mußten sie erkennen, daß nur der Marienplatz diesem unterirdischen Massenverkehrsknotenpunkt funktionell optimal gerecht werden konnte.

Mariensäule (Farbt. 8, 9, Abb. 27, 29)
Am ersten Sonntag nach Allerheiligen, dem 7. November 1638, fand auf dem Marienplatz die feierliche Einweihung der Mariensäule (s. Fig. 11) statt; damit erfüllte Kurfürst Maximilian I. sein Gelübde, ein ›gottgefälliges Werk‹ errichten zu lassen, falls während der schwedischen Besetzung München von Feindeshand verschont bliebe. So bringt es auch die lateinische Inschrift des Säulenpostaments zum Ausdruck:

»Dem allergütigsten großen Gott, der jungfräulichen Gottesgebärerin, der gnädigsten Herrin und hochmögenden Schutzfrau Bayerns hat wegen Erhaltung der Heimat, der Städte, des Heeres, seiner selbst, seines Hauses und seiner Hoffnungen dieses bleibende Denkmal für die Nachkommen dankbar und demütig errichtet Maximilian, Pfalzgraf bei Rhein, Herzog von Ober- und Niederbayern, des Heiligen Römischen Reiches Erztruchseß und Kurfürst, unter ihren Dienern der letzte, im Jahre 1638.«[46]

Der Schöpfer des Gesamtentwurfes der Mariensäule ist durch keine Quelle nachweisbar, er dürfte jedoch unter den damals bedeutendsten Künstlern wie Hans Krumper, Peter Candid, Heinrich Schön d. Ä. und Marx Schinnagl zu suchen sein. Ikonographisches Thema des Monuments sind die Leiden der Kriegsjahre 1632/35; gleich Allegorien der Heiligen Schrift greift der Künstler hier die ›Plagen der Menschheit‹ auf (91. Psalm, Vers 13): »Über Löwen und Ottern wirst du schreiten, wirst zertreten Leuen (Basilisken) und Drachen.« So verkörpern hier der Löwe den Krieg, die Schlange den Unglauben, der Basilisk (ein Mischwesen aus Hahn mit Drachenschwanz) die Pest und schließlich der Drache den Hunger. Sie alle werden jedoch im Kampf mit den Heldenputten besiegt, Plastiken, die als Vorankündigung barocker Formenwelt gelten dürfen, ausgeführt von dem Bronzegießer Bernhard Ernst. Leider ist der Schöpfer dieser allegorischen Figuren bis heute unbekannt geblieben. Ein würdevoller Abschluß der monolithischen Säule mit korinthischem Kapitell ist das 2,15 m hohe Marienstandbild. Wahrscheinlich handelt es sich um eine Arbeit von Hubert Gerhard, die nicht eigens für die Mariensäule geschaffen wurde, sondern laut Überlieferungen schon vor 1613 den Hochaltar der Frauenkirche schmückte und um 1595 als eines der besten Werke Gerhards Werkstatt verließ: Zierlich von Gestalt, mit edlen Gesichtszügen, graziös in ihrer Haltung – mit dem segnenden Christuskind auf einer Mondsichel stehend, nach Osten blickend –, thront die Madonna mit prachtvoller Krone und prunkvollem Zepter in ihrer Rechten gleichsam als Himmelsgöttin über der ihr anvertrauten Stadt München.

Fischbrunnen (an der Nordost-Ecke des Marienplatzes; Farbt. 19, Abb. 1)
Der von Konrad Knoll 1862/65 errichtete Fischbrunnen wurde 1944 erheblich zerstört; dennoch gelang es Josef Henselmann 1954, unter Verwendung einiger noch vorhandener Bronzeplastiken Knolls, den Brunnen zu rekonstruieren. An dieser Stelle wurden ehemals viele Jahre lang die Metzger-Lehrlinge freigesprochen, die dann voller Übermut sich im ›Metzgersprung‹ in das Wasser des Brunnens stürzten.

Neues Rathaus (Marienplatz 8) ⑨
(Farbt. 7, Abb. 28, 30)
Am Ende des 19. Jahrhunderts entschlossen sich die Stadtväter endlich, die jahrhundertelange Raumnot ihrer Verwaltung durch einen Neubau zu lösen. In Erinnerung an die einstige bürgerliche Hochblüte Münchens während der Gotik entschied man sich für eine Architektur der Neugotik; im Maßstab überzogen, wirkt dieser neugoti-

46 Michael Schattenhofer: ›Die Mariensäule in München‹, S. 19, München 1971

Fig. 49b   Das Neue Rathaus an der Stelle der ehemaligen Landschaftshäuser (aus: ›Häuserbuch der Stadt München‹, Bd. I, München 1966)

sche Monumentalbau im architektonischen Bild des Stadtkerns störend.

Für den Bau des ›Neuen Rathauses‹ legte man die gesamte Bausubstanz zwischen Marienplatz und Landschaftstraße einerseits und zwischen Diener- und Weinstraße andererseits nieder (s. Fig. 49a). Auf einer Grundstücksfläche von 9159 qm entstand ein Baukomplex mit sechs Innenhöfen und einer überbauten Fläche von 7115 qm (s. Fig. 49b).

Der erste Bauabschnitt im Ostteil an der Ecke Marienplatz/Dienerstraße war noch das Ergebnis eines Ideenwettbewerbes, den dann Georg Joseph von Hauberrisser 1867/74 ausführte; er erhielt später auch die Entwurfsaufträge für die beiden weiteren Baustufen: 1888/93 – Ecke Dienerstraße/Land-

◁ *Fig. 49a   Nordseite des Marienplatzes mit den herzoglichen ›Landschaftshäusern‹ vor dem Neubau des Neuen Rathauses. Ausschnitt aus dem Kupferstich von Michael Wening, 1701 (s. Fig. 22; Stadtmuseum München, MI/611)*

schaftstraße; 1899/1903 – Ergänzungsfassaden an der Landschaftstraße/Weinstraße und am Marienplatz.

Die reichgeschmückte Hauptfassade zum Marienplatz hin zeigt bayerische Könige, Kurfürsten und Fürsten des wittelsbachischen Ahnengeschlechts, Münchner Originale, neugotische Wasserspeier in Form von Fratzen und Masken sowie allegorische Bilder, Themen aus dem Leben von Heiligen und volkstümliche Sagengestalten.

Der dominierende, 80 m hohe Rathausturm birgt in seinem Turmhelm das viertgrößte Glockenspiel Europas (täglich 11 Uhr); in den Erkern des 7. Geschosses erscheinen (im Sommer 21³⁰ Uhr, im Winter 19³⁰ Uhr) ein Münchner Nachtwächter, der auf seinem Horn bläst, sowie ein Engel, der das ›Münchner Kindl‹ segnet. In der Mitte dieses Erkers werden täglich beim Glockenspiel zwei der bedeutendsten Ereignisse, die auf dem Marienplatz stattgefunden haben, dargestellt: die Hochzeit Wilhelms V. mit Renata von Lothringen (1568) und der ›Schäfflertanz‹ anläßlich der Pest im Jahre 1517 (s. S. 52f.).

⑩ **Weinstadl** (Burgstraße 5)
Das Haus Nr. 5 in der Burgstraße, die parallel zur ehemaligen Stadtmauer Heinrichs des Löwen verläuft, war ursprünglich (seit ca. 1550) das Stadtschreiberhaus. Heute ist es eines der prächtigsten noch erhaltenen gotischen Bürgerhäuser Münchens: Die eleganten Gewölbe in den Innenräumen,

der schöne Laubenhof mit Treppentürmchen und die dreiteilige Fassade sind gute gotische Profanarchitektur; 1962/63 Wiederaufbau nach alten Plänen. Im Nachbarhaus Nr. 6 wohnte 1780/81 Mozart, der hier seine Oper ›Idomeneo‹ schrieb.

Alter Hof (Farbt. 16)   ⑪
Die Stelle des ›Alten Hofes‹ dürfte schon vor der Stadtgründung Münchens besiedelt gewesen sein. Damals, vor 1158, breitete sich hier wahrscheinlich ein herzoglicher Fronhof aus, der dann in die leonische Stadtbefestigung als Nordost-Ecke einbezogen wurde und später den Wittelsbachern als fürstliche Stadtresidenz diente (s. S. 21, 80). Erstmals wurde die Anlage 1284 (Ludwig der Strenge) urkundlich erwähnt. Mit Kaiser Ludwig dem Bayern zogen Prunk und Glanz in die wittelsbachische Residenz, die im Mittelalter noch ›Ludwigsburg‹ und erst viel später – seit 1827 – ›Alter Hof‹ genannt wurde. Bereits zur Zeit Ludwigs des Bayern entstand die – heute nicht mehr vorhandene – Hofkapelle St. Lorenz, in der die Reichskleinodien (1324/50) ihren würdigen Platz fanden.

Obwohl die Anlage durch Baumaßnahmen des 19. Jahrhunderts fast ebenso zerstört wurde wie durch die Bombenschäden von 1944/45, gelang es durch sorgfältige denkmalpflegerische Planung, den mittelalterlichen Hofcharakter zu erhalten.

Deutlicher als die heutigen Bauten zeigt das Sandtnersche Stadtmodell (s. Fig. 50, 51)

*Fig. 50   Der ›Alte Hof‹, nach dem Sandtnerschen Stadtmodell von 1570; in Blau: abgebrochene ▷
Bauteile, in Schwarz: erhaltene Bausubstanz (s. Farbt. 16; nach: J. H. Biller/H. P. Rasp:
›München, Kunst- und Kultur-Lexikon‹, München 1978)*

*Fig. 51   ›Alter Hof‹, von Norden gesehen. Detail aus dem Sandtnerschen Stadtmodell, 1570 (Bayeri ▷
sches Nationalmuseum, München)*

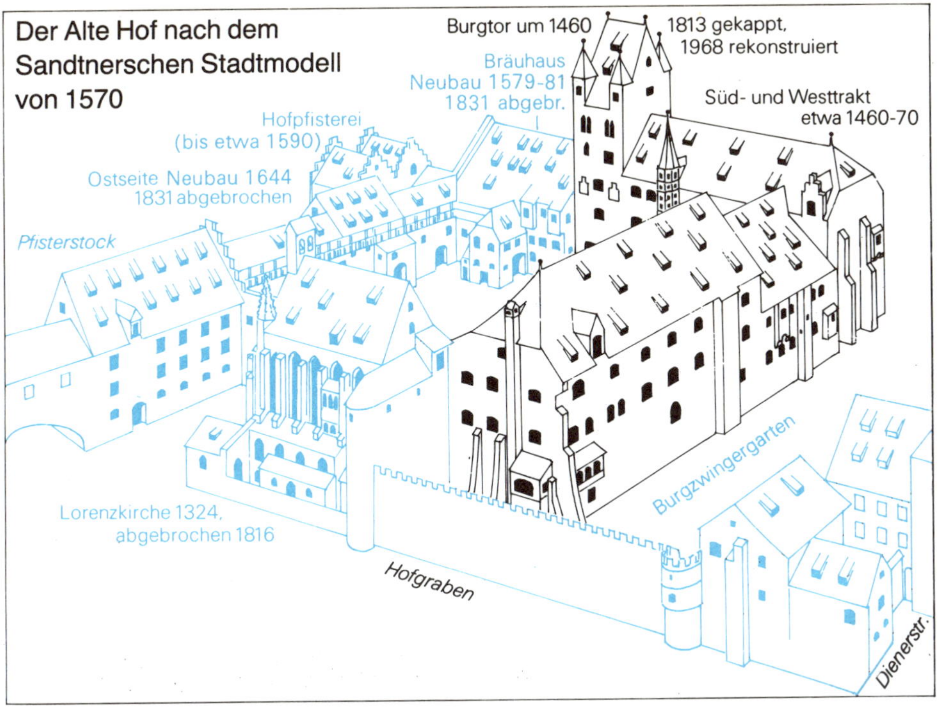

Der Alte Hof nach dem
Sandtnerschen Stadtmodell
von 1570

Burgtor um 1460

1813 gekappt,
1968 rekonstruiert

Bräuhaus
Neubau 1579-81
1831 abgebr.

Süd- und Westtrakt
etwa 1460-70

Hofpfisterei
(bis etwa 1590)

Ostseite Neubau 1644
1831 abgebrochen

Pfisterstock

Burgzwingergarten

Lorenzkirche 1324,
abgebrochen 1816

Hofgraben

Dienerstr.

die sehr stimmungsvolle städtebauliche Situation um 1570; ein gelungenes Architekturensemble, das jedoch nur noch mit seinem Süd- und Westtrakt (beide als Wiederaufbau) erhalten ist. Ursprünglich bestand die Anlage aus dem ›Burgstock‹ mit seinem mächtigen Torturm (Süden), dem ›Zwingerstock‹ mit seinen fürstlichen Räumen (Westen), der Hofkirche St. Lorenz (Norden) und dem ›Pfisterstock‹ als Wirtschaftstrakt (Osten).

Innenpolitische Unruhen und Bürgeraufstände waren schließlich der Anlaß dafür (s. S. 80), daß die Wittelsbacher ihre Residenz wieder an den Rand der Stadt, an die Nordost-Ecke der mittlerweile erweiterten Stadt verlegten, wo die ›Neufeste‹ (um 1385/1400) bzw. die spätere Residenz entstand (s. S. 227f.). Zur Zeit der Spätgotik nutzte Herzog Sigismund den Alten Hof als Stadtwohnsitz. Nach 1500 wurde er nur noch als Verwaltungsgebäude gebraucht. Aber gerade durch die architektonische Umgestaltung Herzog Sigismunds erhielt der Alte Hof eine gewisse ›fürstliche Ritterlichkeit‹. So ließ der Herzog u. a. den schönen, noch heute erhaltenen Holzfachwerk-Erker am Südtrakt errichten und beauftragte Gabriel Mälesskircher mit der Fassadenmalerei, von der heute nur noch bescheidene Rekonstruktionsversuche erhalten sind.

⑫ **Hauptmünzamt** und **Münzhof**
(Hofgraben 4; Abb. 55)
Mitte des 16. Jahrhunderts entstand aufgrund der Tatsache, daß mit dem Alten Hof und der Neufeste in München nun zwei monumentale Fürstenbauten existierten, der Wunsch, beide Komplexe miteinander zu verbinden. Albrecht V. gab 1563/67 Wilhelm Egckl den Auftrag, den ›Fürstlichen

Marstall‹ zu errichten, der seit dem 19. Jahrhundert als ›Staatliche Münze‹ genutzt wird. Im Norden und Süden durch Arkadengänge erweitert, waren nun durch den ›Fürstlichen Marstall‹ die beiden Fürstenbauten Alter Hof/Neufeste miteinander verbunden. Der prachtvolle Neubau im italienischen Renaissance-Stil war aber nicht allein ein Zweckbau für die Stallungen und Wagenräume, sondern beherbergte in den beiden Obergeschossen die Kunstsammlung (eine der ersten Deutschlands) und die Bibliothek Albrechts V.

Einzig erhalten von diesem ehemals weiträumigen Gebäudekomplex ist der für einen Zweckbau überaus elegante vierseitig geschlossene Arkadenhof (35 × 12 m) mit dreigeschossigen Laubengängen (Abb. 55), der zwar keine so edle Proportionierung wie die Bauten Italiens aufweist, aber vielleicht gerade wegen seiner ungezwungenen Maßungenauigkeit in Säulen und Arkaden reizvoll erscheint.

Im Verlauf der Baumaßnahmen des 19. Jahrhunderts wurden die Seitentrakte teilweise völlig erneuert: Die Westseite zum Hofgraben hin erhielt eine frühklassizistische Fassade von Andreas Gärtner und Franz Thurn (1809), für die Franz Schwanthaler die Giebelkomposition der ›drei Frauen mit Waage und Füllhorn‹ schuf; die nach Norden zur Maximilianstraße hin ausgerichtete Fassade entstand während der Gesamtplanung für die Maximilianstraße und ist ein Werk von Friedrich Bürklein (1859/63).

Hauptpost (Residenzstraße 2) ⑬
Ehemaliges Palais der Familie Törring-Jettenbach, das 1747/54 die Brüder Ignaz Anton (Gesamtentwurf) und Johann Baptist

(Innendekoration) Gunetzrhainer errichtet haben; die verlorengegangenen Stukkaturen waren Werke von Johann Baptist Zimmermann, während J. A. Baumgärtl die Holzvertäfelungen schnitzte. Der um einen Hof (heutige Schalterhalle) gruppierte vierflügelige Bau wurde bereits 1834 zum Hauptpostamt umfunktioniert. Wenig später erhielt Leo von Klenze den Auftrag (1836/39), die Nordfassade des Gebäudes der prunkvollen Gestaltung des Max-Joseph-Platzes mit dem Nationaltheater und der Südfassade der Residenz anzupassen. Klenze entschied sich für eine offene Säulenhalle mit zwölf toskanischen Säulen nach florentinischem Vorbild, wobei er den ursprünglichen Bau nach Osten und Westen um je zwei Achsen verlängerte. Geschmackvolle Ergänzung zu Klenzes Entwurf sind die auf rotem Grund gemalten Fresken von Johann Georg Hiltensperger mit der Darstellung der ›Rossebändiger‹ (1953 rekonstruiert).

Nach den Kriegszerstörungen begann 1952 der Wiederaufbau, wobei im wesentlichen nur die Nordfassade Klenzes originalgetreu erneuert wurde; das einstige barocke Hauptportal ist ebenfalls erhalten geblieben und wurde vor die Schalterhalle übertragen. Von den ehemaligen Götterstatuen von Johann Baptist Straub für das Haupttreppenhaus befinden sich noch drei im Obergeschoß, die übrigen sechs (Kopien) sind im Nationalmuseum untergebracht.

⑭ **Schauspielhaus/Kammerspiele**
(Maximilianstraße 34/35; Abb. 86-88)
Eines der wenigen im Jugendstil erhaltenen Theater Deutschlands, das 1900/01 Max Littmann und Richard Riemerschmid mit Dekorations- und Architekturformen des neuen Stils errichteten; 1971 vorbildliche

Wiederherstellung durch Reinhard Riemerschmid; auch der Bühnenvorhang ist eine Nachbildung des ursprünglichen Entwurfes von Richard Riemerschmid.

›**Marstall**‹ (Marstallplatz 5) ⑮
Ehemalige Hofreitschule und Marstall-Gebäude, das als Ersatz für die ›Alte Reitschule‹, die 1822 dem Ausbau der Ludwigstraße weichen mußte, zur Ausführung kam. Der Entwurf ist von Leo von Klenze (1812/22) und enthält einige Änderungen Friedrich von Gärtners (1817). Von dem ursprünglichen Gesamtplan wurde nur der imposante Mittelbau verwirklicht, bei dem besonders das Mittelportal mit den Dioskuren Castor und Pollux als meisterhaftes Frühwerk Klenzes hervorzuheben ist. Erwähnenswert sind ebenfalls die Bronzeplastiken an der Fassade: Pferdeköpfe und Themen aus dem Kampf der Lapithen mit den Kentauren. 1944 vollkommen ausgebrannt, ist nur noch der 1969/70 rekonstruierte Außenbau von baugeschichtlicher Bedeutung.

Nationaltheater (Max-Joseph-Platz 2) ⑯
(Farbt. 10, Abb. 83)
Um die Wende des 18./19. Jahrhunderts wurde in München der Ruf nach einem neuen Opernhaus immer lauter, da das von Santurini (1654) errichtete Opernhaus am Salvatorplatz 1795 wegen Baufälligkeit geschlossen werden mußte und das Hoftheater in der Residenz (von Cuvilliés d. Ä.) ausschließlich dem kurfürstlich/königlichen Hof vorbehalten war. Schließlich lud Maximilian Freiherr von Montgelas die damals bedeutendsten Baumeister Münchens: Lorenzo Quaglio, Andreas Gärtner, Franz Thurn, Schedel von Greiffenstein und den erst 21jährigen Karl von Fischer zu einem

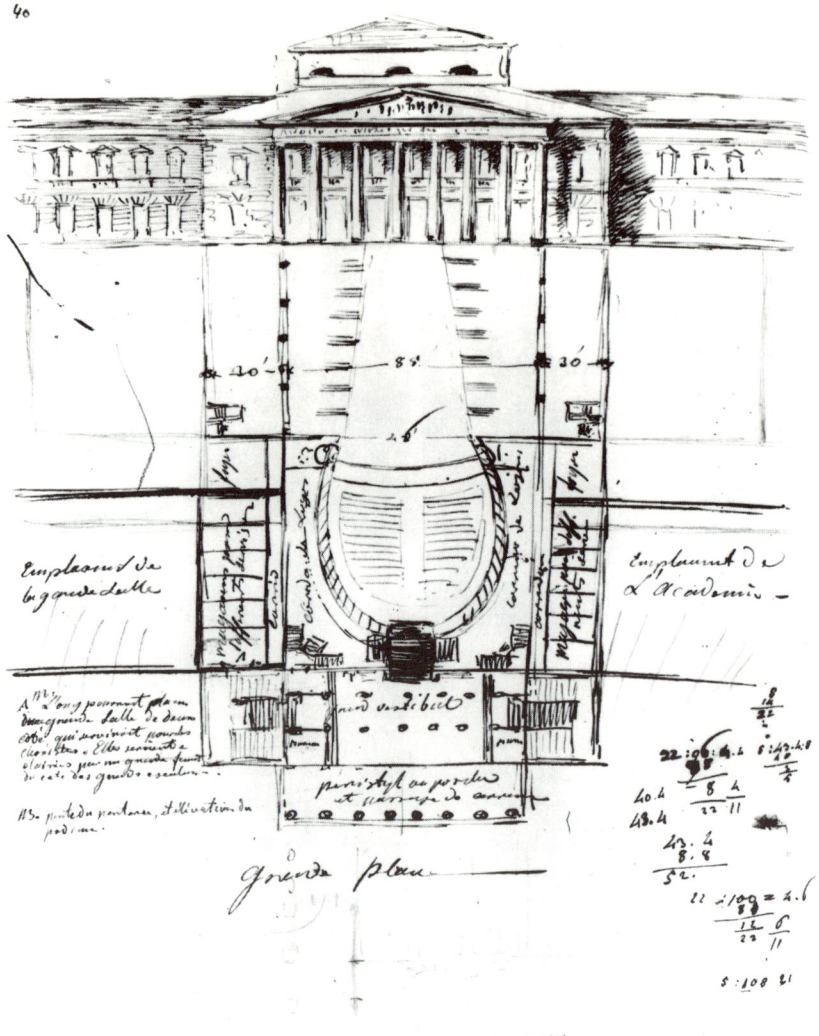

Fig. 52a Vorentwurf zum Nationaltheater von Karl von Fischer, 1809 (aus: Kopie des ›Skizzenbuch von Karl von Fischer‹, Architektursammlung der TU München)

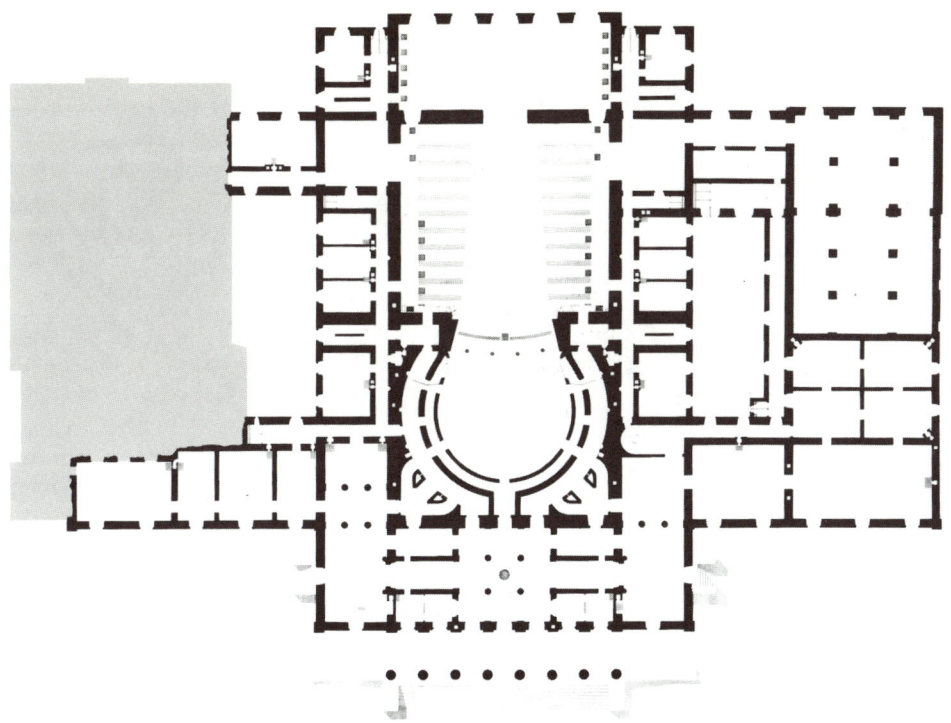

Fig. 52b   Entwurfsplan des Nationaltheaters von Karl von Fischer, 1821 (Stadtmuseum München, Lang S. Nr. VI, Erdgeschoß)

Architektenwettbewerb ein, den für alle Beteiligten überraschend Fischer gewann. Sein Entwurf von 1802 und sein Vorentwurf von 1809 (s. Fig. 52a) zeigen bereits jene ausgereiften Ideen, die der Grundkonzeption von 1812 zugrundelagen (s. Fig. 52b), wobei die Ausführungspläne von besonderer Harmonie sind:

»Der Plan Fischers war so klar wie folgerichtig, voll Ebenmaß und Zweckerfüllung. Die Raumverteilung folgte genauen Gesetzen. Ihre Anordnung und Größe ergab sich nach einem bewährten System, ein Meisterstück Fischerscher Proportionskunst. Eine

allgegenwärtige Symmetrie ordnete den Grundriß. Das Gleichgewicht der streng axialen Anordnung teilte sich der ganzen Raumfügung mit. Jeder Raum bis zum letzten Gelaß stand in Entsprechung zum Ganzen, nirgends Willkür oder Verlegenheit. Der Masse des alten Residenztheaters entsprach ein gleichgewichtiger Baukörper: der Redoutensaal. Gegenüber früheren Projekten war jede barocke Raumfolge und Raumgestalt verschwunden. Fischer hatte den von den Pariser Theaterbauern beschrittenen Weg fortgesetzt. Er gab dem Zuschauerraum eine stärkere Konzentration, ver-

225

Fig. 53a Das Franziskanerkloster an der Stelle des heutigen Nationaltheaters vor der Säkularisation

mehrte ihn um zwei weitere Ränge und vergrößerte den Bühnenausschnitt. Vom rechten Winkel, von dem nie abgegangen wurde, empfingen die Räume eine stets wahrnehmbare Klarheit. Zwei große Recht-ecke durchdrangen sich im Grundriß. Bühnen- und Zuschauerhaus umspannten zwei gleich große Quadrate. Harmonisch reihten sich die Räume zu beiden Seiten der Mittel-achse. Unmerklich war man geführt, wenn

Fig. 53b Das Nationaltheater und der Max-Joseph-Platz (aus: ›Häuserbuch der Stadt München‹, Bd. I, München 1966)

man vom Portikus durch das Vestibül in das Foyer und den Zuschauerraum ging.«[47]

Als Standort für dieses Projekt wurde das Gebäude des ehemaligen Franziskanerklosters gewählt (s. Fig. 53a, b), das im Zuge der Säkularisation abgerissen wurde, was bei der Bevölkerung großen Unmut auslöste. Auch war man entschieden gegen die Pläne, hier einen Profanbau zu errichten, da man dadurch die ›heilige Erde‹ entweiht glaubte. Als dann 1823 das Theater fast vollständig abbrannte, sprach man nicht ohne Schadenfreude von der ›Strafe Gottes‹. Doch schon 1825 erlebte das von Klenze originalgetreu wiederaufgebaute Theater erneut eine festliche Premiere.

Nach der fast völligen Zerstörung im Jahre 1944 war nach den Plänen von Gerhard Graupner und Karl von Fischer im klassizistischen Stil der Wiederaufbau nach dem Krieg 1963 abgeschlossen. Die Figurengruppe im unteren Giebelteil stammt von Georg Brenninger (1972).

(17) **Bronzedenkmal**
König Maximilian I. Joseph
Das Bronzedenkmal des ersten bayerischen Königs Maximilian I. Joseph geht auf einen Entwurf von Leo von Klenze und Johann Martin von Wagner (1823 in Rom gemeinsam konzipiert) zurück, der jedoch beim König auf Ablehnung stieß, da dieser in stehender Pose dargestellt werden wollte. Nach Maximilians Tod gab Ludwig I. schließlich doch den ursprünglichen Entwurf des sitzenden Monarchen mit »gebietender und fast segnender« Geste (N. Lieb)

in Auftrag, den 1835 Christian Daniel Rauch in Berlin ausführte.

Residenztheater (Max-Joseph-Platz 1) (18)
Nachfolgebau des ehemaligen Residenztheaters, der 1950/51 nach Entwürfen von Karl Hocheder errichtet wurde und der sich in zurückhaltender Bescheidenheit zwischen der Architektur des Nationaltheaters und der südlichen Residenzfassade eingliedert.

Residenz (Max-Joseph-Platz 3) (19)
(Farbt. 23, Abb. 48–54, 56–58)
Als 1385 – durch Bürgeraufstände in München veranlaßt (s. S. 80) – die Wittelsbacher ihre bisherige Residenz, den ›Alten Hof‹ (s. S. 220f.), aufgaben, um mit der ›Neufeste‹ (s. Fig. 54) an der Nordost-Ecke der erweiterten Stadtmauer eine neue Fürstenburg zu errichten, war der Grundstein für die fürstliche Residenz gelegt. Über Jahrhunderte bauten Wittelsbacher Fürsten, Kurfürsten und Könige an diesem Projekt, das heute zu den überragenden Bauleistungen der europäischen Renaissance zählt.

Da die seit 1385 errichteten Bautrakte der ›Neufeste‹ mit dem kontinuierlichen Ausbau und der Erweiterung der Residenz vollkommen verlorengegangen sind (die letzten Reste bis auf den Moritzturm, der von Klenze umgebaut wurde, da an ihn die Prophezeiung geknüpft war, daß mit ihm der Bestand der Wittelsbacher Dynastie verbunden sei, ließ Ludwig I. entfernen), wird hier auf eine Beschreibung der ehemaligen ›Neufeste‹ verzichtet (s. aber S. 21, Fig. 54).

47 Oswald Hederer: ›Karl von Fischer‹, München 1960, S. 80

Fig. 54   Die ›Neufeste‹, um 1559 vor Baubeginn des Atiquariums. Detail aus einem Holzschnitt von Jost Amman (Stadtmuseum München, R 867)

Rundgang

Die in der Spalte ›Objektbeschreibung‹ (Tabelle S. 229, 232-238) angegebene Raumnumerierung entspricht der des amtlichen Führers durch die Residenz, herausgegeben von der ›Bayerischen Verwaltung der Staatlichen Schlösser, Gärten und Seen‹.

Die in der Tabelle (zweite Spalte) angegebenen Abkürzungen haben folgende Bedeu-

tung: (A) Architekt – (B) Bildhauer – (M) Maler.

Der Vormittagsrundgang erfaßt die Räume 1–81; der Nachmittagsrundgang führt ebenfalls durch die Räume 1–5 und setzt dann fort mit den Räumen 82–112 (s. Fig. 55, 56, S. 230, 231).

Bauperiode Bauherr (Regierungszeit)	Architekten u. a. Künstler	Bauabschitt Raumtrakt (Bauzeit)	Objektbeschreibung Kunstgeschichtliche Bedeutung
Albrecht V. (1550–1579)	Wilhelm Egckl (A) Jacopo Stroda (A) Peter Candid (M) Antonio Ponzano (M) Antonio Maria Viviani (M) Friedrich Sustris (A)	Antiquarium (1569/71) (Abb. 49)	7 Das Antiquarium der Residenz ist eine gelungene Mischung aus italienischem und nordischem Raumerlebnis; der 69 m lange Raum im Erdgeschoß bietet fast theatralische Lichteffekte, die bewußt und gekonnt auf die Ausstellungsstücke der ursprünglichen Sammlung antiker Skulpturen (daher der Name) von Albrecht V. ausgerichtet waren und sind; ein Raum von kraftvoll herber Architektur, der auch als fürstliche Bibliothek diente und heute einer der bedeutendsten und größten Profanbauten deutscher Renaissance ist. Wohlproportioniert greifen die Stichkappen der 17 Fenster in das langgestreckte Tonnengewölbe, das so seine statische Schwere verliert; wie auch die Längswirkung des Raumes durch die Vertikalen der Pilaster abgemildert wird – geschickt vereinen sich Gewölbekämpfer der Tonne und Pilaster der Fenstergliederung fließend an den eleganten Kapitellen.
		Umgestaltung zur Festhalle (1586–1600)	

1. Bauperiode unter Albrecht V. (1550-79)

Neufeste seit 1385 stufenweise ausgebaut

Antiquarium

		Nach den Kriegszerstörungen von 1944 war der Wiederaufbau 1958 vollendet	Die Fresken in den Gewölbescheiteln zeigen ›Allegorien der Tugenden‹; ›Engelspaare‹ an den Verschneidungszwickeln der Gewölbe; groteske Malereien und altbayerische Stadtansichten zieren die Stichkappen (Abb. 56, 57); die aufgestellten Büsten sind Kopien der römischen Kaiserzeit – modelliert nach griechischen Originalen.
Wilhelm V. (1579–1597)		Herzogliche Bibliothek (1569/81) Wohnung des Kurprinzen (17./18. Jh.) Kurfürstenzimmer (1746–1748/ 1760–1763)	15–31 Kurfürstenzimmer im Obergeschoß: Gelungene Innenraumgestaltung, die sich ganz vom Repräsentationsgedanken löste. Architektur, Dekoration und Mobiliar meiden königlichen Luxus und streben ›bürgerliche Nähe‹ an, fürstlicher Prunk wird stark reduziert. Was hier geschaffen wurde, konnten sich damals auch Adel und reiche Bürger leisten. Die rückwärtigen Kurfürstenzimmer (15–21) beherbergen eine ostasiatische Porzellansammlung.
Maximilian III. Joseph (1745–1777)	Johann Baptist Gunetzrhainer François Cuvilliés d. Ä.		22 Kleine Ritterstube 23 Speisezimmer 24 Konferenzzimmer 25 Schlafzimmer des Kurfürsten 26 Blaues Kabinett (ehem. Bibliothek) 27 Gelbes Zimmer (Schreibzimmer der Kurfürstin) 28 Ehem. Schlafzimmer der Kurfürstin 29 Audienzimmer 30 Vorzimmer 31 Garderobe
Wilhelm V. (1579–1597)	Friedrich Sustris (A) Hubert Gerhard (B) François Cuvilliés d. Ä. (A)	Ballhaus Witwenbau für Herzogin Anna (1580/81)	Von den Baumaßnahmen Wilhelms V. sind nur noch wenige Raumtrakte erhalten – vieles wurde bereits durch die Erweiterungsbauten Maximilians I. abgetragen und umgebaut, anderes ging im Verlauf der späteren Jh. verloren.

229

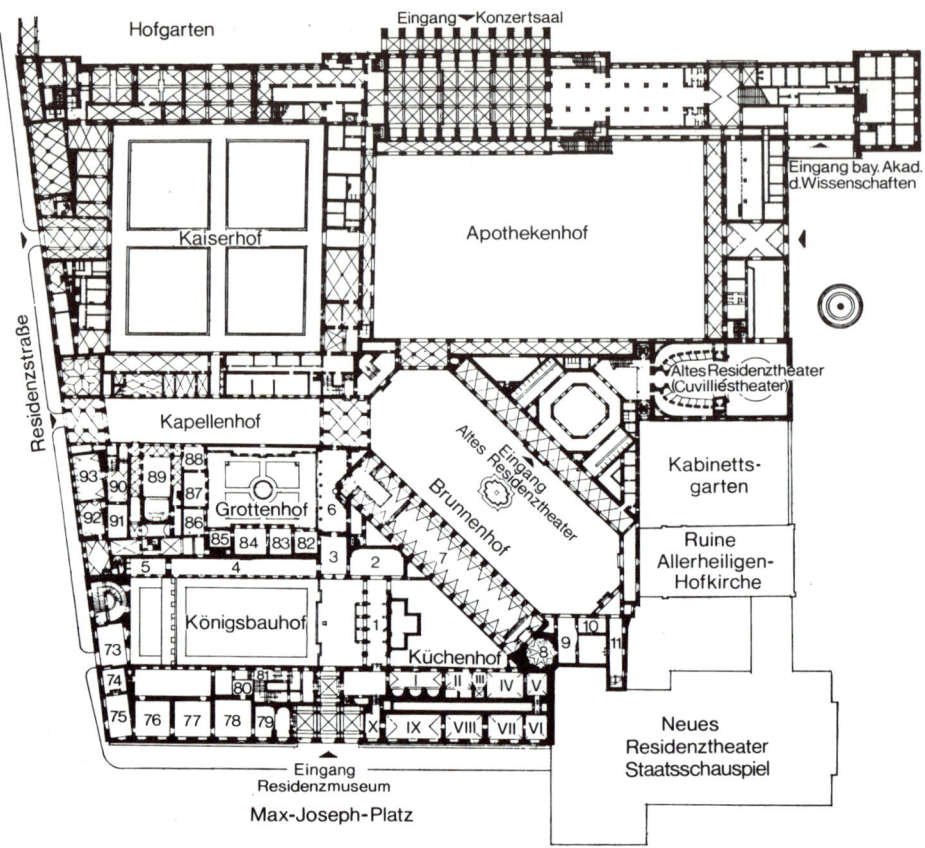

Fig. 55   Residenz, Grundriß des Erdgeschosses

Fig. 56   Residenz, Grundriß des Obergeschosses

1–81 Vormittagsrundgang; 1–5 und 82–112 Nachmittags-rundgang (beide Rundgänge führen durch das Erd- und das Obergeschoß)

1 Vestibül am Königsbauhof 2 Erster Gartensaal 3 Zwei-ter Gartensaal 4 Ahnengalerie 5 Porzellankabinett 6 Grottenhof 7 Antiquarium 8 Oktogon 9 Torweg 10 Raum mit Herkules-Relief 11 Gang vor der Treppe zum Schwarzen Saal 73 Durchfahrt zum Königsbauhof 74 Vorraum 75–79 Nibelungensäle 75 Saal der Helden 76 Saal der Hochzeit 77 Saal des Verrats 78 Saal der Ra-che 79 Saal der Klage 80 Durchgangsraum 81 Haupt-treppe zum Königsbau 82–88 Gelbe Zimmer, heute Porzel-lankammern (europäisches Porzellan des 18. Jh.) 89 Hofka-pelle 90 Unterer Vorplatz der Kapellentreppen 91–93 Pa-ramentenkammern

12 Treppe zum Schwarzen Saal 13 Schwarzer Saal 14a–14g: Räume im Königsbau 14 Gelbe Treppe 14a–14c Schlachtensäle 14d–14g Porzellansäle 14d Französische Manufakturen 14e Manufaktur Nymphen-burg 14f Manufaktur Nymphenburg / Porzellanbilder 14g Manufaktur Berlin 15–21 Rückwärtige Kurfürstenzimmer (Porzellangalerie / Ostasiensammlung) 22–31 Kurfürsten-zimmer: 22 Vorzimmer (Kleine Ritterstube) 23 Vorzim-mer (Speisezimmer) 24 Konferenzzimmer 25 Schlafzim-mer des Kurfürsten 26 Blaues Kabinett (ehemaliges Biblio-thekszimmer) 27 Gelbes Kabinett (Schreibzimmer) 28 Ehemaliges Schlafzimmer der Kurfürstin 29 Audienzzim-mer 30 Vorzimmer 31 Garderobe 32 Allerheiligen-gang 33, 34 Ehemalige Hofgartenzimmer 35–37 Ehemali-ge Hofgartenzimmer: 35 Kabinett 36 Schlafzimmer 37 Kabinett (sog. Puille-Kabinett) 38 Durchgangsraum 39–41

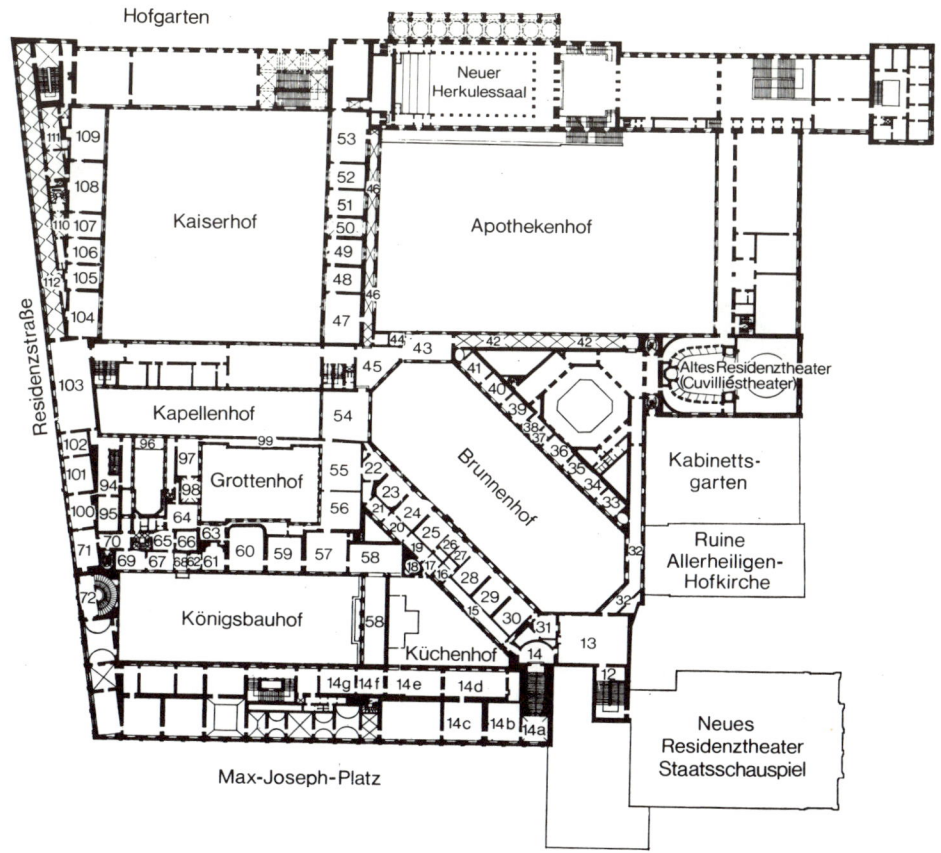

Charlottenzimmer: 39 Schlafzimmer 40 Musikzimmer 41 Empfangszimmer 42 Charlottengang 43 Vorplatz zur Breiten Treppe 44 Breite Treppe 45 Vorraum zum St. Georgs-Rittersaal 46–53 Kaiserhoftrakte der Residenz München: 46 Triergang 47 Ritterstube 48 Saal des Rechts (Audienzzimmer) 49 Südliches Vorzimmer 50 Eingangsraum 51 Nördliches Vorzimmer 52 Saal der Entscheidung (Audienzzimmer) 53 Saal des Rates 54 St. Georgs-Rittersaal 55–62 Reiche Zimmer: 55 Antichambre 56 Äußeres Audienzzimmer 57 Inneres Audienzzimmer 58 Grüne Galerie 59 Konferenzzimmer 60 Parade-Schlafzimmer 61 Spiegelkabinett 62 Miniaturenkabinett 63 Chinesisches Kabinett 64 Garderobe 65 Durchgangsraum in die päpstlichen Zimmer 66–71 Päpstliche Zimmer: 66 Josephskapelle 67 Rotes Zimmer 68 Herzkabinett 69 Grünes Zimmer 70 Durchgangsraum 71

Ehemaliger Goldener Saal 72 Königin-Mutter-Treppe 94 Kapellentreppe 95 Reliquienkammer 96 Empore der Hofkapelle (Raum 89) 97 Vorraum der Reichen Kapelle 98 Reiche Kapelle 99 Geweihgang 100–103 Silberkammer, ehemals Staatsratszimmer und Hartschiersaal 104–111 Steinzimmer (ursprüngliche Kaiserzimmer): 104 Zimmer der Kirche 105 Zimmer der Religion 106 Zimmer der Ewigkeit 107 Zimmer der vier Jahreszeiten 108 Zimmer der Welt 109 Zimmer der vier Elemente 110 Durchgangsraum 111 Majolika-Sammlung 112 Theatinergang

231

Bauperiode Bauherr (Regierungszeit)	Architekten u. a. Künstler	Bauabschnitt Raumtrakt (Bauzeit)	Objektbeschreibung Kunstgeschichtliche Bedeutung
2. Bauperiode unter Wilhelm V. (1579-97) 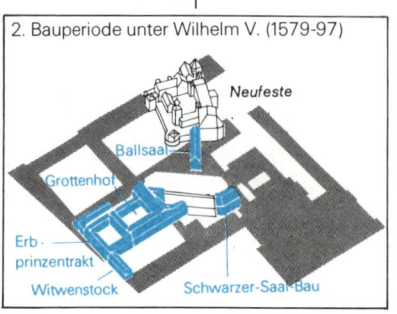 *Neufeste, Ballsaal, Grottenhof, Erb-prinzentrakt, Witwenstock, Schwarzer-Saal-Bau*		Gartensaal (um 1580), die spätere Ahnengalerie (1726/31), mit Residenzgarten (Königsbauhof) Grotten-Trakt 1. Residenzkapelle (1591/93) Schwarzer Saal (1590) Perseus-Brunnen (um 1585)	6 Osthalle des Grottenhofes mit Arkadenstellung (toskanische Marmorsäulen) im Erdgeschoß, die als einziger Bauteil dieser von Sustris gestalteten vierflügeligen Anlage erhalten ist (Abb. 51, 52). 9 Torweg des Gebäudes mit dem 13 ›Schwarzen Saal‹ im Obergeschoß: den Namen erhielt dieser Saal aufgrund seiner ehemals sehr dunklen Bemalung (von Hans Werle und Christoph Schwarz, die z. Z. wieder hergestellt wird); die Stuckmarmorportale von Hans Krumper sind Kopien. Der Perseus-Brunnen (Abb. 52) in der Mitte des Hofes geht auf einen Entwurf von Sustris zurück; die zierliche Bronzefigur ist eine Arbeit von Hubert Gerhard (um 1585) und stellt die Perseus-Sage der griechischen Mythologie dar – aus Kopf und Hals der Medusa strömt das Wasser des Brunnens.
Maximilian I. (1597–1651)	Hans Krumper (A) Johann Baptist Zimmermann (M) (Rokokoausstattung 1748) Hans Krumper (A) Wilhelm Fistulator (M)	Hofdamenstock (Südtrakt des Kaiserhofes 1600/05) Breite Treppe (1600) Wittelsbacher-Brunnen (1600) Hofkapelle (1601/03) Reiche Kapelle (1607) Brunnenhof (1610/20) (Farbt. 23) Residenzturm (1612)	Die Residenz erhält unter Verwendung des Antiquariums und Resten der ›Neufeste‹ mit dem Brunnen-, Kaiser- und Apothekenhof ihre gesamtplanerische Disposition. 89 Hofkapelle: Intimer Sakralraum, dessen plastische Deckenstukkaturen (1614) ein symbolisches Marienprogramm zum Inhalt haben; der Chorraum entstand erst 1630. 95 Reiche Kapelle (›Geheime Kammerkapelle‹): Privatkapelle, die allein für den wittelsbachischen Fürsten bestimmt war – selbst der Hofstaat hatte hier keinen Zutritt; heute Reliquienkammer mit einer reichen Sammlung von ›Heiligtümern‹. Der Raum zeigt schöne Stuckmarmorwände mit geometrischen Motiven (die an normannische Vorbilder erinnern) und Scagliola-Bildfeldern (1632), die Architektur- und Landschaftsperspektiven im Dürer-Stil wiedergeben. »Dieses unvergleichliche Fürstenoratorium war zugleich eine aus burgundisch-habsburgischen Traditionen herrührende geistliche Schatz- und Wunderkammer, für welche beste Goldschmiede, Emailleure und Silberkistler Münchens und Augsburgs arbeiteten.«[48]
3. Bauperiode unter Maximilian I. (1597-1651) *Apothekenhof, Großer Hirschgang, Maximilianische Residenz, Kaiserhof, Neufeste, Charlottengang, Residenzturm, Brunnenhof*			

48 Norbert Lieb: ›München. Die Geschichte seiner Kunst‹, München 1977, S. 103

Bauperiode Bauherr (Regierungszeit)	Architekten u. a. Künstler	Bauabschnitt Raumtrakt (Bauzeit)	Objektbeschreibung Kunstgeschichtliche Bedeutung
	François Cuvilliés d. Ä. (A) (um 1730)	Gelbe Zimmer	82–88 ›Gelbe Zimmer‹, heute Porzellankammern (europäisches Porzellan des 18. Jh.) 91–93 Paramentenkammern mit kirchlichen Gewändern und Antependien wittelsbachischer Hofkirchen.
	Peter Candid (M) (Gemälde beim Brand 1675 zerstört) G. Trubillio (M) Johann Anton Gumpp (M) Francesco Rosa (1692/96) (M) Hans Krumper (A) (Gesamtentwurf?)	Vierflügelbau des Kaiserhofes (1611/19) mit Steinzimmer (1612/17)	Die Nord-, Ost- und Westflügel um den Kaiserhof bergen die von Maximilian I. eingebauten fürstlichen Prunkräume. 104–111 ›Steinzimmer‹ im Westtrakt, werden zur Straße hin (zur Öffentlichkeit) durch einen Korridor abgeriegelt (Architektur und Dekoration dieser Räume sind eine Mischung aus kraftvoller Würde und Schwere, die mittleren Räume strahlen dagegen Eleganz aus): 104 Zimmer der Kirche (Maximilian ließ jedes Zimmer mit einem ikonographischen Thema der ›diesseitigen und jenseitigen Welt‹ ausmalen) 105 Zimmer der Religion 106 Zimmer der Ewigkeit 107 Zimmer der vier Jahreszeiten 108 Zimmer der Welt 109 Zimmer der vier Elemente 111 Majolika-Sammlung: Fayence-Service Albrechts V. (1576)
	Peter Candid (M) (Deckengemälde)	Trierzimmer (1612)	So benannt nach dem Aufenthalt des Trierer Kurfürsten Clemens Wenzeslaus in diesen Räumen. Innenraumgestaltung im Renaissancestil, die weitgehend wiederhergestellt worden ist; die Dekoration entspricht einer harmonischen Abfolge von feiner Behaglichkeit zu prunkvoller Schwere. Allen Räumen gemeinsam ist die dominierende Horizontalwirkung, hervorgerufen durch die optische Übertragung der schweren Deckenlast auf einen kräftigen Stuckfries; eine Wirkung, die noch zusätzlich durch die schmalen Sockelleisten unterstrichen wird. Die Deckengemälde von Peter Candid verherrlichen die fürstlichen Tugenden, indem der Fürst allegorisch als höchste weltliche Instanz dargestellt ist: 46 Triergang 47 Ritterstube 48 Saal des Rechts (Audienzzimmer) 49 Südliches Vorzimmer 50 Eingangszimmer 51 Nördliches Vorzimmer 52 Saal der Entscheidung (Audienzzimmer) 53 Saal des Rates Nordosttrakt des Brunnenhofes: Die ehemaligen Hofgartenzimmer waren ursprünglich ein langgestreckter Verbindungsgang, der um 1612 in einzelne Räume unterteilt wurde. 1814 baute man diesen Trakt als Wohnung für Prinzessin

Bauperiode Bauherr (Regierungszeit)	Architekten u. a. Künstler	Bauabschnitt Raumtrakt (Bauzeit)	Objektbeschreibung Kunstgeschichtliche Bedeutung
	Charles Pierre Puille (A)	Charlottentrakt (1814)	Charlotte um; nach ihr bezeichnet man heute diese Raumfolge ›Charlottentrakt‹: 33 und 34 ehemalige Hofgartenzimmer 35 Kabinett 36 Schlafzimmer 37 sog. Puille-Kabinett (hier ist die Innenraumgestaltung von Puille am vollständigsten erhalten) 38 Durchgangsraum mit Gewölbestukkatur von 1612 (1958 rekonstruiert) 39 Schlafzimmer 40 Musikzimmer 41 Empfangszimmer 42 Charlottengang mit Stukkaturen von 1613 (ursprünglicher Verbindungsgang zur ›Neufeste‹)
		Charlottengang (1612)	
	Hubert Gerhard (B) (Plastiken) Hans Krumper (A) (1623 Ausgestaltung)	Wittelsbacher-Brunnen (1611/14) im Brunnenhof	Dominierende Brunnenanlage mit mehreren frühen Bronzeplastiken Hubert Gerhards, die teilweise von anderen Bauten stammen (z. B. Georgen-Brunnen am Rindermarkt): Majestätisch erhebt sich auf einem hohen Standsockel ein früher bajuwarischer Stammvater, Herzog Theodor (um 700). Zu seinen Füßen erscheinen in Gestalt von Wassermännern vier Personifikationen bayerischer Flüsse; auf den diagonalen Achsen des Brunnens stehen je zwei antike Göttinnen und Götter als Verkörperung der vier Elemente; dazu vier Gruppen kämpfender Tiere und vier kleine Tritonputten.
		Fassade an der Residenzstraße (1611/19) (Abb. 50)	Erste und bis zum 19. Jahrhundert einzige Schauseite an der Residenzstraße, durch die die öffentliche Staatsarchitektur der gesamten Residenz im Sinne von ›Hof-halten‹ und ›Staatmachen‹ dokumentiert wird. Zurückhaltend und zugleich mit einer gewissen Feierlichkeit tritt aus der Mitte der Renaissance-Fassade (mit 31 Fensterachsen) eine Marmornische mit der Muttergottes-Statue (Patrona Bavariae) von Hans Krumper (1616) heraus, die auf dem ›Ewigen Licht‹ (Modell von H. Schön) steht – ein Werk, mit dem das Motiv der volkstümlichen heiligen Hausaltäre aufgegriffen wird. Sechs Achsen weiter links und rechts öffnen sich zwei dreiteilige ›Triumph-Portale‹, die einerseits zum Kaiser- und andererseits zum Kapellenhof führen. Ebenfalls von Krumper sind die Allegorien der vier Kardinaltugenden (um 1615) auf den Giebelschrägen der Portale; die vier kraftvollen Löwen flankieren die Portale und standen ehemals am Grabmal Wilhelms V. (Abb. 48). Die dezent angebrachte Fassadenmalerei lehnt sich zwar an die ursprüngliche Gestaltung an, ist aber ein moderner Entwurf von H. Kaspar (1958).
	Hans Krumper (B) Heinrich Schön (B)	Patrona Bavariae (1616; Abb. 53)	
		Portale	
	Carlo Pallago (B)	Portal-Löwen (1595)	

Bauperiode Bauherr (Regierungszeit)	Architekten u. a. Künstler	Bauabschitt Raumtrakt (Bauzeit)	Objektbeschreibung Kunstgeschichtliche Bedeutung
Maximilian I. (1597–1651)		Kaisertreppe (1616)	Eine der schönsten Architekturschöpfungen der Maximilianischen Residenz ist die im Nordtrakt befindliche Kaisertreppe: ein Juwel deutscher Spätrenaissance, das erste monumentale Treppenhaus nördlich der Alpen, das schon zaghaft den Barock ankündigt. Schwere Raumproportionen und wuchtige Architekturglieder bestimmen den Charakter des Raumes; aus einer dunklen dreischiffigen Halle führen zwei Treppenläufe in eine lichtdurchflutete Halle. Den Namen erhielt das Treppenhaus aufgrund der hier aufgestellten Kaiserstatuen Karls des Großen und Ludwigs des Bayern (Entwürfe von Krumper). Alle weiteren Räume dieser Zeit sind größtenteils zerstört; heute ist in diesem Raumtrakt die ›Staatliche Sammlung ägyptischer Kunst‹ untergebracht.
Ferdinand Maria (1651–1679)	Agostino Barelli (A) Antonio Francesco Pistorini (A) (Entwurf) Balthasar Ableithner (B) Konstantin Pader (B) Antonio Domenico Triva (M) Stefano Catani (M)	Päpstliche Zimmer (1665/67)	So benannt, da hier 1782 Papst Pius VI. wohnte. Das Gebäude wurde bereits 1640 errichtet, dann aber für die savoyische Prinzessin Henriette Adelaide, Gemahlin Ferdinand Marias, umgestaltet, wobei sich in der künstlerischen Ausgestaltung der Räume ihr ganz persönlicher Geschmack widerspiegelt; wie überhaupt ihr Geschmack die Stilrichtung am wittelsbachischen Hofe stark prägte. Von italienischen Künstlern in schwerem Barock ausgeschmückt, zeigt sich auch bei diesen intimen Wohnräumen fürstlicher Prunk im Sinne höfischer Repräsentation. Von der einstigen prunkvollen Ausstattung ging im Laufe der Jahrhunderte vieles verloren (1674 Brand); heute ist nur ein Teil rekonstruiert: 66 Josephskapelle 67 Rotes Zimmer (ehemaliges Schlafzimmer) 68 Herzkabinett; so benannt, da die hier von Catani (1669) gemalten Bilder die Themen ›Kult des Herzens‹ und ›Wege der irdischen Liebe‹ zum Inhalt haben (sehr gut erhalten) 69 Grünes Zimmer (ehemaliges Grottenzimmer) 70 Durchgangsraum 71 Ehemaliger Goldener Saal (Audienzzimmer)
Karl Albrecht (1726–1745)	Joseph Effner (A) François Cuvilliés (A) Joachim Dietrich (B) Wenzeslaus Miroffsky (B) J. B. Zimmermann (M) Adam Pichler (B) Balthasar Augustin Albrecht (M)		Die ursprünglich von Joseph Effner (1726) ausgestalteten Räume südlich des Grottenhofes fielen schon im Dezember 1729 einem Brand zum Opfer, woraufhin der Kurfürst nun François Cuvilliés mit der Wiederherstellung beauftragte, der seine Aufgabe aber vielmehr als Neuschöpfung verstand und mit solidem Kunsthandwerk und kostbarem Material die ›Reichen Zimmer‹ zur Blüte des höfischen Rokokos machte;

Bauperiode Bauherr (Regierungszeit)	Architekten u. a. Künstler	Bauabschnitt Raumtrakt (Bauzeit)	Objektbeschreibung Kunstgeschichtliche Bedeutung
4. Bauperiode unter Karl Albrecht (1726-45) und Max III. Joseph (1745-79)			Jacob Burckhardt urteilte: »der herrlichste Rokoko, der auf Erden vorhanden ist«. 1956/60 Wiederherstellung.
		Reiche Zimmer	55–62 ›Reiche Zimmer‹ 55 Antichambre 56 Äußeres Audienzzimmer 57 Inneres Audienzzimmer 58 Grüne Galerie; mit der zweigeschossigen Fassade zum Königsbauhof schuf Cuvilliés ein besonders gelungenes Werk 59 Konferenzzimmer 60 Parade-Schlafzimmer 61 Spiegelkabinett 61 Miniaturenkabinett 63 Chinesisches Kabinett
	Joseph Effner (A)	Ahnengalerie (1726/31) (Abb. 54)	4 Ahnengalerie: Prunkvoll ausgestattete Wandelhalle im Rokoko-Stil, die sich zum Königsbau hin öffnet. Die nördliche Längswand zeigt 121 Bildnisse in schönen Rokoko-Rahmen von Ahnen der wittelsbachischen Herzöge, Fürsten, Kurfürsten und Könige – beginnend mit Herzog Theodor (um 700), Karl dem Großen und Ludwig dem Bayern. – 5 Porzellankabinett (1731)
	François Cuvilliés d. Ä. (A)		1 Vestibül am Königsbauhof mit der eleganten Erdgeschoßfassade der Grünen Galerie von Cuvilliés 2 und 3 Gartensäle.
Maximilian III. Joseph (1745–1777)	François Cuvilliés d. J. (A) Carl Albrecht von Lespilliez (A) Johann Baptist Zimmermann (M) Adam Pichler (B) Joachim Dietrich (B) Johann Baptist Straub (B) Ambrosius Hörmannstorfer (M)	Cuvilliés-Theater (Altes Residenztheater; 1751/53) (Abb. 84)	Bis 1750 existierten in München nur das Opernhaus bei St. Salvator und der alte Georgs-Saal in der ›Neufeste‹, der als Theater benutzt wurde; als letzteres 1750 abbrannte, entschied der Kurfürst, ein neues schöneres Haus, das ›Neue Opera Hauß‹, errichten zu lassen. Nun jedoch – aus Gründen der Feuersicherheit – außerhalb (aber mit direktem räumlichen Bezug zu) der Residenz, wählte man für den Neubau die Stelle des heutigen ›Neuen Residenztheaters‹, und es entstand das schönste Rokoko-Theater der Welt: »Einzigartig, vollkommen ist – zumal bei Mozart-Opern – der Zusammenklang von Raumkunst, Theater und Musik« (N. Lieb). Glücklicherweise lagerte man 1943/44 sämtliche Schnitzwerke der Innendekoration aus, so daß der Krieg ›nur‹ die architektonische Hülle des Theaters zerstörte, in deren Umfassungsmauern 1950/51 das ›Neue Residenztheater‹
Freistaat Bayern	Karl Hocheder (A)	Neues Residenztheater (1950/51)	eingebaut wurde. Das Cuvilliés-Theater (›Altes Residenztheater‹) mit seinen kostbar erhaltenen Schnitzwerken verlegte man dagegen in den Apotheken-Trakt der Residenz (1956/58). Am 14. Juni 1958 fand anläßlich der 800-Jahrfeier der Stadt München mit Mozarts ›Figaros Hochzeit‹ die feierliche Wiedereröffnung statt.

236

Bauperiode Bauherr (Regierungszeit)	Architekten u. a. Künstler	Bauabschnitt Raumtrakt (Bauzeit)	Objektbeschreibung Kunstgeschichtliche Bedeutung
5. Bauperiode unter Ludwig I. (1825-48)			Bayern als Königreich (seit 1806) brachte für Ludwig I. die Notwendigkeit einer Selbstdarstellung des königlichen Münchens mit sich, die der junge König zielstrebig besonders im Ausbau der Residenz verwirklichte. Kein Wittelsbacher Herrscher vor ihm, auch nicht die folgende Zeit nach ihm bis zum 20. Jahrhundert, hat die Münchner Residenz so entscheidend umgebaut und geprägt, ihr ihre bis heute endgültige Gestalt gegeben. Die Anlage des ›Königsbaus‹ von der Südseite und der ›Festsaalbau‹ als monumentale Nordfassade beinhalten in gelungener Weise – durch die Herrscherarchitektur erzielt – »die architektonische Darstellung einer konstitutionellen königlichen Souveränität«.
	Leo von Klenze (A)	Königsbau (1826/35)	Auf die Entwürfe Fischers zurückgreifend, entschied sich Klenze für die darin vorgeschlagene breite Ausdehnung der Fassade (120 m; 21 Achsen) mit ihrem dreigeschossigen Mittelteil nach dem Vorbild des Palazzo Pitti in Florenz; für die Gestaltung der Eckrisalite griff er dagegen nach dem Vorbild des Florentiner Palazzo Rucelai, womit Klenze den Königsbau ganz der Raumwirkung und seiner beherrschenden Achse des Max-Joseph-Platzes so wie der dominierenden Fassade des Nationaltheaters unterordnete. Der Königsbau diente ehemals Ludwig I. und seiner Gemahlin als Wohnung; nach dem Willen des Königs war bei der Innendekoration höfischer Prunk im alten Stil zu vermeiden – überladene Wandverkleidungen aus Seide und Holz waren unerwünscht. Der klassizistischen Kühle des architektonischen Raumes standen phantasievolle Bemalung und elegante Stuckierung gegenüber. Dort, wo in der königlichen Wohnkultur Prunk vermieden wurde, traten an seine Stelle ikonographische Darstellungen der Weltliteratur: von den antiken Historikern wie Pindar und Theokrit über die Nibelungensage bis hin zu Goethe und Wieland standen die Werke dieser Literaten Modell für die bildliche Ausschmückung der königlichen Wohnräume.
	Leo von Klenze (A) Julius Schnorr von Carolsfeld (M) Friedrich von Olivier (M) Wilhelm Hauschild (M)	Nibelungensäle (1827/34 und 1843/67; 1955/60 restauriert)	Erste monumentale Darstellung des mittelalterlichen Nibelungenliedes: 75 Saal der Helden 76 Saal der Hochzeit 77 Saal des Verrats 78 Saal der Rache 79 Saal der Klage

237

Bauperiode Bauherr (Regierungszeit)	Architekten u. a. Künstler	Bauabschnitt Raumtrakt (Bauzeit)	Objektbeschreibung Kunstgeschichtliche Bedeutung
Ludwig I. (1825–1848)		Schatzkammer	Eine der bedeutendsten Sammlungen Europas, die Albrecht V. 1565 durch Testamentserlaß ins Leben rief. Die Sammlung besteht aus Goldschmiedewerken, Email-, Kristall- und Elfenbeinarbeiten.Sie enthält neben weltlichen Schätzen auch liturgische Gegenstände und Reliquien: I Spätantike und Mittelalter II Spätgotik und Frührenaissance III St. Georgs-Statuette und Prunkkette IV Kirchliche Kunst V Insignien und Orden VI Kristallschnitte VII Steinschneidekunst VIII Hoch- und Spätrenaissance IX Barock, Rokoko, Klassizismus X Exotisches Kunsthandwerk (Türkei, Persien, Ceylon, Ostasien, Alt-Amerika)
	Leo von Klenze (A) Ludwig Schwanthaler (B) Julius Schnorr von Carolsfeld (M)	Schlachtensäle	Diese ursprünglichen Gemächer König Ludwigs I. waren einst mit Wandgemälden von Schwanthaler und Schnorr von Carolsfeld geschmückt; nach ihrer totalen Kriegszerstörung brachte man 1974 nach dem Wiederaufbau die 14 großen Schlachtenbilder des Hofgartentraktes hierher. Die Gemälde in den Räumen 14 a–14 c stammen von: Peter Heß, Wilhelm von Kobell, Albrecht Adam, C. W. von Heideck und Dietrich Monten; 14 d Französische Porzellan-Manufakturen 14 e Manufaktur Nymphenburg 14 f Manufaktur Nymphenburg und Porzellanbilder 14 g Manufaktur Berlin
		Porzellankammern	
	Leo von Klenze (A) Ludwig Schwanthaler (B)	Festsaalbau (1832/42)	Mit dem Festsaalbau der Münchner Residenz setzte Klenze großartig die ›Idee der Königsstaatlichkeit‹ in Architektur um. Der etwa 250 m lange, plastisch-kraftvolle Risalitbau mit seinem schönen zweigeschossigen Pfeiler- und Säulenportikus greift gelungen das Palladio-Motiv auf und wird dem hohen Anspruch nach königlicher Repräsentation vollkommen gerecht. Die Statuen auf dem Portikus stammen von Schwanthaler und stellen die ›acht Kreise des wittelsbachschen Bayern‹ dar (Abb. 58). Von den Raumtrakten des Festsaalbaus gehört die Schöpfung des Thronsaals mit zu den besten Werken Klenzes: eine dreischiffige Basilika mit korinthischen Säulen und Emporen über den schmalen Seitenschiffen. Leider hat der Krieg fast alles zerstört; erhalten blieb die überkuppelte ›Königin-Treppe‹, wiederaufgebaut ist die elegante Nordfassade, an der Stelle des ursprünglichen Thronsaals errichtete man (1952/53 und 1957/58) den modernen ›Neuen Herkulessaal‹.
6. Bauperiode im 20. Jahrhundert			
	Leo von Klenze (A)	Allerheiligen-Hofkirche (1826/37)	Die während des Krieges völlig zerstörte Hofkirche soll wieder aufgebaut werden.

⑳ Hofgarten (Farbt. 17, Abb. 2, 4)
Die Anlage des heutigen Hofgartens geht auf Maximilian I. zurück und entstand in den Jahren 1613/17. Der kleine Rundtempel im Zentrum des Gartens ist wahrscheinlich eine Arbeit von Heinrich Schön d. Ä. (1615) und wird von einer Kopie der ›Tellus Bavaria‹-Bronzestatue von Hubert Gerhard gekrönt (1594; Original im Residenzmuseum); die Putti-Bronzen sind Kopien verlorengegangener Originale von Hans Krumper (Abb. 4).

1780 gab man erstmals den Hofgarten auch für die Öffentlichkeit frei. Die Kriegszerstörungen machten eine völlige Neupflanzung des Baumbestandes erforderlich (ursprünglich standen hier Kastanien und Linden).

Auch die Hofgartenarkaden, wo einst der von Rottmann gemalte Italien-Zyklus (s. S. 126) untergebracht war, konnten mit ihrem schönen, von Klenze geschaffenen Hofgartentor (1816) wieder hergestellt werden. Die jetzigen Fresken in den Hofgartenarkaden zu beiden Seiten des Tores sind gute Ergänzungen bzw. Rekonstruktionen der ursprünglich von Cornelius entworfenen und von Wilhelm von Kaulbach gemalten 16 Originale mit Themen aus der Geschichte des Hauses Wittelsbach. Im Nordtrakt ›graphische‹ Wandbilder von R. Seewald (1961) zu Texten klassischer Autoren.

㉑ Armeemuseum
Das Armeemuseum (Ludwig Mellinger, 1900/05) mit seiner dominierenden Zentralkuppel ist exakt auf die Mittelachse des Hofgartens angelegt und korrespondiert mit dem kleinen Hofgartentempel. Der Wiederaufbau ist geplant und soll dann das ›Haus der bayerischen Geschichte‹ beherbergen.

Kriegerdenkmal (Hofgarten) ㉒
Für die gefallenen Münchner Bürger des Ersten Weltkrieges (von Th. Wechs und U. Finsterwalder 1924/26): Wandreliefs von Karl Knappe, Denkmal der ›Tote Soldat‹.

Eilles-Hof (Residenzstraße 13) ㉓
Der Eilles-Hof stellt eines der ältesten (um 1560/70) Münchner Bürgerhäuser mit Innenhof und umlaufenden Galerien dar; das Gebäude wurde 1971 vollständig (nach alten Plänen) erneuert.

Preysing-Palais (Residenzstraße 27) ㉔
(Abb. 72)
1723/28 errichtete Joseph Effner im Auftrag des Grafen von Preysing-Hohenaschau auf dem Grundstück Ecke Theatinerstraße/Viscardigasse/Residenzstraße dieses erste Rokoko-Palais Münchens; neuartig an diesem Gebäude war vor allem die Verwendung von reichem Stuckdekor (auch) für eine Außenfassade. Leider überstand nur die Fassade an der Residenzstraße die Kriegszerstörungen; dennoch konnte das Palais mittlerweile (von E. Schleich) vollständig restauriert werden, so daß es noch heute eines der schönsten Beispiele aristokratischer Architektur in München ist.

Feldherrnhalle (Abb. 70, 72, 74) ㉕
Mit der Feldherrnhalle griff Friedrich von Gärtner (1841/44) in den Bereich der städtebaulichen und architektonischen Gestaltung der Ludwigstraße von Klenze ein. Gesucht wurde eine städtebauliche Lösung, die als Zielpunkt der Ludwigstraße wirken und Ruhe unter die Vielzahl der verwirrenden Achsen am (alten) Odeonsplatz (s. S. 277f.) bringen sollte; hinzu kam die Forderung Ludwigs I., für den Bau die Loggia dei

Lanzi in Florenz zum Vorbild zu nehmen. Gärtner gelang mit der Feldherrnhalle ein vortrefflicher Übergang von der Altstadt zur Neustadt. Er bekam mit seiner Lösung das städtebauliche Ensemble der beiden ausflutenden und sich mit der Ludwigstraße vereinenden Straßen am Odeonsplatz fest in den Griff: Die raumoffene Halle mit ihrem hohen Sockel und dem kronenartigen Kranzgesims mit Balustrade ist ein gutes architektonisches Bindeglied zwischen Theatinerkirche, Residenz und der auf sie zulaufenden Ludwigstraße.

Die beiden Bronzestatuen von Tilly und Wrede sind Arbeiten von Ferdinand von Miller nach Entwürfen von Ludwig Schwanthaler. Das Armeedenkmal an der Rückwand stammt ebenfalls von Miller.

II   Theatinerkirche – Maximiliansplatz – Stachus (Karlsplatz) – Frauenkirche (ehemaliges Kreuzviertel) (s. Fig. 57)

Zum Rasten bei diesem Spaziergang sei auf folgende Restaurants und Cafés hingewiesen:

Nürnberger Bratwurstglöckl, Frauenplatz 9
Mövenpick, Lenbachplatz 8
Café ›Alte Börse‹, Maffeistraße 3
Café Arzmiller, Salvatorstraße 2 (Theatinerhof)

Passagen-Café, Theatinerstraße 9
Café Segl, Löwengrube 10
Scorpios (griechisch), Maxburgstraße 4

(26) **Theatinerkirche** (St. Kajetan; Theatinerstraße 22)
(Farbt. 2, 17, 25, Abb. 2, 4, 41, 70, 73, Fig. 28, 30)

Baugeschichte
1659 legte Henriette Adelaide von Savoyen, Gemahlin von Kurfürst Ferdinand Maria, das Gelübde ab, als Dank für die Geburt eines Erbprinzen ein würdevolles Gotteshaus errichten zu lassen, das zugleich Hofkirche und Ordenskirche der Theatinermönche werden sollte. Nach der Geburt des Kronprinzen Max Emanuel (11. 7. 1662) erhielt noch im gleichen Jahr der italienische Architekt Agostino Barelli den Entwurfsauftrag, so daß bereits am 29. April 1663 die Grundsteinlegung erfolgen konnte. Heftige Auseinandersetzungen und Eifersüchteleien zwischen Barelli und seinem Bauleiter Antonio Spinelli führten schließlich zur vorübergehenden Entlassung Barellis. 1674 übernahm Enrico Zuccalli die künstlerische Oberleitung, da Barelli mittlerweile München verlassen, aber zuvor fast den gesamten Rohbau vollendet hatte. Zuccalli widmete sich nun der Außengestaltung, bestimmte die Form der Kuppel und der sehr eigenwilligen Türme, arbeitete aber auch bei der dekorativen Ausgestaltung des Innenraumes entscheidend mit.

Farbtafel:
46   Schloß Nymphenburg, Spiegelsaal in der Amalienburg (François Cuvilliés d. Ä., 1734/39) ▷

240

47 Schloß Blutenburg an der Würm (1439/88)

48 Freising: Romanische Krypta des Mariendoms

49 Steingaden, romanisch, mit gotischem Kreuzgang

50 Wieskirche: Deckengewölbe von Johann Baptist Zimmermann (1745/54)

51 Rottenbuch, Pfarrkirche Mariae Geburt: Ausmalung und Stukkaturen von Joseph und Franz Xaver Schmutzer (1737/42) und Matthäus Günther (18. Jh.)

52 Schloß Linderhof

Bei der Einweihung von St. Kajetan (1675) war die Kirche noch nicht vollendet; lange Diskussionen über die endgültige Fassadengestaltung führten vorerst zu keinem Ergebnis. Die letzten Jahre der Bauarbeiten (1692/95) standen unter der Leitung von Giovanni Antonio Viscardi. Doch erst knapp 100 Jahre nach der Kirchenweihe erhielt die Fassade nach Entwürfen von François Cuvilliés d. Ä. (1765), die von Cuvilliés d.J. (1768) vollendet wurden, ihr endgültiges Gesicht.

Die schweren Kriegszerstörungen konnten in den Jahren 1946/55 behoben werden.

Außenarchitektur

Kuppel und Türme der Theatinerkirche gehören neben den ›Frauentürmen‹ und St. Peter mit zu jenem reizvollen Architekturbild, das die Stadtsilhouette bestimmt; besonders die Dachlandschaft der Theatinerkirche bringt Beschwingtheit und südlichen Charme in Münchens Stadtbild. Kraftvoll hebt sich die mächtige Tambourkuppel aus dem massigen Baukörper heraus; wie der Tambour durch schmale Fenster aufgelöst und mit schlanken, paarweise angeordneten Säulen strukturiert ist, so daß seine Schwere etwas abgemildert erscheint, wird auch die Kuppelschale von Fenstern durchbrochen. Darüber erhebt sich krönend eine den Turmkuppeln angeglichene Laterne, die sich mit ihren stehenden Voluten sanft in fließendem Übergang der Kuppel anpaßt. Die verhältnismäßig breite Fassade von Cuvilliés besteht aus einem dreiachsigen Mittelrisalit mit tieferliegenden Portalen und stellt ein schönes Beispiel römischer Barock-Architektur dar. Trotz des kräftigen, durchlaufen-den Gesimses ist die Fassade vertikal betont, wobei der zweigeschossige Mittelteil mit abschließendem Giebel, toskanischen Pilastern im Erdgeschoß und ionischen Säulen im Obergeschoß weit vorgezogen wurde, so daß die Portale wieder nischenartig zurücktreten. Die plastische Gestaltung und die vier Statuen der Kirchenpatrone in den Nischen sind Arbeiten von Roman Anton Boos (1768).

Innenraum (Abb. 41, Fig. 58)

Der über einem lateinischen Kreuz angelegte Innenraum besteht aus drei klar voneinander abgrenzbaren Raumtrakten: dem fünfjochigen, mit einer Tonne gewölbten dreischiffigen Langhaus mit überkuppelten Seitenkapellen, dem Querhaus mit wenig tieferen Seitenarmen und dem einjochigen Chorraum mit halbkreisförmiger Apsis – optisch getrennt durch breite Gurtbögen und durch eine raumbegrenzende Wandgestaltung. Mystisch und voller Span-nung wirkt die geschickte Lichtführung: Nur von oben hereinströmend, betont das Licht die kräftige Höhenentwicklung des Innenraumes. Das reichhaltige Schmuckinventar der Stuckdekoration (Akanthus, Muscheln, Ranken, Rosetten u. a.) geht ebenfalls auf Vorbilder des italienischen Barocks zurück. Die vollplastischen Stuckfiguren der Wände und Kuppeln sind Werke von Wolfgang Leutner (1674/75); die Stuckdekorationen an den Oratorien und Seitenkapellen schuf Giovanni Niccolo Perti (1685/88).

Farbtafeln:

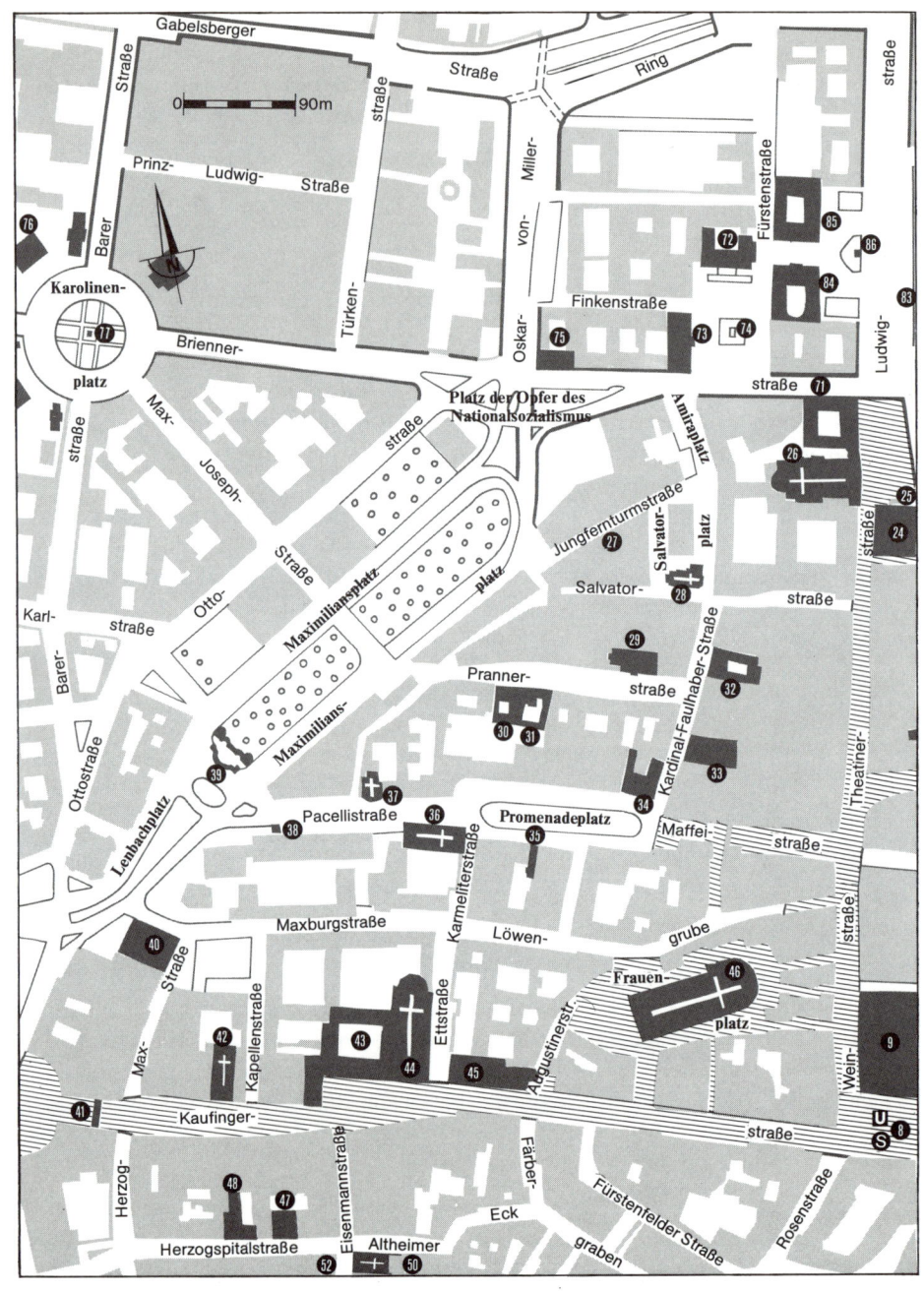

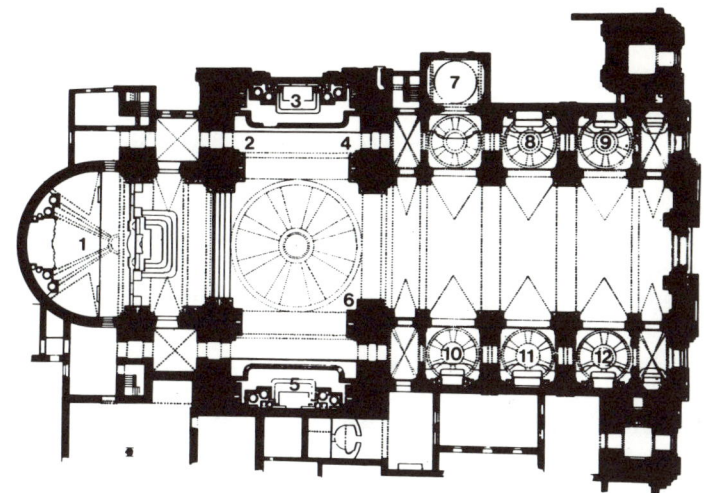

1 Der gesamte, den Chorraum ausfüllende Hochaltar ist eine gute Kopie des verlorengegangenen Originals; das zerstörte ursprüngliche Altarbild ›Die Stiftung der Theatinerkirche durch das Kurfürstenpaar‹ von Antonio Zanchi; 1675) wird heute durch das Gemälde ›Maria auf dem Thron mit Heiligen zu ihren Füßen‹ von Caspar de Crayer (1646) ersetzt.

2 Epitaph aus dem Jahre 1803 für Maximilian Joseph Friedrich. An der Westwand Zugang zur wittelsbachischen Fürstengruft.

3 Marienaltar mit dem Gemälde ›Die heilige Sippe‹ von Carlo Cignani (1676); auf der Mensa steht die schöne ›Verkündigung Mariae‹ von Georges Desmarées; die Evangelisten-Statue des Markus (1670/72) ist ein Werk von Balthasar Ableithner und stammt ursprünglich vom Hochaltar.

4 Grabmal der Prinzessin Karoline (1821 gest.) von Konrad Eberhard (1825) nach einem Entwurf Klenzes; an den Seitenwänden Stuckfiguren der Kirchenväter Ambrosius und Hieronymus.

5 St. Kajetan-Altar mit Gemälde von Joachim von Sandrart (1671): ›Fürbitte des hl. Kajetan während der Pest in Neapel‹, auf der Mensa ›St. Kajetan‹ von Nikolaus Gottfried Stuber; an den Seitenwänden Stuckfiguren der Kirchenväter Augustinus und Gregor; Johannes-Evangelist von Ableithner vom ehemaligen Hochaltar.

6 Kanzel von Faistenberger (1686).

7 Grabkapelle mit den Sarkophagen König Maximilians II. (1864 gest.) und seiner Gemahlin Maria von Preußen (1889 gest.).

8 Schutzengel-Altar mit den Gemälden ›Schutzengel‹ von Antonio Zanchi und ›Hl. Franz‹ von B. A. Albrecht.

◁ *Fig. 57 Spaziergang II: Theatinerkirche – Maximiliansplatz – Stachus (Karlsplatz) – Frauenkirche
(ehemaliges Kreuzviertel)*

251

9 Cäcilien-Altar mit Gemälden von Pietro Liberi (›Vier Jungfrauen‹) und Antonio Triva (›Die Heiligen Lucia, Apollonia, Margareta und Agatha‹).

10 Altarbild mit dem ›Tod des Heiligen Andreas Avellinus‹ von Johann Carl Loth (1677).

11 Gemälde der ›Kreuzabnahme‹ von einem Schüler Tintorettos.

12 Gemälde von Triva (um 1665): ›Margareta von Savoyen‹; in der linken Kapelle: Kopie des Gnadenbildes von Altötting.

(27) **Reste der 2. Befestigung Münchens (1285–1347)** (Jungfernturmstraße).
Von der Stadtmauer Ludwigs des Bayern sind dies die einzigen erhaltenen Fragmente, die Reste des Jungfernturms stammen von 1494 und wurden teilweise 1804 abgetragen. Die Parkgarage (1964/65) von Franz Hart verbindet heute mit ihrer dunklen Ziegelverblendung harmonisch die alte Stadtmauer mit der Architektur des 20. Jahrhunderts.

(28) **St. Salvator** (Salvatorplatz 17)
Ehemalige Friedhofskirche der Pfarrei zu ›Unserer Lieben Frau‹, heute (seit 1829) griechisch-orthodoxes Gotteshaus. Die 1494 errichtete spätgotische Backsteinkirche wurde 1934 und 1948 restauriert; an der Nordfassade befinden sich Reste spätgotischer Sakralfresken. Auf dem Salvatorfriedhof waren u. a. bestattet: François Cuvilliés d. Ä., Hans Mielich, Orlando di Lasso und der Vater von Robespierre (s. Gedächtnistafel an der Ostwand).

(29) **Neuhaus-Preysing-Palais** (Prannerstr. 2)
Eines der wenigen erhaltenen Palais in München mit vorzüglicher Rokokofassade von François Cuvilliés d. Ä. (um 1740); die drei Achsen des Mittelrisalites mit Giebelbekrönung wiederholen sich links und rechts der insgesamt neunachsigen Fassade.

Palais Gise (Prannerstraße 9)　(30)
Rokoko-Palais von Carl Albrecht von Lespilliez (?) aus der Zeit um 1765; zweigeschossiges Sockelgeschoß, Hauptgeschoß mit reich geschmückten Stichbogenfenstern; einachsiger Mittelrisalit und Rundbogenfenster.

Palais Seinsheim (Prannerstraße 7)　(31)
Adelspalais aus der Zeit um 1764 mit einer Rokokofassade. Der Kernbau gehört wohl noch dem Barock an; die Fassade kündet mit Einzelformen bereits den Klassizismus an.

Palais Holnstein,　(32)
heute **Erzbischöfliches Palais** (Kardinal-Faulhaber-Straße 7)
Einziges vollständig erhaltenes Adelspalais Münchens für Graf Holnstein, den Sohn des Kurfürsten Karl Albrecht (1971 restauriert); die teilweise noch mit Fresken geschmückten Innenräume sind der Öffentlichkeit nicht mehr zugänglich; an der von Cuvilliés d. Ä. entworfenen Rokoko-Fassade arbeiteten (1733/37) Philipp Jakob Kögelsperger und wahrscheinlich Johann Baptist Zimmermann (Stuckdekor); die neunachsige Fassade mit dem dreiachsigen Mittelrisalit und Portalbalkon mit Schmiedeeisengitter zeigt eine schöne Stuckdekoration.

Palais Portia　(33)
(Kardinal-Faulhaber-Straße 12)
Eines der ersten Barock-Palais in München nach dem Vorbild italienischer Palazzi von Enrico Zuccalli (1693/94). 1731 erwarb Karl Albrecht das Palais und schenkte es seiner

Geliebten, der späteren Fürstin Portia. Bei dieser Gelegenheit erhielt Cuvilliés d. Ä. (1735) den Auftrag, die Fassade neu zu gestalten; dem Zeitgeschmack entsprechend, erhielt das Gebäude eine phantasievolle Rokoko-Dekoration, an der auch Zimmermann beteiligt war; 1950/52 Wiederaufbau (heute Bayer. Vereinsbank AG).

(34) Montgelas-Palais (Promenadeplatz 2)
Schönes hochklassizistisches Palais von Joseph Emanuel von Herigoyen (1810/11); die zwölfachsige Fassade mit breitem Mittelrisalit zeigt vornehme Gelassenheit; die klassizistischen Festsäle im Innenraum wurden 1972 von Erwin Schleich restauriert (heute Hotel Bayerischer Hof).

(35) Gunetzrhainerhaus (Promenadeplatz 15) (Abb. 26)
Auch ›Ostermaierhaus‹ genannt; schönes Beispiel eines Münchner Bürgerhauses aus der Rokoko-Zeit, das der Hofbaumeister Johann Baptist Gunetzrhainer um 1730 für sich errichtete.

Karmelitenkirche (Karmelitenstraße 1) (36)
1620 gelobte Maximilian I. zum Dank für seinen Sieg am Weißen Berg, eine Votivkirche zu spenden. 1654 erfüllte er sein Gelübde und ließ nach Entwürfen von Hans Konrad Asper diese erste Barock-Kirche Münchens für die Karmeliter-Mönche (ihre älteste Kirche in Bayern) von Marx Schinnagl errichten, die schon 1660 geweiht werden konnte. 1802/11 veränderte Nikolaus Schedel von Greiffenstein die ursprüngliche Fassade von 1657 und gab ihr ein stark klassizistisches Gepräge.

Nach der totalen Kriegszerstörung von 1944 erfolgte 1955 der Wiederaufbau. Heute dient nur noch das Querhaus als Kirche; im Chorraum ist die Ordinariatsbibliothek untergebracht.

(37) Dreifaltigkeitskirche (Pacellistraße 6; Abb. 43)
Baugeschichte
Während des spanischen Erbfolgekrieges war auch München von der Eroberung bedroht. Zu jener Zeit hatte die Bürgerstochter Anna Maria Lindmayr 1704 die Vision, die als göttliches Strafgericht empfundene Kriegsgefahr durch eine Dreifaltigkeitskirche abzuwenden, woraufhin die Ständevertreter der Geistlichkeit, des Adels und der Bürgerschaft das feierliche Gelübde ablegten, die Kirche errichten zu lassen. 1711 war Grundsteinlegung, 1713 der Rohbau vollendet und 1718 Kirchweihe. Den Entwurf für diesen gelungenen Zentralbau aus italienischem Barock und bayerischen Elementen lieferte Giovanni Antonio Viscardi; er wurde von Johann Georg Ettenhofer und Enrico Zuccalli ausgeführt.

Außenarchitektur
Die Viscardische Fassadenlösung zeigt erstmals in Bayern ein Beispiel einer aus dem Grundriß apsidenförmig hervortretenden Portalzone, die dreiseitig geschlossen ist. Der starken Vertikalbetonung durch die sechs vollplastischen Säulen im Erdgeschoß und den zwei Säulen im halbkreisförmig abschließenden Giebelgeschoß tritt als Horizontalwirkung die Zweigeschossigkeit (nur) in der Portalzone entgegen. Ein Vergleich zwischen dem

durchlaufenden Sims mit den um 45° gedrehten Sockeln der Säulen zeigt die architektonische Inkonsequenz des Barocks. In der Giebelnische steht der ›Hl. Michael‹, eine Bronzeplastik, die nach einem Modell von Josef Fichtl (1726) angefertigt wurde.

Innenraum (s. Fig. 59)

Der Innenraum zeigt die klassische Lösung einer Kreuzkuppelkirche über dem Grundriß eines griechischen Kreuzes mit verlängertem Chorraum im Norden. Schlanke kannelierte Säulen recken sich in die Höhe, um die Last des massigen Gebälks aufzufangen, das die strenge Stuck-Wandgliederung von Johann Georg Bader (1714/15) nach oben hin begrenzt. Die Zentralkuppel über der Vierung hat keinen Tambour, dafür aber Fenster. Die Fresken stammen von Cosmas Damian Asam (1774/75).

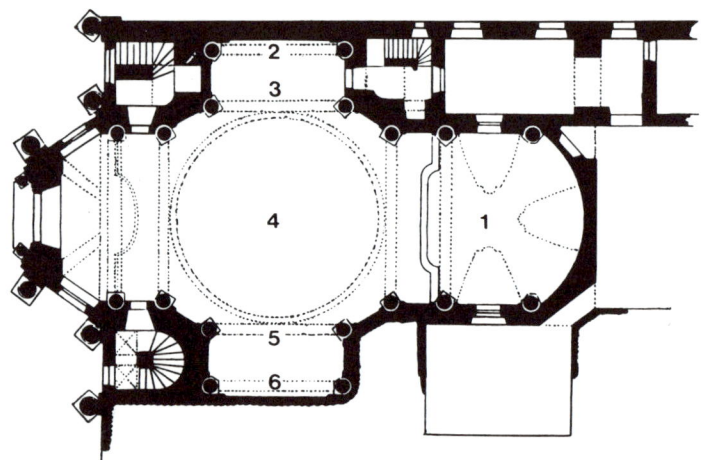

Fig. 59 Dreifaltigkeitskirche, Grundriß

1 Hochaltar nach einem Entwurf von Johann Andreas Wolff (1716/17), das Gemälde ›Die Dreifaltigkeit über München‹ wurde 1716 von Wolff begonnen und 1717 von Johannes Degler vollendet; die Engelsfiguren links und rechts zwischen den Säulen stammen von Josef Fichtl; das Rokoko-Tabernakel ist eine Arbeit von Straub.

2 Theresien-Altar mit einem Gemälde von Degler (1717); die Elias- und Johannes-Statuen sowie die gesamte Dekoration stammen von Franz Ableithner.

3 Fresko im Seitenarm: ›Die Verklärung Christi‹.

4 Kuppelfresko ›Die Dreifaltigkeit in Glorie‹; Engel mit dem Fassadenplan der Kirche, Allegorien der drei göttlichen Tugenden, Selbstbildnis Asams (neben dem nordöstlichen Fenster).

5 Fresko mit der ›Taufe Christi‹.

6 Josephs-Altar mit Gemälde von Joseph Ruffini (1718); Dekoration von Franz Ableithner; Statuen der Heiligen Petrus und Johannes von Andreas Faistenberger (1717/

1720); an der Nordwand Epitaph für Graf Rechberg (1741) aus der Werkstatt von Straub.

38 Maxburg-Turm
(Pacellistraße/Lenbachplatz)
Von der ehemaligen Herzog-Max-Burg, die Wilhelm V. 1593/96 durch Heinrich Schön d. Ä. errichten ließ (damals ›Wilhelminische Feste‹ genannt), ist nach den Kriegszerstörungen von 1944 nur noch der ›Turm‹ erhalten geblieben; in dem 1953/55 errichteten Bau sind heute Polizei- und Justizbehörden.

Im Maxburg-Hof steht ein moderner Moses-Brunnen von Josef Henselmann: die Bronzestatue des Moses steht auf einem hohen Granitmonolith.

39 Wittelsbacher-Brunnen
(Lenbachplatz/Maximiliansplatz)
Eine der schönsten Brunnenanlagen Münchens; städtebaulich wie bildhauerisch gelungene Arbeit des Neu-Hochbarocks mit antiken Elementen von Adolf von Hildebrand (1893/95). Als Abschluß der Eschenanlage des Maximiliansplatzes komponierte Hildebrand eine zum Lenbachplatz hin ausgerichtete künstliche Fels- und Wasserlandschaft mit einer zweistöckigen Brunnenschale; links und rechts je eine Tierplastik, dazu ein Mann, der einen Stein schleudert, und eine Frau, die eine Schale Wasser darbietet: Allegorien für die Kraft und den Segen des Wassers.

40 Künstlerhaus (Lenbachplatz 8)
1893/1900 von Gabriel von Seidl im Auftrage der Münchner Künstlergenossenschaft errichtetes Gebäude mit großem Festsaal; die Innenräume zeigen Einflüsse der italienischen Renaissance; 1961 Wiederaufbau.

41 Karlstor (Neuhauser Tor)
Ehemaliges Westtor innerhalb der zweiten Stadtbefestigung Münchens (1285–1347) unter Ludwig dem Bayern; das Tor wird 1302 erstmals urkundlich erwähnt (s. Fig. 60). Die heute noch erhaltenen mittelalterlichen Türme wurden 1791 von Cuvilliés d. J. umgebaut; seit der Regierungszeit Karl Albrechts (1726–1745) ›Karlstor‹ genannt.

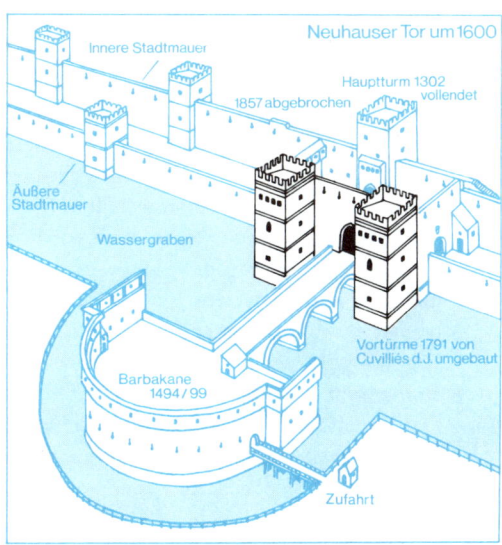

Fig. 60 Rekonstruktion des Karlstores mit seiner mittelalterlichen Stadtmauer, in Schwarz: erhaltene Teile (nach: J. H. Biller/H. P. Rasp: ›München, Kunst- und Kultur-Lexikon‹, München 1978)

42 Bürgersaal (Neuhauser Straße 48)
Baugeschichte
Die ›Marianische deutsche Kongregation der Herren und Bürger zu Unserer Lieben Frauen Verkündigung‹ ließ 1709/10 diesen Bürgersaal errichten; den Entwurf lieferte

Viscardi, die Bauausführung leitete Etten-hofer. Als Kirche wurde dieses Gebäude erst ab 1778 genutzt. Kriegszerstörungen von 1944 vernichteten den Bürgersaal fast bis auf seine Außenmauern; glücklicherwei-se blieb die Hauptfassade unbeschädigt; der Wiederaufbau erfolgte 1945/46.

Außenarchitektur

Die zweigeschossige Fassade mit toskani-schen Doppelpilastern im Erdgeschoß und ionischen Doppelpilastern im Oberge-schoß, dreiachsig aufgebaut, erhielt 1959 ihre ursprünglich weiß-rote Farbgebung. Entsprechend der Verbreiterung des Mittel-teils mit seinem segmentbogenförmigen Aufbau sind auch die ihn flankierenden Pilaster weiter auseinandergestellt als jene am Rand der Fassade. Nach oben wird die Front durch ein kräftiges Hauptgesims mit niedriger Attika und durchlaufender Blend-balustrade abgeschlossen.

Innenraum

Der Innenraum besteht aus einem niedrigen dreischiffigen Untergeschoß mit massigen Pfeilern und gedrückten Kreuzgratgewöl-ben. Seit dem Ende des 19. Jahrhunderts wurde auch dieser Raum mit seiner ehemali-gen Kongregationsdruckerei als Krypta um-funktioniert; seit 1948 befindet sich hier das Grabmal von P. R. Mayer, einem Wider-standskämpfer im Dritten Reich. Die ›Kreuzwegstation‹ stammt von Josef Elsner (1898).

Der heutige Hauptraum entspricht in sei-ner Ausgestaltung annähernd der des alten Bürgersaales, lediglich das Deckenfresko ›Mariae Himmelfahrt‹ von Martin Knoller (1773/74) konnte nicht rekonstruiert wer-den; wie damals strukturieren Pilaster auf hohen Sockeln die Wände, während ein Spiegelgewölbe mit Stuckkappen den Raum überspannt. Der Gesamtentwurf des Innen-raums stammte von Johann Andreas Wolff (1710), der Deckenstuck von Pietro Fran-cesco Appiani und der Wandstuck von Jo-hann Georg Bader; die Fresken malte Jo-hann Anton Gumpp. Die 1970/71 von H. Kaspar rekonstruierten Medaillons stammten ursprünglich von Kirzinger.

Vom ehemaligen Hochaltar ist nur noch das ›Verkündigungsrelief‹ von Faistenber-ger erhalten; großartig ist die ›Schutzengel-gruppe‹ von Ignaz Günther (1763), der auch die Entwürfe für die vier Silberbüsten auf der Mensa lieferte, die 1775/76 von Joseph Heinrich Kanzler modelliert wurden. Die 17 Landschaftsbilder bayerischer Wall-fahrtsorte unter den Fenstern stammen von Franz Joachim Beich (1719).

Alte Akademie (Neuhauser Straße 51)
Vier-Flügel-Anlage des ehemaligen Jesui-tenkollegs (1585/97), wohl von Friedrich Sustris; 1954 für das Statistische Landesamt wieder aufgebaut. Im Laufe der Jahrhunder-te verschiedene Funktionen: Ursprünglich waren hier auch das Jesuiten-Gymnasium (s. S. 49) und Privaträume (des Bauherrn) Wilhelms V. untergebracht; ab 1783 Sitz der ›Akademie der Wissenschaften‹, Hofbi-bliothek und Archiv; 1774–1843 Bayerische Staatsbibliothek; 1784–1885 Sitz der ›Aka-demie der bildenden Künste‹. Zusammen mit der Fassade der Michaelskirche und dem vorspringenden Westflügel (heute Kauf-haus) ergibt sich hier eine der reizvollsten Platzsituationen der gesamten Fußgänger-zone Neuhauser Straße; den ›Salome-Brun-nen‹ (zum Andenken an Richard Strauss) schuf Hans Wimmer (1962; Farbt. 21).

(44) **St. Michael** (Neuhauser Straße 52; Farbt. 24, Abb. 39, 40)

Baugeschichte
Die Errichtung der Jesuitenkirche St. Michael ist untrennbar mit der Person Wilhelms V. des Frommen verbunden; als Initiator und Bauherr dokumentiert er mit diesem Gotteshaus den Triumph des Christentums während der Gegenreformation und legt (in der ›Trophaea Bavarica‹) Zeugnis von seiner geistigen Herkunft ab, die er weit zurückführt bis zu den ersten Vorkämpfern des Christentums, den römischen Kaisern Konstantin und Justinian. Am Namenstag (29. September) des Erzengels Michael geboren, wählte Wilhelm V. St. Michael zum liturgischen Patron dieser Kirche. Er geriet durch seinen Baueifer an den Rand des Staatsbankrotts und erregte damit zugleich den Unmut seiner Untertanen.

Bereits 1583 erfolgt die Grundsteinlegung; die Bauausführung besorgte Wolfgang Miller, wobei für den ersten Bauabschnitt auch Friedrich Sustris und Wendel Dietrich urkundlich erwähnt sind; 1587/88 wird das monumentale Tonnengewölbe eingezogen; mit dem Turmeinsturz von 1590 fällt auch der Chorraum der Zerstörung zum Opfer. 1593 beginnt die Fortsetzung der Bauarbeiten, nun wahrscheinlich nach Plänen und unter Leitung von Sustris; knapp fünf Jahre später am 6. Juli 1597 feierliche Kirchweihe; 1946/48 Wiederaufbau, 1971/72 Fassadenrenovierung, 1981 sollen die Stuckdekorationen des Tonnengewölbes wieder angebracht werden.

Außenarchitektur (Abb. 39, Fig. 61)
Die Michaelskirche setzte nach dem Dreißigjährigen Krieg völlig neue architektonische Maßstäbe und diente bald nach ihrer Vollendung für mehr als hundert Nachfolgebauten als Vorbild. Sie ist zwar ›höfisch wie sakral‹ konzipiert, doch läßt sich ihre Fassade mehr mit der eines mittelalterlichen Rathauses vergleichen. Vorbildlich dem Stadtbild und der Platzsituation der Neuhauser Straße angepaßt, ordnet sich die Fassade völlig dem allgemeinen Straßenbild unter, überträgt aber dennoch auf ihre Umgebung etwas von ihrer architektonischen Ausgewogenheit und Ausstrahlung. Die dreigeschossige Fassade wird mittels kräftiger Horizontalen gegliedert, die ihren Zusammenhalt und Abschluß in einem spitzen Giebeldreieck finden. Tragendes und gestaltendes Element ist das Rundbogenmotiv, in dem Portal, Fenster und Nischen ausgebildet sind; etwas befremdend wirken dagegen die ›romanischen‹ Doppelarkadenfenster im Giebelfeld. Über der gesamten Front schwebte ehemals in der obersten Giebelnische Christus Salvator (heute zerstört), darunter – auf derselben Längsachse – in der Nische des Erdgeschosses erscheint der Erzengel Michael: Im Kampf um den wahren Glauben tötet er mit seiner Lanze alles Böse und Übel dieser Welt (Abb. 40).

Die Würde der (verlorengegangenen) Christus-Darstellung und der St. Michael-Skulptur brachte Hubert Gerhard, der diese Figuren nach Entwürfen von Sustris schuf, durch die Verwendung von Bronze (1588 Guß von Martin Frey) zum Ausdruck, während die in den anderen Nischen dargestellten wittelsbachischen Fürsten bewußt aus Stein (wohl auch nach Entwürfen von Sustris sowie Modellen von Carlo Pallago) gefertigt wurden.

DEO OPT: MAX: SAC:

IN MEMORIAM D: MICHAELIS ARCHANGELI DEDICARI CVRAVIT

GVILIELMVS COMES PALATINVS RHENI VTRIVSQVE BAVARIÆ DVX PATRONVS ET FVNDATOR

1 Saluator Mundi 2 Otho Dux Bauariæ: 3 Theode: I alda D.Bauar. 4 Theodo: D.Baua:
5 Tassilo I: D.Baua: 6 Otho Mag: D.Baua. 7 Carol: M.Rom.Imp: 8 Christ: Danie Rex:
9 Albert us IIII die Sapiens Baua: Dux: 10 Rupert: Rex: Romanor: 11 Max: I.R.om: Imp:
12: Lud: IIII P.æm.Imp: D.Baua: 13 Albert: V:Baua: D: 14 Guil: B: Dux Patro: et Fud: 15 Carol: V.Rom.Imp: 16 Ferd: Rom: Imp: 17 S: Michael Archangelus.

In den einzelnen Geschossen sind von links nach rechts dargestellt:

Giebelgeschoß: Agilolfinger-Herzog Theodor (um 700); Otto von Bayern (936–973); Agilolfinger-Herzog Theodovalde.

2. Obergeschoß: Agilolfinger-Herzog Tassilo I. (um 600); Otto von Wittelsbach (1180–1183); Karl der Große (768–814); Christoph von Dänemark/Norwegen, Pfalzgraf bei Rhein; Albrecht der Weise; Ruprecht von der Pfalz.

1. Obergeschoß: Kaiser Maximilian I. von Habsburg (1493–1519); König Ludwig der Bayer (1314–1347); Herzog Albrecht IV. der Weise (1465–1508); Wilhelm V. (1579–1597) als Bauherr mit dem Kirchenmodell; Kaiser Karl V. von Habsburg (1519–1556); Kaiser Ferdinand I. von Habsburg (1556–1564).

Innenraum (s. Fig. 62)

Der Triumph des Christentums während der Gegenreformation wird auch in der architektonischen Gliederung des Innenraums deutlich, denn nicht nur der stark eingezogene Chorbogen, sondern auch die Bögen der kurzen Querarme und der Seitenkapellen sind als Triumphbögen nach dem Vorbild der römischen Kaiserzeit ausgebildet. Das mächtige Langhaus mit dem sehr tiefen Chorraum (und 5/10-Apsidenabschluß) ist der erste monumentale Innenraum der Renaissance nördlich der Alpen und übertrifft mit seinen Dimensionen (20 m Spannweite) selbst sein Vorbild, die Il Gesù-Kirche in Rom (1568, von Giacomo da Vignola). Beherrschende Elemente des Inneren sind die Tiefe des Raumes, die durch kannelierte Pilaster und Bögen gestaltete Wandgliederung sowie die geschickte Lichtführung durch das Arkadengeschoß.

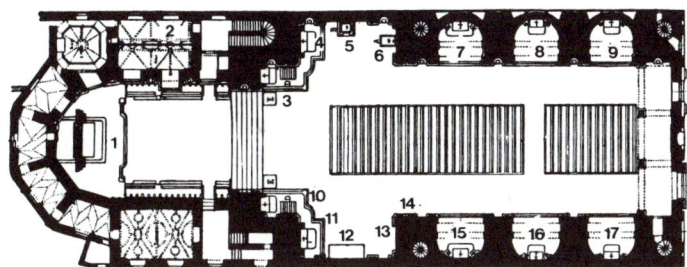

Fig. 62   St. Michael, Grundriß

1   Hochaltar (1586/89), von Wendel Dietrich nach einem Entwurf von Sustris ausgeführt (die Kriegszerstörungen von 1944 konnten 1953 wieder behoben werden); das Altarbild ›St. Michael im Kampf mit dem Teufel‹ stammt von Christoph Schwarz (1587); die vier Bronzereliefs (um 1595) stammen von Hubert Gerhard und waren für das geplante, aber nicht ausgeführte Grabmal Wilhelms V. bestimmt; die

◁ *Fig. 61   Fassade von St. Michael aus der ›Trophaea Bavarica‹, 1597 (Stadtmuseum München, MSI/27)*

Stuckskulpturen der Apostel, Propheten und Heiligen in den Nischen des Chorraums stammen von Andreas Weinhart; das Chorgestühl ist wahrscheinlich ebenfalls eine Arbeit von Dietrich.

Die architektonische Gestaltung der Seitenkapellen erfolgte 1697; lediglich einige Einzelstücke stammen aus früherer Zeit:

2 Kreuzkapelle mit überkuppeltem Altarraum (1590/92); das Altarbild schuf Hans von Aachen (1596).

3 ›St. Franziskus-Xaver‹, Gemälde von Ulrich Loth.

4 Dreifaltigkeitsgemälde von Antonio Viviani; auf der Mensa Herz-Jesu Gemälde von Joseph Hauber.

5 Kreuzmonument von Giovanni da Bologna, das ursprünglich für das geplante Grabmal Wilhelms V. vorgesehen war; die Magdalena-Skulptur ist eine Arbeit von Hans Reichle (1594/95).

6 Gemälde ›Verklärung des Heiligen Aloysius‹.

7 ›Martyrium der hl. Ursula‹ von Peter Candid; davor befindet sich der Schrein der heiligen Ärzte ›Cosmas und Damian‹; eine mit Silber beschlagene Holzkiste (um 1400) für die Stadt Bremen (seit 1649 in der Kirche St. Michael).

8 ›Martyrium des hl. Sebastian‹ von Hans von Aachen.

9 Fatima-Kapelle.

10 ›St. Ignatius‹, wahrscheinlich von Peter Candid.

11 ›Opfer des neuen Bundes‹ von Antonio Viviani und der ›Namen-Jesu-Altar‹.

12 Marmorgrabdenkmal für den 1824 verstorbenen Herzog von Leuchtenberg, Eugen Beauharnais, Arbeit von Bertel Thorvaldsen (1830) nach einem Entwurf von Klenze.

13 ›Martyrium von Japanern mit drei Jesuiten‹.

14 Kanzel von Johannes Hörmann (1697/98) mit älteren Rundbildern.

15 ›Mariae Verkündigung‹ von Candid (1587), die Skulpturen von Anna und Joachim stammen von Straub (um 1770).

16 ›Martyrium des hl. Andreas‹, Gemälde von Christoph Schwarz und Peter Candid.

17 ›Petrus erhält die Schlüsselgewalt für das Paradies‹ und ›Bekehrung des hl. Paulus‹, Gemälde von Candid (?).

Im 1. (südlichen) Joch des Langhauses: Epitaph für Wilhelm V. und großartiger Weihwasserengel aus Bronze von Hubert Gerhard (um 1600), der für das geplante Mausoleum Wilhelms V. vorgesehen war.

Ehemalige Augustinerkirche
(Neuhauser Straße 53; Farbt. 24)
Seit 1294 befanden sich die Augustiner-Eremiten auf Berufung Herzog Ludwigs in München, der ihnen damals außerhalb der leonischen Stadtmauer ein Grundstück zuwies, wo die Augustiner 1291/94 ihr erstes Gotteshaus errichteten. Die heute profanierte dreischiffige Basilika mit ihrem achtjochigen Langhaus gehörte ehemals zu den bedeutendsten gotischen Bauwerken Münchens. Im Laufe der Jahrhunderte erfolgten mehrere Bauänderungen: 1330/41 Chorerweiterung; 1458 nochmalige Erweiterung; 1618/21 Barockisierung durch Veit Schmidt; seit 1803 säkularisiert (Mauthalle); 1911/13 unter Leitung von Theodor Fischer Einbau von Ladengeschäften in der Erdgeschoßzone; seit 1938 ›Deutsches Jagdmuseum‹ mit einer interessanten Sammlung zu dem Thema ›Geschichte der Jagd‹ (u. a. Gewehrsammlung des Maximilian von Arco-Zinneberg).

㊻ **Domkirche zu Unserer Lieben Frau** (Frauenplatz 1; Farbt. 7, 8, Abb. 27, 30, 47)

Baugeschichte

An der Stelle der heutigen Frauenkirche stand bereits vor der leonischen Stadtgründung Münchens eine kleine undatierbare Marienkapelle. In der Mitte des 13. Jahrhunderts (um 1230) errichtete man an ihrer Stelle eine dreischiffige romanische Pfeilerbasilika mit zwei Westtürmen, die 1271 zur zweiten Pfarrei Münchens gemacht wurde (s. S. 21, 167f.). Um 1300 erfolgte eine Erweiterung nach Osten: Man errichtete für das Kirchenschiff der Marienkirche einen dreiseitig geschlossenen gotischen Chor, der unmittelbar an die seit dem 13. Jahrhundert bestehende Friedhofskapelle St. Michael anschloß.

Im Verlauf des wirtschaftlichen Aufschwungs Münchens faßte Herzog Sigismund den Entschluß zu einem Kirchen-Neubau, so daß schon 1468 die Grundsteinlegung für die heutige Frauenkirche erfolgte. Ausführender Architekt war Jörg von Halspach (gen. Ganghofer), der nach seinem Tode (1488) von Lukas Rottaler abgelöst wurde. Die Bauarbeiten gingen gut voran, 1477/78 konnte der Dachstuhl aufgesetzt werden, und 1488 waren die Türme (ohne Abschluß) vollendet, die erst 1524/25 ihre ›welsche‹ Haubenform erhielten. Seit jener Zeit blieb die Bausubstanz der Frauenkirche nahezu bis zum Zweiten Weltkrieg unversehrt, abgesehen von Restaurierungsarbeiten 1770/79 und der neugotischen Ausgestaltung 1858/68. Nach dem Krieg war 1953 der Wiederaufbau vollendet; 1954/57 erfolgte die Innenausgestaltung und 1971/72 der Umbau des Altarraumes.

Außenarchitektur

Das äußere Erscheinungsbild der Frauenkirche wird hauptsächlich durch die wenig gegliederten massigen Ziegel-Baukörper des Langhauses und der Türme bestimmt; beide wirken ohne architektonische Beziehung wie nebeneinander hingestellt. Der starken Vertikalbetonung durch die gleichmäßige Abfolge der traufhohen Seitenschiff-Fenster und der schlanken Lisenen wirken die profilierte Traufleiste und der verhältnismäßig hohe Nagelfluhsockel nur wenig entgegen. Über dem (etwa 109 m langen) Langhaus erhebt sich das mächtige Satteldach, das die drei gleichhohen Kirchenschiffe überspannt. Sowohl das Hauptportal als auch die vier Seitenportale sind äußerst schlicht gehalten und ordnen sich ganz der strengen Gestaltung des Baukörpers unter. Weitaus reicher strukturiert sind die beiden Westtürme, die sich mit ihren fünf ungleich hohen Geschossen, ihren schlanken Eck-Lisenen und ihren Turmaufbauten knapp 99 m in den Himmel recken. Krönender Abschluß (1524/25) der gotischen Türme sind die ganz nach dem Vorbild italienischer Renaissance-Kuppeln errichteten ›welschen‹-Hauben.

Hauptportal: Die Skulpturen auf den seitlichen Podesten, ›Christus‹ und ›Madonna mit Kind‹, stammen noch von der romanischen Pfeilerbasilika des 13. Jahrhunderts; der Gesamtentwurf des Portals ist eine Arbeit von Ignaz Günther (1772). – *Nördliche Portale:* ›Sixtus-Portal‹ (Westen) von Günther (1772), die St. Georgs-Skulptur ist ein Werk von Hans Leinberger (um 1525/30); ›Benno-Portal‹ (Osten) von Günther (1772), die Konsolenskulpturen ›Christus‹ und ›Maria‹ gehen auf das frühe 15. Jahrhundert zurück; der hl. Sebastian ist eine Arbeit von Andreas Faistenberger; die ›Vermählung Mariens mit Joseph‹ und die anderen Glasfenster sind Werke des 15./16. Jahrhunderts. – *Südliche Portale:* ›Arsatius-Portal‹ (Westen) von Ignaz Günther (1772) mit Statue des hl. Rasso (um 1525); ›Braut-Portal‹ (Osten) mit Holztüren von Günther, ›Christus‹ und ›Maria‹ sind von 1430.

Innenraum (s. Fig. 63)

Der Grundriß der Frauenkirche ist geometrisch auf zwei Quadraten aufgebaut, die von je fünf über die gesamte Langhausbreite angelegten Rechtecken unterteilt sind, womit Jörg von Halspach bereits die zehn Jochfelder des Innenraumes festgelegt hat. Auch die Höhenentwicklung der Frauenkirche läßt sich geometrisch aus dem Grundriß – genauer gesagt aus der Langhausbreite – entwickeln: Die Innenraumhöhe entspricht der Höhe eines über die Langhausbreite angelegten gleichseitigen Dreiecks.

Betritt man den Innenraum der Frauenkirche durch das Westportal, so ist man vorerst von der Raumwirkung verwirrt, da sie gar nicht mit den Vorstellungen übereinstimmt, die man aus dem Grundrißplan gewonnen hat. Da ist anfänglich nichts von einer dreischiffigen spätgotischen Hallenkirche mit fünfseitig geschlossenem Chorumgang, wie sie der Grundriß zeigt, zu erkennen. Es war wohl Absicht des Architekten, das steile Mittelschiff (31 m Gewölbehöhe) so zu konzipieren, daß der Besucher nach Durchschreiten des Hauptportals weder die tatsächlichen Raumgrenzen des Langhauses noch die Lichtfülle der großen Seitenschiff-Fenster erfaßt. Geschickt stellte Halspach mit den massigen Achteck-Pfeilern eine ›Scheinwand‹ zwischen Mittelschiff und Seitenschiffe. Auch das heute im Chorraum sichtbare Fenster war ursprünglich durch den Hochaltar verdeckt. Die ungeheure Höhenentwicklung des Langhauses kommt auch bei den Kapellen der Seitenschiffe zum Ausdruck.

Deutlich sichtbar wird die innere Raumteilung des Langhauses an den Gewölben. Abweichend von den sonst üblichen Netzgewölben gotischer Kirchen jener Zeit, entschied sich Halspach für zentrierte Sterngewölbe und verband die sich gegenüberstehenden Pfeiler mit Gurtrippen, womit die Jochteilung des Langhauses kräftig betont wird; durchlaufende Scheidbögen zwischen den Pfeilern in der Längsrichtung trennen das Mittelschiff deutlich von den beiden Seitenschiffen (Abb. 47).

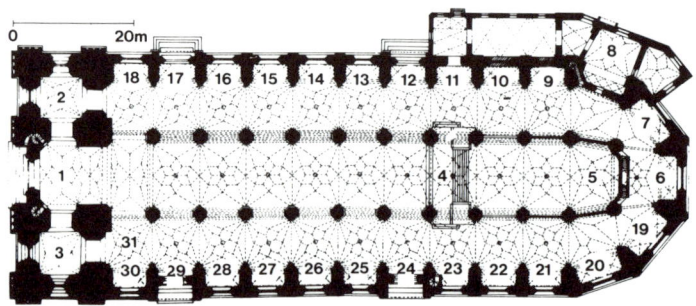

Fig. 63 Frauen-kirche, Grundriß

1 Christophorus-Holzstatue aus der Zeit um 1525, die ursprünglich an der Außenwand der Pütrich-Regelhaus-Kirche angebracht war. Der unbekannte Künstler dieses Meisterwerkes dürfte in dem Kreis von Hans Leinberger zu suchen sein; rechts daneben: Bronzeepitaph des Arztes Jakob Burchard; das Flachrelief mit der Darstellung ›Beweinung Christi‹ ist eine Arbeit von Hans Krumper (1618). An der Nordwand: Neugotischer Epitaph für den ersten Erzbischof von München und Freising, Lothar Anselm von Gebsattel (1846 gest.).

2 Kapelle unter dem Nordturm: Gut erhaltenes Mittelstück eines ›Mariahilf-Altars‹ (1473/76), auf dem Bischof Tulbeck dargestellt ist; hl. Elisabeth/hl. Agnes um 1500; Grabstein für Bischof Tulbeck (1476), der 1436/53 Pfarrer der Frauenkirche war.

3 Kapelle im Südturm: Glasfenster mit einer Passionsdarstellung (um 1390), die ›Weißscheiben‹ gehören dem Jahr 1450 an.

4 Das im Mittelschiff hängende ›Domkreuz‹ ist eine Arbeit von Josef Henselmann (1954; Abb. 47); an den beiden Pfeilern Altarbilder von Claus Strigel (um 1500); die moderne Kanzel an der rechten Seite besteht aus Stahlbeton mit versilberten und emaillierten Bronzeplatten und ist eine Arbeit von Blasius Spreng (1957).

5 Der 1971/72 neugestaltete Chor birgt heute wieder die großartigen Apostel- und Prophetenskulpturen (1502) von Erasmus Grasser (s. S. 115), die ursprünglich zu dem im Krieg verlorengegangenen Chorgestühl gehörten. Dahinter liegt der Teppenabgang zur Bischofs- und Fürstengruft.

6 Schutzmantelkapelle: Das Altarbild mit der Muttergottes im blauen Ärmelkleid geht auf die Schule Jan Polacks zurück und gehört etwa dem Jahre 1500 an; links und

rechts an den Wänden hängen zwölf vergoldete Holzreliefs von Ignaz Günther (1774) mit Darstellungen aus dem Marienleben, die ursprünglich an der Außenseite des Chorgestühls angebracht waren; das ›Scharfzandtfenster‹ ist eine Arbeit des Straßburger Glasmalers Peter Hemmel von Andlau (1493).

7 Taufe Christi-Kapelle: Flügelaltar mit einem Altarbild von Friedrich Pacher (1483), ›Die Taufe Christi‹, das ursprünglich für die Heilig-Geist-Spitalkirche in Brixen bestimmt war; die Bilder der Altarflügel sind schöne Arbeiten von Jan Polack (um 1510): ›Ölberg‹, ›Christi Gefangennahme‹, ›Kreuzigung‹ und ›Christi Grablegung‹. Die Glasfenster gehörten ehemals zur Salvatorkirche (1497); beachtenswert die ›Verkündigung Mariens‹.

8 Chorkapelle: Links und rechts der Tür zwei Gemälde Claus Strigels aus der Zeit um 1500 (s. auch Nr. 4): ›St. Achatius‹ und ›St. Urban‹; links neben dem Altar die ›Madonna auf der Mondsichel‹ aus dem Künstlerkreis um Hans Leinberger; die Glasfenster sind aus mehreren Fragmenten zusammengesetzt: ›Martyrium der hl. Katharina‹, ›Wurzel Jesse‹ (beide um 1500); ›Bischof Arsatius‹ von Jakob Kistenfeger (1518).

9 Josephskapelle: Ölgemälde ›St. Joseph mit dem Christuskind‹ von Martin Johann Schmidt; das Glasfenster stammt aus der Salvatorkirche (um 1500).

10 Pius-Kapelle: Der Pius-Altar von Sepp Frank wurde 1960 für Papst Pius X. geweiht; die Glasfenster mit den Themen ›Marientod‹ und die Darstellung ›Im Tempel‹ werden auf das Jahr 1430 datiert.

11 Sakristei: ›Mariae Himmelfahrt‹, Gemälde von Peter Candid (1620) über dem Eingang; spätgotisches Holzrelief mit ›Marientod‹ (1513); neugotischer Epitaph für

Gregor von Scherr von P. Sager (1879); die Glasfenster mit den Themen ›Auferstehung Christi‹ und ›Margaretha‹ gehören ins 14. Jahrhundert.

12 Benno-Portal (Nordost-Portal) mit Gedenksteinen für die Päpste Pius XII. und Johannes XXIII.; ferner schöne Skulptur des hl. Sebastian von Faistenberger.

13 Ecce-Homo-Kapelle: Das Altarbild ›Ecce Homo‹ stammt von Ulrich Loth; Bronzetafel der Priesterbruderschaft von Hans Krumper (1620); Glasfenster mit der ›Passion Christi‹ (um 1390); in einem Gehäuse Fensterreste mit den Heiligen Bartholomäus, Michael, Nikolaus und Wolfgang (1460).

14 Sieben-Schmerzen-Kapelle, so benannt nach dem Glasgemälde ›Die sieben Schmerzen Mariens‹ von P. Gitzinger (1957); ›Mater dolorosa‹ von Tobias Bader (um 1650); Grabstein (unter dem Fenster) des Balthasar Hundertpfund (1502 gest.), erster Pfarrer der Frauenkirche.

15 St. Korbinian-Kapelle: An der Ostwand hängt die vergrößerte Kopie des von Polack gemalten Bildes ›Tod des hl. Korbinian‹ (Kopie von Bresgen).

16 Barth-Kapelle: Spätgotische Holzfiguren, in der Mitte St. Lantpert mit dem Modell des Freisinger Domes.

17 Sixtus-Portal (Nordwest-Portal): Über dem Windfang die überlebensgroße Holzstatue des hl. Georg von Hans Leinberger (1525/30).

18 Kapelle mit dem Gemälde ›Martyrium der hl. Apollonia‹ von Johannes Degler (1714); das Gemälde ›Madonna im Blütenkranz‹ gehört der Barock-Zeit an.

19 Sakramentskapelle: Der Flügelaltar mit der ›Großen Domkreuzigung‹ gehört der 2. Hälfte des 15. Jahrhunderts an; die beiden

Flügel sind nur Kopien (Originale: Kunsthalle Zürich). Das Mittelbild zeigt die ›Kreuzigung Christi‹, die Flügelbilder stellen dar: ›Verkündigung‹, ›Christus auf dem Ölberg‹, ›Geburt Christi‹, ›Grablegung Christi‹. Glasfenster ›Dreikönigsfenster‹ und ›Jesus im Tempel‹ (um 1430), ›Rot-Grüne Passion‹ mit ›Speculumfenstern‹ (um 1480).

20 Herz-Jesu-Kapelle: Der Herz-Jesu-Altar ist eine Arbeit von Max Lacher (1958); die Gemälde ›Margarete von Alacoque‹ und ›Petrus Claver‹ sind Werke von August Heß. Die ›Legenden-Fenster‹ zeigen das ›Martyrium des hl. Sebastian‹, den ›Hl. Florian‹ und die ›Erscheinung des Erzengels Michael auf dem Monte Gargano‹.

21 Immaculata-Kapelle: Die Bronzestatue der ›Immaculata‹ ist ein Werk von Elmar Dietz (1959); der ›Ligsalz-Stein‹ aus Rotmarmor stammt noch von der alten Marienkirche (1359); ›Ridler-Epitaph‹ mit der ›Himmelfahrt Christi‹; Glasfenster mit den ›Sieben Freuden Mariens‹ (1425).

22 Benno-Kapelle: Die silberne, teilweise vergoldete Büste des Benno-Schreins geht auf Entwürfe von Peter Candid (1601) zurück; die Glasfenster vom Ende des 15. Jahrhunderts stellen das ›Martyrium der hl. Agnes‹ und des ›Hl. Sebastian‹ dar.

23 Taufkapelle: An der Ostwand die überlebensgroße Statue des ›Erbauenden Christus‹ (1380), die noch zum Inventar der alten Marienkirche gehörte; das ›Püttrich-Fenster‹ (um 1490) stellt die Familie Püttrich und den hl. Paulus dar; das Fenster mit dem ›Münchner Kindl‹ entstand 1573; ferner verschiedene Epitaphien für J. G. Herwart (1622 gest.), Felix Andreas Oefele (1780 gest.) und Kardinal Michael von Faulhaber (1952 gest.; ein Werk von Th. Georgii).

24 Südost-Portal mit einem Glasfenster (Petrus, Andreas, Adam und Eva) von Max Lacher (1957); das Weihwasserbecken von Fr. Füll ist mit dem Jahr 1615 datiert.

25 Dreikönigskapelle: Altargemälde von Ulrich Loth (1628) mit dem Thema ›Anbetung der Heiligen Drei Könige‹; Glasfenster mit den Darstellungen (um 1490) ›Der Kindermord zu Bethlehem‹ und ›Verklärung auf dem Berg Tabor‹; Epitaph für Erzbischof Antonius von Thoma (1897 gest.)

26 Bäcker-Kapelle: Über der Mensa Sitzfigur (16. Jh.) des hl. Nikolaus von Mira, die wahrscheinlich aus Erasmus Grassers Werkstatt kommt; der Kardinalshut an der Decke gehörte ehemals Kardinal von Faulhaber; das schöne Bronzerelief mit der Darstellung der ›Erweckung des Lazarus‹ ist eine Arbeit von Hubert Gerhard (1596); Gedenkstein für den Besuch Papst Pius' VI. (29. April 1782).

27 Andreas-Kapelle: Das Altarbild zeigt Szenen aus dem Leben des hl. Andreas und gehört in den Umkreis von Jan Polack (Anfang 16. Jh.); Epitaph des ›Mandlherrn von Deutenhofen‹ (1655), Mandl war 1618/58 Pfarrer der Frauenkirche.

28 Vesperbild-Kapelle: Die ›Pietà‹ mit der sitzenden Madonna, die mit ihrer Rechten das Haupt Christi stützt, folgt dem Typ der ›Seeoner Madonna‹ (Bayer. Nationalmuseum) und ist um 1400 entstanden.

29 Arsatius-Portal (Südwest-Portal): Lebensgroße Statue des hl. Rasso (1525/30); hl. Georg von Hans Leinberger.

30 Kongreß-Kapelle: Grabstein von Konrad Paumann, der zu den bedeutendsten Musikern seiner Zeit zählte (s. S. 26, 139); Grabstein des Architekten der Frauenkirche, Jörg von Halspach (Westwand).

31 ›Castrum doloris‹ Kaiser Ludwigs IV. des Bayern: Maximilian I. ließ 1622 anstelle des gotischen Hochgrabes dieses Grabmonument für Ludwig den Bayern errichten, das ursprünglich im Chor stand. Der architektonische Aufbau aus schwarzem Marmor sowie drei Bronzefiguren Albrechts V. (in höfischer Tracht; Abb. 46) und Wilhelms IV. (im Ritterornat) an den Längsseiten sind Arbeiten von Hans Krumper (unter Entwurfsbeteiligung von Peter Candid). Die vier knienden Fahnenträger waren ursprünglich für das nicht ausgeführte Grabmal Wilhelms V. in der Michaelskirche vorgesehen; sie wurden von Dionys Frey nach Entwürfen von Hubert Gerhard gegossen (Abb. 44, 45). Bedauerlicherweise nur schlecht sichtbar ist die spätgotische Deckplatte des Kaisergrabes (Gipsabdruck im Bayer. Nationalmuseum), die ikonographisch eine große Seltenheit darstellt, da sie nicht nur Bezug auf den verstorbenen Kaiser nimmt: Während im oberen Bildbereich Ludwig der Bayer thronend dargestellt ist, zeigt die untere Szene die Versöhnung Albrechts III. mit seinem Vater Ernst nach dem Zerwürfnis um die im Jahre 1435 ertränkte Agnes Bernauer; der Stifter des Grabmals war jedoch Albrecht IV., Sohn Albrechts III.

III Altheimer Eck – Sendlinger Straße (ehemaliges Hackenviertel)
(s. Fig. 64)

Zum Rasten bei diesem Spaziergang sei auf folgende Restaurants und Cafés hingewiesen:

Altes Hackerhaus, Sendlinger Straße 74
Hundskugel, Hotterstraße 18
Zum Spöckmeier, Rosenstraße 9
Weinhaus Neuner, Herzogspitalstraße 8
Café Kerkel, Sendlinger-Tor-Platz 5
Café Reber, Herzogspitalstraße 9

(47) **Weinhaus Neuner** (Herzogspitalstraße 8)
Frühklassizistische Fassade mit bossiertem Erd- und 2. Obergeschoß; das 1. Obergeschoß zeigt Halbkreisbogenelemente.

(48) **Ehemaliges Gregorianisches Seminar**
(Herzogspitalstraße 12)
Im Ursprung geht das Gebäude auf Albrecht V. zurück, der das Haus 1574 als Studentenheim errichten ließ. Der Neubau von 1808 ist ein Werk von Jean-Baptiste Métivier (?) und zeigt eine gutgegliederte Empire-Fassade mit zwei Rundbogenportalen im Erdgeschoß und zehn Fensterachsen; reizvoll sind die vier weiblichen Kopfmasken und Empire-Tücher im Mittelteil der Fassade.

(49) **Herzogspitalkirche St. Elisabeth**
(Herzogspitalstraße 8/9)
1555 ließ Albrecht V. für sein Hofpersonal das Herzogspital mit der Kirche St. Elisabeth nach Plänen von Heinrich Schöttl erbauen; von der im Krieg völlig zerstörten Anlage ist heute nur der Turm von Johann Baptist Gunetzrhainer aus dem Jahre 1727 erhalten. Der jetzige Nachfolgebau entstand 1956/57 nach Plänen von Alexander von Branca; der völlig in Backstein gehaltene Innenraum enthält die kostbare Holzskulptur der ›Schmerzhaften Maria‹ von Tobias Pader (1651).

Damenstiftskirche St. Anna (50)
(Damenstiftstraße 1)
Schon 1440 wurde von Albrecht III. an der Stelle der heutigen St. Anna-Kirche eine Kapelle beim Indersdorfer Klosterhaus in Altheim errichtet, die aber bereits 1496 dem gotischen Neubau von Lukas Rottaler weichen mußte. Schließlich ließ 1733 Kurfürst Karl Albrecht den Grundstein für die neue Salesianerinnenkirche legen und verpflichtete für dieses Projekt sowohl die Brüder Gunetzrhainer als auch die Brüder Asam; die Kirche ist ihr einziges gemeinsames Werk. Während Johann Baptist Gunetzrhainer die Entwürfe lieferte und sein Bruder Ignaz Anton die Bauausführung leitete, gestaltete Ägid Quirin Asam die Stuckdekoration sowie die Altäre. Sein Bruder Cosmas Damian malte die Fresken. So entstand ein außergewöhnliches Bauwerk, ein »glückliches Zusammenklingen von Raum, Archi-

Fig. 64 Spaziergang III: Altheimer Eck – Sendlinger Straße ▷

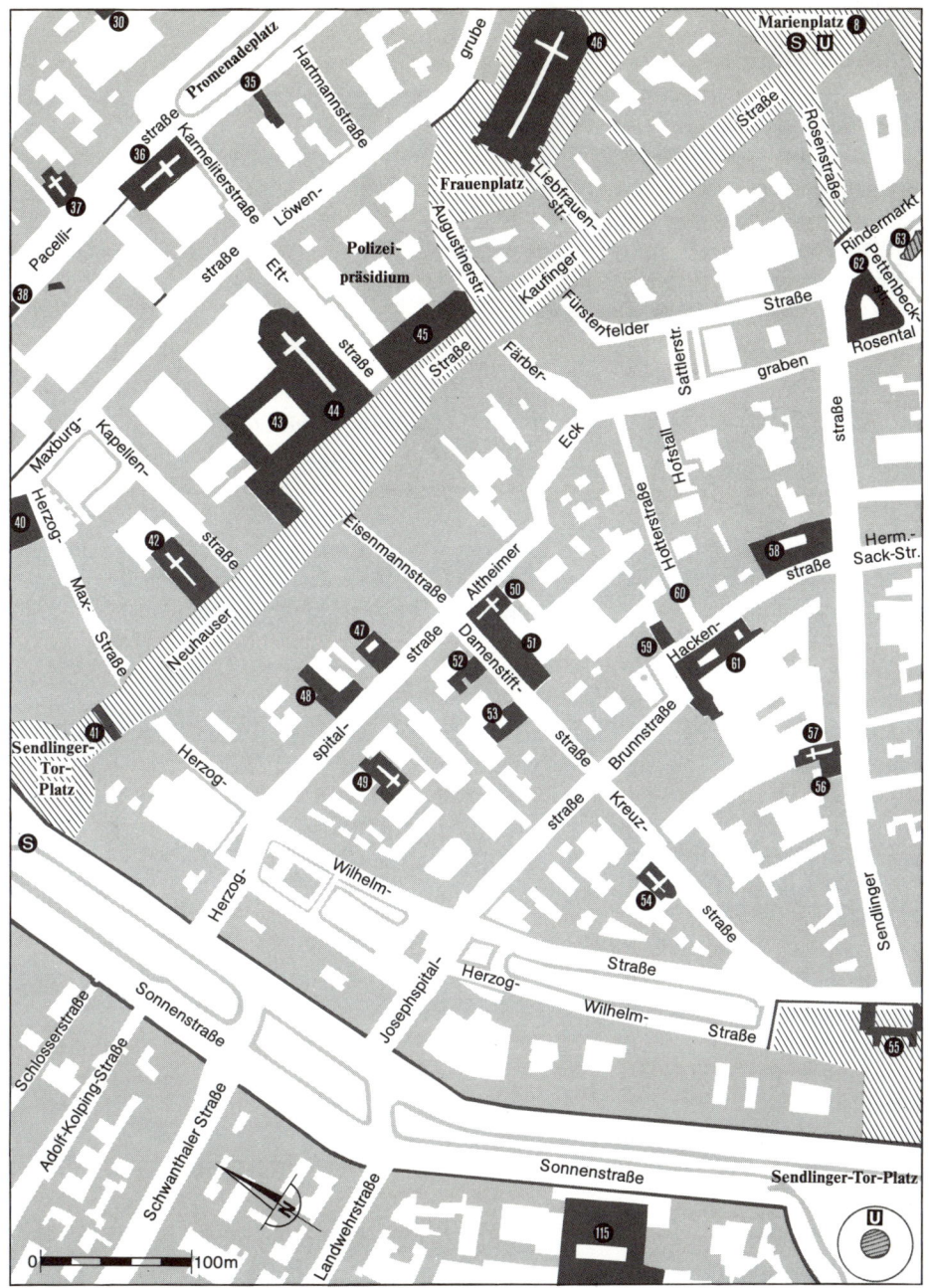

Marienplatz ⑧
Ⓢ Ⓤ

Promenadeplatz
㉚
㉟
Hartmannstraße
straße
Karmeliterstraße
㊱
Löwen-
㊲
Pacelli-
straße
Ett-
Polizei-
präsidium
Augustinerstr.
Frauenplatz
Liebfrauen-
str.
grube
㊻
Straße
Rosenstraße
㊳
straße
㊺
straße
Kaufinger
Fürstenfelder
Färber-
Straße
Sattlerstr.
graben
Rindermarkt
㊹
㊸
㊸
Rosental
Pettenbeck-
㊷
㊸
straße
Maxburg-
Kapellen-
Herzog-
㊵
Max-
Straße
㊷
Neuhauser
straße
Eisenmannstraße
Eck
Hofstall
Herm.-
Sack-Str.
㊹
Altheimer
㊿
㊾
straße
㊼
Damenstift-
㊼
Hotterstraße
㊻
straße
㊽
Sendlinger-
Tor-
Platz
Herzog-
spital-
㊾
straße
㊾
Brunnstraße
Hacken-
㊾
㊾
㊾
㊾
Kreuz-
straße
㊾
Sendlinger
Ⓢ
Wilhelm-
Josephspital-
Herzog-
Straße
㊾
straße
Sonnenstraße
Schlosserstraße
Adolf-Kolping-Straße
Schwanthaler Straße
Landwehrstraße
Wilhelm-
Straße
㊾
Sonnenstraße
Sendlinger-Tor-Platz
Ⓤ
0   100m
115

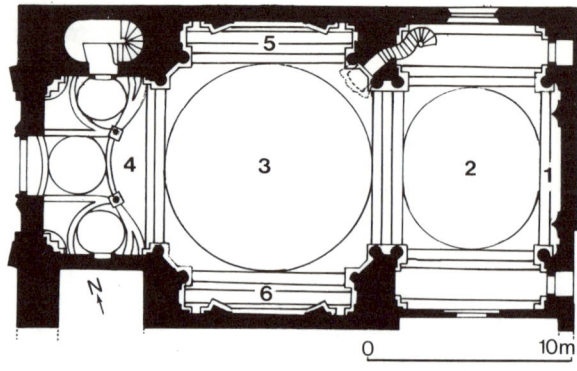

Fig. 65   Damenstiftskirche
St. Anna, Grundriß

tekturform, Beleuchtung und Ausstattung«
(Dehio).

Während des Krieges wurde die Kirche
bis auf die Umfassungsmauern zerstört.
1952 Wiederaufbau durch Erwin Schleich.

Die plastisch nur wenig geschmückte Barock-Fassade besteht aus einem kräftigen
Mittelportal mit hochgezogenem Obergeschoßfenster und Segmentbogenabschluß,
beidseitig flankiert von einachsigen Seitenteilen, die durch Pilaster und schweres Gebälk bestimmt sind. Der Grundriß (s. Fig.
65) der Kirche zeigt eine Addition interes-
santer Einzelräume: Eingangsjoch mit Empore; Zentralraum mit Kuppel und kurzen
Seitenarmen sowie der ebenfalls mit einer
Zentralkuppel überspannte Chorraum.

1   Altargemälde der ›Hl. Anna Selbdritt‹
von Joseph Ruffini.
2   Fresko mit dem Thema ›Huldigung der
Engel‹.
3   Kuppelfresko ›Glorie des Apokalypti-
schen Lammes‹.
4   Fresko des ›Engelkonzertes‹.
5   Gemälde von Georges Desmarées
›Heimsuchung Mariens‹.
6   ›Verherrlichung des hl. Franz von Sales‹
von Balthasar Augustin Albrecht.

St. Anna-Damenstift (Damenstiftstraße 3) (51)
Auf Anregung der Kurfürstin Henriette
Adelaide von Savoyen ließ sich 1675 der
Salesianerinnenorden in München nieder,
dessen Klostergebäude 1733/39 von Ignaz
Anton Gunetzrhainer vergrößert wurden;
1784/85 schuf Matthias Widmann eine großzügige frühklassizistische Anlage, von der
nach dem Krieg nur die 19achsige Fassade
erhalten blieb; die Wappenschilder und Kapitelle der reichgeschmückten Stuckportale
sind Arbeiten von Franz Xaver Feichtmayr
d. J. Seit dem Wiederaufbau des Stifts in den
Jahren 1961/63 von Fr. Jaud ist hier die
›Salvator-Mittelschule‹ für Mädchen untergebracht.

Damenstiftstraße 4 (52)
Klassizistisches Wohnhaus mit Übergangs-
elementen aus dem Rokoko, nach 1800 errichtet, ehemaliges Haus der Stadtmaurer-
meister Matthias Widmann und Balthasar
Trischberger.

Palais Lerchenfeld (Damenstiftstraße 8) (53)
Adelspalais von Ignaz Anton Gunetzrhai-
ner (1726), von dem nur noch die Rokoko-
Fassade erhalten ist; 1958 restauriert. Breit-

gelagerte Front mit sieben Achsen und dreiachsigem Mittelrisalit; heute Bestattungsamt.

(54) Allerheiligenkirche am Kreuz
(Kreuzstraße 10)
Als 1478 der Friedhof der Peterspfarrei hierher verlegt wurde, errichtete etwa zur gleichen Zeit der Baumeister der Frauenkirche Jörg von Halspach (?) diese nach Süden hin ausgerichtete Friedhofskapelle, die aber aufgrund der späteren Barockisierung (1620) nur noch spärliche gotische Architekturdetails Halspachs erkennen läßt (1814 regotisiert). Der unverputzte Ziegelbau der Dombauhütte mit Turmhelm und vier gekappten Giebeln zeigt im dreijochigen Langhaus noch schöne gotische Netzgratgewölbe; der Altarraum mit tiefem, halbkreisförmig geschlossenem Ostchor erhielt 1620 ein barockes Tonnengewölbe mit Stichkappen. Der Hochaltar von 1814 zeigt ein Gemälde aus der 1. Hälfte des 17. Jahrhunderts, auf dem Hans Rottenhammer das Thema ›Maria erscheint Augustinus‹ dargestellt hat. Der Tabernakel ist von einem Straub-Schüler.

Besonders sehenswert sind die gotischen Freskenfragmente über dem zugemauerten Ostportal, die das Thema ›Christus in der Mandorla‹ zum Inhalt haben: Links von Christus im mandelförmigen Heiligenschein steht Elias, rechts von Christus erscheint Moses, darunter (von links nach rechts) Petrus, Johannes und Jakobus. Ausgezeichnete plastische Werke sind das ›Holzkruzifix‹ (1520) über dem Westportal und die ›Pietà‹ (1626) unter der Empore; ein Meisterwerk der Bronzekunst ist Krumpers Epitaph des Bankiers Goetz (1627). Heute wird das Gebäude als ukrainische Kirche genutzt.

Sendlinger Tor (55)
Das Sendlinger Tor entstand 1318 während der Stadterweiterung unter Ludwig dem Bayern und zur Zeit der zweiten Befestigung Münchens (1285–1347; s. S. 75). Von der ursprünglichen Tor- und Wehranlage an der damaligen Ausfahrtstraße nach Sendling mit ihrem Mittelturm (1808 abgebrochen) und den beiden Flankentürmen (erst um 1420 entstanden) sind heute nur noch die beiden sechseckigen Flankentürme und die dazwischenstehende Binnenmauer erhalten. Nach der im Jahre 1860 durch Arnold Zenetti durchgeführten Restaurierung erhielt die Zwischenwand 1906 aus Verkehrsgründen anstelle ihrer drei kleinen Toreingänge einen großen Mittelbogen; auch die Turmportale stammen aus dieser Zeit (Wilhelm Bertsch).

Asam-Haus (Sendlinger Straße 61) (56)
(Abb. 33, 34)
1733 erwarb Ägid Quirin Asam dieses viergeschossige Bürgerhaus aus dem 16. Jahrhundert, das er zu einem anspruchsvollen Künstlerhaus umbaute, wobei er die Fassade – anstelle der in Bayern weitverbreiteten Fassadenmalerei – mit sehr eigenwilligen, phantasievollen plastischen Stukkaturen schmückte, die jedoch nicht nur reine Dekoration sind, sondern ikonographisch Kunst und Religion zum Inhalt haben: Ist der dreigeschossige Erker im oberen Teil religiösen christlichen Themen vorbehalten, so zeigt der linke dreiachsige Fassadenteil die himmlische Musen-Welt der griechischen Antike.
Portal und Erker: Auf den prachtvollen hölzernen Türflügeln (heute im Bayer. Nationalmuseum) sind zwei Erzengel dargestellt, die den Sieg über die Erbsünde und

den Tod symbolisieren. Über dem Portal erscheint eine Stadtgöttin, die von Asams ›Dreifalt der bildenden Künste‹ umgeben ist: Drei Putten verkörpern Architektur, Malerei und Plastik, während die vollplastischen Hermen über den flankierenden Erdgeschoßpilastern Musik und Poesie darstellen. Im 2. und 3. Obergeschoß des Erkers sind religiöse Motive wiedergegeben (von unten nach oben): Ovalbild des hl. Joseph, des Schutzpatrons der Handwerker (das Bildnis selbst ist zerstört); inmitten von Rosen und Lilien erkennt man darüber (die ursprünglich vergoldete) Maria Immaculata; als krönender Abschluß schwebt darüber ›Herz Jesu‹ mit dem Christus-Monogramm. *Linke Fassade:* Im Bereich der Erdgeschoßzone und am linken Fassadenrand des 1. Obergeschosses erkennt man eine schön gearbeitete Natursteinverkleidung und Floramotive als Allegorie der ›sinnlichen Welt‹, in der Amor als Sinnbild der Liebe erscheint, während die halbnackte Waldgöttin Fauna die Natur und Satyr gleichermaßen fleischliche Lust und Laster verkörpern. Aus dieser irdischen Welt führt Pallas Athene (über den Erdgeschoßfenstern rechts) einen Knaben zum antiken Götterhimmel auf den griechischen Berg Parnaß, wo Apoll als Gott des Lichtes und der Musik in tänzerischer Grazie, harfespielend – von

einem Strahlenkranz umgeben – als Gegenbild (in gleicher Höhe) zur Maria Immaculata erscheint (Abb. 33); zu Apolls Linken die posaunenblasende Fama, Personifikation des Künstlerruhms; ihr gegenüber (rechts von Apoll) das Symbol des Reichtums.

Zwischen den Fenstern (der 2. und 3. Fensterachse von links) des 1. Obergeschosses erinnern eine Springquell-Vase und eine Sonnenuhr den zu den Musen eilenden Knaben an die schnell verrinnende Zeit, die es zu nutzen gilt, um dem volltrunkenen Taugenichts (unten rechts) entweichen zu können. Über diesen beiden Fenstern breitet sich der Musenhimmel des Parnaß aus. Darüber schwebt Pegasus, das Musen- und Dichterroß; aus dem Blut der Medusa als Flügelroß geboren, hat es entsprechend der griechischen Mythologie mit seinen Hufen aus dem Musenberg Helikon die Musenquelle geschlagen. Unterhalb der kräftigen Gestalt des Pegasus tummeln sich gemeinsam mit Ganymedes (Mundschenk des Göttervaters Zeus) die neun Musen: Erato – Muse der Liebesdichtung; Euterpe – Muse der Musik; Kalliope – Muse der erzählenden Dichtung; Klio – Muse der Geschichte; Melpomene – Muse der Tragödie; Polyhymnia – Muse des Gesanges; Terpsichore – Muse des Tanzes; Thalia – Muse des Lustspiels; Urania – Muse der Wissenschaften.

⑤⑦ **St. Johann-Nepomuk-Kirche** (Asamkirche; Sendlinger Straße 62; Abb. 31–36)

Baugeschichte
Ursprünglich von Ägid Quirin Asam, der sich hier als Bauherr, Architekt und ausführender Künstler betätigte, als Privatkirche geplant, wurde das Gotteshaus schließlich aufgrund des sehr massiven Widerstandes der Münchner Bürgerschaft als Gemeindekirche errichtet, zu der Asam dann auch noch auf dem von ihm erworbenen Grundstück in der Sendlinger Straße 63 ein Priesterhaus (1771 Neubau) plante. Nach der Grundsteinlegung von 1733 folgte 1746

die Kirchweihe, bei der Maria und Johann Nepomuk – der damals neben Maria in Bayern der populärste Heilige war – Schutzpatron der Kirche wurden. Nepomuk (1340–1393) war gleichzeitig auch Schutzheiliger seiner Heimat Böhmen, wo er in der Moldau den Märtyrertod erlitt; schließlich wurde er – kurz vor Baubeginn der Asamkirche – am 19. März 1729 heiliggesprochen.

Seit 1946 bemühte man sich, die Kriegsschäden zu beheben, im Sommer 1979 konnte die Fassadenrestaurierung durch Erwin Schleich vollendet werden. Im oberen Choraltar stellte 1958/60 Franz Lorch ein Marmorrelief des hl. Nepomuk auf; heute durch das (viel diskutierte) große Westfenster ersetzt.

Außenarchitektur
Die Asamkirche (Abb. 34) erhebt sich an der heute sehr belebten Sendlinger Straße inmitten einer geschlossenen Häuserfront, würdig eingerahmt vom Asamhaus (links) und dem Priesterhaus (rechts). Der sanften Straßenkrümmung entgegenwirkend, konzipierte Asam die Fassade leicht konvex. Er schuf ein wohlproportioniertes, kraftvolles Bauwerk mit Einflüssen des römischen Barocks und böhmischen Anregungen (Giebelgestaltung). Die barocke Fassade entspricht einer würdevollen, aber zugleich bescheidenen Triumpharchitektur; sie wirkt gleichermaßen als Straßenaltar wie als Epitaphdenkmal. Im Gegensatz zu den breiten, kräftigen, zweigeschossigen Pilastern mit korinthischen Kapitellen betonen schlanke Marmorsäulen die Plastizität der Mittelpartie.

Da großenteils nur die Ostwand Lichtquelle für den Innenraum sein konnte, sind Wandöffnungen das bestimmende Element des Fassadenentwurfes. Die Architektur der Fassade ist Rahmen der großen Portal- und Fensteröffnungen. Dem Portal mit ursprünglich vergoldetem Baldachin folgt nach oben ein schlankes, konvex angeordnetes Barock-Fenster und ein rundes Giebelfenster mit kräftiger Hohlkehle.

Ikonographisch dem hl. Nepomuk zugeordnet, künden die Skulpturen und Reliefs der Fassade von den Wundern und Werken des Heiligen. Den Worten der Bibel entsprechend: »Du bist Petrus, der Fels, und auf diesem Felsen will ich meine Kirche bauen«, wächst die Asamkirche symbolisch aus den rohen Felssockeln heraus, die ursprünglich rechts und links des Portals als Brunnen geplant waren, um so direkten Bezug zu Nepomuks Märtyrertod herzustellen. Die schönen Holzschnitzereien der Türflügel des Portals erzählen aus dem Leben St. Nepomuks: Bestrafung der Feinde, die während der Religionskriege Nepomuks Grab in Prag schänden wollten; Gläubige vor dem Altar (wahrscheinlich ist hier der ursprüngliche Altar der Asamkirche dargestellt); Gefangenschaft und Folter des Heiligen; der Verstorbene Johann Nepomuk in einem gläsernen Sarg (Abb. 31). Über dem baldachinartigen Portalabschluß erhebt sich das vollplastische Werk der ›Verklärung‹ und Himmelfahrt des Johann Nepomuk, eine Skulpturengruppe mit zwei Engeln und dem betenden Nepomuk, die sich effektvoll von der spiegelnden Fläche der konvexen Fensterscheibe abhebt. Über der ›gläsernen Himmelsdarstellung‹ lagern sich auf dem oberen Fensterabschluß zwei Frauen als Personifikationen von ›Glaube‹ und ›Hoffnung‹, die das goldene Herz ›Symbol der Liebe‹ einrahmen.

An den korinthischen Kapitellen der Pilaster sind Medaillonreliefs mit den Darstellungen von Papst Benedikt XIII. (links) und Johann Theodor, Fürstbischof von Freising (rechts) angebracht.

Innenraum (Abb. 35, 36, Fig. 66)
Obwohl an Gestalt und Lage des Grundstückes mit seinen extremen Proportionen von 28,2 zu 8,8 m gebunden – was Asam nicht unbedingt als hinderlich empfunden haben muß –, gelang es ihm dennoch, in der engen Häuserschlucht zwischen den Nachbarhäusern eine interessante Grundrißlösung zu finden, die große Ähnlichkeit mit St. Anna im Lehel (S. 348 ff.) aufweist.

Der stark längsgestreckte Innenraum (Abb. 35) enthält drei Raumgruppen, die harmonisch ineinander übergehen: Dem ovalen Vorraum folgt der durch freischwebende Emporen horizontal gegliederte Gemeinderaum – ein architektonisches Motiv der Schloßkirchen – und schließlich der annähernd kreisrunde Altarraum. Die leichten Einschnürungen zu beiden Nebenräumen hin verursachen zwar eine gewisse räumliche Trennung, die aber optisch durch die wellenartig geschwungenen Emporen wieder aufgehoben wird. Das schmiedeeiserne Gitter aus dem Jahre 1776 scheint dagegen nicht zum Entwurf Asams zu gehören; diese Absperrung wirkt allzu trennend, besonders deshalb, weil sie das inhaltlich zusammengehörende ikonographische Thema der vier Beichtstühle sprengt, von denen sich zwei in den Nischen des Vorraumes und zwei an den Ecken des Hauptraumes befinden.

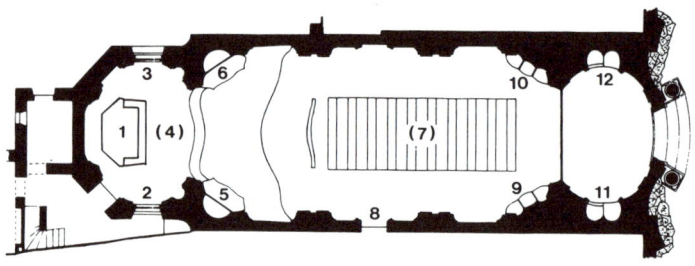

Fig. 66
St. Johann Nepomuk (Asamkirche), Grundriß (Zahlen in Klammern verweisen auf malerische und plastische Arbeiten in Gewölben)

1 Der zweigeschossige Hochaltar ist das wichtigste Element der Innenraumgestaltung; er entspricht mit seinem (heute ausgebrochenen) Westfenster dem Aufriß der Fassade und zeigt die ursprüngliche Idee der ›Asamschen Lichtführung‹.
Erdgeschoß: Tabernakel mit Strahlengloriole (1783, von Roman Anton Boos?); anbetende Engel und Glasschrein mit der Wachsfigur des hl. Johann Nepomuk, in die eine Originalreliquie eingelassen ist. *Galerie:* Bruderschaftsaltar mit restauriertem Tabernakel und zwei Engeln (1767) von Ignaz Günther, die 1913 aus Grießstätt angekauft wurden.

An der Hohlkehle des Innenraumgesimses schwebt der krönende Abschluß des Hochaltars: die plastische Gruppe des ›Gnadenstuhls‹ (Abb. 36). Der thronende Gott-Vater mit Papstkrone, umgeben von Engeln und Cherubim, hält der Menschheit den für ihre Rettung gekreuzigten Menschensohn vor Augen, darüber die Taube des Heiligen Geistes.

2 Johannes der Täufer.

3 Johannes der Evangelist.

Über den Türen Portraitmedaillons der Asam-Brüder (Kopien von 1971 aus dem Asamhaus).

(4) Deckenfresko: Wallfahrt zum Grab des hl. Johann Nepomuk nach Prag.

5 Marienstatue von Ägid Quirin Asam (ursprünglich Quirinus-Altar).

6 Josephsstatue (ursprünglich Ägidus-Altar).

(7) Deckenfresko: An den Rändern erkennt man Themen aus dem irdischen Leben des Heiligen, ferner den Turm des gotischen St. Veits-Doms in Prag; St. Johann Nepomuk wird der Dreifaltigkeit vorgestellt; St. Johann Nepomuk im Himmel.

8 Eingang zur Asam-Gruft (nur an Kartagen geöffnet), die Ägid Quirin für sich und seine Verwandtschaft erbaute; sein Begräbnis wurde ihm dort jedoch verweigert. Hier wird der ursprüngliche Wunsch Asams sichtbar, sich eine reine Privatkirche zu errichten; darauf deutet auch ein Obergeschoßfenster hin, durch das Ägid Quirin einen ungehinderten Blick von seinem Schlafzimmer zum Hochaltar hatte. In der Gruft eine kostbare ›Mater dolorosa‹.

9–12 Vier Beichtstühle mit dem Thema der ›Vier letzten Dinge‹ Tod und Gericht, Seligkeit und Verdammnis, die Bezug auf St. Johann Nepomuk als Beichtheiligen nehmen.

9 ›Seligkeit‹: Engel weisen dem Erlösten den Weg zum Paradies.

10 ›Tod‹: Der hl. Bruno steht vor dem geöffneten Sarg eines Sünders; darüber das Spruchband mit den Worten: »Schrecklich ist der Tod des Sünders« (Abb. 32).

11 ›Verdammnis‹: Petrus hält die Schlüssel in seiner Hand, Symbol der Kirchengewalt.

12 ›Gericht‹: Hieronymus erscheint als Künder des Jüngsten Gerichts.

Altes Hackenhaus (Sendlinger Straße 75) 58
Viergeschossiges klassizistisches Bürgerhaus mit schönem Altmünchner Innenhof. Das Eckhaus zeigt zu beiden Seiten eine neunachsige Fassadengestaltung mit dorisch-ionisch-korinthischer Pilasterabfolge.

Haus zur Hundskugel 59
(Hackenstraße 10)
Einfaches Rokoko-Bürgerhaus des 18. Jahrhunderts, wahrscheinlich 1741 von Johann Michael Fischer (?) für den Bildhauer Johann Baptist Straub erbaut. Seit 1777 lebte hier der Bildhauer Roman Anton Boos. Das viergeschossige Gebäude verdankt seinen originellen Namen einem Relief über dem Westportal, auf dem sechs Hunde dargestellt sind, die mit einem Ball spielen.

Gaststätte zur Hundskugel 60
(Hotterstraße 18)
Seltenes Münchner Bürgerhaus mit hohem Pultdach, flachem Erker und Giebel mit Rundbogenfenster. Hier befindet sich die älteste bestehende Gaststätte Münchens (seit 1440).

Radspielerhaus (Hackenstraße 7) 61
Der auf zwei Grundstücken entstandene Kernbau aus dem Jahre 1678 gehörte seit 1688 der Fürstenfamilie Rechberg; seit 1848 befindet sich das Gebäude im Besitz der Familie Radspieler.

Die klassizistischen Fassaden gehen auf einen Umbau von Jean-Baptiste Métivier zurück, der 1817 auch den Innenausbau neu gestaltete. 1827/28 wohnte Heinrich Heine hier. Besonders reizvoll ist der typische Münchner Hausgarten, wie er im Sandtner-schen Stadtmodell überliefert ist. Inmitten von altem Baumbestand ein schöner Brunnen von Boos.

Der originale Radspieler-Brunnen an der gegenüberliegenden Straßenecke stammt von Ernst Andreas Rauch (1967).

IV   Rindermarkt – Viktualienmarkt (ehemaliges Angerviertel)
(s. Fig. 67)

Zum Rasten bei diesem Spaziergang sei auf folgende Restaurants und Cafés hingewiesen:

Bratwurstherzl, Heiliggeiststraße 3
Goldene Stadt (tschechisch), Oberanger 44
Schmalzladen, Dreifaltigkeitsplatz 2

Drei Rosen, Rindermarkt 5
Café Privat, Oberanger 6

(62) Ruffinihäuser (Rindermarkt 10/Rosental/ Sendlinger Straße 1)
Büro- und Geschäftshaus von Gabriel von Seidl aus den Jahren 1903/05. Das ungewöhnlich reich geschmückte viergeschossige Gebäude mit seinen drei Straßenfronten lehnt sich ganz an die früher in Bayern übliche farbige Fassadengestaltung an. Die dekorativen Stukkaturen haben figürliche und pflanzliche Themen zum Inhalt, zugleich aber auch allegorischen Gehalt, und stammen von Philipp Widmer und J. Seidler (wiederhergestellt von Erwin Schleich); die Darstellung des 1808 abgebrochenen Ruffiniturmes (der leonischen Stadtmauer/ Sendlinger Tor) ist ein Werk von Wahler.

(63) Rindermarktbrunnen (Rindermarkt)
Dem natürlichen Gelände stufenförmig angepaßter Brunnen nach einem Entwurf von Josef Henselmann (1964); am Beckenrand ein sitzender Hirte mit seiner Herde.

Löwenturm (Rindermarkt) **(64)**
Der sogenannte Löwenturm stammt von einer vorstädtischen Bewässerungsanlage und dürfte nicht vor dem 16. Jahrhundert entstanden sein; der Turm gehörte nicht zur ehemaligen leonischen Stadtmauer (s. S. 71).

Münchner Stadtmuseum **(65)**
(St. Jakobs-Platz 1)
Auf dem Südteil des Grundstücks des heutigen Münchner Stadtmuseums wurde bereits Ende des 14. Jahrhunderts der städtische Fuhrpark (›der Stadt Wagenfuhrt‹) errichtet, ein Gebäude, das man 1410 zum Marstall (im Osten) umbaute, bis 1431 auch der Neubau des städtischen Zeughauses (Westseite, s. Fig. 19) entstand. 1491/93 errichtete Lukas Rottaler einen Erweiterungsbau, den Jan Polack mit Außenfresken schmückte. Damit war der Baukomplex mit Marstall und Zeughaus (reizvolle spätgotisch gewölbte Erdgeschoßhalle) fertiggestellt.

Fig. 67   Spaziergang IV: Rindermarkt – Viktualienmarkt ▷

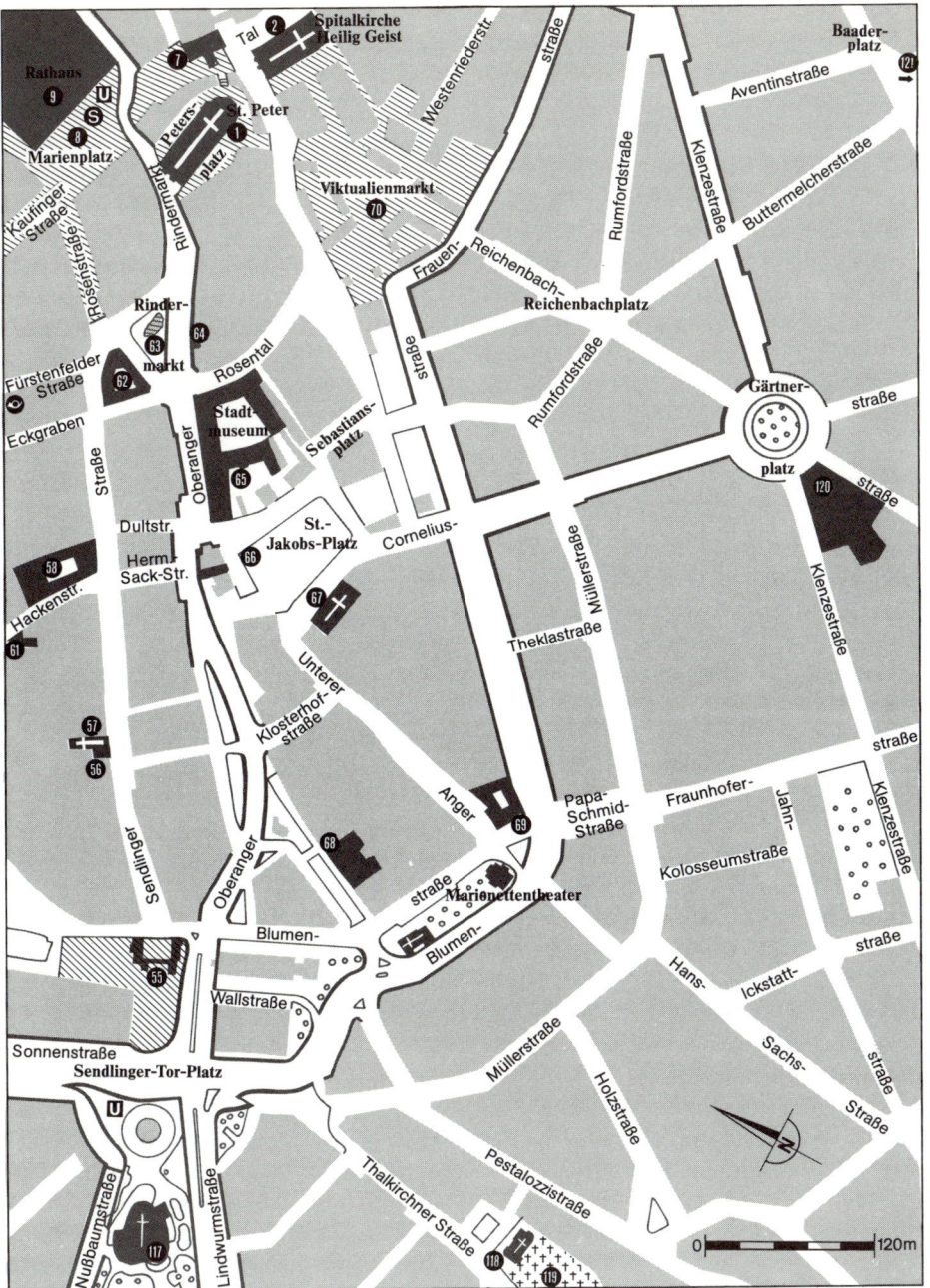

Auf Initiative der Stadtväter eröffnete schließlich Ernst von Destouches 1888 in diesen Räumen ein Museum. Im Zuge der immer größer werdenden Sammlung erhielt das Museum im 20. Jahrhundert noch mehrere Anbauten: 1926/28 Mitteltrakt von Hans Grässel, 1930/31 östlicher Flügelbau mit Anschluß zum Marstall von Hermann Leitenstorfer, 1959/64 nördlicher U-Trakt am Rosental von Gustav Gsaenger, 1977/78 Kopfbau an der Ostseite von M. Hofmann, T. Erdle und P. Wagner, die 1976/77 auch den Wiederaufbau des zu zwei Dritteln zerstörten Museums leiteten.

Die Sammlungen des Museums
Erdgeschoß: Moriskenraum mit den gotischen Tanzfiguren von Erasmus Grasser (um 1480; besonders sehenswert, Abb. 100); Waffenhalle; Deutsches Brauereimuseum e. V. mit sehenswerten künstlerischen Zeugnissen des Braugewerbes; Filmmuseum mit einer Dokumentation über die Geschichte des Films; u. a. mit Vorführungen von ›wertvollen‹ Filmen.
1. Obergeschoß: Münchner Stadtgeschichte (im Aufbau); Fotomuseum, Dokumentation über die Geschichte des fotografischen Bildes bis zum farbigen Meisterfoto der Gegenwart; in den Räumen dieser Etage finden ständig Sonderausstellungen statt, die München und Bayern zum Inhalt haben; ferner Brauereimuseum und Bürkelsche Münzsammlung (mit bayerischen Münzen vom Mittelalter bis 1920).
2. Obergeschoß: Münchner Wohnkultur; in 20 Räumen sind stilgerechte Möbel aus der Zeit 1700–1900 ausgestellt; Münchner Bürgerkultur (in Vorbereitung); Graphik-Sammlung mit über 200000 Blättern, die Münchner Themen darstellen.

3. Obergeschoß: Puppentheatersammlung – eine der größten Sammlungen der Welt, die Puppen und Schattenspielfiguren aus vielen Ländern und Jahrhunderten beherbergt, u. a.: Stabfiguren, indische und chinesische Schattenfiguren, mechanische Spielzeuge, europäische Handpuppen und Parade- und Verwandlungsfiguren.
4. Obergeschoß: Musikinstrumentensammlung: Schlag-, Zupf-, Streich- und Blasinstrumente von der Antike bis zum 20. Jahrhundert, die aus Amerika, Asien, Afrika, Ozeanien, dem Orient und aus Europa stammen.

Ignaz-Günther-Haus (66)
(Unterer Anger 30/Oberanger 11)
Ehemaliges Wohnhaus und Werkstatt des Münchner Bildhauers Ignaz Günther (1725 bis 1775); noch gut erhaltenes Gebäude gotischen Ursprungs mit einer geradlinigen Holztreppe, die durch zwei Geschosse führt (›Himmelsleiter‹). Die Fassade zum Oberanger hin zeigt noch eine Altmünchner Dachgaube, die ursprünglich als Warenaufzug diente (sog. ›Ohrwaschl‹); im Inneren wurde eine gut erhaltene gewölbte Holzbalkendecke freigelegt; 1975/77 Restaurierung durch Johannes Ludwig.

St. Jakob (Unterer Anger 1) (67)
Neubau von Friedrich Haindl aus den Jahren 1955/56 mit Fresken von Bill Nagel; die Plastik des Hochaltars stammt von Josef Henselmann. Das Gebäude steht an der Stelle der im Kriege zerstörten Kirche St. Jakob am Anger, die auf eine kleine Jakobskapelle vom Ende des 12. Jahrhunderts zurückgeht. Nach der Niederlassung der Franziskaner entstand hier um 1240 eine größere Klosterkirche, die 1284–1804 den

Klarissinnen gehörte; seit 1834 Kirche der Armen Schulschwestern. Baugeschichtlich gehört die zerstörte Kirche zu den interessantesten Münchens, da sie das älteste spitzbogige Kreuzrippengewölbe der Gotik in Oberbayern besaß.

(68) **Münchner Meisterschule für Mode** (ehemaliges ›Landschaftshaus‹; Roßmarkt 15)
Klassizistischer Neubau (1774/75) für die bayerischen Landstände von François Cuvilliés d. J. Die dreigeschossige Fassade mit Mezzanin über dem Erdgeschoß entspricht einer imposanten Palastarchitektur; ungewöhnlicher Grundriß, der über einem griechischen Kreuz aufgebaut ist.

(69) **Städtisches Hochhaus**
(Blumenstraße 28 a und b)
Gute architektonische und städtebauliche Lösung eines Verwaltungshochhauses (1927/29) von Hermann Leitenstorfer im frühen 20. Jahrhundert; die unverputzten Ziegelfassaden über dem Tuffstein-Erdgeschoß orientieren sich ganz an der Wandstruktur der Frauenkirche.

Viktualienmarkt (Farbt. 22, 26, Abb. 24) (70)
Der Viktualienmarkt mit seinem regen Markttreiben, seinem reichen Warenangebot von Obst und Gemüse aus vielen Ländern bis zu lebendem Kleinvieh ist seit fast zwei Jahrhunderten Treffpunkt der Stadt- und Landbevölkerung des Münchner Umlandes. Alljährlich steht hier der Maibaum, und am Faschingsdienstag wird zum ›Tanz der Marktfrauen‹ eingeladen.

Der Markt ist auf diesem Platz seit 1807 etabliert und konnte im Verlauf der Abbrucharbeiten des Heilig-Geist-Spitals (bis 1885 vollendet) immer mehr erweitert werden. 1853 errichtete Franz Karl Muffat hier einen der ersten Industriebauten (Schrannenhalle) aus Glas und Stahl in München, der 1932 einem Brand zum Opfer fiel.

Zwischen den Holzbuden und bunten Verkaufsständen erinnern drei Brunnen an die beliebtesten Münchner Komiker: Karl-Valentin-Brunnen (1882–1948) von Ernst Andreas Rauch; Weiß-Ferdl-Brunnen (1883–1949) von Josef Erber; Liesl-Karlstadt-Brunnen (1892–1961) von Hans Osel (Farbt. 22, Abb. 24).

V   Brienner Straße (s. Fig. 68)

Zum Rasten bei diesem Spaziergang sei auf folgende Restaurants und Cafés hingewiesen:

Café und Grill-Restaurant Luitpold, Brienner Straße 11
Opatja (jugoslawisch), Brienner Straße 41
Café Lenbach, Maximiliansplatz 18

Bei Mario (italienisch), Luisenstraße 47
Lohnender Abstecher zum Alten Botanischen Garten

Die Brienner Straße war ursprünglich der alte wittelsbachische Fürstenweg von der Münchner Residenz zum Schloß nach Nymphenburg. Im Zuge der neuangelegten Maxvorstadt bildeten Karl von Fischer und Ludwig von Sckell unter der Regierungszeit

a   b

des ersten bayerischen Königs Maximilian I. Joseph den ehemaligen Fürstenweg zur Prachtstraße und Hauptachse (1806/14) der nördlichen Vorstadt aus. Ausgangspunkt der neuen Straße war die Residenz mit ihrem klassizistisch gestalteten Odeonsplatz (der heute weiter nördlich liegt).

Um den starren Rasterplan der Maxvorstadt zu überwinden, entschied sich Fischer für eine freie Rhythmisierung der einzelnen Straßenabschnitte; wo quer einfallende Straßen auf den Fürstenweg zuliefen, ordnete er Plätze an, die der geradlinigen Straßenführung ihre Monotonie nahmen und reizvolle städtebauliche Akzente setzten. Die Brienner Straße verlief in hartem rechtem Winkel vom Odeonsplatz in Richtung Westen, blieb in ihrem ersten Teilstück völlig gerade und öffnete sich nach Norden hin zum Wittelsbacherplatz, um dann mit einer sanften Krümmung dem alten Verlauf der Stadtmauer entgegenzuwirken. Hier war der kritischste Punkt der Planung, weil die Brienner Straße vom Maximiliansplatz aufgerissen zu werden drohte. Fischer gestaltete einen rechteckigen Platz, der heute in der Anlage des Oskar-von-Miller-Ringes aufgegangen ist.

Nun konnte die Brienner Straße ungehindert über den Karolinen-Platz und Königsplatz zum Stiglmaierplatz weitergeführt werden, um sich dort mit der vorhandenen Allee nach Nymphenburg und dem diagonalen Straßenzug nach Dachau zu vereinen.

Mit dem Karolinenplatz führte Fischer erstmals in München das Motiv des Strahlenplatzes ein (s. S. 89f.). Geschickt setzte er die Hauptbauten auf die diagonalen Platzachsen und rückte sie von den runden Straßenkanten zurück, während er unmittelbar an den Straßeneinmündungen kleine flankierende Nebengebäude errichtete; räumlichen Zusammenhalt erhielt der Platz schließlich durch seine Bepflanzung und eine stark betonte Mitte durch den Obelisken von Klenze (1833).

Ganz anders dagegen konzipierte Fischer den Königsplatz, auf dem Kronprinz Ludwig nach dem Vorbild der Akropolis in Athen einen mit Tempeln umstandenen Raum schaffen wollte. Kein Straßenkreuz bildete hier die Grundlage für die Platzgestaltung, sondern die Verbreiterung der Brienner Straße in ihrer Längsachse schuf die richtigen Proportionen für diesen königlichen Platz. Als Bebauung sah Fischer zwei etwa 100 m lange Tempelbauten an den Längsseiten vor. Unmittelbar an den Platzkanten der Straßeneinmündungen plante er Wohngebäude; Rasen und Bäume sollten die starre Symmetrie aufheben. Aber der Plan des Königs und seines Baumeisters, »klassische Strenge in lebendiges Grün einzubeten« (O. Hederer), wurde nur teilweise verwirklicht.

Als später Klenze von Ludwig I. den Auftrag für die Ausführung des Königsplatzes erhielt, studierte er sorgsam den Fischerschen Entwurf und gab dem Platz seine tektonische Fassung: Klenzes Glyptothek (Abb. 82) und Georg Friedrich Zieblands Antikensammlung (Abb. 81) stehen korrespondierend gegenüber; die quergestellten Propyläen nehmen der Brienner Straße hier wie am Karolinenplatz ihren durchgehenden Charakter. So entstand – damals noch im freien Gelände – für das 20. Jahrhundert eine Oase städtebaulicher Ruhe. Als dann

◁ *Fig. 68 Brienner Straße (Ausschnitt): a) Situation um 1800; b) Situation 1979*

1934 die Steinpflasterung (für Hitlers Aufmarschplatz) mit Autoverkehr und Parkplätzen verwirklicht wurde, ging die ursprüngliche Wirkung dieses einzigartigen klassizistischen Platzes weitgehend verloren. Pläne für die Begrünung des Königsplatzes stehen kurz vor der Ausführung.

(71) **Moy-Palais** (Theatinerstraße 23; Abb. 73) Gelungener klassizistischer Anschluß an die barocke Theatinerkirche und zugleich geglückter Flankenbau für die Einführung der Brienner Straße in den ehemaligen Odeonsplatz. Dieser erste klassizistische Bau an der Ludwigstraße stammt von Leo von Klenze (1819), wurde im Krieg fast vollständig zerstört und 1950/51 von Georg H. Winkler mit schönem Innenhof wieder aufgebaut.

(72) **Prinz-Ludwig-Ferdinand-Palais (Alfons-Palais)**

(Wittelsbacherplatz 4/Fürstenstraße 1) Ursprünglich war das Gebäude Wohnhaus Klenzes, das er 1825 für sich errichtet hatte. Die in strengem Klassizismus gehaltenen Fassaden setzten nach Süden zum saalähnlichen Wittelsbacherplatz und nach Osten zum Odeonsplatz hin einen würdevollen städtebaulichen Akzent; dieses Palais und die anschließenden Flankenbauten verleihen dem Platz großstädtisches Flair und architektonische Geschlossenheit. Nachdem Klenze das Gebäude nach Westen um vier Achsen erweitert hatte, bewohnte Prinz Alfons das Palais; später wurde es das Wohnhaus von Prinz Ludwig Ferdinand (heute Sitz der Siemens-Hauptverwaltung).

(73) **Arco-Zinneberg-Palais**

(Wittelsbacherplatz 1) Ursprünglich von Bauspekulanten in Auftrag gegebenes Wohnhaus, das Klenze 1820 errichtete und das später von Graf Arco-Zinneberg erworben wurde. Das klassizistische Gebäude mit seinem schönen ›Palladio‹-Mittelrisalit (Ostfassade) ist eines der reifsten Werke von Klenze; von ganz besonderem Reiz ist die breitgelagerte Ostfassade mit je fünf Achsen links und rechts des dreiachsigen Mittelteiles. Nach den schweren Kriegszerstörungen wurde das Palais 1959/60 wieder originalgetreu aufgebaut.

Reiterdenkmal (74)
für Kurfürst Maximilian I.
(Wittelsbacherplatz)
Das beste klassizistische Denkmal Süddeutschlands, für das Leo von Klenze den Sockelentwurf lieferte, Bertel Thorvaldsen das Reiterstandbild modellierte (nach 1830) und Johann Baptist Stiglmaier den Bronzeguß übernahm; 1839 wurde das Denkmal feierlich enthüllt.

Almeida-Palais (Brienner Straße 14) (75)
Eines der ehemals schönsten Palais der Brienner Straße, das Jean-Baptiste Métivier 1823/24 für Sophie Petin, Baronin Bayrstorff (die spätere Gemahlin des Prinzen Karl) 1834 errichtete; nach der Heirat ihrer Tochter mit dem Grafen d'Almeida ging das Palais in den Besitz der Grafenfamilie über. Der streng-klassizistische Bau ist eine gelungene Ergänzung zu der Architektur Fischers und Klenzes an der Brienner Straße. Die östlich anschließenden Gebäude (Haus Nr. 10/12) sind anspruchsvolle klassizistische Fassaden von Klenze, der damit die offene Bebauung Fischers an der Brienner Straße aufgab und sich ganz der Formensprache der Ludwigstraße zuwandte. 1952/1953 Wiederaufbau.

70   Theatinerkirche (Agostino Barelli, 1663/75; Fassade von François Cuvilliés d. Ä., 1765/68) und Feldherrn-
      halle (Friedrich von Gärtner 1841/44)

◁ 69   Die Ludwigstraße vom Siegestor bis zur Feldherrnhalle mit Ludwigskirche und Theatinerkirche

71   Ludwigskirche (Friedrich von Gärtner, 1829/44) ▷

72 Preysing-Palais in der Residenzstraße (Joseph Effner, 1723/28) und Feldherrnhalle (Friedrich von Gärtner, 1841/44)

73 Theatinerkirche (Agostino Barelli, 1663/75), Zustand ohne Fußgängerzone

74 Feldherrnhalle (Friedrich von Gärtner, 1841/44)

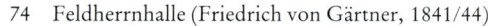

75 Brunnen vor der Universität, die von Friedrich von
Gärtner (1842/44) auf die Achse der Veterinärstraße
ausgerichtet wurden

76 Fassadendetail der Ludwig-Maximilians-
Universität (Friedrich von Gärtner, 1835/
1840)

77 Geschwister-Scholl-Platz mit Brunnen, Universität und Ludwigskirche (alles Bauten von Friedrich von
Gärtner)

78 Ehrentempel für die 1923 beim Marsch auf die Feldherrnhalle gefallenen Hitler-Anhänger (1945 von den Amerikanern gesprengt)

79 Fassadendetail der Propyläen (Leo von Klenze, 1846/62)

80 St. Bonifaz (Georg Friedrich Ziebland, 1835/45)

81 Staatliche Antikensammlung (im korinthischen Stil) auf dem Königsplatz (Georg Friedrich Ziebland, 1838/
    1846)
82 Glyptothek (im ionischen Stil) auf dem Königsplatz (Leo von Klenze, 1816/30)

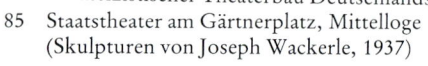

83 Nationaltheater (Karl von Fischer, 1812/18), bedeutendster klassizistischer Theaterbau Deutschlands

84 Cuvilliés-Theater (Altes Residenztheater), Proszeniumsloge

85 Staatstheater am Gärtnerplatz, Mittelloge (Skulpturen von Joseph Wackerle, 1937)

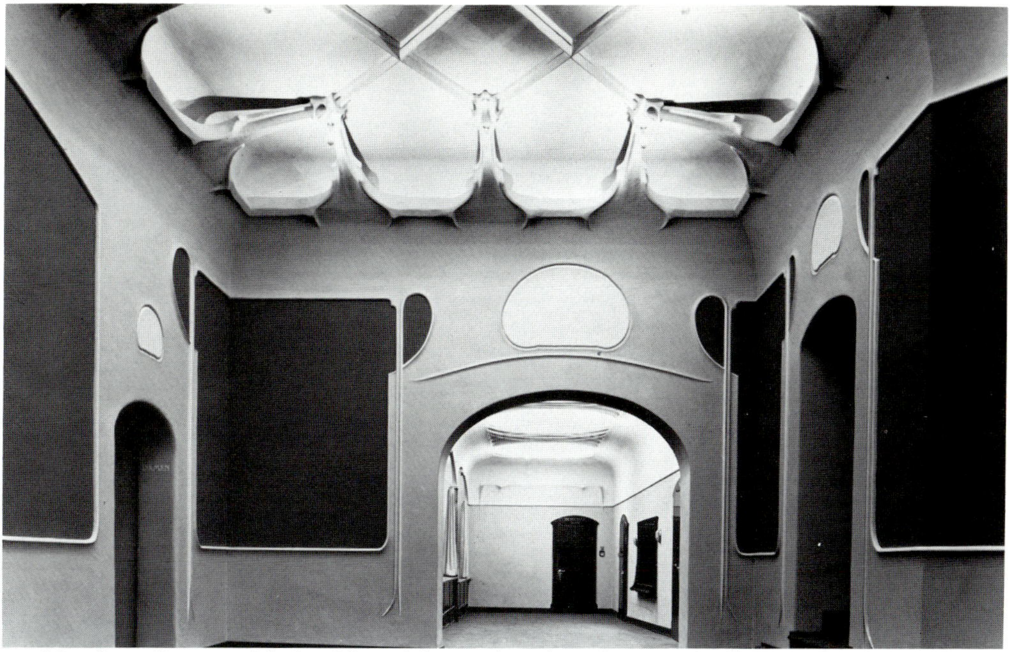

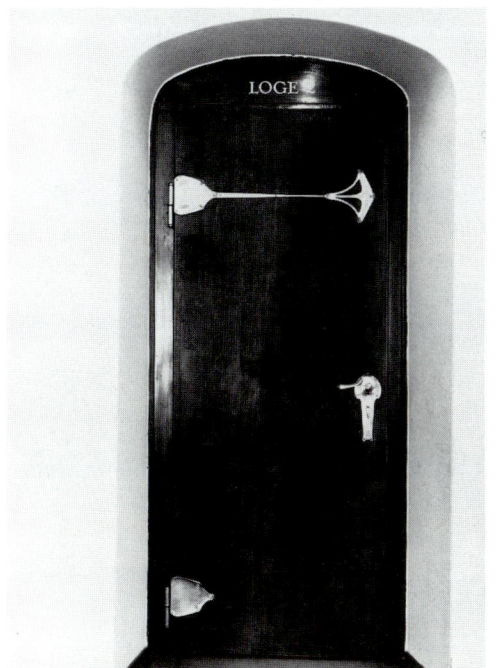

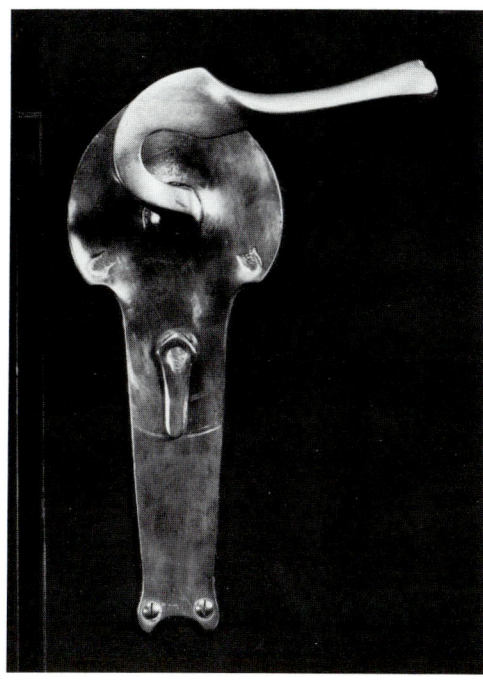

86 Münchner Kammerspiele im Schauspielhaus, eines der seltenen, mit allen Details erhaltenen (1971 wiederhergestellt) Jugendstil-Theater Deutschlands (R. Riemerschmid und M. Littmann, 1900/01)

87, 88 Münchner Kammerspiele, Tür und Türbeschlag

89 Villa und Atelier des Malers Franz von Stuck; ein Gebäude, das der Künstler sich 1897/98 nach eigenen
    Entwürfen im klassizistisch geprägten Jugendstil errichten ließ

90 Jugendstil-Fassade, Elsässer Straße 22 (Thomas Hartlsberger, 1903) ▷

92 Nymphenburger Park, Badenburg

◁ 91 Hauptfassade der Lenbach-Villa; prunkvolle Stadtresidenz des ›Malerfürsten‹ Franz von Lenbach (Gabriel von Seidl, 1887/91); heute Städtische Galerie

93 Schloßterrasse und Parkanlage von Nymphenburg (Große Parterre)

94 Bayerisches Nationalmu-
    seum (Gabriel von Seidl,
    1894/1900)

96 Staatliches Museum für ▷
    Völkerkunde, Fassaden-
    detail im Maximilian-Stil
    (Eduard Riedel, 1858/65)

95 Maximilianeum, der heu-
    tige Sitz des Bayerischen
    Landtags und des Bayeri-
    schen Senats; Maximi-
    lian-Stil (Friedrich Bürk-
    lein, 1857/74)

GROSSE
JURYFREIE E.V.

97 Deutsches Museum (Gabriel und Emanuel von Seidl, 1906/25) an der Isar mit Blick zum Maximilianeum (Friedrich Bürklein, 1857/74)

(76) **Ehemaliges Palais Törring-Seefeld**
(Karolinenplatz 4)
1812 von Karl von Fischer als Wohnhaus
für Kronprinz Ludwig errichtet, später von
Graf Törring-Seefeld erworben. Dieses
1946 durch Carl Kergl wiederaufgebaute
neoklassizistische Palais zeigt deutlich die
Entwurfsidee Fischers, das Gebäude vom
runden Straßenrand zurückzusetzen. Die
kleinen niederen Gebäude an den Straßeneinmündungen sind Originalbauten Fischers (heute Staatl. Lotterieverwaltung).

(77) **Obelisk** (Karolinenplatz)
Kronprinz Ludwig gab Leo von Klenze den
Auftrag, für den Karolinenplatz ein Armeedenkmal zu Ehren der 1812 im Rußlandfeldzug Napoleons gefallenen 30 000 bayerischen Soldaten zu errichten. Klenze entschied sich für die Obeliskform und schrieb
Ludwig dazu: »Das Monument selbst ist
ganz symbolisch, welches wohl die einzige
Art ist, alles und doch nicht zu viel zu
sagen…Die architektonische Poesie des
Entwurfes liegt im Kontrast der einfachen
riesenhaften Obeliskform, welche rein und
kräftig wie ein Kristall aus dem Boden ent-
sproßt und auf dem gewählten Standpunkt
gleichsam einen Focus von Architektur zum
Hintergrund hat, wo sich Paläste, Säulen,
Tempel und Kuppeln zusammendrängen.«
(Ellingen, 20. 8. 1818)[49] Der 29 m hohe erz-
gegossene Obelisk (bestehend aus zwölf
Erzkuben und Ziegelkernen) steht auf
einem schönen Sockel mit Widderköpfen
und wurde 1833 enthüllt.

49 Zitiert in: Oswald Hederer: ›Leo von Klenze‹, München 1964, S. 216 f.

(78) **Bauten des Dritten Reiches**
(Meiserstraße 10, Arcisstraße 12)
Repräsentatives Verwaltungsgebäude der
NSDAP, 1938/39 von Paul Ludwig Troost
errichtet; heute Sitz des archäologischen
und ägyptologischen Instituts sowie des
Zentralinstituts für Kunstgeschichte, der
Graphischen Sammlung, des Doerner-Insti-
tuts und der Direktion der Staatsgemäldesammlungen. – Hitlers Kongreßbau, in dem
im September 1938 das ›Münchner Abkom-
men‹ unterzeichnet wurde; der Entwurf
stammte ebenfalls von Troost (1938/39),
heute Hochschule für Musik.

(79) **Glyptothek** (Königsplatz 3; Abb. 82)
Die Münchner Glyptothek ist eine Schöpfung Ludwigs I. Seine Begeisterung für die
Antike und mehrere Reisen nach Italien
(s. S. 64ff.) ließen in ihm den Entschluß
reifen, auch in München eine Sammlung
antiker Bildwerke aus Ägypten, Griechenland und Italien anzulegen. Zahlreiche
Agenten waren ihm beim Ankauf und der
Auswahl der antiken Kunstwerke behilf-
lich; die bedeutendsten Erwerbungen ver-
dankte er dem Verhandlungsgeschick seines
wichtigsten Aufkäufers, des Bildhauers Johann Martin von Wagner. Der wertvollste
Schatz der Glyptothek sind die Giebelskulpturen des Aphaia-Tempels von der Insel Ägina (s. Fig. 69), die, 1811 entdeckt,
schon 1812 von Ludwig erworben und dann
von Bertel Thorvaldsen in Rom ergänzt
wurden (die später wieder von Dieter Ohly
beseitigt wurden). Auch Leo von Klenze
konnte 1816 mit dem Ankauf der Feschi-
schen Sammlung in Paris die königliche
Kunstsammlung bereichern.
Für all diese Schätze war nun ein ange-
messenes Museum erforderlich. Die Kunst-

akademie ließ 1814 im Auftrag Ludwigs einen Wettbewerb ausschreiben, dem die Forderung Ludwigs zugrundelag, daß beim Museum »zum allgemeinen Augenmerk diene, daß nicht Zierlichkeit, sondern gediegene Größe die erste Bedingung ist, am besten, wenn beide vereinigt werden können, besser noch, es zeige sich als würdige Nachahmung des Großen im Altertume, denn als minder schöne Selbsterfindung «[50].

Schließlich standen drei Entwürfe für die Glyptothek zur Diskussion: Die Arbeit von Albrecht Haller von Hallerstein war zu weitläufig und zu monumental für den Königsplatz; neben griechisch/römischer Architektur plante er auch das ägyptische Pylon-Element ein (s. Fig. 70). Karl von Fischer, der vom Kronprinzen persönlich aufgefordert wurde, einen Entwurf zu liefern, da aus dem Wettbewerb kein Preisträger

hervorgegangen war, schlug einen zurückhaltenden Kuppel-Zentralbau vor, der ebenfalls nicht zur Ausführung kam (s. Fig. 72). Der zweite (abgeänderte) Entwurf Klenzes aus dem Jahre 1815 zeigt einen T-förmigen Grundriß mit dorischer Säulenhalle (s. Fig. 71), dessen Südfassade bereits der Endfassung nahe kam.

All diese Arbeiten übergab der Kronprinz Leo von Klenze und beauftragte ihn, den Ausführungsentwurf zu erarbeiten. Klenze griff vor allem Fischers Idee auf und konzipierte eine Vier-Flügel-Anlage (1816/30) um einen quadratischen Binnenhof. Das Hauptmotiv der Südfassade zeigt eine klassizistische Tempelfront im ionischen Stil; ihr lag eine Mischung aus griechischer und römischer Architektur zugrunde: Säulentrommeln (griechisch), nicht kannelierte Schäfte (römisch), keine ionischen Eckkapitelle, sondern nun Frontkapitelle, Fehlen der Entasis; überhaupt war im antiken Griechenland ein größerer Tempel im ionischen Stil äußerst ungewöhnlich.

50   Zitiert in: Oswald Hederer: ›Leo von Klenze‹, München 1964, S. 184

*Fig. 69   Figuren vom Westgiebel des Aphaia-Tempels der Insel Ägina, 505/500 v. Chr.
(Glyptothek, München)*

Über dem Portikus erhebt sich der Giebel mit den von Johann Martin von Wagner 1818 entworfenen Skulpturen, die Athena im Kreise von Künstlern zeigen.

Auch die seitlichen Flankenbauten stehen auf dem durchgehenden dreistufigen Stylobat. In den Fassadennischen mit schönen Ädikula-Rahmungen zum Königsplatz hin sind folgende Skulpturen untergebracht: Hephaistos, Prometheus, Daidalos, Phidias, Perikles und Hadrian. An den Seitenfassaden sind je drei Paare mit zwei Nischen angeordnet mit Skulpturen von Bildhauern der Renaissance (Westen) und des 18./19. Jahrhunderts (Osten).

Schon seit der Eröffnung der Glyptothek (1830) haben sich besonders die Lichtverhältnisse der Museumsräume als unzureichend erwiesen. So erhielten die Säle und ihre Ausstellungsstücke größtenteils nur vom Hof her durch hochliegende Fenster ungünstiges Tageslicht. Als nach dem Kriege der Wiederaufbau der Glyptothek begann – deren Bausubstanz bis zu 40 % und

deren Innendekoration bis zu 90 % (u. a. die Fresken von Peter Cornelius) zerstört waren –, entschloß man sich, die Wände zum Innenhof hin mit großen Fenstern zu öffnen, um so bessere Lichtverhältnisse zu erreichen (Architekt: Josef Wiedemann). Unter Verzicht auf die reiche klassizistische Ausstattung wurden die Räume in der Grundstruktur der Klenzeschen Fassung wiederhergestellt. Auch die ursprünglich klassizistische Ausstellungskonzeption gab man auf: Nun fanden nur noch Werke der griechischen und römischen Kunst ihren Platz in der Glyptothek. Bei der Neuaufstellung richtete man sich ganz nach den Erkenntnissen unserer Zeit, nicht zuviel zu zeigen, sondern weniges wirkungsvoll herauszustellen. Waren in der klassizistischen Aufstellung mehr als 300 Objekte zu sehen, so sind heute nur noch 160 Kunstwerke ausgestellt. Die Plastiken stehen frei im Raum, sie können umschritten und von allen Seiten betrachtet werden; ihre barocken und/oder klassizistischen Ergänzun-

Fig. 70   Entwurf zur Glyptothek von Albrecht Haller von Hallerstein (Staatl. Graphische Sammlung, München)

Fig. 71   Zweiter Entwurf Klenzes zur Glyptothek, 1815 (Staatl. Graphische Sammlung, München, Inv.-Nr. 27393/26807)

Fig. 72   Entwurf zur Glyptothek von Karl von Fischer, 1816 (Architektursammlung der TU München, FS 60/65, Projekt I, Südseite)

gen hat man wieder entfernt (man erkennt heute auch dem Torso eine künstlerische Ganzheit zu).

Die einzelnen Säle

I   Saal der griechischen Jünglinge: Archaische und hellenistische Epoche, darunter der sog. Apoll von Tenea

II   Saal des barberinischen Fauns

III   Saal des Diomedes: Römische Kopien griechischer Skulpturen der Klassik

IV   Saal der Mnesarete: Griechische Grabmonumente des 4. Jh. v. Chr. aus Athen

V   Saal der Eirene: Statuarische Kopien und Originale des 4. Jh. v. Chr., u. a. von Praxiteles und Lysipp

VI   Saal des Grabreliefs mit dem Jäger: Grabreliefs des 4. Jh. v. Chr.

VII   Westgiebelskulpturen des Aphaia-Tempels von der Insel Ägina. Die Aigineten sind neben den Skulpturen des Zeustempels von Olympia die besterhaltenen Giebelskulpturen der antiken Kunst überhaupt (um 505/500 v. Chr.; s. Fig. 69).

VIII   Saal der Sphinx: Fragmente vom Aphaia-Tempel (um 505/500 v. Chr.)

IX   Ostgiebelskulpturen des Aphaia-Tempels (um 485/480 v. Chr.)

X   Saal des Alexander: Skulpturen vom 4. Jh. v. Chr. bis 1. Jh. n. Chr.

XI   Saal der römischen Bildnisse: Römische Porträts und Reliefwerke von Privatleuten und Kaisern (1. Jh. v. Chr. bis 1. Jh. n. Chr.)

XII   Saal des Apollon: Römische Kopien griechischer Originale (4. Jh. v. Chr. bis 1. Jh. n. Chr.)

XIII   Saal des Knaben mit der Gans: Römische Skulpturen (4.–2. Jh. v. Chr.); Relief-Sarkophage (2. Jh. n. Chr.); Reliefs (1. Jh. n. Chr.)

Staatliche Antikensammlung   ⑧⓪
(Königsplatz 1; Abb. 81, 110–115)
Im Zuge des weiteren Ausbaus des Königsplatzes erhielt Georg Friedrich Ziebland, ein Schüler Karl von Fischers, 1838 von Ludwig I. den Auftrag, die Südflanke des Platzes zu gestalten. Der 1848 fertiggestellte Baukörper zeigt eine breit angelegte, dreiteilige Fassade mit durch Pilaster gegliederten Seitenteilen und überzogener Sockelpartie.

Der Mitteltrakt mit seinem dominierenden Säulenvorbau ist einem griechischen Tempel korinthischer Ordnung nachempfunden mit einer leider viel zu hochgezogenen Freitreppe nach Art römischer Tempelarchitektur; ein wohlproportionierter griechischer Stylobat – wie etwa bei der Glyptothek – hätte sowohl die Wirkung des spätklassizistischen Gebäudes als auch des gesamten Platzes verbessert. Die Giebelskulpturen (Entwürfe von Schwanthaler) stellen Bavaria als Beschützerin und Lenkerin aller bildenden Künste dar.

Das heutige Museum wurde ursprünglich als ›Kunst- und Industrie-Ausstellungsgebäude der Förderung der Kunst und des Gewerbes‹ genutzt, 1869/72 brachte man hier das ›Königliche Antiquarium‹ unter, um die Jahrhundertwende wurde es zum ›Haus der Secession‹ (1898–1912) und beherbergte seit 1919 Münchens ›Neue Staatsgalerie‹. Nach dem Kriege lag das Gebäude fast 25 Jahre in Trümmern, bis am 21. April 1967 das in seiner Außenarchitektur originalgetreu wiederaufgebaute und im Innern von Johannes Ludwig neu gestaltete Gebäude als Museum der ›Staatlichen Antikensammlung‹ wieder eröffnet wurde. Die hier zusammengefaßte Sammlung antiker Kleinkunst gehört zu den bedeutendsten der Welt, besonders die noch von Ludwig I. aufgekaufte Sammlung griechischer Töpferkunst mit erlesenen attischen Meisterwerken.

Hauptgeschoß:
Saal I Vornehmlich kretisch-mykenische und frühgriechische Töpferkunst aus Griechenland (14.–8. Jh. v. Chr.). Hans von Schoen-Schenkung mit griechischen Tongefäßen, Terrakotten und Bronzen

Saal II Griechische Töpferkunst des 8. bis 6. Jh. v. Chr.; ostgriechische Tonsarkophage
Saal III Griechische Töpferkunst des 6./5. Jh. v. Chr.
Saal IV Griechische Töpferkunst des 5. Jh. v. Chr.
Saal V Griechische Töpferkunst des 5. bis 2. Jh. v. Chr. James Loeb-Schenkung mit griechischen Tongefäßen, Terrakotten und Bronzen
Obergeschoß:
Aus Etrurien: Bronzebeschläge, Bronzekessel, Kleinbronzen, Tongefäße und große Skulpturen (6.–4. Jh. v. Chr.). Aus Unteritalien: Griechische Gefäße (4. Jh. v. Chr.). An den Stirnwänden Fresken (›Griechische Landschaften‹) von Carl Rottmann
Untergeschoß:
Korridor: Tongefäße aus Böotien (8. bis 6. Jh. v. Chr.) Tongefäße aus Zypern (10. bis 6. Jh. v. Chr.)
Raum VII Etruskischer Goldschmuck und antikes Silber
Raum VIII Griechische Bronzen und antikes Glas
Raum IX Vornehmlich griechische Terrakotten und Bronzen
Raum X Vornehmlich griechischer Goldschmuck

Propyläen (Königsplatz; Abb. 79) (81)
Schon 1817 schlug Klenze Ludwig I. vor, den Königsplatz nach Westen, nach Nymphenburg hin, mit einer würdevollen griechischen Toranlage abzuschließen; eine grundlegende neue Platz-Konzeption, die der ursprünglichen Fischerschen Planung widersprach, da so die Brienner Straße als Stadtausfahrt abgeriegelt wurde. Aufgrund der bestehenden *ionischen* Glyptothek und

dem geplanten *korinthischen* Südabschluß (St. Bonifaz, s. S. 327ff.; Antikensammlung, s. S. 301f.) entschieden sich Ludwig I. und Klenze für einen *dorischen* Torbau nach dem Vorbild der Propyläen in Athen. Doch es sollten mehr als drei Jahrzehnte bis zur Realisierung dieses Projektes vergehen.

Nach langem Vorspiel erhielt der 66jährige Klenze schließlich 1846 den königlichen Auftrag für den Bau der Propyläen; 1848 genehmigte der König nach seiner Abdankung die Pläne, doch erst 1862 war das Eingangstor vollendet.

Dieser letzte klassizistische Bau München chens ist eine Mischung aus griechischer und ägyptischer Architektur: Zwischen zwei kraftvollen pylonartigen Türmen (ägyptisch) spannt sich nach Osten und Westen je eine erhabene griechische Giebelfassade mit je sechs gedrungenen dorischen Frontsäulen, während parallel zur Durchfahrt schlanke ionische Säulen für den hohen Innenraum angeordnet sind.

Sowohl die Giebelskulpturen (von Schwanthaler) als auch die Reliefs an den Türmen haben ikonographisch die enge Verbindung des wittelsbachischen Königshauses mit Griechenland und den Kampf der Hellenen gegen die Türken zum Inhalt: Westseite – Griechischer Freiheitskampf gegen die jahrhundertealte Fremdherrschaft der Türken; Ostseite (zum Königsplatz hin) – König Otto von Griechenland (Sohn Ludwigs I.) nimmt die Huldigung des griechischen Volkes entgegen.

⁸² **Städtische Galerie im Lenbachhaus**
(Luisenstraße 33; Farbt. 18, Abb. 91)
Auf dem Höhepunkt seiner Karriere entschloß sich Franz von Lenbach (Abb. 107, 108), in München seinen festen Wohnsitz zu nehmen. Der aus einfachen Verhältnissen stammende Künstler gelangte im Laufe seines Lebens durch seine Malerei zu einem stattlichen Vermögen. Damit war auch die finanzielle Voraussetzung geschaffen, sich neben Grützner, Defregger, Kaulbach und anderen Künstlern in München, das eines der bedeutendsten Zentren der bildenden Kunst Deutschlands im ausgehenden 19. Jahrhundert war (s. S. 126f.), zu etablieren und aller Welt seinen gesellschaftlichen Rang und Anspruch in Gestalt einer prunkvollen Künstlervilla vor Augen zu führen. Unmißverständlich kommt Lenbachs Wunsch zum Ausdruck, sich mit der Errichtung eines eigenen Palastes in die Tradition der berühmten Maler der Renaissance und des Barocks einzureihen. Raffael, Tizian, Rubens – sie alle hatten fürstliche Domizile. Einer der damals renommiertesten Architekten Münchens, Gabriel von Seidl, verlieh den Ideen Lenbachs Gestalt. Im Zusammenwirken beider entstand 1887/1897 ein architektonisch dekoratives Gesamtkunstwerk, das im Rückgriff auf die historischen Vorbilder und in der Verschmelzung heterogener Formen zu einer Kulisse geriet, vor der sich das gesellschaftliche Leben der Gründerzeit in seinen pompösen Inszenierungen entfalten konnte.

Die Architektur der Lenbach-Villa zeigt eine ausgereifte florentinische Renaissance; großzügige Terrassen und Loggien sowie der in die Architektur mit einbezogene Garten machen die Villa zu einem fürstlichen Palais in unmittelbarer Nähe der königlichen Bauten des Königsplatzes. Atelier (1887/89) und Wohnhaus (1891 vollendet) wurden erst 1912 durch einen Zwischentrakt miteinander verbunden; Hans Grässel leitete 1927/29 den Anbau des Nordflügels.

Seit 1929 befindet sich die Villa im Besitz der Stadt München; kontinuierlich wurden bis 1958 die schweren Kriegsschäden behoben.

Die Sammlungen
Erdgeschoß:
Werke von etwa 1920 bis zur Gegenwart: Caspar-Filser, Klee, Schrimpf, Zimmer u. a.; Malerei der Gotik und des Barocks (u. a. ›Münchener Schule‹: Desmarées' Porträt der Gräfin Holnstein, Abb. 105); *Obergeschoß:* Münchner Landschaftsmalerei und Romantiker (Adam, Albrecht, Dillis, Ko-

bell, Rottmann, Spitzweg); ferner Werke von Corinth, Leibl, Trübner, Slevogt u. a.; ›Gabriele Münter-Stiftung‹ mit Werken von Kandinsky bis zur Epoche der ›Blaue Reiter‹ (s. S. 127 f.).

Mit der Zeit wurde die Sammlung mit Werken von Delaunay, Jawlensky, Klee, Macke, Marc, Werefkin u. a. abgerundet.

Der unverwechselbare Charakter der Galerie beruht auf dem späthistorischen Ambiente der Künstlervilla und auf einer Sammlung, die die bildnerischen Traditionen Münchens dokumentiert.

VI Ludwigstraße (s. Fig. 73)

Zum Rasten bei diesem Spaziergang sei auf folgende Restaurants und Cafés hingewiesen:

Hofgarten-Café Annast, Odeonsplatz 18
Wilhelm Tell, Schönfeldstraße 15 a
Hopfenperle, Ohmstraße 14
Café ›An der Uni‹, Ludwigstraße 24
Café Erika, Kurfürstenstraße 2

Oase Café-Bar, Türkenstraße 87 (Amalienpassage)
Wurstkuchl, Amalienstraße 85
Crêperie Bretonne, Amalienstraße 71
Max-Emanuel-Brauerei, Adalbertstraße 53

Die Ludwigstraße entstand in der ersten Hälfte des 19. Jahrhunderts (1816/52), als München 1808 mit dem Wettbewerb für die nördliche Stadterweiterung (Maxvorstadt) und dessen Ausführung eine zukunftsweisende Stadtplanung begann. Die Anlage der Ludwigstraße geht ganz auf das persönliche Engagement des Kronprinzen Ludwig zurück, der Leo von Klenze 1816 mit der Gesamtplanung beauftragte (s. S. 90 ff.). Klenze wurde aber auf des Königs Anordnung 1827 von Friedrich von Gärtner abgelöst. So zeigt sich in der Architektur der Ludwigstraße ›die Handschrift‹ der damals bedeutendsten klassizistischen Architekten

Süddeutschlands; während Klenze die Gebäude vom Odeonsplatz bis zur Theresienstraße gestaltete, sind die Feldherrnhalle und das Siegestor, die Staatsbibliothek und die Universität Werke von Gärtner (Farbt. 1, Abb. 69, 75, 77).

»Jedes Urteil, das in der Ludwigstraße die Lösung der Aufgabe, die Straße als Einheit zu gestalten, übersieht, kann dem Sinn ihrer Formen nicht gerecht werden. Nur die Straße in ihrer Ganzheit kann der rechte Maßstab für die Beurteilung ihres Stiles sein. Aus dem Ganzen erhält jeder Teil erst seine Rechtfertigung. An dem Beitrag, den jedes einzelne Bauwerk hierfür leistet, wird sein

Fig. 73   Ludwigstraße (Ausschnitt): a) Situation um 1800; b) Situation 1979 ▷

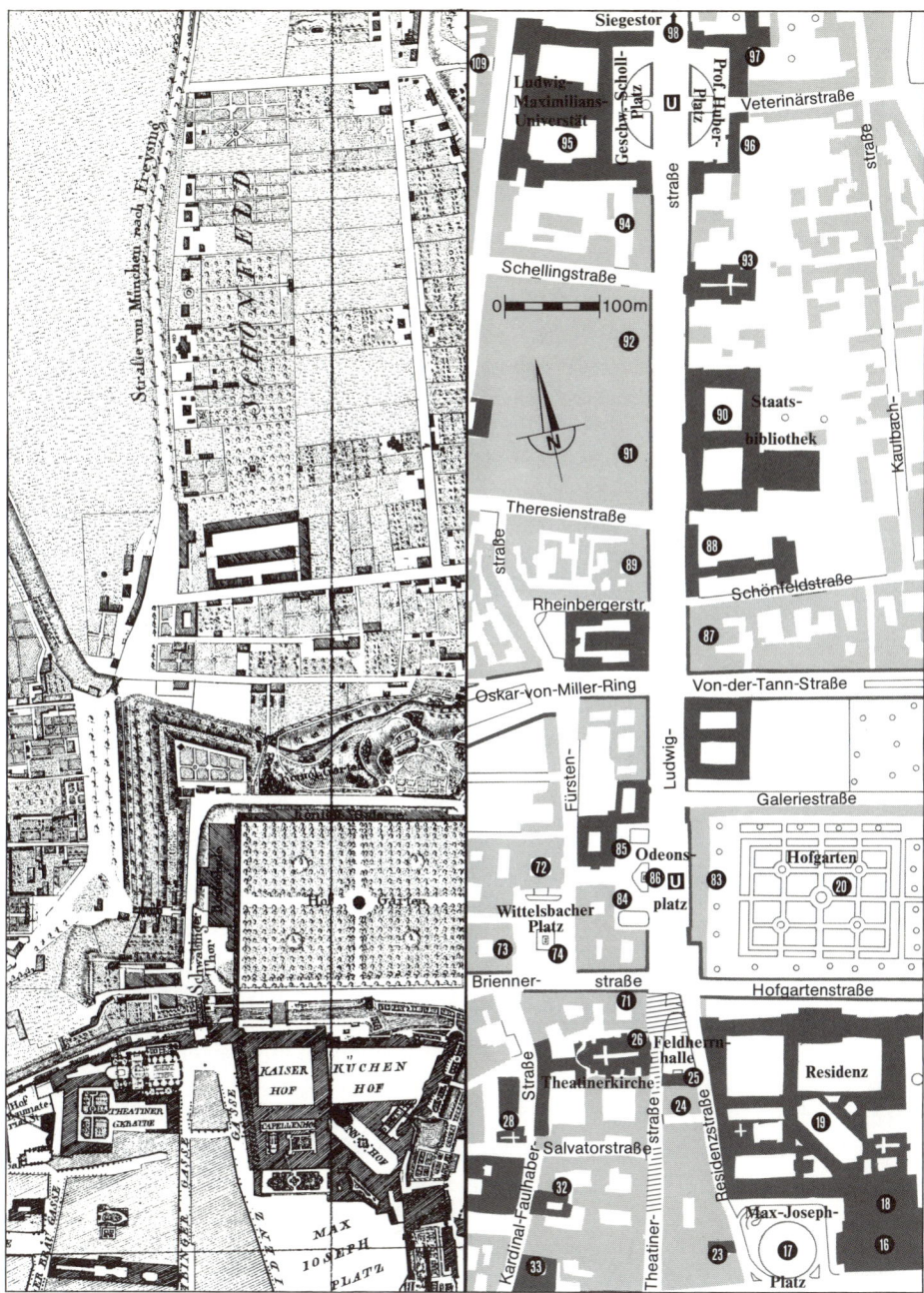

a

b

Wert erprobt, und vieles, was als einförmige oder unangebrachte Nachahmung, ›öde Monumentalität‹ oder ›Scheunenarchitektur‹ gescholten wurde, hat in der Einordnung in den Gesamtplan seinen besonderen Sinn und Wert. Die Geschlossenheit des Raumeindruckes bestimmt die Form und Größe der Bauglieder. Jede starke Eigenwirkung war dem Eindruck der Gesamtheit zu opfern. In der Beschränkung und Zurückhaltung der einzelnen Bauwerke, sowohl in der Gesamterscheinung als auch in der Einzelgliederung, lag die Möglichkeit der Einheit.«[51]

(83) **Basargebäude** (Odeonsplatz 6–18)
Klassizistisches Geschäftshaus, das Leo von Klenze 1824/26 an die Ostflanke des Odeonsplatzes setzte (s. S. 91 und Hofgarten, Nr. 20); langgestreckter Baukörper mit stark betonter Mitte, zehnachsigen Flügelbauten und Eckrisaliten, die erst 1864 aufgestockt wurden. Ursprünglich standen hier das 1660/61 von Marx Schinnagl errichtete Turnierhaus und das Café Tambosi.

(84) **›Odeon‹** (Bayerisches Staatsministerium des Innern; Odeonsplatz 3; Abb. 15)
Ehemalige Musikhochschule, die 1826/28 im Auftrag Ludwigs I. von Klenze errichtet wurde. Der im 1./2. Obergeschoß ehemals reich geschmückte und mit Säulen umstandene Konzertsaal (Odeon, 34 x 23 m) zeigte ursprünglich eine elegante apsidenartige Orchestra und gehörte vor seiner totalen Kriegszerstörung, nicht zuletzt aufgrund seiner vielgepriesenen Akustik, zu den am besten gelungenen Werken Klenzes. Die

Fassadengestaltung zum Odeonsplatz hin wurde, dem Wunsche des Königs entsprechend, der des benachbarten Leuchtenberg-Palais angepaßt. Bei dem gelungenen Wiederaufbau durch Josef Wiedemann wurde bedauerlicherweise der für das Musikleben Münchens im 19./20. Jahrhundert so bedeutende Konzertsaal nicht rekonstruiert.

Leuchtenberg-Palais (Odeonsplatz 4) (85)
Erstes Gebäude an der neu geplanten Ludwigstraße, das Leo von Klenze 1816/21 im Auftrage von Eugen Beauharnais, dem im Münchner Exil lebenden Vizekönig Italiens und Schwiegersohn von Maximilian I. Joseph, errichtete. Dieser ›vorstädtische‹ Stadtpalast setzte den Maßstab für die gesamte architektonische Gestaltung der Ludwigstraße; Klenze entschied sich für den Stil der Renaissance und nahm sich den Palazzo Farnese (1514/80) in Rom zum Vorbild. Die an drei Seiten gleich gestalteten Fassaden des Palais waren zugleich bindendes Vorbild bei der Gestaltung der Fassaden des Odeons.

Der rechteckig geschlossene Baublock mit großzügigem Innenhof mußte von Klenze so gestaltet werden, daß er jederzeit als Hotel genutzt werden konnte. Die ehemalige Inneneinrichtung und Dekoration war prunkvoll; die wenigen Stücke, die erhalten geblieben sind, befinden sich heute im Schloß Nymphenburg. Von Thorvaldsens Alexanderfries ist lediglich eine Kopie erhalten, die im Foyer des Neuen Herkulessaales angebracht ist. Den 1963/66 durchgeführten Wiederaufbau leiteten Hans Heid und Franz Simm.

Reiterdenkmal für König Ludwig I. (86)
Von Max von Widnmann aus dem Jahre 1862.

51 Oswald Hederer: ›Die Ludwigstraße in München‹, München 1942, S. 92

Wohn- und Geschäftshaus
(Ludwigstraße 6–12)
Von Klenze 1822/23 gelungen durchgeführte Fassadenzusammenfassung dreier Wohnblöcke im Stil der florentinischen Renaissance; 1960/68 als einziger zusammenhängender Baublock der Ludwigstraße von Erwin Schleich wieder aufgebaut; heute u. a. Sitz der ›Hochschule für Politik‹ und des ›Geschwister-Scholl-Institutes für Politische Wissenschaft‹, Universität München.

88

Ehemaliges Kriegsministerium
(Ludwigstraße 14/Schönfeldstraße 3)
Mit dem Kriegsministerium gelang Klenze (1824/30) ein in seinen Dimensionen maßvolles Werk, das sich durch offene Galerien harmonisch an das bereits bestehende Kommandanturgebäude in der Schönfeldstraße anschließt. Würdevollen repräsentativen Charakter erhält das Gebäude durch seinen siebenachsigen, leicht vorgezogenen Mitteltrakt mit offenen Pfeiler-Arkaden, deren Bogenwinkel kostbare Trophäen-Reliefs aus Sandstein zeigen. Die um ein Geschoß niedrigeren Flankenbauten greifen die elegante florentinische Renaissance-Architektur der Fassade in der Schönfeldstraße auf, die sich mit breiten Horzizontalbändern um das gesamte Gebäude spannt. Originalgetreuer Wiederaufbau 1966; Rundbogenfenster jedoch ohne Sprossenteilung.

Heute ›Institut für Bayerische Geschichte‹ der Universität München; ferner sind hier Staatsarchive und das ›Geheime Hausarchiv‹ untergebracht.

89

Wohn- und Geschäftshaus
(Ludwigstraße 15–19)
Symmetrisch zusammengefaßte Dreiergruppe, die Klenze 1829 vollendete.

Bayerische Staatsbibliothek
(Ludwigstraße 16; Abb. 99, Fig. 74)
1827 erhielt Friedrich von Gärtner den königlichen Auftrag, das von Klenze begonnene Projekt der Ludwigstraße zu vollenden. Erst fünf Jahre später konnte Gärtner nach energischen Auseinandersetzungen über seine Entwürfe mit Ludwig I. und dreimaliger Planänderung sein erstes Gebäude im Bereich der Ludwigstraße errichten: die ur-

Fig. 74 Haupttreppe der Bayerischen Staatsbibliothek. Stahlstich von Herwegen (›Gärtnersammlung‹ der TU München, Architektursammlung)

sprünglich für den Königsplatz geplante Staatsbibliothek (1832/43). Mit diesem ersten Beitrag Gärtners entstand das monumentalste Gebäude der Ludwigstraße, das aus Kostengründen in vier Baustufen errichtet wurde.

Ähnlich wie die Fassade zeigt auch der Grundriß ein rationales Entwurfsschema: Grundlage ist ein einfacher (gern als Erfindung des 20. Jahrhunderts angesehener) Rasterplan, der mit seinen 325 gleichgroßen Quadraten, 25 Querachsen und 13 Längsachsen für die Innenraumaufteilung größte Variabilität garantierte. Somit ergab sich zur Ludwigstraße hin eine 155 m lange Gesamtfassade mit 25 Fensterachsen, die es mit einfachsten Mitteln zu gestalten galt, da der König weder eine Säulenfassade noch Vorsprünge oder eine Risalitgliederung zuließ. So entschied sich Gärtner für eine Fassadenstruktur im Sinne des Palazzo Strozzi (von Benedetto da Maiano) aus Florenz, der zu den imposantesten aristokratischen Renaissance-Palästen des 15. Jahrhunderts gehört. Fenstergurtbögen mit Radialsteinen, Archivolten aus dunklen Ziegelsteinen und Schutzbögen aus rötlichen Backsteinen über den Obergeschoßfenstern geben der Fassade des größten Blankziegelbaus Deutschlands eine monotone Rhythmisierung und verleihen der Ludwigstraße zugleich eine intensive Fassadenwirkung. Die Mitte der Fassade wird von einer Rampentreppe beherrscht, auf deren Brüstung Kopien der von Max von Widnmann (Homer/Thukydides) und Sanguinetti (Aristoteles/Hippokrates) geschaffenen Skulpturen griechischer Gelehrter stehen (von links nach rechts): Thukydides (Geschichtsschreiber) von Roland von Bohr; Homer (Dichter) von Hans Vogl; Aristoteles (Philosoph) von Karl Kro-

her; Hippokrates (antike Heilkunde) von Elmar Dietz. Die Originale Widnmanns und Sanguinettis befinden sich heute (vergessen!) im Schulhof der Volksschule von Bernau/Chiemsee.

Kernstück im Innern der Bibliothek ist die monumentale Haupttreppe (s. Fig. 74). Vom fensterlosen dunklen Vorraum gelangt man über die Treppe in das lichtdurchflutete, basilikale Obergeschoß, das nach Gärtners Entwurf ursprünglich von 16 monolithischen Säulen mit korinthischen Kapitellen unterteilt war; während des Wiederaufbaus (1952) ergänzte man die Säulenreihen um je zwei Säulen nach Osten hin. Hier – auf dem oberen Podest – stehen die beiden überlebensgroßen Marmorstatuen von Ludwig Schwanthaler: Albrecht V., Herzog von Bayern, der Begründer der Hofbibliothek (links) und Ludwig I., König von Bayern, der Erbauer der Staatsbibliothek.

Heute nicht mehr erhalten (1943 zerstört) sind die Medaillon-Porträts über den Fenstern, die die Weisen der Dichtkunst und der Wissenschaft darstellten: Plato, Vergil, Dante, Kopernikus, Newton, Shakespeare, Galilei, Corneille, Leibniz, Goethe und Schiller. (Vielleicht wurden diese Porträts beim Wiederaufbau nur überputzt?)

Die ehemals im sog. ›Fürstenraum‹ (über der Eingangshalle) aufgestellten Büsten der wittelsbachischen Förderer von Wissenschaft und Kunst, die diesem Raum seinen Namen gegeben haben, sind seit Jahrzehnten verschwunden: Ludwig der Reiche, Georg der Reiche, Albrecht V., Wilhelm V., Maximilian I., Maximilian II. Emanuel, Karl Theodor und Maximilian I. Joseph.

Wiederaufbau der Staatsbibliothek bis 1952 (Westtrakt); Neubau des Osttraktes (1966) von Ruf, Döllgast und Kirsten.

Die *Bibliothek:* mit über 4,3 Millionen Bänden ist die Bayerische Staatsbibliothek derzeit die größte Universalbibliothek im deutschsprachigen Raum; zu ihren Beständen zählen u. a.: ca. 400000 Bände Orientalistik- und Osteuropa-Literatur; ca. 90000 Bände in der Musikbibliothek; ca. 54000 Handschriften, davon 35000 abendländische, 5500 orientalische und 13500 Musik-Handschriften (s. Fig. 38), dazu 750 Nachlässe; ca. 30000 laufende Zeitschriften; der jährliche Zugang beträgt ca. 140000 Bände.

(91) **Ehemaliges Damenstiftsgebäude**
(Bayerischer Verwaltungsgerichtshof; Ludwigstraße 23)
Die ehemalige 120 m breite Baulücke zwischen Blindeninstitut und Theresienstraße, wo an der Südseite das letzte von Klenze errichtete Gebäude anschloß, bebaute Gärtner (1840/43) mit einem langgestreckten Baukörper mit streng symmetrischer Fassade: Die relativ nüchterne Fassade mit ihren viergeschossigen Mittel- und zwei gleichhohen Seitenrisaliten ist einzig durch Rundbogenfenster und durchlaufende Gesimse gegliedert. 1953 Wiederaufbau.

(92) **Ehemaliges Blindeninstitut** (Seminar für romanische Philologie, Theatergeschichte und Volkskunde der Universität München; Ludwigstraße 25)
Von dem ursprünglichen Bau Gärtners sind nach dem Umbau von 1967/69 nur noch die Fassaden erhalten. Gärtner suchte der monumentalen Staatsbibliothek einen kompakten Baukörper von strenger Sachlichkeit entgegenzustellen, dem jedoch die Leichtigkeit und Eleganz fehlt. Der schwerfällige Putzbau zeigt Fenster mit kräftigen Laibungen und ein zu massiges Kranzgesims.

St. Ludwig (Kath. Pfarr- und Universitäts- (93) kirche; Ludwigstraße 20; Farbt. 1, Abb. 71, 77, Fig. 75/76)
Mit der Ludwigskirche (1829/44) setzte Gärtner im nördlichen Bereich der Ludwigstraße einen für den Charakter der neu angelegten Prachtstraße wichtigen vertikalen Akzent. Der stattlich-elegante Baukörper stellt damit einen direkten optischen Bezug zur barocken Theatinerkirche (s. S. 240ff.) her, die so als Teil der Gesamtbebauung in die romanisch-klassizistische Ludwigstraße mit einbezogen wurde.

Erste Entwurfsvorschläge für die Ludwigskirche unterbreitete bereits Leo von Klenze dem König. Nach mehrfach geänderten Plänen bzw. erneuertem Ausführungsplan Gärtners (s. Fig. 75) erfolgte dann 1829 die Grundsteinlegung. Für den Grundriß wählte Gärtner das Vorbild einer dreischiffigen byzantinischen Basilika mit der geometrischen Grundfigur des Antonius-Kreuzes. Der Innenraum ist tonnengewölbt, hat einen geraden Chorabschluß und riesige Wandflächen für das von Peter Cornelius geschaffene größte Wandfresko der Welt.

Die breit angelegte und von zwei Türmen flankierte Fassade wurde so konzipiert, daß sie einerseits beim Durchschreiten der Ludwigstraße in Schrägblicken auf den Betrachter wirkt und andererseits von der Schellingstraße aus eine Frontalwirkung erzielt. Symmetrisch aufgebaut, fügt sich die sakrale Fassade vorzüglich in die profane Bebauung ein. Links (Pfarrhaus) und rechts (ehemaliges Domizil Gärtners) von je einem dreigeschossigen kubischen Wohnhaus eingerahmt, wird diese dreiteilige Baugruppe geschickt durch offene Arkaden zu einer Einheit verschmolzen. Während die fünfbogi-

Fig. 76   Ludwigskirche, Blick in das Lang- und Querhaus. Aquarellierte Bleistiftzeichnung von Friedrich von Gärtner (Stadtmuseum München, Z. 805)

◁ *Fig. 75   Entwurfphasen der Ludwigskirche*
1 Entwurf Klenzes: Basilika mit niederen Seitenschiffen   2 Vorentwurf Gärtners mit Turm an der Ostseite, hochgewölbte dreischiffige Anlage   3 Zwischenentwürfe Gärtners mit Türmen an der Westseite: reichere Anlage mit Arkaden und zwei Türmen an der Westseite 4 Gärtners Ausführungsentwurf mit dem Turmbau an der Westfront (›Gärtnersammlung‹ der TU München, Architektursammlung; zeichnerischen Rekonstruktion von Oswald Hederer)

gen offenen Galerien den seitlichen Anschluß zwischen Kirche und Profanbauten
herstellen, nimmt die Mittelpartie der Ludwigskirche mit ihren drei weiten Bögen der
schattigen Vorhalle (Narthex) das Arkaden-
motiv wieder auf. Unter den Galerien die
von Franz Mikorey geschaffenen Gedenkta-
feln für Gärtner und Klenze (1964). Ein
kräftiger Sockel und reich geschmückte Gesimse halten im Erd- und weniger hohen
Obergeschoß die beiden Flankentürme, die
Zwischenstücke der Seitenschiffe und die
Giebelfront als harmonische Einheit zusammen. Stark profilierte Lisenen an den leicht
vorspringenden Türmen und im Giebelbe-
reich bewirken eine straffe Vertikalgliede-
rung. Der nicht ganz bis zum ersten Turmobergeschoß hochsteigende Mitteltrakt
wird im Erdgeschoß durch eine Freitreppe
und drei Arkadenöffnungen bestimmt, deren Mittelachsen zu den fünf Nischen im
niedrigeren Obergeschoß Bezug nehmen.
In den Nischen, die durch reich verzierte
breite Ornamentbögen gleich einem Band
miteinander verbunden sind, stehen Skulpturen von Ludwig Schwanthaler: in der
Mitte Christus, an den Seiten die vier Evangelisten. Die glatte lichte Fläche des Giebel-
feldes schmückt eine kunstvolle Maßwerk-
rose; ein ansteigender Bogenfries schließt
die Giebelfläche nach oben ab; links und
rechts die Statuen von St. Peter und St.
Paulus.

Sowohl in den schmalen flankierenden
Wandscheiben der Seitenschiffe als auch in
den obersten Turmgeschossen befinden sich
schöne zweigeteilte Rundbogenfenster. Die
sich nach oben verjüngenden Türme werden
durch gestreckte Steinpyramiden abgeschlossen; besonders reizvoll ist ihr reliefar-
tiges Rosetten-Schmuckinventar.

Auch für den dreischiffigen Innenraum
gehen alle Entwürfe der Architekturplastik
und selbst die aller Ausstattungsstücke der
Kirche auf Gärtner zurück, der dieses Meisterwerk bis ins letzte Detail bestimmt hat;
kühn und phantasievoll sind die von ihm
vorgeschlagene Farbgebung sowie die ornamentale Dekoration (s. Fig. 76) der Architekturglieder. Rechts vom Hochaltar die
Skulptur des hl. Ludwig, der die Gesichts-
züge Ludwigs I. trägt.

Größte Bedeutung für den Innenraum
haben die von Peter Cornelius (1836/40)
entworfenen Fresken, von denen er selbst
nur das ›Jüngste Gericht‹ im Chorraum
ausführte, alle anderen Arbeiten stammen
von seinen Schülern.

Chorraum: ›Das jüngste Gericht‹ – ›Schöpfung Gottes‹ – ›Heiliger Geist und Engel‹.
Vierung: Osten – Patriarchen und Propheten; Westen – Kirchengelehrte und Ordens-
gründer; Norden – Missionare, Jungfrauen
und Könige; Süden – Apostel und Märtyrer.
Südliches Querhaus: ›Kreuzigung‹ – ›Auferstehung‹ – ›Maria und Magdalena‹ – Die vier
Kirchenväter Ambrosius, Augustinus, Gregor und Hieronymus.
Nördliches Querhaus: ›Erscheinung des
Herrn‹ – ›Maria‹ – ›Verkündigungsszene‹
und die vier Evangelisten.
1954 vorbildlicher Wiederaufbau durch Erwin Schleich, der auf die originale Farbgebung des Innenraums zurückging.

Bayerische Berg-, Hütten- und Salzwerke ⑨⑷
A.G. (nördliche Räume Universität München; Ludwigstraße 27)
Verwaltungsbau des frühen 19. Jahrhunderts von Friedrich von Gärtner (1840/43);
einer der am besten gelungenen Zweckbau-
ten mit Einflüssen der Architektur Schin-

kels. Machtvolle Backsteinfassade mit ausgewogenen Proportionen; dunkelrote Ziegel für Erdgeschoß und Architekturglieder, gelbe Ziegel für die geschlossenen Wandflächen und feine Terrakottaornamente.

⑨⑤ Ludwig-Maximilians-Universität
(Geschwister-Scholl-Platz 1)
(Farbt. 1, Abb. 75–77)

1835 erhielt Friedrich von Gärtner den Auftrag, den Abschluß der nördlichen Ludwigstraße zu bilden, die hier im Universitätsplatz als Forum der Wissenschaften ihren Höhepunkt finden sollte. Der König forderte die Neubauten der Universität und des Georgianum, um eine runde Platzerweiterung nach Art der Piazza del Popolo in Rom zu schaffen, und wünschte als dominierende Mitte einen Obelisken; schon Klenze hatte in einer früheren Planung einen kreisrunden Platz mit Triumphbogen vorgeschlagen. Gärtner erkannte jedoch in einem Kreisplatz die Gefahr, daß der Ludwigstraße dadurch ihr durchfließender Charakter genommen werden würde. So entschied sich Gärtner für ein rechteckiges Forum, für das

sich zwangsläufig die Bebauung einer Drei-Flügel-Anlage ergab, wogegen er das Siegestor weiter nach Norden verlegte.

Gärtners Bauidee für den Universitätsplatz zeigt sich schon in seinen Vorentwürfen (s. Fig. 77) von 1836: vollkommen geschlossen, ganz im Sinne klassizistischer Romanik, gedankliches Pendant zum residenzstädtischen Wittelsbacherplatz und Odeonsplatz Klenzes.

Später fügte Gärtner dem Platz noch seine zwei Schalen-Brunnen hinzu (1842/44), die er nach dem Vorbild der beiden Fontänen Berninis auf dem Petersplatz in Rom konzipierte (Abb. 75).

Gärtner errichtete die Drei-Flügel-Anlage der Universität in den Jahren 1835/40. Der Mitteltrakt mit seinen 27 Achsen zeigt eine klare Symmetrie und ist zu dem mit der Ludwigstraße fluchtenden Südflügel (sieben Achsen) und dem Kopfbau an der Adalbertstraße (drei Achsen) um neun Achsen versetzt. Die Gesamtlänge des Gebäudes beträgt 124 m.

Flache Lisenen rahmen den durch neun Arkadenöffnungen akzentuierten Ein-

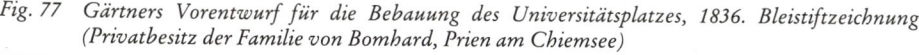

Fig. 77 Gärtners Vorentwurf für die Bebauung des Universitätsplatzes, 1836. Bleistiftzeichnung (Privatbesitz der Familie von Bomhard, Prien am Chiemsee)

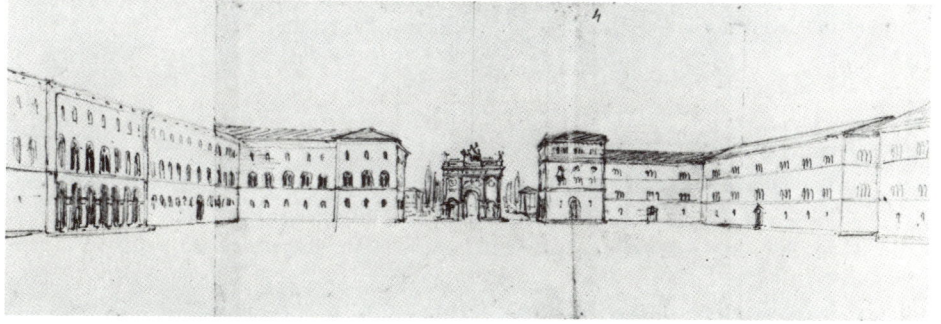

gangsbereich, dessen Mittelachse mit der Veterinärstraße korrespondiert.

Romanisierende Bauglieder verleihen der verputzten und in Hausteinform bemalten dreigeschossigen Fassade Ruhe. Kleine Rundbogenfenster strukturieren die Wandflächen der hochgezogenen Erdgeschoßzone; elegante zweigeteilte neoromanische Fenster mit Säulen, korinthischen Kapitellen und im Maßwerk angebrachte Reliefbüsten von bayerischen Gelehrten bilden den Hauptakzent der Fassade; kleinere Fenster im zweiten Obergeschoß nehmen das Hauptmotiv der romanischen Fenster wieder auf, ein einfacher umlaufender Bogenfries mit Karnies schließt die Gesamtfassade nach oben ab (Abb. 76).

1906/09 errichtete German Bestelmeyer an der Amalienstraße den T-förmigen Erweiterungsbau der Universität; Kernstück dieses Gebäudes ist der zentral angelegte Lichthof. Die Steinskulpturen (antike Philosophen) und die Reliefplatten (mit Themen aus der griechischen Mythologie) über der Eingangszone der Amalienstraße stammen von Joseph Flossmann und Georg Albertshofer. Die Bronzefiguren ›Sieg‹ und ›Wahrheit‹ auf den Granitmonolithen sind Werke von Hermann Hahn. Der Wiederaufbau der Universität nach 1945 war bis 1956 abgeschlossen. 1960/62 errichtete man den Flügelbau an der Adalbertstraße.

96 Priesterseminar Georgianum
(Professor-Huber-Platz 1)
Das Georgianum wurde 1834/41 nach Plänen von Gärtner als Gegengewicht zur Universität errichtet (s. Fig. 77). Das blockhafte Gebäude an der Ludwigstraße wird von einer wandhaften Geschlossenheit bestimmt. Über das hohe sockelhafte Erdge-

schoß mit kleinen Fenstern erhebt sich das mit Lünettenfenstern geschmückte Hauptgeschoß; einfache Rundbogenfenster und Rundfenster werden mit flachen Rundbogenblenden zusammengehalten. Das Rundbogenmotiv erscheint auch im Obergeschoß, das mit einem Bogenfries und einer kräftigen Balustrade den oberen Abschluß bildet.

Ehemaliges Max-Joseph-Stift (heute Juristische- und Staatswirtschaftliche Fakultät der Universität München; Professor-Huber-Platz 2)
Ehemaliges Stift für adlige Mädchen, das Maximilian I. Joseph 1809 gründete. Friedrich von Gärtner errichtete dann 1854 für das ›Erziehungsinstitut höherer Töchter‹ diese Zwei-Flügel-Anlage, die sich ganz der formalen Gestaltung des Georgianums anpaßt. Nach dem Kriege mit sprossenlosen Fenstern wiederaufgebaut.

Siegestor
(Nordende der Ludwigstraße; Abb. 69)
»Am Schluß der Ludwigstraße dahier, gegen die Landstraße, soll nämlich ein Triumphbogen erbaut werden, in der Größe des Konstantinsbogens zu Rom. Vier große Reliefs von 12 bis 13 Schuh Länge und 7 Schuh Höhe, vier runde von beiläufig 10 Schuhe Durchmesser, acht Viktorien freistehend und vier in Reliefsäulen denselben zierend. Erstere in Marmor, letztere in weißem Kalkstein, aus welchem der Triumphbogen erbaut wird, auf denselben soll eine kolossale Bavaria in einer Quadriga von Löwen gezogen, in Erz gegossen, prangen. Da das Monument dem bayerischen Heere gewidmet wird, sollen Heereszüge ohne besondere Beziehung derselben, durch die

Reliefs dargestellt werden, die, im antiken Stile versteht sich, zu halten sind.«[52]

So umreißt Friedrich von Gärtner den von König Ludwig I. erhaltenen Auftrag für den Bau des Siegestores und bittet damit zugleich den in Rom lebenden Bildhauer Johann Martin von Wagner, die hierfür erforderlichen Skulpturen herzustellen.

Das Siegestor entstand 1843/52, wobei nach 1850 Gärtners Schüler Eduard Metzger die Bauleitung übernahm. Mit seinen ausgewogenen Proportionen ist das Siegestor mehr als nur eine Kopie des römischen Vorbildes. Auf hohe Sockel gestellte Säulen mit korinthischen Kapitellen betonen die klare vertikale Gliederung. Das wuchtige Gebälk drückt wie eine schwere Last auf die harmonisch rhythmisierten Bögen und verleiht dem Monument architektonische Kraft, den Zug der Ludwigstraße aufzufangen. Thronend schwebt die bronzene Quadriga über dem Siegestor und betont seine Mittelachse; stadtauswärts blickend, schreitet sie ›dem bayerischen Heere‹ entgegen, wie die Inschrift besagt.

Ebenfalls dem bayerischen Heere gewidmet sind die Bildmotive der Reliefs, die Kampfszenen darstellen. Die reliefartigen Medaillons hingegen stellen Allegorien der bayerischen Provinzen dar: *Oberbayern* – Alpenviehzucht; *Ober- und Mittelfranken* – Handwerk und Viehzucht; *Unterfranken* – Wein, Getreidebau und Schiffahrt; *Pfalz* – Wein und Fischfang; *Oberpfalz* – Hammerwerk; *Schwaben* – Weberei.

Das im Krieg schwer beschädigte Siegestor wurde 1958 nur zum Teil restauriert. Eine neue Inschrift von Wilhelm Hausenstein an der Südseite gibt dem Monument eine neue symbolische Bedeutung: »Dem Sieg geweiht, im Krieg zerstört, zum Frieden mahnend«. Erst 1972 konnte die von Elmar Dietz wiederhergestelle Quadriga aufgestellt werden.

VII   Maximilianstraße (s. Fig. 78)

Zum Rasten bei diesem Spaziergang sei auf folgende Restaurants und Cafés hingewiesen:

Walterspiel, Maximilianstraße 17
Altdeutsche Weinstube, Tattenbachstraße 6
Max-2-Espresso, Maximilianstraße 13

Café-Konditorei Wünsche, St. Anna-Straße 13
Filser Stuben, St. Anna-Straße 11
Roma (italienisch), Maximilianstraße 31

Wie Ludwig I. Schöpfer des klassizistischen Münchens war und seine königliche Selbstdarstellung mit der Ludwigstraße verwirklichte (die er schon als Kronprinz plante und als König tatsächlich vollendete), so artikulierte sein Sohn Maximilian II. mit der Anlage der Maximilianstraße nicht nur seine städtebaulichen Erweiterungsvorstellungen, sondern auch seinen konsequenten Willen, einen neuen Architektur-Stil zu bewirken: »Muß man in der

---

52   Brief Gärtners an Johann Martin von Wagner am 3. März 1840; Martin von Wagner-Stiftung der Universität Würzburg, WW 330

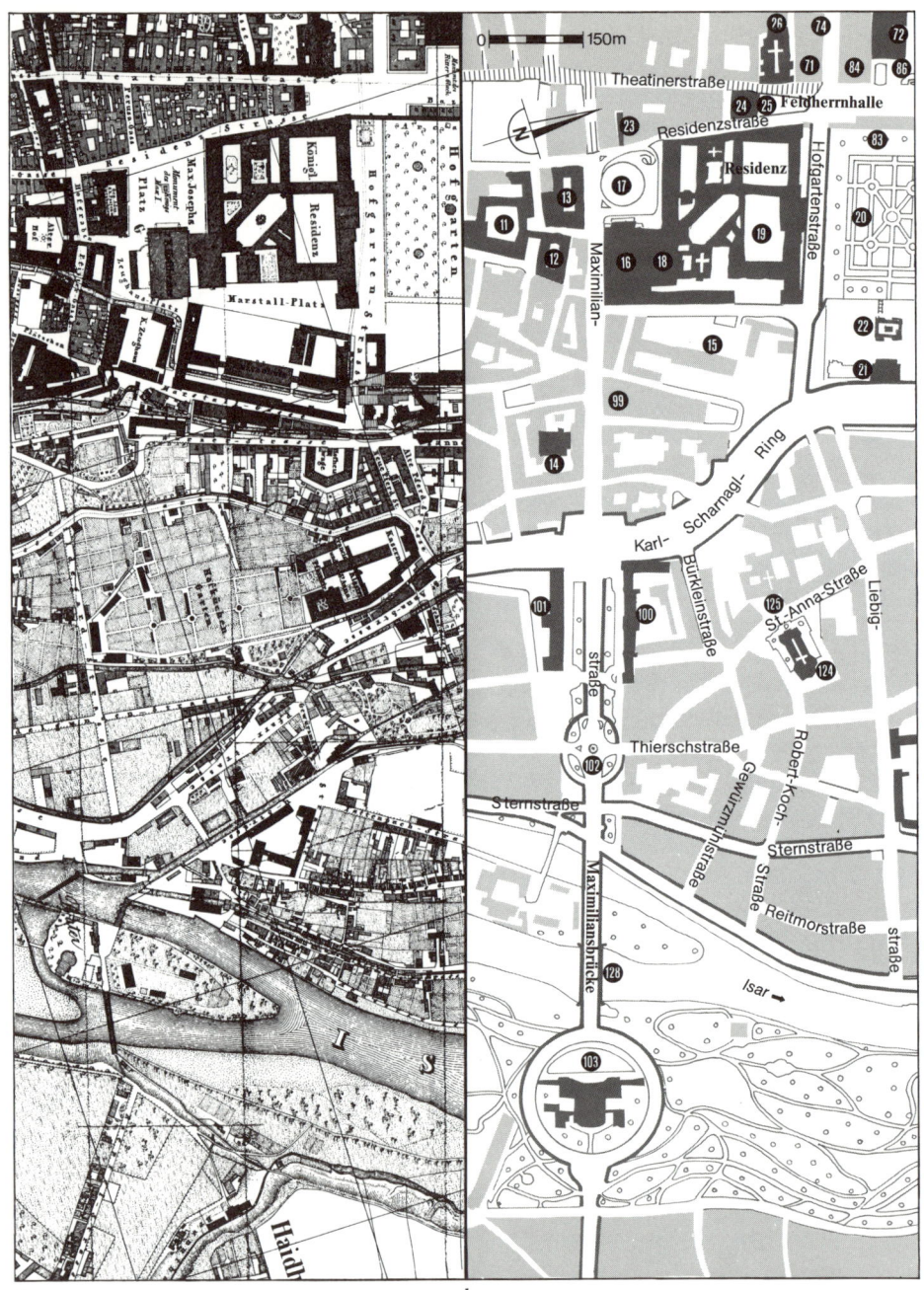

a   *b*

Baukunst, um etwas Treffliches zu schaffen, immer ausschließlich einem reinen Stile folgen, oder ist es einem schöpferischen Geist erlaubt, aus den verschiedenen das Beste wählend, etwas Originelles zu bilden?«[53] fragte Maximilian II. als 22jähriger den Münchner Kunsthistoriker Schorn.

Auf der Suche nach *der* neuen Architekturform, die später als ›Maximilianischer Stil‹ in die Kunstgeschichte eingegangen ist, forderte Maximilian II. 1850 mehrere Gutachten an, darunter auch von dem im 19. Jahrhundert bedeutendsten Architekten Deutschlands, Karl Friedrich Schinkel. Dieser konnte sich aber einen neuen Baustil ohne eine wirkliche schöpferische Neuerung nicht vorstellen und schlug dem König einen Ideenwettbewerb vor.

1850 lud Maximilian II. insgesamt 100 Architekten aus dem In- und Ausland ein, Entwürfe für sein geplantes, jedoch nie verwirklichtes ›Athenäum‹ (für das Gelände um den heutigen Max-Weber-Platz) und für die Maximilianstraße zu erstellen. Inhalt der Aufgabenstellung war die präzise Forderung nach ›einer neuen, natur- und zeitgemäßen, volks- und ortseigentümlichen... Baukunst, ...nach einer nationalen Neugestaltung der Architektur... (Der Architekt möge sich) in voller Freiheit der verschiedenen Baustile und ihrer Ornamentik zur zweckmäßigen Lösung... der Aufgabe bedienen, damit die zu erwählende Bauart keinem der bekannten Baustyle ausschließlich und speziell angehöre... (Dennoch sollte versucht werden) bei dem Entwurf dazu das Formenprinzip der altdeutschen, sogenannten gothischen Architektur, und beim Ornament die Anwendung deutscher Thier- und Pflanzenformen nicht ganz aus den Augen zu lassen... (auch sollte) alles Frostige, Schwerfällige, Düstere und Strenge vermieden, dem leichten und heiteren Schwunge der Formen und Verhältnisse dagegen ein weites Feld... dargeboten sein«[54].

Die Beteiligung an diesem größten internationalen Architekturwettbewerb des 19. Jahrhunderts war kümmerlich: Nur 17 Arbeiten wurden eingereicht, u.a. von den führenden deutschen Architekten: Friedrich Bürklein, Franz Christian Gau (Köln/Paris), Karl Alexander Heideloff (Nürnberg), Jacob Ignaz Hittorf (Köln/Paris), Heinrich Hübsch (Karlsruhe), Leo von Klenze, Eduard van der Müll (Wien), Wilhelm Stier (Berlin), Friedrich August Stüler (Berlin), August Voit, Georg Friedrich Ziebland und Ernst Friedrich Zwirner (Köln).

Besonders aufschlußreich für das Heranreifen des von Maximilian II. gewünschten Neuen Stils ist die Arbeit von Klenze (s. Fig. 79), die hier – viel zu breit gelagert und ohne die geforderte starke Vertikalität – keine Chance hatte. Klenze, aus der Tradition des Klassizismus kommend, dachte gar nicht daran, seinem Entwurf ›rigorose Vertikalität‹ zu verleihen, was besonders sein zweiter Vorschlag mit Rundbogenelementen zeigt[55].

53 Zitiert in: Ludwig Grote: ›Die deutsche Stadt im 19. Jahrhundert‹, München 1974, S. 33
54 Auszug aus dem Programm des Architektenwettbewerbs (Geheimes Hausarchiv 77/6/90). Zitiert in: August Hahn: ›Der Maximilianstil‹, in: ›100 Jahre Maximilianäum‹, hrsg. von H. Gollwitzer, München 1952, S. 101ff.
55 Ein zweiter Entwurf Klenzes für das ›Athenäum‹ ist veröffentlicht in: Oswald Hederer: ›Leo von Klenze‹, München 1964, Abb. 228–233

◁ *Fig. 78   Maximilianstraße (Ausschnitt): a) Situation 1852; b) Situation 1979*

Fig. 79   Entwurf Klenzes für das ›Athenäum‹ im Jahre 1852 (Staatl. Graphische Sammlung, München, Inv.-Nr.: 35057)

Den Wettbewerb gewann schließlich auch keiner der führenden bayerischen Architekten (Bürklein, Klenze, Voit, Ziebland), sondern Wilhelm Stier, ein Berliner Architekt der Schinkel-Tradition. Erinnert man sich ferner daran, daß 1852 der Schinkel-Schüler Rudolf Gottgetreu von Maximilian II. einen Ruf an die Technische Universität erhielt und daß gerade er es war, der den Wettbewerb für die ›Musterfassaden der Maximilianstraße‹ gewann (s. Fig. 80), dann drängt sich die Hypothese von Gerhard Hojer auf, daß die »Wurzeln des Maximiliansstils in der Berliner Architektur der Schinkel-Nachfolge zu suchen«[56] seien.

Tatsächlich gab es vor 1850, also vor dem Entwurfswettbewerb auch nicht die geringste Andeutung dieses Neuen Stils, der ein Ergebnis des Wettbewerbs Maximilians II. ist. Der

Fig. 80   Musterfassade für die Maximilianstraße von Rudolf Gottgetreu, abgeändert von Voublanc, 1862 (aus: ›Zeitschrift für Bauwesen‹, 1855)

56   Gerhard Hojer: ›Maximilianstraße und Maximiliansstil‹, in: Ludwig Grote: ›Die deutsche Stadt im 19. Jahrhundert‹, München 1974, S. 55

Maximiliansstil, dem der Vertikalismus der Gotik zugrunde liegt, ist eine Synthese aus verschiedenen Stilepochen; nicht zuletzt ging in ihm auch die Skelettbau-Idee der Architektur des 19. Jahrhunderts auf; ebenso wurden die neuen Materialien Glas und Stahlbeton in das neue Strukturprinzip einbezogen. Stil und Gesamtanlage der Maximilianstraße sind untrennbar mit dem Willen König Maximilians II. verbunden, etwas kunsthistorisch und urbanistisch Neues zu schaffen, das im bewußten Gegensatz zu den großartigen Kunstschöpfungen seines Vaters Ludwig I. stehen sollte. Den von ihm postulierten Maximilianstil realisierte er beispielhaft mit den Bauten der Maximilianstraße, die als erste Straße Münchens Osten mit dem Stadtkern verband und als bürgerliches Kommunikationsforum im neu geschaffenen ›Stadtzentrum‹ wirken sollte. Die Maximilianstraße zählt heute neben der Ludwigstraße zu den reizvollsten urbanen Straßenensembles von internationalem Rang; doch leider hat man ihren originellen Charakter rücksichtslos durch den Durchbruch des Altstadt-Ringes zerstört. Mit der Maximilianstraße erhielt München eine neue Ausfahrt-Achse, die den bis dahin noch wenig bebauten Ostteil der Stadt erschließen sollte. Diese neue Straßenführung war für München eine glückliche städtebauliche Lösung: Das Längsrechteckige Forum, direkt im Anschluß an die geschlossene Bebauung des Stadtkerns, öffnet sich in fließendem Übergang zu den Grün- und Isaranlagen, wodurch zwischen Residenz und Isar eine ›natürliche‹ Verbindung geschaffen wurde. Anders als bei der Ludwigstraße, deren Qualität in der saalartigen Geschlossenheit des Straßenraumes liegt, wirkt die Maximilianstraße als Straßenzug, der einzig auf einen malerischen Blickpunkt ausgerichtet ist – auf das an den sanften östlichen Isarhängen angelegte Maximilianeum (Abb. 95). Die parkähnliche Bepflanzung der Straße lockert das bisher tektonisch gebundene Straßenbild auf und verbindet es mit dem ungebundenen Landschaftsbild der Isarauen.

99 Hotel Vierjahreszeiten
(Maximilianstraße 17)
Eines der ersten Gebäude Münchens, das 1856/58 von Rudolf Wilhelm Gottgetreu im Maximilianischen Stil errichtet wurde.

100 Regierung von Oberbayern
(Maximilianstraße 39)
Das 1856/64 von Friedrich Bürklein errichtete Gebäude der Regierung von Oberbayern ist das schönste Beispiel des neuen Maximilianischen Stils. Hauptmotiv der Fassade ist ein gotisches Gitterwerk vertikaler Blendordnungen mit Einflüssen der italienischen und besonders der englischen Gotik, womit die Fassadenstruktur gotischer Ka-thedralen auf einen Profanbau Anwendung fand.

17achsiger Hauptbau mit hohem Mitteltrakt und flankierenden Sechseсktürmchen; daran links und rechts anschließend niedrige fünfachsige Flügelbauten und höher angeordnete dreiachsige Kopfbauten (Risalit-System). Die elegante Arkadengalerie im Erdgeschoß war ursprünglich als Kommunikationsort für die Stadtbevölkerung vorgesehen.

Staatliches Museum für Völkerkunde 101
(Maximilianstraße 42; Abb. 96, 116, 117)
Museumsgebäude im Maximilianischen Stil mit starken Einflüssen der englischen Go-

tik; das 1858/65 von Eduard Riedel errichtete Gebäude ist in seiner architektonischen Fassadengestaltung weniger gelungen als der wohlproportionierte Baukörper der gegenüberliegenden ›Regierung von Oberbayern‹.

Die umfangreichen Sammlungen des Museums enthalten Kunst- und Kulturgegenstände aus allen Teilen der Erde (mit Ausnahme von Europa); der Anteil wertvoller Kunstobjekte ist sehr groß. Im Hinblick auf die geographische Verteilung der Sammlungen ist hervorzuheben, daß neben bedeutenden Beständen aus Afrika, Mittel- und Südamerika sowie Ozeanien ein besonderer Schwerpunkt des Museums auf den Sammlungen aus Süd-, Südost- und Ostasien liegt. So gehören z. B. zu den Beständen der Sammlungen: Grönland-Kajak aus dem Jahre 1577 (eine ethnographische Seltenheit!); afroportugiesische Elfenbeinarbeiten (seit dem 16. Jh. im Besitz der Wittelsbacher-Sammlung); ostasiatische Lackarbeiten aus der 1. Hälfte des 18. Jahrhunderts; die berühmte Brasilien-Sammlung von Spix und Martius; die ›Vogelbergische Sammlung‹ altgriechischer Terrakotten.

(102) **Max-II-Denkmal** (Maximilianstraße)
Klassizistisches Königsmonument Maximilians II., des Bauherrn der Maximilianstraße und Initiators des Maximilianischen Stils (s. S. 315f.). Das kraftvolle, leicht pathetische Bildhauerwerk ist eine Arbeit von Kaspar von Zumbusch (1865); auf einem Rotmarmorsockel sitzen die vier bronzenen Allegorien der Herrschertugenden, die vier Putti mit Lorbeerkränzen tragen die Wappen der bayerischen Stämme: Bayern, Franken, Pfälzer und Schwaben. Darüber steht die überlebensgroße Statue des Königs.

Maximilianeum (103)
(Max-Planck-Straße 1; Abb. 95)
Schon 1851 legte Friedrich Bürklein erste Pläne für eine ›Akropole‹ vor, die er am östlichen Hochufer der Isar als krönenden Abschluß für die Maximilianstraße geplant hatte; ein königliches Gebäude, das schließlich während der langen Bauzeit von 1857/74 als ›Maximilianeum‹ (›Bildungs- und Unterrichtsanstalt für begabte Universitätsstudenten aus Bayern‹) fertiggestellt wurde.

Haupttrakt des zweigeschossigen Maximilaneums mit Pilaster-Ordnung im Erdgeschoß und Halb- bzw. Rundsäulen im Obergeschoß ist der leicht konkav gekrümmte Mittelteil, der aus einem dreiachsigen Mittelrisalit und seitlich anschließenden Galerien zu je vier Achsen besteht und in dreiachsigen Eckrisaliten endet. Flankiert wird dieser Hauptbau von zweigeschossigen Seitenflügeln, die sich als Loggien mit dreigeschossigen Ecktürmen ausbreiten.

Die ursprünglichen Malereien Karl von Pilotys in der Attika wurden 1902 durch Mosaiken auf Goldgrund ersetzt.

Von der Originalausstattung sind u. a. noch erhalten: Fresken im Konferenzzimmer (zwölf deutsche Wissenschaftler); Versammlung von Gelehrten zur Zeit Maximilians II. aus Wissenschaft und Kunst; Plenarsaal: ›Seeschlacht von Salamis‹ von Wilhelm von Kaulbach; Steinsaal: ›Kaiserkrönung Karls des Großen‹ von Friedrich August von Kaulbach; ›Der Staufe Friedrich II. empfängt in Palermo im Jahre 1230 eine arabische Gesandtschaft‹ von Georg Arthur von Ramberg.

Seit 1949 Sitz des ›Bayerischen Landtages‹ und des ›Bayerischen Senats‹. 1957/60 folgten Erweiterungsbauten zur Max-Planck-Straße hin.

VIII   Prinzregentenstraße (s. Fig. 81)

Zum Rasten bei diesem Spaziergang sei auf folgende Restaurants und Cafés hingewiesen:

Käfer-Schänke, Prinzregentenstraße 73
Café ›Zur schönen Münchnerin‹, Karl-Scharnagl-Ring 60

Die Anlage der Prinzregentenstraße ist die letzte große städtebauliche Erweiterung Münchens im 19. Jahrhundert. Im strengen Gegensatz zur saalartigen Geschlossenheit der Ludwigstraße, aber in Anlehnung an das durch Grünanlagen aufgelockerte Straßenbild der nur wenig tektonisch gebundenen Maximilianstraße, sucht die Prinzregentenstraße eine malerisch-naturhafte Verbindung zum nördlich gelegenen Englischen Garten und zu den Isaranlagen herzustellen. Das von Prinzregent Luitpold in Auftrag gegebene Projekt (1891/1912) geht auf eine frühe Planung Ludwigs II. zurück. Bereits 1852 erstellte Kaspar von Zumbusch Pläne einer neuen Prachtstraße, die im Zuge der heutigen Liebigstraße direkt vom Hofgarten der Residenz zum östlichen Isarhang mit dem von Gottfried Semper geplanten Festspielhaus Richard Wagners (s. S. 69) verlaufen sollte. Doch es blieb nur bei einer Planung, da der Kostenvoranschlag mit 5 Millionen Gulden entschieden zu hoch war. Sicherlich hätte dieses Projekt eine sinnvolle Verlängerung der Brienner Straße nach Osten ergeben. Die Prinzregentenstraße hat ihren Ausgangspunkt am klassizistischen Prinz-Carl-Palais, dem damaligen Eingangsbereich zum Englischen Garten, der hier in seiner Wirkung durch die moderne Verkehrsführung stark beeinträchtigt ist. Als offener Grüngürtel bestimmte der Englische Garten den nördlichen Straßenteil (jetzt durch das Haus der Kunst abgeriegelt), während die Südflanke von vornehmen Wohnhäusern geprägt wird. Zentrum der Straße ist das repräsentative Forum mit dem Nationalmuseum. Kulissenhaft-malerisches Ziel der Straße ist der ›Friedensengel‹ am östlichen Isarufer; von hier aus erschließt die Straße als ›Äußere‹ Prinzregentenstraße mit der Stuck-Villa und dem Prinzregententheater die östlichen Stadtteile Münchens.

Prinz-Carl-Palais (Königinstraße 1)   (104)

Schon bald nachdem sich Abbé Salabert in München niedergelassen hatte, erwarb er zwischen dem ehemaligen Schwabinger Tor und dem Englischen Garten ein Grundstück, auf dem Karl von Fischer (1804/06) das Privat-Palais Salaberts errichtete, das seit 1825 das Palais des Prinzen Carl war; ein prachtvolles Gebäude, das heute beispielhaft den frühen Klassizismus in München repräsentiert. Ursprünglich inmitten einer malerischen Grünzone gelegen (s. Fig. 26), war dieser als einziger annähernd original erhaltene Bau des Architekten Karl von Fischer der Ausgangspunkt für die Prinzregentenstraße.

Nach häufigem Wechsel der Besitzverhältnisse errichtete 1826 Jean-Baptiste Métivier im Osten einen Anbau, und schließlich folgte 1937 ein von F. Gablonsky durchgeführter Umbau (für Mussolini), der einfühlsam die historische Bausubstanz zu erhalten wußte.

Fischers Konzeption geht auf einen stark betonten Mittelbau zurück. Die Ostfassade gliedert sich in neun Achsen. Der ungewöhnlich weit aus dem Hauskubus vorgezogene Portikus mit Giebelabschluß ist dreifach vertikal gegliedert und betont die strenge Symmetrieachse des Palais. Die Konzentration auf den in der Mitte angelegten und vorgezogenen Portikus verstärkte Fischer noch durch die kontrahierenden Außenjoche der ionischen Säulen, wodurch die Durchfahrt an Weite gewinnt. Die beiden Säulenpaare stehen zwar auf einem gemeinsamen Sockel, doch sind ihre Interkolumnien so breit gewählt, daß sie nicht als Doppelsäulen wirken. Dem ehemals abfallenden Gelände an der Ostfassade trug Fischer durch eine kräftige Sockel-Höhenentwicklung Rechnung. Ionische Kapitelle tragen das kräftige Gesims, das die stark nach oben drängende Tendenz der Fassadenteile wieder zur Ruhe bringt. Gekrönt wird die Portikus-Ostfassade von einem Giebeldreieck. Wie die Säulen des Portikus stehen auch die Pilaster der Fassaden auf hohen Sockeln und schließen in einem kräftigen Gesims ab.

Seit 1971 ist das Prinz-Carl-Palais Amtssitz des bayerischen Ministerpräsidenten.

(105) **Haus der Kunst** (Prinzregentenstraße 1)
Als im Jahre 1933 die faschistische Bewegung in Deutschland Hitler an die Macht brachte und München zur ›Hauptstadt der Bewegung‹ machte, wurden von den neuen Machthabern auch neue umfangreiche städtebauliche und architektonische Projekte für München geplant. Noch im gleichen Jahr erhielt Paul Ludwig Troost von Hitler den Auftrag, das ›Haus der Deutschen Kunst‹ zu errichten (1933/37). Der viel zu breit gelagerte neoklassizistische Baukörper mit einer Gesamtlänge von 145 m und endlos scheinender offener Säulenhalle ist der erste große Repräsentationsbau der faschistischen Regierung; blockhaft-massig in seiner Architektur, riegelt er den fließenden Übergang vom Englischen Garten zur Stadt rigoros ab.

Heute sind im Haus der Kunst die ›Neue Pinakothek‹ (Westflügel) und die ›Neue Staatsgalerie‹ untergebracht.

Während die Neue Pinakothek z. Z. zu dem von Alexander von Branca geschaffenen Neubau in der Barer Straße 29 ausgelagert wird (Eröffnung 1980), werden die Kunstwerke der Staatsgalerie moderner Kunst (Malerei und Plastik des ausgehenden 19. Jh. und des 20. Jh.) noch so lange im Haus der Kunst bleiben, bis der für sie an der Stelle des alten Armeemuseums (Hofgarten) geplante Neubau eröffnet wird.

Bayerisches Nationalmuseum (106)
(Prinzregentenstraße 3; Abb. 94, 121–124)
Die Sammlungen des Bayerischen Nationalmuseums gehen auf die 1855 eingerichtete Ausstellung in der Herzog-Max-Burg zurück und tragen seit dieser Zeit ihren Namen. Das heutige Museumsgebäude ist das Ergebnis eines beschränkten Architektenwettbewerbes, zu dem Georg Joseph von Hauberrisser, Leonhart Romeis und Gabriel von Seidl eingeladen waren. Schon ein Jahr später, 1894, konnte der erste Preisträger, Gabriel von Seidl, mit den Bauarbeiten für das Museum beginnen, das im Jahre 1900 vollendet wurde.

Der Entwurf Seidls ging in besonderem Maße auf die städtebauliche Situation der Prinzregentenstraße ein, so daß direkt im Anschluß an den Englischen Garten ein

Fig. 81 Prinzregentenstraße (Ausschnitt): a) Situation 1852; b) Situation 1979 ▷

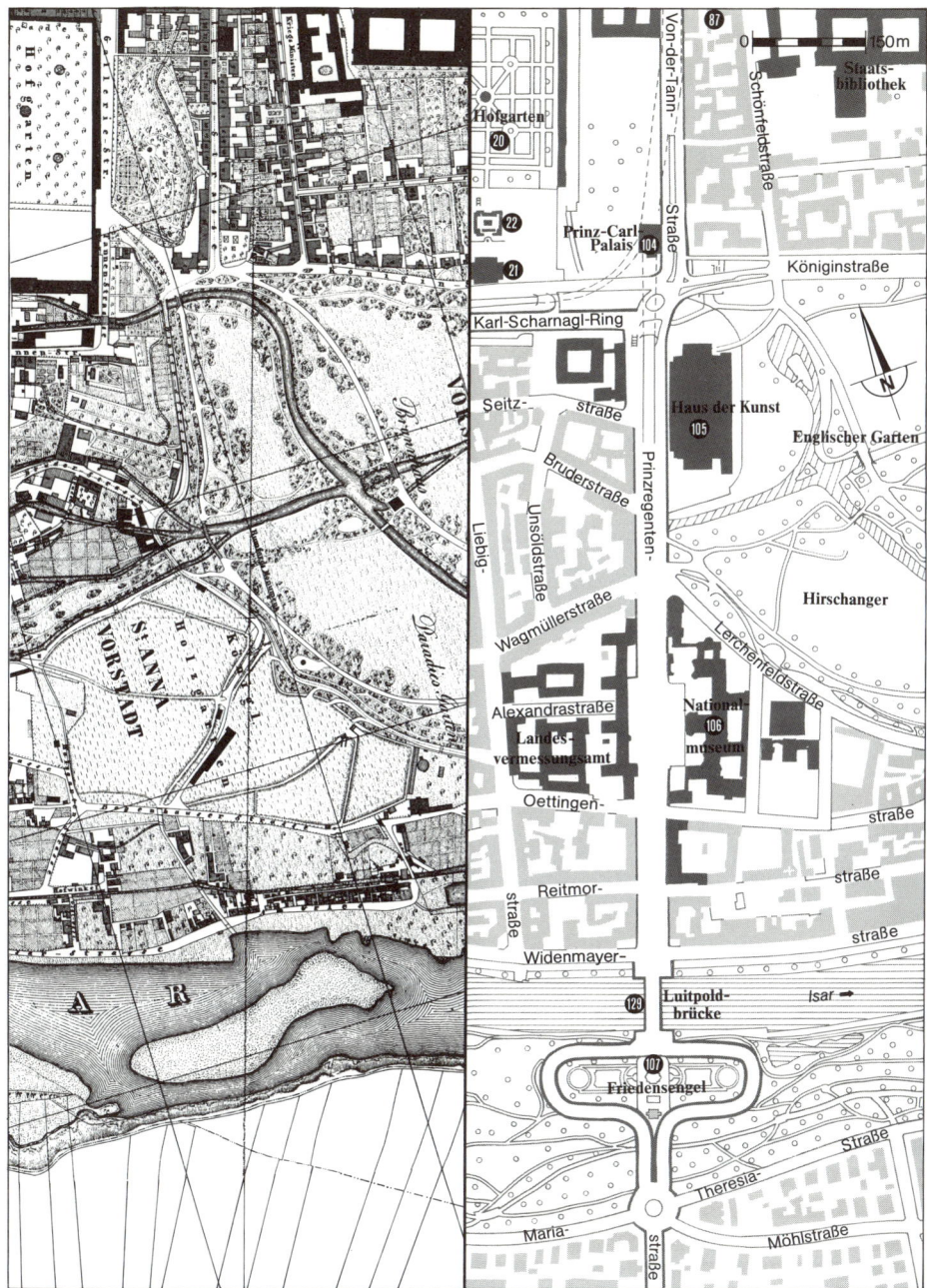

a   *b*

malerisch gestalteter Museumskomplex entstand. Phantasievoll setzte Seidl die damaligen Forderungen an ein historisches Museum in die Sprache der Architektur um, wobei aber innerhalb einzelner Bauteile zwischen der Innendekoration und der Fassadengestaltung durchaus Diskrepanzen auftreten. Die Gesamtkomposition folgt innen stilistisch jenen Epochen, die mit ihren Meisterwerken in den jeweiligen Raumtrakten vertreten sind, und zeigt außen durchaus einen völlig anderen Baustil (z. B. im Westflügel – innen: Romanik; außen: Renaissance). Die verschiedenen architektonischen Stile der Außenfassade stellen also auch eine historische Abfolge der im Museum vertretenen Epochen dar: Romanik (Ostflügel), früher Barock (Turm mit akzentuiertem Mittelbau), Renaissance (Westflügel), ˙ Spätbarock/Rokoko (westlicher Kopfbau). An keiner Stelle erfolgt jedoch eine Stilmischung; jede Baufuge zeigt deutlich den epochalen Übergang und versucht nicht, zu harmonisieren. Zur Gesamtkomposition des Prinzregentenforums vor dem Museum gehörten noch der 1903/07 von Adolf von Hildebrand geschaffene Hubertus-Brunnen (heute in der Waisenhausstraße; s. S. 371) und das ebenfalls von Hildebrand errichtete Reiterdenkmal (1901/13) des Prinzregenten. 1937/39 ergänzte German Bestelmeyer die Anlage durch den Osttrakt an der Oettingenstraße; 1955 war der Wiederaufbau vollendet.

Die Sammlungen des Bayerischen Nationalmuseums gliedern sich in drei große Abteilungen:
Kunsthistorisches Museum: Europäisches Ausstellungsgut vom frühen Mittelalter bis zum 20. Jahrhundert

Kunstgewerbemuseum:
Europäisches Kunsthandwerk
Kulturhistorisches Museum: Beispiele aus Volkskunst und Volkskunde: altbayerisches Hafnergeschirr, Krippen, Spiele, Uhren, Meßgeräte, etc.
Erdgeschoß (die angegebenen Nummern entsprechen denen des Museums):
1 Frühes Mittelalter 2–21 Hoch- und Spätgotik 22–29 Renaissance 30–35 Barock 36–42 Rokoko 43–46 Klassizismus 47 Stadtmodelle (s. Fig. 23–25, 51).
Obergeschoß: 51 Glasgemälde 52 Miniaturen 53, 54 Barock-Skizzen 55, 56 Elfenbeinarbeiten 57 Intarsien 58 und 59 Uhren und Instrumente 67 und 68 Kostüme 69–71 Spiele 84–87 und 99 und 100 Porzellan 88 Edelmetallprodukte 89 Plaketten 90 Hafnerware 91 Steinzeug 92 Majolika 93–98 Fayencen
Untergeschoß: 101–109 Bauernstuben 110–117 Religiöse Volkskunst 119–124 Hafnergeschirr 128–131 Volkskunst und Trachten 132 Spielzeug; im anschließenden Ostflügel verschiedene Krippen.

Friedensengel (Prinzregententerrasse) (107)
In dominierender städtebaulicher Lage entstand um die Jahrhundertwende als Höhepunkt der Prinzregentenstraße das architektonische und bildhauerische Ensemble des Friedensengels am östlichen Isarufer. Abgerückt vom damaligen Historismus, entstanden die Prinzregententerrasse in Anlehnung an florentinische und römische Gartenarchitektur und die Siegessäule im korinthischen Stil der griechischen Klassik.

Erste Entwürfe für die Terrassengestaltung gehen auf Adolf von Hildebrand zurück, die dann 1891 von Jakob Möhl vollendet wurde. Die symmetrisch angelegte Terrasse wird von zartgrauen Stützwänden eingerahmt und von Säulen und Rundbogennischen betont; auf dem freien Platz steht in harmonischer Komposition ein von Pilastern gegliederter Springbrunnen. Zwei flankierende Freitreppen führen zu einer Aussichtsterrasse, deren Mittelachse in Bezug zu der geradlinigen Treppe des Unterbaues der Siegessäule steht. Dies ist das eigentliche ›Friedensdenkmal‹, das aus Anlaß des 25jährigen Friedens von Versailles (1871) von der Stadt München gestiftet und 1896/99 errichtet wurde. Für die künstlerischen Arbeiten konnten Joseph Bühlmann, Heinrich Düll, Max Heilmaier und Georg Pezold gewonnen werden.

Der Unterbau der Säule ist als offene Halle konzipiert. Vier reich profilierte Ecksäulen tragen Medaillons mit Reliefporträts bedeutender Persönlichkeiten: die Kaiser Wilhelm I., Friedrich I. und Wilhelm II., Herrscher aus dem Hause Wittelsbach – Ludwig II., Otto und Prinzregent Luitpold; außerdem Bismarck, Hartmann, Moltke, Pranckh, von der Tann und Roon. Zwischen den Pfeilern stehen auf jeder Seite je zwei grazile Karyatiden, die jenen der Korenhalle auf der Akropolis in Athen nachgebildet sind. Die Goldmosaiken in der Halle haben die allegorischen Themen: ›Segen der Kultur‹, ›Frieden‹, ›Krieg‹ und ›Sieg‹ zum Inhalt.

Kraftvoll reckt sich die kannelierte Siegessäule mit korinthischem Kapitell 23 m in die Höhe, gekrönt von einem 6 m hohen vergoldeten Friedensengel.

IX Weitere Sehenswürdigkeiten innerhalb des Stadtkerns

(s. Plan in der vorderen Umschlagklappe, Nr. 108–129)

(108) **Akademie der bildenden Künste**
Die Akademie entstand in den Jahren 1874/1885 und ist ein Werk des Architekten Gottfried Neureuther. Der langgestreckte Baukörper mit stark akzentuiertem Mittelteil und weit vorspringenden Seitenrisaliten ist typisch für die Gründerzeit. Die palastähnliche Fassadenarchitektur weist kein zwingendes Raumkonzept auf; die Rückfassade (im Norden) ist nur mäßig gestaltet. Die zwei- bzw. dreigeschossige ›Schaufassade‹ (im Süden zur Straße) zeigt viele Elemente der italienischen Hochrenaissance und das Rundbogenmotiv der Alten Pinakothek.

Amalienpassage (Amalienstraße 87/89 und (109) Türkenstraße 84–88; Farbt. 39, 43)
Vorbildliches Beispiel einer gelungenen Altstadtsanierung. Die Architektengemeinschaft J. von Gagern/P. Ludwig/U. von der Mühlen und Mitarbeiter konzipierte auf einem langgestreckten Grundstück zwischen Amalien- und Türkenstraße eine moderne Form urbanen Wohnens (1975/77). Drei intim gehaltene Höfe bilden eine Fußgängerzone mit einem Hauch südländischer Atmosphäre (Gestaltung: Jürgen von Gagern/Karl Kagerer). Um sie gruppieren sich attraktive Läden, Cafés und Restaurants,

während in den oberen Geschossen mehr als 250 individuell geschnittene Wohneinheiten untergebracht sind. Feingliedrige Formen zeitgenössischer Architektur wurden geschickt der bestehenden Bebauung angepaßt. Im Untergeschoß befindet sich die einzige öffentliche Tiefgarage der Maxvorstadt. Im Adalberthof zeigt ein Stahl-Emaille-Relief (7,2 x 12,6 m) aus dem Jahre 1977 von Gerd Winner eine raffinierte, collagierte Darstellung alter und neuer Fassaden. 1977 erhielt Jürgen von Gagern von der Landeshauptstadt München für die Amalienpassage den bisher nur einmal verliehenen ›Ehrenpreis für guten Wohnungsbau und vorbildliche Sanierung‹.

⑩ Neue Pinakothek
(Barer Straße 29; Abb. 103, 106, 107)
Das seit 1975 im Bau befindliche Gebäude der Neuen Pinakothek wird voraussichtlich 1980 eröffnet. Moderner Museumsbau von Alexander von Branca mit raffinierten Lichteffekten in den Innenräumen durch pultdachförmige Oberlichter.

Hier sollen die z. Zt. im Haus der Kunst aufbewahrten Sammlungen zeitgenössischer Kunst vom Rokoko bis zum 20. Jahrhundert untergebracht werden (größtenteils Werke aus der Privatsammlung Ludwigs I.).

⑪ Alte Pinakothek
(Barer Straße 27; Abb. 104)
Die Sammlungen der Alten Pinakothek gehen bis auf Wilhelm IV. (1. Hälfte des 16. Jh.) zurück und gehören heute zu den ältesten und bedeutendsten Gemäldesammlungen der Welt. Als im 18./19. Jahrhundert die Sammlungen aus Düsseldorf (Rubens/van Dyck) und Mannheim (Niederländer) durch

Karl Theodor und schließlich auch die Zweibrücker Sammlungen (Franzosen) durch Maximilian IV. Joseph nach München gelangten, wurde der Ruf nach einem neuen Gebäude für die Galerie immer lauter. Schon 1803 unterbreitete der damalige Direktor der Galerie, Christian Mannlich, Kurfürst Maximilian IV. Joseph Erweiterungsvorschläge. Doch erst Jahre später fiel die Entscheidung; 1822 erhielt Klenze von Ludwig I. den Auftrag für einen Neubau der Galerie. 1826, an Raffaels Geburtstag, am 7. April, erfolgte die Grundsteinlegung; fünf Jahre später war der Rohbau fertiggestellt und nach weiteren fünf Jahren, im Herbst 1836, konnte die Pinakothek eröffnet werden. – 1300 Gemälde, ausgewählt und zusammengestellt von Johann Georg von Dillis, teilweise mehrreihig gehängt, wurden der Öffentlichkeit zugänglich gemacht.

Die Architektur des Gebäudes ist ganz der Funktion der Galerie angepaßt; große Rundbogenfenster des Hauptgeschosses unterwerfen sich den Lichtbedürfnissen der Innenräume. Innenraumgestaltung und Fassadenstruktur stehen in einem harmonischen Gleichgewicht. Die 137 m langen Fassaden zeigen ausgewogene Proportionen, ganz im Sinne venezianischer Palastarchitektur der Hochrenaissance. Oberhalb der Balustrade, an der Südfassade, standen einst 24 von Schwanthaler entworfene Skulpturen epochemachender Maler.

Die schweren Kriegszerstörungen der Pinakothek konnten erst 1956/57 nach Plänen von Hans Döllgast behoben werden; 1958 Wiedereröffnung. Z. Zt. ist das Museum teilweise geschlossen, es soll 1980 zur Ausstellung ›800 Jahre Wittelsbacher und Bayern‹ wiedereröffnet werden.

(112) **St. Bonifaz** (Karlstraße 34; Abb. 80)

Schon als Kronprinz hegte Ludwig I. die Absicht, in München eine Apostelkirche im korinthischen Stil bauen zu lassen, die als Gegenstück zur Glyptothek (s. S. 297ff.) an der Südseite des Königsplatzes wirken sollte. Leo von Klenze legte 1819 erste Entwürfe vor; Ludwig I. gab dieses Projekt jedoch drei Jahre später (1822) auf und faßte den Entschluß, ein Benediktinerkloster mit frühchristlicher Basilika errichten zu lassen. 1827 sandte er Georg Friedrich Ziebland, den für dieses Projekt auserwählten Architekten (bis 1829), mit exakten Anweisungen zum Studium für die geplante Kirche nach Italien: »Ich bin gesonnen, dem Apostel der Deutschen und Bayern, dem hl. Bonifatius, in München eine Kirche zu bauen und zwar in Form einer Basilika. Für diesen Bau habe ich Sie erwählt; da ich aber dieses Gebäude so recht in dem Geiste und der Form einer Basilika zu erhalten wünsche, schicke ich Sie auf mehrere Jahre nach Italien; studieren Sie mir dort fleißig die in diesem Land befindlichen Basiliken und legen Sie mir dann Pläne dazu vor. Die Grundsteinlegung wird aber erst im Jahre 1835 am Tage meiner silbernen Hochzeit stattfinden. Dabei aber stelle ich gleich jetzt Bedingungen: die Basilika muß als Seitenstück der Glyptothek gegenüber zu stehen kommen und in griechisch-korinthischem Style gehalten sein; sie soll fünf Schiffe und ungefähr die Größe der dreischiffigen Basilika in Ravenna, S. Apollinaris in Classe, bekommen. Die Bausumme soll 400000 fl. nicht überschreiten.«[57]

57 Zitiert in: Norbert Lieb/Heinz Jürgen Sauermost: ›Münchens Kirchen‹, München 1973, S. 213

Und ein zweites Mal änderte Ludwig I. seine Pläne: Er verlegte den Standort der Kirche zur Karlstraße. Die Ursache war wahrscheinlich der Einspruch des damaligen Bischofs von Freising/München, der das Gotteshaus nicht inmitten der ›heidnischen Götterwelt‹ des Königsplatzes wissen wollte.

1835 begann man mit den Bauarbeiten der von Ziebland entworfenen fünfschiffigen Basilika. In bewußter Anlehnung an die Basilika ›San Paolo fuori le mura‹ (frühchristlich/Kaiser Konstantin) und an die Normannen-Kunst auf Sizilien entwarf Ignaz Dollinger das Fresken-Bildprogramm für den Innenraum, das von Heinrich Heß und seinen Mitarbeitern ausgeführt wurde. Die ebenfalls an normannische Vorbilder erinnernden geometrischen Freskendarstellungen entwarf Joseph Schwarzmann; 1845, nach 15jähriger Bauzeit, erfolgte die Weihe.

Mit St. Bonifaz besaß München während der ludovizianischen Zeit einen völlig neuen Kirchentyp, der zwar bis in kleinste Details auf italienische Vorbilder zurückging, aber dennoch in seiner ausgewogenen Mischung als Ganzes eine Neuschöpfung war. So zeigt der Außenbau neben italienischen Motiven auch Rückgriffe auf Romanik und Gotik.

Während des Krieges erlitt die Basilika in den Jahren 1943/44 schwerste Zerstörungen. Von dem 17jochigen Innenraum wurde der gesamte zehnjochige Nordteil mit Apsis (die Kirche ist nicht geostet) vernichtet. Der Wiederaufbau 1949/50 von Hans Döllgast erfaßte (aus finanziellen Gründen und Materialmangel) nur den siebenjochigen Südteil mit Narthex zur Karlstraße hin; auf dem verbleibenden Teil des Grundstückes errichtete man 1969/71 nach Plänen von Karl Theodor Horn unter Einbeziehung der fragmentarischen Apsis ein Pfarrzentrum.

Der nur zu einem Drittel erhaltene Baukörper wirkt heute in seiner Außenarchitektur wie in seiner Innenraumgestaltung fremd und unproportioniert; von seiner einstigen Ausstrahlungskraft und Atmosphäre ist nur wenig erhalten. Lediglich der Narthex mit seiner korinthischen Säulenstellung (Abb. 80) zur Karlstraße hin und die kunstvoll dekorierten Portalumrahmungen erinnern ein wenig an die würdevolle Pracht der Basilika St. Bonifaz des 19. Jahrhunderts. Auch die ehemaligen holzgeschnitzten Eichenportale sind nicht mehr erhalten, sie wurden durch kunstvolle Bronzetüren von Georg Brenninger ersetzt.

Die unter dem Chor angelegte Krypta der Basilika diente den Benediktinern als Grabstätte; hier ist auch Königin Therese, Gemahlin Ludwigs I., bestattet. Der königliche Bauherr selbst ließ sich nach normannischer Tradition, wie in Palermo (Roger II. und der Staufer Friedrich II., s. S. 64) und in Monreale (Wilhelm I.), in einem schmucklosen Steinsarkophag bestatten (östliches Seitenschiff, direkt hinter dem Narthex).

(113) **Alter Botanischer Garten**
(Elisenstraße/Sophienstraße; Farbt. 5, 20)
Die Parkanlage geht auf die Planung der Maxvorstadt zurück und wurde 1808/14 von Ludwig von Sckell auf die Achse der Arcisstraße ausgerichtet (s. S. 89). Hier entstand 1854 der ›Glaspalast‹ (s. Fig. 27), der 1934 abbrannte. Während des Dritten Reiches errichtete Oswald E. Bieber das Ausstellungsgebäude mit Park-Café und Joseph Wackerle den Neptun-Brunnen (1935/37; Farbt. 20).

An der Ostseite steht noch das wohlproportionierte frühklassizistische Portal von Joseph Emanuel von Herigoyen aus dem Jahre 1812. Die auf dem Architrav angebrachte lateinische Widmung für Maximilian IV. Joseph stammt von Johann Wolfgang von Goethe.

Justizpalast (Elisenstraße 1a/Karlsplatz) (114)
Palastartiger Verwaltungsbau der Gründerzeit; der kraftvolle Baukörper mit ausgereiften Spätrenaissance-Fassaden und barocken Schmuckformen ist ein Werk von Friedrich von Thiersch (1891/97) und gehört zu den besten Bauschöpfungen Münchens im ausgehenden 19. Jahrhundert.

Postscheckamt (Sonnenstraße 24) (115)
Musterbau des Maximilianischen Stils, nach dem sich die Bebauung an der Maximilianstraße orientierte (s. S. 94, 315ff.). Der ursprünglich als ›Frauengebäranstalt‹ errichtete Bau (1853/56) ist ein Werk Friedrich Bürkleins. Seit 1920/21 dient er als Postgebäude, wurde 1929 umgebaut (von R. Vorhölzer) unter Beibehaltung der maximilianischen Fassade, die starke Anlehnung an die englische Neugotik zeigt.

St. Elisabeth (Mathildenstraße 19) (116)
Eine der letzten Münchner Spätrokoko-Kirchen, die Johann Michael Fischer 1758/1760 errichtete und deren durch Franz Anton Kirchgrabner 1790 vollendete Fassade frühklassizistische Einflüsse aufzeigt. Die während des Krieges fast völlig zerstörte Kirche wurde 1963/65 originalgetreu wieder aufgebaut. Von der einstigen reichhaltigen Freskenausschmückung ist nichts mehr erhalten. In dem schönen Zentralraum mit Vorhalle und Altarraum sind der Hochaltar und die Kanzel von Ignaz Günther besonders sehenswert.

98   Münchner Stadtmuseum: Stadtwappen mit dem ›Münchner Kindl‹, das Erasmus Grasser 1477 für das
Gewölbe des Alten Rathaussaales schnitzte

99 Bayerische Staatsbibliothek: Buchkasten des
Uta-Codex aus Regensburg (um 1002/1025) mit
Gold und Edelsteinen

100 Münchner Stadtmuseum: Moriskentänzer (von
Erasmus Grasser), der ursprünglich für den
Alten Rathaussaal bestimmt war (1480)

101, 102 Schatzkammer der Residenz: links Deckelkrug v. Hans Reimer, teilweise geschmelzt, mit Gold,
Diamanten, Smaragden und Perlen (München 1572); rechts Prunkpokal von H. Reimer (München 1563)

103   Neue Pinakothek

104   Alte Pinakothek,
       Rubens-Saal

105 George Desmarées, Gräfin Maria Anna von Holnstein, um 1756, Städt. Galerie im Lenbachhaus

106 Wilhelm Leibl, Frau Gedon, 1868/69, Bayerische Staatsgemäldesammlungen/Neue Pinakothek

107 Hans von Marées, Doppelbildnis Marées-Lenbach (Ausschnitt), 1863, Neue Pinakothek

108 Franz von Lenbach, Familie Lenbach (Ausschnitt), 1903, Städt. Galerie im Lenbachhaus

109   Wilhelm von Kobell, Nach der Jagd am Bodensee (Ausschnitt), 1833. Städt. Galerie im Lenbachhaus

110–115   Staatliche Antikensammlung/Glyptothek: ▷

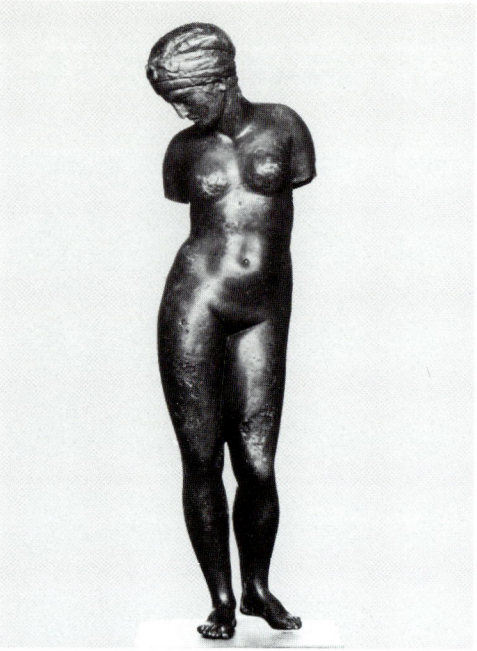

110 Tonstatue einer Muttergöttin mit Kind (Böotien, Anfang 6. Jh. v. Chr.)

112 Bronzener Spiegel mit nackter Göttin (Sparta,
   um 540 v. Chr.)

111 Bronzestatue eines Mädchens, Aphrodite? (Bo-
   röa, Ende 5. Jh. v. Chr.)

113 Bronzestatue einer Sphinx (Unteritalien, 540/
   530 v. Chr.)

114 Etruskisch-schwarzfiguriges Vorratsgefäß mit den Göttinnen Hera, Athena, Aphrodite und dem Gott Hermes (530 v. Chr.)

115 Amphora mit Jagdszene des Amaphis-Malers (um 540 v. Chr.)

116 Staatliches Museum für Völkerkunde: Chinesischer Ochsenkarren (aus Ton) der innerasiatischen Nomaden, Grabbeigabe (9. Jh. n. Chr.)
117 Staatliches Museum für Völkerkunde: Sandsteinrelief des Bodhisattva Gautama (frühe Kushana-Periode, 2. Hälfte 1. Jh. n. Chr.)

118–120 Nymphenburg, Marstallmuseum: Prunkwagen und Schlitten Ludwigs II.; Prunkwagen Kurfürst Karl Albrechts (rechts unten)

121   Bayerisches Nationalmuseum: Tafel aus Sammerei in Niederbayern, 1640, Holz, 12,5 × 21 cm

122, 123   Bayerisches Nationalmuseum: Anbetung der Hirten, Neapel, 2. H. 18. Jh., Höhe 50 cm; Flucht nach
Ägypten, München, frühes 19. Jh., Höhe 25 cm (Krippenmuseum)

126　St. Michael (1738/51) in Berg am Laim, Erzengel Gabriel von Ignaz Günther (?)

128, 129   Jazzlokal ›Allotria‹ in der Türkenstraße (Maxvorstadt)

(117) St. Matthäus (Nußbaumstraße 1)
Ersatzkirche für die im Dritten Reich 1938 abgebrochene erste protestantische Kirche Münchens aus den Jahren 1827/33, die auf der heutigen Sonnenstraße zwischen Schwanthaler- und Bayernstraße stand (s. S. 63 f.). Der moderne Zentralbau mit Campanile, von Gustav Gsaenger (1953/55) errichtet, steht auf der Westseite des Sendlinger-Tor-Platzes in städtebaulich dominierender Lage; Form und Gestalt der Kirche können dieser Dominanz jedoch nicht gerecht werden.

(118) St. Stephan (Thalkirchner Straße 15)
Ersatzkapelle für die von Albrecht V. 1576/1578 errichtete Friedhofskapelle für den Pestfriedhof vor dem Sendlinger Tor. Das kleine tonnengewölbte Kirchlein entstand 1674/77 ebenfalls als Friedhofskapelle und hat innen noch schöne Stukkaturen aus dieser Zeit; Altäre und Kanzel sind aus der 2. Hälfte des 18. Jahrhunderts.

(119) Südlicher Friedhof
(Haupteingang: Thalkirchner Straße 17)
Schon im 16. Jahrhundert ließ Albrecht V. an dieser Stelle einen Friedhof für arme Leute errichten, der im 17. Jahrhundert auch als Pestfriedhof diente. Die erste Kapelle entstand 1576/78, die durch die noch heute erhaltene St. Stephans-Kirche (s. Nr. 118) 1674/77 ersetzt wurde. Nach Aufhebung aller Friedhöfe (1788) im Stadtgebiet wurde der Südliche Friedhof zum Hauptfriedhof Münchens. Nach einem Entwurf von Gustav Vorherr entstand 1818/19 der Arkaden-Halbkreis. 1844/45 erfolgte die quadratische Erweiterung (›Campo Santo‹) von Friedrich von Gärtner; seit dieser Zeit (bis 1944) wurden hier viele Münchner Persönlichkeiten bestattet: Roman Anton Boos (Bildhauer), Johann Georg von Dillis (Maler), Karl von Fischer (Architekt), Friedrich von Gärtner (Architekt), Joseph von Görres (Historiker), Peter von Heß (Schlachtenmaler), Wilhelm von Kaulbach (Historienmaler), Leo von Klenze (Architekt), Wilhelm von Kobell (Maler), Jean-Baptiste Métivier (Architekt), Georg Simon Ohm (Physiker), Carl Rottmann (Maler), Carl Spitzweg (Maler) u. a. Hans Döllgast leitete nach dem Kriege die Wiederherstellung der Anlage.

Gärtnerplatztheater (Gärtnerplatz 3) **(120)**
Das Gärtnerplatztheater bildet im Zentrum der Isarvorstadt (um 1830 angelegt) den bedeutendsten städtebaulichen Akzent. Es wurde 1864/65 nach Plänen von Franz Michael Reifenstuel als ›Volkstheater‹ mit höfischem Charakter errichtet. Die Raumfolge und speziell der Zuschauerraum sind in kleineren Dimensionen nach dem Vorbild des Nationaltheaters (s. S. 223 f.) gestaltet.

Fassadenarchitektur und Innenraumgestaltung gehören dem Stil des späten Klassizismus an. 1937 wurde der Innenraum zur ›Bayerischen Staatsoperette‹ umgebaut. Aus dieser Zeit stammt auch die Mittelloge mit den Skulpturen von Joseph Wackerle (Abb. 85); 1968 Wiederherstellung nach den Originalentwürfen von Reifenstuel.

Europäisches Patentamt **(121)**
(Erhardstraße 25–33; Farbt. 41)
Kreuzförmiges Verwaltungsgebäude mit flexibler Raumaufteilung und transparenter Fassadengestaltung nach Entwürfen der Architektengemeinschaft von Gerkan/Mark und Partner (1975/79). Anpassung zur Isar durch überleitende parkähnliche Grünflächen mit öffentlichem Fußgängerbereich.

(122) **Deutsches Museum**
(Museumsinsel 1; Abb. 97)

Schon in den Jahren 1878–1881 holte sich Oskar von Miller in England Anregungen für ein ›Technikmuseum‹; 1903 gründete er den ›Deutschen Verein – Museum von Meisterwerken der Naturwissenschaft und Technik‹. Ein Jahr später kam Kaiser Wilhelm II. zur Grundsteinlegung des Museums nach München.

Das Hauptgebäude (südliches Gebäude mit Turm und Sternwarte) entstand nach den Plänen von Gabriel von Seidl, dessen Entwurf den 1. Preis in einem Wettbewerb erhalten hatte; nach seinem Tode (1914) leitete sein Bruder Emanuel bis zur Eröffnung im Jahre 1925 die Bauarbeiten. Die Ergänzungsbauten im Norden stammen von German Bestelmeyer und entstanden in den Jahren 1928/35 (Bibliothek und Saalbau). Die Kriegszerstörungen von 1944 vernichteten bis zu 80% der Bausubstanz und ca. 20% der Ausstellungsstücke; 1958 war der Wiederaufbau beendet. Nach der Errichtung des Restaurationstraktes von Franz Hart (1972) ist das Museum heute 460 m lang und 100 m breit. Auf 40000 qm Ausstellungsfläche stehen ca. 15000 Objekte, mit einer etwa 16 km langen Führungslinie; bei etwa 1 Minute Besichtigungszeit pro Objekt müßte man sich einen Monat (acht Stunden pro Tag) im Museum aufhalten, um alles zu sehen.

Die Sammlungen im Deutschen Museum sind in ihrer Art die ersten, größten und bedeutendsten der Welt. Das Museum erfüllt neben der Aufgabe des Sammelns, Sichtens und Konservierens besonders didaktische Funktionen: die Entwicklung der Naturwissenschaft und Technik anhand von Modellen, Versuchen und Demonstrationen, unter Berücksichtigung ihrer kulturellen Bedeutung, allgemeinverständlich darzustellen. Hierzu dienen didaktisch hervorragend ausgewählte und zusammengestellte Modelle, historische Originalapparate und betriebsbereite Maschinen, die das Verständnis für naturwissenschaftliche und technische Zusammenhänge, die unsere heutige Lebensform weitgehend bestimmen, beim Besucher wecken.

Die Sammlungen

Bibliothek: Präsenzbibliothek mit über 650000 Bänden, ca. 2000 Zeitschriften, über 20000 Autographen (Manuskripte, Briefe, Urkunden etc.) und einer Plansammlung mit über 60000 technischen Zeichnungen.

Untergeschoß: Kraftfahrzeuge – Bergwerke – Aufbereitung/Kohleveredelung – Dampfkessel – Schiffahrt – Wasserbau.

Erdgeschoß: Bodenschätze (Gesteine, Mineralien, Lagerstätten) – Bergbau (Erz-, Salz- und Kohlenbergwerke, Erdölsuche und -gewinnung) – Hüttenwesen – Metallbearbeitung – Kraftmaschinen (Muskel-, Wind- und Wasserkraftmaschinen, Dampfmaschinen, Turbinen, Verbrennungsmotoren) – Landverkehr (Schlitten, Kutschen, Fahr- und Motorräder, Autos, Eisenbahnen, Modelleisenbahnen) – Ingenieurbau (Tunnel-, Straßen- und Brückenbau) – Elektrische Energietechnik (›Faradayscher Käfig‹, Generatoren, Schaltanlagen) – Schiffahrt (rekonstruierte ägyptische Papyrusschiffe um 2500 v. Chr., Physik des Schiffes, Nautik, erstes deutsches U-Boot – A4 Rakete).

Erdgeschoß – Hof:
Feuerluftmaschine – Güterumschlagkran –

Japanisches Haus – Kugeltonne – Schiffsla-degeschirr – Windmühle – Windturbine.

1. Obergeschoß: Physik (Gesetze von Mechanik, Wärme, Elektrizität, Magnetismus und Kernphysik) – Geodäsie – Nachrichtentechnik (Telegraph, Telefon, Funk, Rundfunk und Fernsehen) – Musikinstrumente – Chemie (historische Laboratorien, Originale des Mittelalters) – Luftfahrt (vom Ballon und Luftschiff über Segler und Flugzeuge zum Überschall-Senkrechtstarter).

2. Obergeschoß: Chemische Technik, ihre Entwicklung und Bedeutung (Produktion und Fabrikation von chemischen Grundstoffen) – Glastechnik (4000 Jahre Glastechnik) – Fotografie (geschichtliche Entwicklung der Fotografie und Kinematographie) – Schreib- und Drucktechnik (von der Entwicklung der Schrift bis zum Hoch- und Tiefdruck, Offset- und Siebdruck) – Textiltechnik (von der Spinnerei, Weberei und Strickerei zur industriellen Fertigung) – Filmsaal mit Vorführungen von Montag bis Freitag.

3. Obergeschoß: Maß und Gewicht (Entwicklung der Maßeinheiten für Länge und Masse) – Landtechnik (Brauerei, Brennerei, Milchwirtschaft, Müllerei, Zuckererzeugung) – Raumfahrt (Mensch und Weltraum) – Zeitmessung (von der Sonnenuhr bis zur Quarzuhr) – Noch im Aufbau: Baustoffe, Geodäsie, Wohntechnik und Siedlung.

4. Obergeschoß (Zugang über den Raum Zeitmessung im 3. Obergeschoß): Bei gutem Wetter mittags Vorführungen.

5. Obergeschoß: Geschichte und Grundbegriffe der Himmelskunde, Entwicklung der Planetarien.

6. Obergeschoß: Planetarium; Simulation der Himmelsphänomene (täglich mehrere Vorführungen).

St. Lukas (Mariannenplatz 3)   (123)

Die dritte protestantische Kirche Münchens, St. Lukas, wurde 1893/96 von Albert Schmidt in dominierender städtebaulicher Lage unmittelbar am westlichen Isarufer errichtet. Die Architektur des Gotteshauses greift auf Baustile aus der Zeit vor der Reformation zurück: Während romanische Formen die Außenarchitektur bestimmen, wird der Innenraum von rheinischer Frühgotik beherrscht.

Der Grundriß zeigt einen interessanten Zentralbau, der auf der geometrischen Figur des griechischen Kreuzes mit Vierungsquadrat aufgebaut ist. Im Osten dreiseitig geschlossene Apsispartie mit niedrigen Nebenräumen und siebenseitig geschlossenes Westwerk mit quadratischen Türmen.

Pfarrkirche St. Anna im Lehel   (124)
(St. Anna-Platz 5)

Die Pfarrkirche St. Anna geht auf einen Entwurf von Gabriel von Seidl zurück, der mit dieser Arbeit 1885 1. Preisträger eines beschränkten Münchner Architektenwettbewerbs wurde. Zwei Jahre später, 1887, erfolgte die Grundsteinlegung, 1892 die Weihe.

Form und Gestalt der Kirche sind vom Historismus des späten 19. Jahrhunderts beeinflußt. Die Wahl des romanischen Baustils, genauer gesagt, der rheinischen Romanik mit Anlehnung an die romanischen Kaiserdome im Rheinland, hat auch politische Hintergründe: Die Gründung des Deutschen Reiches im Jahre 1871 und die damit verbundene Wiedereinsetzung des deutschen Kaisertums brachte nationale Strömungen mit sich, die sich u. a. auch in der Sakralarchitektur widerspiegeln. Der Grundriß der neuromanischen Kirche zeigt eine dreischiffige Pfeilerbasilika mit Querhaus und Vierungsquadrat, im Osten eine um ein Joch verlängerte Apsis mit konzentrisch umlaufenden Nebenräumen. Im Querhaus sind insgesamt vier apsidenförmige Seitenaltäre angeordnet. Das Westwerk wirkt von außen wie ein Querhaus, besteht aber aus drei nebeneinanderliegenden Räumen: den zwei Seitenkapellen und dem Turmgeschoß. Der Innenraum ist nüchtern gehalten. Den Schwerpunkt bildet die reich geschmückte Apsis mit einem Hochaltar-Fresko von Rudolf von Seitz (1898); die Kreuzigungsstationen von Martin Feuerstein stammen aus dem gleichen Jahr; alle Entwürfe für die Seitenaltäre sind Arbeiten von Gabriel von Seidl (1912).

Von außen wirkt die Architektur der Kirche wie ein Komplex ineinanderverschachtelter, kontrastierender Baukörper.

Von entscheidender städtebaulicher Bedeutung für die Platzwirkung war die damals noch existierende Doppelturmfassade der gegenüberliegenden Klosterkirche St. Anna, die Seidl die Einturmlösung diktierte. Hauptakzent der Westfassade bildet der Turm mit seiner zweigeschossigen Portal-Ädikula. Sie wird von einer überlebensgroßen Reiterstatue Christi bekrönt, der in seiner Rechten einen Ölzweig, in seiner linken Hand einen Bogen hält. Diese ikonographische Seltenheit ist ein Werk Ferdinand von Millers (1910). Reich ornamentierte Archivolten und Kapitele des Gewändes umrahmen das triumphbogenartige Portal. Darüber schwebt das mit Skulpturen geschmückte Tympanonrelief von Anton Pruska (1892) mit der Darstellung des ›Weltgerichts‹: Christus in der Mandorla als Weltenrichter bildet das Zentrum der Skulpturengruppe, links und rechts umgeben von anbetenden Engeln. Zu seinen Füßen erscheint Erzengel Michael, der die Seelen der Menschen abwägt, links gehen die Seligen ins Paradies, rechts die Verdammten ins Fegefeuer.

⑫⑤ **Klosterkirche St. Anna im Lehel** (St. Anna-Platz 21; Abb. 125)

Mit dem neugegründeten Hieronymitenkloster (1725) und der Klosterkirche St. Anna im Lehel (1727/33) entstand in dem bis zu jener Zeit wenig attraktiven ländlichen ›Auwald‹ (Lehel)-Vorort (s. Fig. 82), östlich der Residenz, ein religiöses Zentrum für die um 2000 Seelen zählende Gemeinde; außerdem erhielten München und Altbayern mit diesem Juwel sakraler Baukunst ihre erste Rokoko-Kirche, die die Entwicklung der Sakralarchitektur in Bayern stark beeinflußte und die heute wieder – nach der am 9. März 1979 abgeschlossenen Restaurierung – zu den bedeutendsten Kunstschöpfungen Münchens zählt.

Baugeschichte

Johann Michael Fischer errichtete die Klosterkirche in den Jahren 1727–1733; die Grundsteinlegung erfolgte durch Kurfürstin Maria Amalie. 1730 beendete Cosmas Damian Asam seine Arbeiten am Gewölbefresko, 1734 malte er die Altarbilder, und 1737 erhielt er gemeinsam mit seinem Bruder Ägid Quirin den Auftrag für die Errichtung des Hochaltars; Johann Baptist Straub schuf Kanzel und Tabernakel. Nach der Auflösung des Ordens wurde die Klosterkirche St. Anna 1807 Pfarrkirche. Ein halbes Jahrhundert später (1852/53)

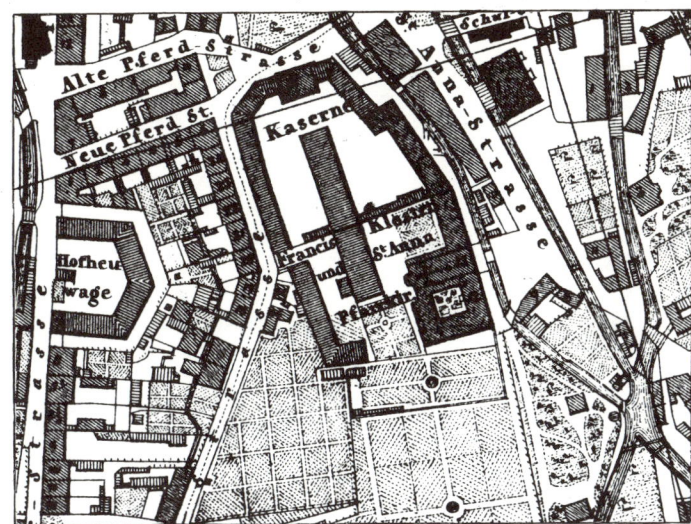

Fig. 82 Isarvorstadt
›im Lehel‹,
(Auwald) mit
der Platz-
situation der
Klosterkirche
St. Anna, um
1850

errichtete August Voit eine dem Zeitgeschmack angepaßte romanische Doppelturmfassade, die sich mit ihrem dreibogigen Arkadenportal und dem pyramidenförmigen Abschluß der Türme ganz an die neuentstandene Kirche St. Ludwig (1829/44) von Friedrich von Gärtner anlehnte (s. S. 309ff.).

Am 24. April 1944 wurde die Kirche durch Bomben weitgehend zerstört. Dem 1946 begonnenen Wiederaufbau folgte 1950 die Innenrestaurierung und 1951 die Wiedereröffnung. 1968 wurde die romanische Doppelturmfassade abgebrochen und die Rokoko-Fassade nach Originalplänen von Johann Michael Fischer durch Erwin Schleich neu aufgebaut, ferner wurden im Laufe der Jahre der Asam-Hochaltar (1975), das Gewölbefresko (1972) und der Portiunkula-Altar von Karl Manninger nachgemalt. 1979 waren die Restaurierungsarbeiten beendet.

Innenraum (s. Fig. 83)
Es ist erstaunlich, daß die Klosterbrüder für ihr vorstädtisches Projekt sowohl Johann Michael Fischer (Architekt) als auch die Asam-Brüder (Malerei und Stukkaturen) und Johann Baptist Straub (Bildhauer) verpflichten konnten.

Die entscheidende neuartige Lösung in der Raumbildung dieses Frühwerkes von Fischer war die Verschmelzung von Längs- und Zentralbau. Damit wandte sich Fischer konsequent von der festgefügten Formensprache der Architektur ab: Wandsäulen werden zu Wandzungen mit kannelierten Pilastern. Es gibt kein kraftvolles durchgehendes Gebälk, sondern Gebälk und Kranzgesims sind auf die Pilasterbündel abgestimmt und begrenzt – nur ein

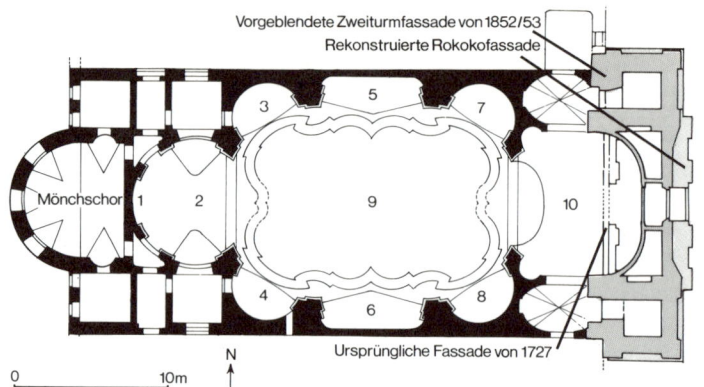

Fig. 83
Grundriß der Kloster-
kirche St. Anna im Le-
hel, Grundrißentwurf
von Johann Michael
Fischer (Bayerisches
Hauptstaatsarchiv,
Plansammlung Nr.
8488)

zartes Architravband hält Pilaster, Seitenkapellen und Hauptraum zusammen; raumver-
spannende Muldengewölbe lösen die Halbkugelkuppeln ab. An die Stelle des rechten
Winkels treten phantasievolle Kurvaturen – gekrümmte Wandflächen, Konchen und
kreisförmige Räume. Die sanft geschwungene Stuckrahmung des ovalen Gewölbefreskos
bildet eine spannungsvolle Übergangszone, die alle vertikalen Bauglieder rhythmisch
zusammenfaßt. Der ganze Raum läßt eine Vertikalentwicklung erkennen, die sich aus dem
Grundriß über die statischen Bauglieder (Pilaster) in die Höhe streckt, um hier mit der
profilierten Kurvatur der Gewölbeeinrahmung zu verschmelzen.

Wie bei dem Aufriß hat Fischer auch im Grundriß bewußt auf den rechten Winkel
verzichtet: Der ovale Hauptraum besteht aus zwei apsidenförmigen Seitenkapellen und den
vier konchenförmigen Kapellen in den Raumecken (die nicht auf einer gemeinsamen
Diagonalachse liegen!), während im Westen der kreisförmige Altarraum seine Entsprechung
im halbkreisförmigen Mönchschor hinter der Apsis findet.

1 Altarbild von Cosmas Damian Asam
(von Karl Manninger restauriert): St. Anna
unterrichtet im Beisein von St. Joachim ihre
Tochter Maria in der Heiligen Schrift; allegorische Figuren symbolisieren, daß die Er-
lösungsbotschaft in aller Welt verkündet
wird (Indianer = Amerika/Neger = Afrika/
Türke = Asien/Frau = Europa); seitlich
vom Baldachin zwei Skulpturen von Ägid
Quirin Asam: Papst Pius V. (links), St.
Augustinus (rechts); Straub schuf die schönen barocken Anbetungsengel und das Tabernakel.

(2) Hochaltarfresko: Verherrlichung des
Namens Anna. Im Scheitel des Triumphbo-
gens: österreichisch/bayerisches Doppel-
wappen (der Habsburgerin Maria Amalie
und des wittelsbachischen Kurfürsten Karl
Albrecht).
3 Hieronymus-Altar mit Tafelbild von
Cosmas Damian Asam: Der Heilige empfängt von Eusebius die letzte Kommunion;
Altarmensa mit Abendmahl-Darstellung
(um 1650).
4 Paula-Altar mit Gemälde von Cosmas
Damian Asam: Die hl. Paula und ihre Toch-

ter Eustochia geloben ein klösterliches Leben. An der rechten Pilastergruppe: Kanzel von Straub mit Christus als thronendem Weltenrichter, Tabernakelengeln und St. Franziskus mit den fünf Wundmalen Christi.

5 Antonius-Altar (1975 völlig neu konzipiert): frühbarocke Antonius-Figur als ›Patron der Stadt München‹ (1682), böhmischer Antonius-Schrein (um 1750) mit Oberarm-Reliquie des Heiligen (um 1480); rechts Stuckfigur von Ägid Quirin Asam, links Kopie (von H. Rösner).

6 Kreuz-Altar: Schmerzensmutter (17. Jh.) mit Kreuz (um 1800), Holzengel von Ägid Quirin Asam (1976 restauriert); Tabernakel mit den Barock-Skulpturen der Heiligen Joseph und Franziskus und der Immaculata.

7 Margareten-Altar: Die Büßerin St. Margareta von Cortona (Georg Sang, 1. Hälfte 18. Jh.), Rokoko-Rahmen der Ikone von Straub.

8 Portiunkula-Altar (1979 völlig erneuert): ›Franziskus erbittet den Portiunkula-Ablaß‹ (Totiesquoties-Ablaß nach der Marienkapelle Portiunkula bei Assisi), Altarbild von Karl Manninger (1979) nach einem Gemälde von A. Herrlein (um 1750, das Original befindet sich im Kloster Frauenberg/Fulda); thronende Anna mit Maria (spanische Arbeit des 17. Jahrhunderts).

(9) Gewölbefresko von Cosmas Damian Asam, 1972 von Karl Manninger erneuert:

Glorie der hl. Anna; die hl. Anna wird in den Himmel aufgenommen.

(10) Gewölbefresko über der Orgel: Die hl. Anna auf dem Sterbebett (1976 von Manninger erneuert).

Rokoko-Fassade

Die 1968 von Erwin Schleich originalgetreu wiederaufgebaute Fassade besticht durch ihre schlichte, der ehemaligen angrenzenden Klosterbebauung angepaßte Gestaltung, deren Gesimse mit den flankierenden Bauten korrespondieren. Würdevoll drängt die dreiteilige Fassade mit ihrer toskanischen Pilasterordnung in die Höhe; ein Attikageschoß mit bekrönendem Ziergiebel bildet den Abschluß und schneidet in die Walmfläche des Hauptdaches ein. Nur der etwas breitere Mittelteil ist architektonisch zurückhaltend gegliedert. Die einfachen, sich wiederholenden geometrischen Figuren, Kreis- und Segmentbogen, sind reizvoll auf einer gemeinsamen Mittelachse als selbständige Architekturglieder übereinander angeordnet: Dem Rundbogenportal folgt ein feines segmentförmiges Gesims und ein kleines Stichbogenfenster; in Höhe der Pilasterkapitelle schließt ein kräftiges Gesimsprofil als Segmentbogen an, darüber bildet in der Traufhöhe das kreisrunde Zifferblatt der Uhr den ausgewogenen Mittelpunkt der Fassade; schließlich führt ein Vierpaßfenster über zur abschließenden Skulpturennische des Ziergiebels.

Fig. 84   Der Englische Garten. Kupferstich von J. C. Schleich (1806) ▷

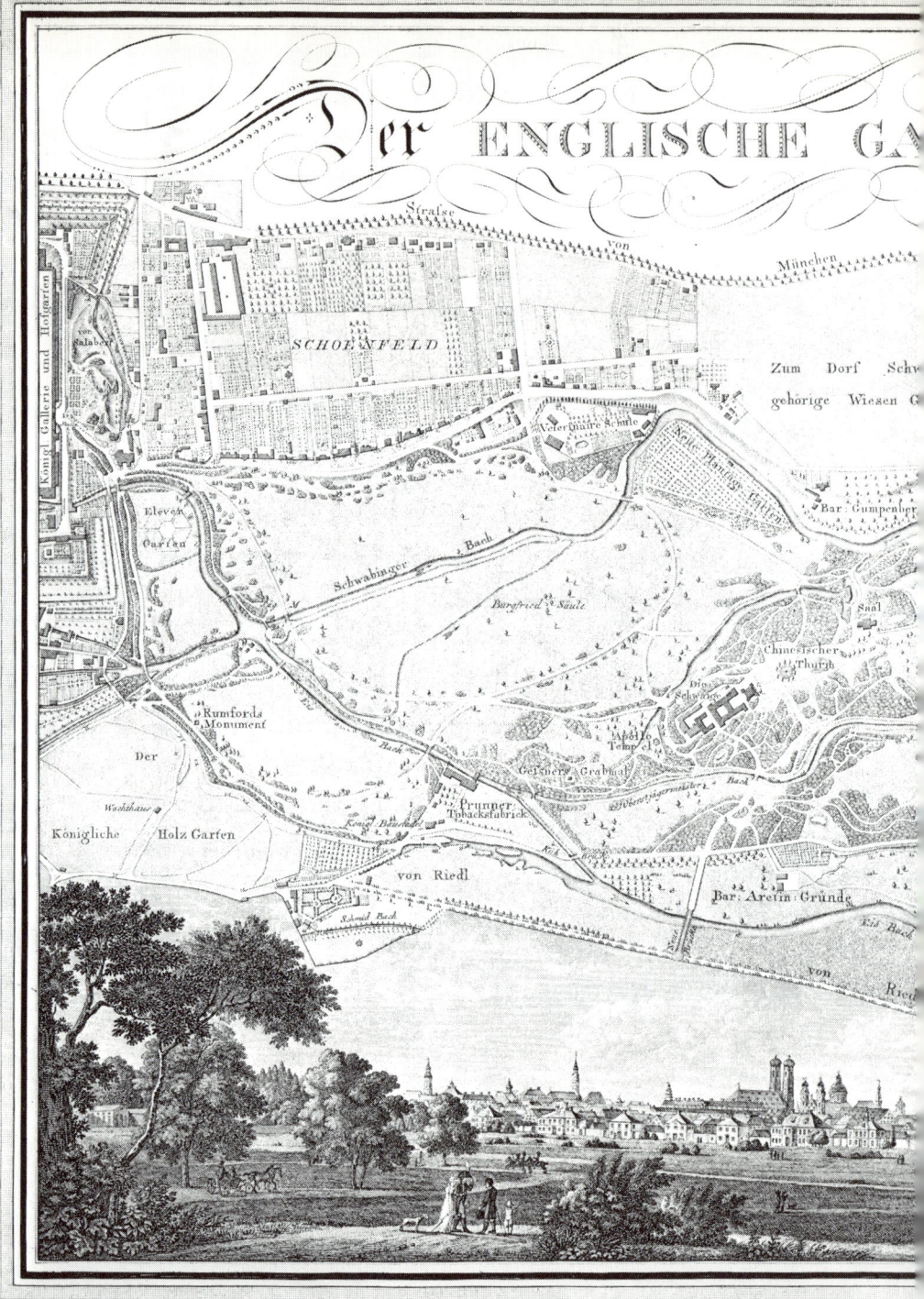

Der ENGLISCHE GA...

Strafse von München

SCHOENFELD

Zum Dorf Schw... gehörige Wiesen G...

Königl. Gallerie und Holzgarten

vor Salabert

Veterinaire Schule

Neue Plantag: Hütten

Bar: Gumpenber...

Eleven Garten

Schwabinger Bach

Burgfried Säule

Saal

Chinesischer Thurm

Die Schw...

Rumfords Monument

Apollo Temp...

Gesners Grabmal

Der

Oberstjägermeister...

Bach

Wachthaus

Prunner: Tobacksfabrick

Königliche Holz Garten

Königl. Bach

Kel...

von Riedl

Bar: Aretin Gründe

Schmal Bach

Eis Bach

von Ried...

Aufgenommen und gezeichnet durch Ober Lieutenant von Rischauer 1816.

Auf allerhöchsten Befehl herausgegeben von der Kö...

TEN bey München

nach Ingolstadt und

Gr.Wald kirch Freysing

von Kobel

Bar. Keisling

DORF SCHWABING Bar. Gohr

BIEDERSTEIN

Schwabinger Bach

Amphitheater

Klein Hesselloh

Schwabinger Bach

Ohrstlärmeister Bach Cascade

Granz

Graben

Kirmayr

Eis Bach

Isar

Damm

Graben

Maafstab von 3000 Baierischen Schuhen.

Gestochen in München von J. Carl Schleich Königl. baierischen topographischen Kupferstecher.

baierischen Direction des topographischen Bureau.

⑫⑥ **Englischer Garten** (Umschlagvorderseite, Umschlaginnenklappe vorn; Farbt. 2–4, 13, 30, Abb. 3, 8, 9, 59–63, Fig. 84)

Sir Benjamin Thompson, Graf von Rumford, amerikanischer Physiker und zugleich Generalleutnant der kurfürstlich-bayerischen Armee, suchte im Geiste der Aufklärung verschiedene Sozialreformen zu realisieren: 1788 überreichte er Kurfürst Karl Theodor ein Memorandum mit der Forderung, ». . . das Interesse der Zivilbevölkerung zu vereinen und die Militärmacht auch in Zeiten des Friedens dem allgemeinen Wohl des Volkes dienstbar zu machen«[58].

Am 1. Februar 1789 erläßt Karl Theodor daraufhin das Kurfürstliche Reskript, ». . . in jeder Garnisonsstadt einen Militärgarten anlegen zu lassen, welcher nicht nur alleine zum Vorteil und Ergötzung des Militärs, sondern auch zum allgemeinen Gebrauch als öffentlicher Spaziergang dienen soll . . . nahe an der Stadt angelegt . . . und in einer luftigen, gesunden Gegend . . . «[58] – eine kurfürstliche Anordnung, die noch im gleichen Jahr zur Verwirklichung des ›Englischen Gartens‹ führte. Innerhalb kürzester Zeit berief man den Gartenarchitekten Ludwig von Sckell nach München und beauftragte ihn mit der Planung und Ausführung des Englischen Gartens. Bald wurden die ersten landwirtschaftlichen Musterbetriebe errichtet: Ackerbauschule, Baumschule, Schäferei, Schweizerei und ›Vieharzneischule‹ dienten dazu, der ländlichen Bevölkerung Kenntnisse einer produktiveren Landwirtschaft zu vermitteln. Die pädagogische Leitung dieser Musterbetriebe lag in den Händen des Militärs. Bereits 1792 fand im Rahmen eines großen Volksfestes die Eröffnung des damaligen ›Theodor-Parks‹ statt, der aber noch stark höfischen Charakter hatte – da der Kurfürst anfänglich die Anlage noch als großzügige Erweiterung des Hofgartens der Residenz verstand.

1797 wurde Graf von Rumford als Leiter des kurfürstlichen Gartenwesens von Reinhard von Werneck abgelöst, der vor allem die gartenkünstlerische Gestaltung vorantrieb, aber auch die Produktivität der ansässigen Musterbetriebe zu steigern wußte. 1803 wurde auch er abgelöst – Ludwig von Sckell erhielt die Oberaufsicht über das Gesamtgartenwesen; er wandte sich gegen die bis dahin immer noch stark höfische Gestaltung der Anlage, definierte den Englischen Garten als ›Volksgarten‹ und forderte, daß die Anlage so zu nutzen sei, ». . . daß sie den Menschen zur Bewegung und Geschäftserholung; zum Genusse der freien gesunden Lebensluft, und zum traulichen *geselligen Umgang und Annäherung aller Stände* diene«[59].

Noch im gleichen Jahr ließ Kronprinz Ludwig von Franz Schwanthaler die Jünglingsstatue ›Harmlos‹ errichten und fügte die Inschrift hinzu: »Harmlos wandelt hier! Dann kehret neugestärkt zu jeder Pflicht zurück«. Schließlich war 1808 die Neugestaltung des Englischen

---

58 Zitiert in: Margret Wanetschek: ›Die Grünanlage in der Stadtplanung Münchens 1790–1806‹, München 1971, S. 157
59 ebd.

Gartens nach den Plänen von Ludwig von Sckell abgeschlossen; 1817 erfolgte noch die Einbeziehung der Hirschau bis zum Aumeister.

Heute erstreckt sich der Englische Garten über eine Gesamtfläche von ca. 3,7 qkm, ist bis zu 5 km lang und bis zu 1 km breit – östlich flankiert von der Isar, durchzogen von verschlungenen Wegen und Wasserläufen, geschmückt mit kleinen Gebäuden und Denkmälern des 18./19. Jahrhunderts als ›point de vue‹.

Die Gebäude und Denkmäler
1789/90   Chinesischer Turm (Farbt. 30, Abb. 3) von Joseph Frey, wurde 1951/52 originalgetreu wieder aufgebaut (entstanden nach einem Vorbild aus dem Jahre 1757/62 im Botanischen Garten von Kew, südlich von London)
1790   Ökonomiegebäude mit Schwaige (heute u. a. Restaurationsbetriebe) von Johann Baptist Lechner
1791   Rumford-Haus, von Lechner im englischen Kolonialstil als Offizierskasino errichtet
1795/96   Rumford-Denkmal von Franz Schwanthaler mit der Darstellung ›Bayern wird von einem Genius geführt‹ (1954 rekonstruiert)
1810/11   Aujägermeisterhaus (›Aumeister‹) von Joseph Deiglmayr
1824   Sckell-Denkmal; Entwurf von Klenze, ausgeführt von Bandel; 1938/39 erneuert
1837/38   Monopteros, eleganter klassizistischer Rundtempel im römischen Stil (Umschlaginnenklappe vorn, Abb. 9) von Leo von Klenze (schöne Fernsicht!)
1838   Steinbank nach einem Entwurf von Klenze
1838   Werneck-Denkmal nach einem Entwurf von Klenze
1972   Japanisches Teehaus von Mitsuo Nomura; japanisches Geschenk anläßlich der XX. Olympischen Sommerspiele 1972

⑫⑦ **Ludwigsbrücke**
(Zweibrückenstraße/Rosenheimer Straße)
An diesem Isarübergang hat wahrscheinlich 1158 Heinrich der Löwe die erste Brücke Münchens errichtet (s. S. 15ff.). Die heutige Anlage stammt aus den Jahren 1934/35.

Auf der Kalkinsel steht der Vater-Rhein-Brunnen, eine gelungene Bildhauerarbeit von Hildebrand (1897/1903) für den Broglie-Platz in Straßburg (wo er bis 1919 stand); später kaufte ihn die Stadt München; 1932 erhielt er seinen heutigen Standort.

⑫⑧ **Maximiliansbrücke** (Maximilianstraße)
Westlicher Teil nach Plänen von Arnold Zenetti (1857/63); östlicher Teil von Friedrich von Thiersch (1903/05) mit Athena-Statue von Franz Drexler (1906) und Jugendstil-Geländer mit Floramotiven von Pfeiffer.

Prinzregentenbrücke ⑫⑨
(Prinzregentenstraße)
Entwurf der Brücke von Theodor Fischer, ausgeführt 1900/01. Die vier allegorischen Skulpturen am Isarufer sind Symbole der Stammgebiete Bayerns: Schnitter für Altbayern (ursprünglich von H. Hahn, durch J. Wackerle erneuert), Fischer für Franken (von B. Schmitt), Frau mit Trauben für Pfalz (von A. Drumm), Frau mit Schild für Schwaben (von E. Kurz).

X Sehenswertes außerhalb des Stadtkerns
(alphabetisch nach Stadtteilen geordnet; s. Fig.85)

Au

Die Besiedlung des Au-Geländes erfolgte erst um 1400; 1854 eingemeindet.

Maria-Hilf-Kirche (Mariahilfplatz 42)
Im Gefolge der romantischen Bewegung entstand mit der Maria-Hilf-Kirche der erste neogotische Sakralbau Süddeutschlands. Architekt war der Fischer-Schüler Joseph Daniel Ohlmüller, der aus dem für dieses Projekt von Ludwig I. ausgeschriebenen Ideenwettbewerb, an dem sich auch die aus der Tradition des Klassizismus kommenden Gärtner und Klenze beteiligt hatten, als 1. Preisträger hervorging. Ohne jegliche städtebauliche Beziehung zur angrenzenden Bebauung wurde die Kirche mit ihrer schönen Rohbacksteinfassade (1831/39) auf den freien Platz gestellt. Der Innenraum zeigt eine dreischiffige Hallenkirche mit Chorumgang und Sterngewölben und besaß ehemals kostbare Glasmalereien, die für die romantische Stilrichtung des 19. Jahrhunderts wegweisend wurden. Der fehlende Turmhelm soll wieder ergänzt werden.

Berg am Laim

St. Michael (Clemens-August-Straße 6; Abb. 126)

Baugeschichte
Fürstbischof Joseph Clemens zu Köln, ein Bruder des bayerischen Kurfürsten Maximilian II. Emanuel, gründete 1693 die ›Bruderschaft zu Ehren des Erzengels Michael‹, eines in Deutschland bevorzugten Schutzheiligen der Burgkapellen. In seiner Hofmark Berg am Laim (›Lusthaus Josephsburg‹) stellte der Fürstbischof den Mönchen seine Hofkapelle als erste Bruderschafts- und Ordenskirche zur Verfügung. 1723 ließ Clemens August, Neffe und Nachfolger des Fürstbischofes, für die mittlerweile zu klein gewordene Kapelle einen Neubau errichten.
   Erste Pläne (1735) für dieses Projekt lieferte Johann Michael Fischer, der sich mit seiner Klosterkirche St. Anna (s. S. 348ff.) einen guten Ruf erworben hatte. Doch infolge mancherlei Intrigen mußte er die Bauausführung (seit 1738) Philipp Jakob Kögelsperger überlassen. Ein Protest Fischers noch im gleichen Jahr führte zur Absetzung Kögelspergers und zur Wiederberufung Fischers, der nun nach seinen von Kögelsperger abgeänderten und teilweise schon ausgeführten Plänen den Bau 1751 vollendete. Für die Innengestaltung konnten Johann Baptist Zimmermann (Deckenfresken, 1743/54), Johann Baptist Straub (Seitenaltäre, 1743/44 und 1758/59; Hochaltar, 1767) und Benedikt Haßler (Kanzel, 1745) verpflichtet werden.

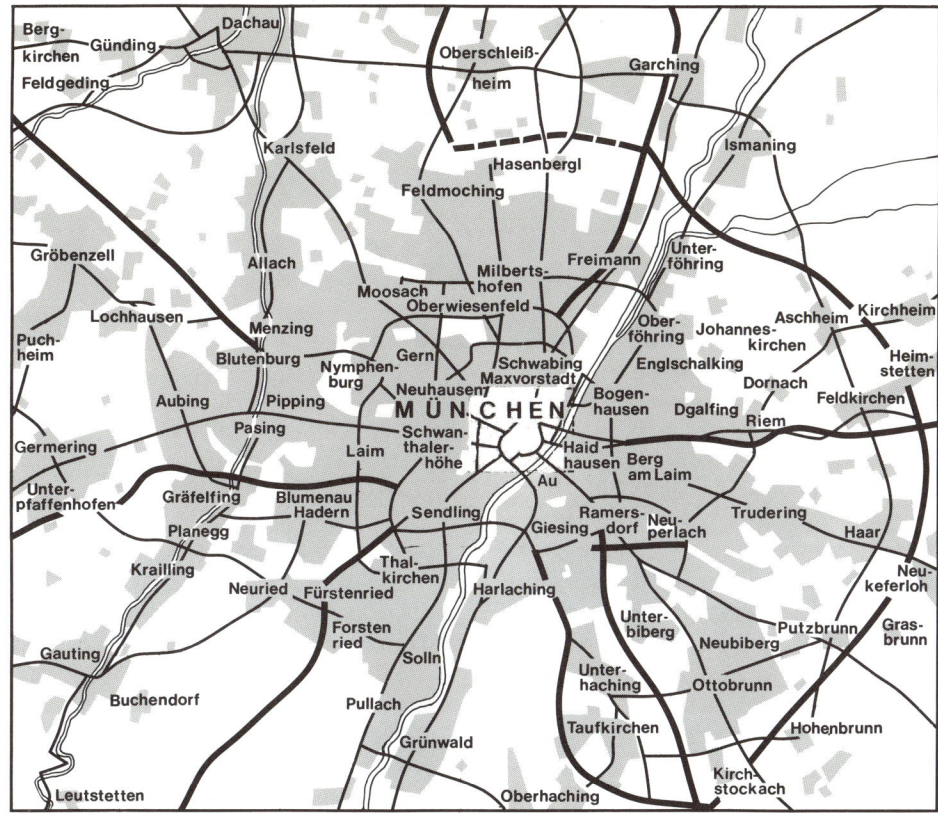

Fig. 85   Münchner Stadtteile und nähere Umgebung □ s. vordere Umschlaginnenklappe

Außenarchitektur

Zwischen zwei dreigeschossigen Türmen mit bekrönenden Helmen erhebt sich die zweigeschossige, leicht konvex vorspringende Mittelfassade. Ganz auf Vertikalität ausgerichtet, recken sich die toskanischen und ionischen Säulen und Pilaster feingliedrig in die Höhe. Schwache durchlaufende Gesimse mildern den vertikalen Zug nur gering, der von den Türmen mit den korinthischen Eckpilastern weitergeführt wird, um in den ausschwingenden Abschlußgesimsen und den aufgesetzten helmartigen Hauben Halt zu finden. Die seitlichen Doppelsäulen und Pilaster des Mittelteils rahmen die rundbogigen Flachnischen mit dem Portal im Erdgeschoß und der (von Ragaller 1911 erneuerten, aber im Maßstab viel zu klein geratenen) Erzengel-Michael-Skulptur. Die Inschriftentafel über dem Portal gibt einen Psalmvers wieder, der wohl auf den Bauherrn Fürstbischof Clemens August Bezug nimmt: »Vom Herrn ist jenes errichtet, und es ist wunderbar in unseren Augen«.

357

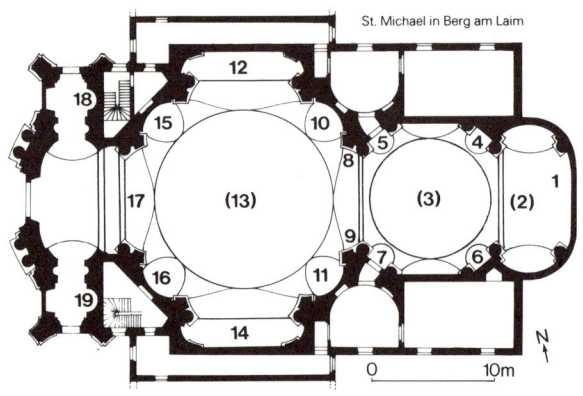

Fig. 86 St. Michael in Berg am Laim, Grundriß (Zahlen in Klammern verweisen auf malerische und plastische Arbeiten in Gewölben)

Innenraum (s. Fig. 86)

Der Grundriß der Kirche zeigt drei selbständige Zentralräume: die Vorhalle (als Ellipse), den Hauptraum (als Kreis) und den Altarraum (als Kreis mit additiver Ellipse), die zu einem wohlproportionierten Längsraum mit überwölbten Flachkuppeln verbunden sind. Überleitendes Element von den Hauptkuppeln zu den niedrigeren Seitennischen bilden die mit goldbraunem Brokat ausgekleideten sphärischen Gewölbe. Der Wechsel von Wandpfeilern und Dreiviertel-Säulen mit korinthischen Kapitellen rhythmisiert die Längswirkung des harmonischen Innenraums, der von durchgehenden geschwungenen Konsolen-Gesimsen mit farbigen Friesen zusammengehalten wird.

1 Hochaltar von Johann Baptist Straub (1767) mit Altarbild von Johann Andreas Wolff (1694): ›Erzengel Michael kämpft gegen Luzifer‹; das Gemälde stammt noch aus der alten Hofkapelle von Fürstbischof Joseph Clemens. Die Skulpturen rechts und links des Tabernakels sind wahrscheinlich Arbeiten von Ignaz Günther: Erzengel Gabriel und Maria in Kindergestalt (als Putte), die vom Engel die ›Botschaft‹ empfängt (links; Abb. 126); Erzengel Raphael und Tobias (als Putte), der den Auftrag erhält, den Fisch zu töten (rechts).

(2) Gewölbefresko von Zimmermann: Bischof und Bürger der von St. Michael geretteten Stadt Sipontum pilgern zum Monte Gargano, zur Krypta des hl. Michael, um sein Grab zu weihen, was er jedoch bereits selbst getan hat: »Ich selbst hab diss Orth geweyht«, lautet eine Inschrift.

(3) Gewölbefresko im Chorraum von Zimmermann: St. Michael befreit Sipontum.

4 Christus-Skulptur von Straub (?); darüber in der Kuppelnische der Kirchenvater Papst Gregor der Große.

5 In der Gewölbenische: Kirchenvater St. Hieronymus.

6 Marienstatue von Straub (?); in der Gewölbenische: Kirchenvater St. Augustinus.

7 In der Gewölbenische: Kirchenvater St. Ambrosius.

8 Kruzifix (Ende 15. Jh.; Passauer Schule); darunter ›Mater dolorosa‹ (18. Jh.).

9 Kanzel von Benedikt Haßler (1745).

10 Immaculata-Altar (›Maria, die Unbefleckte Empfängnis‹); soweit nicht näher

angegeben, stammen die Gemälde der sechs Seitenaltäre von Zimmermann. Flankiert werden die Altäre von den ›Säulen der Kirche‹, den zwölf Aposteln; hier: die Apostel Petrus und Paulus.

11 St. Johann-Nepomuk-Altar mit den Aposteln Johannes und Jakobus d. Ä.

12 Portiunkula-Altar (der hl. Franz und die Muttergottes), flankiert von den Aposteln Jakobus und Thomas.

(13) Gewölbefresko im Gemeinderaum: ›Die Bürger der Stadt Sipontum pilgern zum Monte Gargano‹; dort Erscheinung des hl. Michael; am linken (nördlichen) Bildrand schreitet unter einem purpurroten Schirm der Fürstbischof und Bauherr dieser Kirche, Clemens August aus Köln.

14 Altarbild ›Heilige Familie‹ von Johann Georg Winter (1758/59), mit den Aposteln Philippus und Bartholomäus.

15 Norbert-Altar (Gemälde von Joseph Ignaz Schilling, 1744/46) mit den Aposteln Matthäus und Simon; im Tabernakel Schnitzengel von Franz Ableithner.

16 St. Franz von Paula (Stifter des Paulaner Ordens), flankiert von den Aposteln Judas, Thaddäus und Mathias (Gemälde von Schilling, 1744/46).

17 Deckenfresko über der Orgel: ›St. David liest Psalme‹ (von Zimmermann).

18 St. Rochus (Skulptur von Andreas Faistenberger, 1690).

19 St. Sebastian-Statue.

St. Stephan (Baumkirchner Straße 45)
Nach urkundlicher Überlieferung ist St. Stephan wohl die älteste Kirche Münchens; noch vor der Stadtgründung Heinrichs des Löwen gehörte sie bis 1052 zum kaiserlichen Besitz und ging dann in den Besitz des Freisinger Bischofs über. Das jetzige Gebäude entstand um 1510 und ist wahrscheinlich ein Werk von Lukas Rottaler; die spätgotische Wandpfeilerkirche war das letzte Münchner Bauwerk der Gotik und besitzt noch heute mit ihrer Turmpyramide den ältesten original erhaltenen Turmhelm Münchens; Innenraum 1713 barockisiert.

Bogenhausen

Arabella-Park
(Arabellastraße/Richard-Strauß-Straße)
Parkähnliche Anlage mit freistehenden Wohn- und Verwaltungsgebäuden; Hochhäuser und Flachbauten bilden eine differenzierte Baugruppe im Grünen: *Arabella-Haus* von Toby Schmidbauer (1968/69), 75 m hoher Stahlbetonbau mit Maisonette-Wohnungen, Hotelbetrieb und individueller Nutzung. *Sheraton-Hotel* von Edgar Frasch (1969/71), scheibenförmige Hotelanlage aus Stahlbetonfertigteilen mit großem Kongreßzentrum. *Hypo-Bank*, Verwaltungszentrum von Walther und Bea Betz (1973/81), höchstes Gebäude Münchens (114 m) und eines der modernsten Verwaltungsgebäude Deutschlands; gelungene Baumassengruppierung (Abb. 131).

Hildebrand-Haus
(Maria-Theresia-Straße 23)
Repräsentatives Wohnhaus von Adolf von Hildebrand (1847–1921), das nach seinen eigenen Entwürfen (1897/98) errichtet wurde. Hildebrand prägte durch seine vielseitigen Brunnenanlagen das Stadtbild Münchens entscheidend. Nach den Umbauarbeiten von Enno Burmeister (1975/77) würdiger Rahmen für die städtische ›Monacensia-Sammlung‹.

Prinzregententheater
(Prinregentenstraße 82)

Das Prinzregententheater wurde 1900/01 von Max Littmann im Auftrage des Prinzregenten Luitpold vorwiegend für Wagner-Aufführungen errichtet. Der kontrastreich gegliederte Baukörper zeigt in seiner Fassadengestaltung klassizistische Elemente, während der amphitheatralische Innenraum Renaissance-Dekor der Lenbach-Zeit aufweist; seit 1963 geschlossen.

St. Georg (Bogenhauser Kirchplatz 1)

St. Georg in Bogenhausen ist ein idyllisches Kirchlein inmitten eines dörflichen Friedhofes. Die ursprünglich romanische Kirche erhielt während der Spätgotik einen Choranbau, der bei dem Neubau bzw. Umbau in den Jahren 1766/68 erhalten blieb; wahrscheinlich sind auch in den Längswänden Fragmente des romanischen Baus erhalten. Den Umbau leitete ein noch unbekannter Architekt aus dem Umkreis von Johann Michael Fischer. Die 1770 vollendeten Gewölbefresken sind Werke von Philipp Helterhof (Schüler von Zimmermann); den Hochaltar errichtete Johann Baptist Straub (1770/73).

Innenraum:

Hochaltar in Form eines barocken Bühnenaltars mit freistehender Reiterstatue des hl. Georg; links der hl. Donatus, rechts die hl. Irene (1770 von Straub). Gewölbefresko im Altarraum: Der hl. Georg wird in den Himmel aufgenommen; Gewölbefresko des Gemeinderaumes: Martyrium des hl. Georg. Südlicher Seitenaltar: hl. Korbian von Ignaz Günther (1770/73) sowie hl. Wendelin und hl. Leonhard von unbekanntem Künstler. Nördlicher Seitenaltar: Thronende Madonna (1628), St. Joachim, St. Anna, alle von unbekannten Künstlern; Kanzel mit reichem Dekor von Ignaz Günther (1770/73).

Aus der Ferne hat man einen reizvollen Blick zu der zweifach eingeschnürten Zwiebelkuppel des Turmes (1777). Auf dem stimmungsvollen Dorffriedhof sind u. a. bestattet: Oskar Maria Graf, Wilhelm Hausenstein, Liesl Karlstadt, Hans Knappertsbusch, Annette Kolb und Gustl Waldau.

Stuck-Villa (Prinzregentenstraße 60)
(Abb. 89)

Palastartige Künstlervilla des um die Jahrhundertwende lebenden ›Malerfürsten‹ Franz von Stuck. Das prachtvolle klassizistische Hauptgebäude mit Jugendstileinflüssen entstand in den Jahren 1897/98 nach Entwürfen des Künstlers; das weniger streng gestaltete Ateliergebäude an der Ismaninger Straße, ebenfalls ein Entwurf von Stuck, wurde 1913/14 errichtet. Einzigartig sind die Innendekoration und die Möblierung der Villa, die beispielhaft die Raumkunst während der Prinzregenten-Zeit repräsentieren. Seit 1968 ist in den Räumen ein *Jugendstil-Museum* mit wechselnden Ausstellungen untergebracht.

Die bronzene Reiterstatue mit der lanzenwerfenden Amazone im Garten geht auf einen Entwurf von Franz von Stuck zurück (1897).

Blumenau

Erscheinung des Herrn (Terofalstraße 68)

Blockhafte Zentralraumkirche, die sich mit den verschiedenen Baukörpern des Pfarrzentrums zu einer harmonischen Baugruppe zusammenfügt und deren Pultdächer sich

alle zum gemeinsamen Zentralhof hinnei-
gen. Sehenswert ist die offene Dachkon-
struktion des Innenraumes: Unterhalb der
Holzbalkendecke wurde eine Art ›offenes
Hängewerk‹ konstruiert; senkrecht angeordnete Stiele und Streben (mit Spannseilen
verbunden) ergeben (je nach Sonnenstand)
eine raffinierte Schattenwirkung. Vorbildliches Beispiel gelungener Ingenieurbau-
kunst. Architekt: Guenther Eisele; Statik:
Dieter Herrschmann; Bauzeit: 1969/70.

Blutenburg (Obermenzing, Pippinger Straße/Seldweg/Verdistraße)

Schloß Blutenburg (Farbt. 47)
Wahrscheinlich entstand bereits im 12. Jahrhundert an dieser Stelle ein Herrschersitz
(aus Holzbauten), der 1422 in der Schlacht
bei Blutenburg und Alling zerstört wurde.
Der Name ›Pluedenburg‹ (Blütenburg) ist
seit 1432 urkundlich überliefert. Herzog
Albrecht III. (1438–1460) ließ 1439/88 ein
kleines Jagdschloß errichten, das vom
Wasserlauf der Würm umflossen wurde.
Die bedeutendste Erweiterung erhielt das
Schloß durch Herzog Sigismund, der 1488
den Bau der Schloßkapelle in Auftrag gab.
Während des Dreißigjährigen Krieges wurde das Jagdschloß, nicht die Kapelle, durch
die Schweden schwer zerstört. 1676 ging das
zerstörte herzogliche Schloß in den Besitz
von Anton Freiherr von Berchem über, der
1681 den Wiederaufbau als einfachen Her-
rensitz durchführte; nach dem Tode Ber-
chems (1700) wieder kurfürstlicher Besitz;
heute Domizil der ›Schwestern vom Dritten
Orden‹. Die landschaftlich reizvoll gelegene
Schloßanlage gehört zu den bedeutendsten
spätgotischen Kostbarkeiten Münchens.

Schloßkapelle St. Sigismund (Abb. 141)
1488 durch Herzog Sigismund errichtet,
1491 Einbau der Altäre, 1497 Einsetzen der
Glasfenster.
Die Schloßkapelle von Blutenburg ist ein
spätgotisches Meisterwerk von höchstem
Rang; ihre solide Ausführung und qualitätvolle Ausstattung finden internationale
Wertschätzung. *Außenarchitektur:* Flache
Strebepfeiler gliedern die mit Wandfresken
geschmückten Fassaden (stark restauriert);
darüber, unterhalb der Traufe, durchlaufender Fries mit geometrischen Ornamenten
und wittelsbachischen Wappenschildern.
Innenraum: Dreijochiges Kirchenschiff mit
spätgotischen Nebengewölben, die auf mit
Wappen geschmückten Konsolen ruhen;
der nur wenig eingezogene, dreiseitig geschlossene Chorraum ist ebenfalls drei Joche tief. Ausstattung: Alle drei Altäre sind
von einem Kielbogenrahmen mit hochgip-
felndem Sprengwerk geschmückt und er-
gänzen einander zu einer symmetrischen
Dreiheit. *Hochaltar* in Form eines Flügelal-
tars: auf dem Sockel (Predella) reliefartige
Schnitzfiguren der vier Evangelisten; zwischen den Stäben und Bögen des Sprengwer-
kes: unten (auf dem Rahmen) Adam und
Eva; oben Maria, Christus in der Mandorla
als Weltenrichter und Johannes der Täufer.
Mittelbild: Die ›Heilige Dreifaltigkeit‹ als
›Not Gottes‹, Tafelbild von Jan Polack
(1491), auf dem Gottvater die gleichsam
schwerelose Gestalt des gekreuzigten Sohnes in seinen Armen hält; linker Innenflügel: Taufe Christi; rechter Innenflügel: Krönung Mariens; linker Außenflügel: St. Sigismund; rechter Außenflügel: St. Bartholomäus. *Linker Seitenaltar:* Predella mit den
›Vierzehn Nothelfern‹; im Sprengwerk
Christusdarstellung; Tafelbild: Christus mit

Krone und Weltkugel als Christkönig (Jan Polack). *Rechter Seitenaltar:* Predella mit ›Heiliger Familie‹, im Sprengwerk Marien-Darstellung; Tafelbild (von Jan Polack, 1491): Verkündigung, Erzengel Gabriel erscheint Maria.

An den Wänden von Chor- und Hauptraum führen der auferstandene Christus mit Dornenkrone und Maria (die ›Begegnung‹) die zwölf Apostel an. Die Lindenholzskulpturen (ca. 1,30 m hoch) gehören zu den wichtigsten Werken der Münchner Plastik im Umkreis Erasmus Grassers (s. S. 115); ihr Meister ist unbekannt. Die heutige Aufstellung der Apostel entspricht nicht der ursprünglichen Reihenfolge, auch wurden ihre Apostelattribute größtenteils falsch ergänzt.

An der Chor-Nordwand Sakramentshäuschen mit Fialen-Baldachin und Marienstatue. Die spätgotischen Glasfenster zeigen in der unteren Zone die Leiden Christi (vom Einzug in Jerusalem bis zur Auferstehung); neben dem rechten Seitenaltar greift ein Glasfenser mit der Darstellung der ›Verkündigung‹ das Thema des Altarbildes auf; in der oberen Reihe sind Wappenscheiben aus der Ahnenreihe des Hauses Wittelsbach angeordnet.

Englschalking

St. Nikolaus (Flaschenträgerstraße 1)
Die am Ende des 13. Jahrhunderts entstandene St. Nikolaus-Kirche ist noch heute in ihrer ursprünglichen Bausubstanz fast vollständig erhalten und gehört damit zu den seltenen Originalbauten Münchens; romanischer Kernbau mit Flachdecke und Barock-Altäre aus der Zeit um 1659.

Forstenried

Pfarr- und Wallfahrtskirche Heilig Kreuz (Forstenrieder Allee 180a)
Einschiffiger, spätgotischer Bau (1. Hälfte 15. Jh.) mit Gewölbe in Form einer Stichkappentonne. Während der Außenbau noch mittelalterlichen Charakter aufweist (mit Ausnahme des Turmes: 1626 achteckiger Turmaufbau, dem 1749 die Zwiebelhaube folgte), zeigt der Innenraum barocke Ergänzungen aus dem Jahr 1672 von Gasparo Zuccalli, denen später noch Rokoko-Dekor von Christian Strasser folgte (1749).

Kostbarster Schatz der Kirche ist das *spätromanische Holzkruzifix* (1160; Abb. 144), das wahrscheinlich im Kunstkreis von Salzburg entstand und über das Kloster Andechs nach Forstenried kam.

Fürstenried

Schloß Fürstenried (Forst-Kasten-Allee/Silvrettaweg)
Ehemaliges kurfürstliches Jagdschloß Maximilians II. Emanuel, von Joseph Effner in den Jahren 1715/17 als Ersatz für ein älteres Jagdschloß errichtet. 1778/96 Wohnsitz der Kurfürstin Anna Maria. Symmetrisch angelegte Baugruppe, deren Einzelbauten durch Galerien miteinander verbunden sind. Dreigeschossiges Hauptgebäude mit kräftigem dreiachsigem Mittelrisalit. Die Mittelachse ist von einer vierreihigen Lindenallee flankiert, die auf die mehr als 8 km entfernten Türme der Frauenkirche ausgerichtet ist; heute Exerzitionort.

Wohnanlage Fürstenried (Olympiastraße)
Trabantenstadt mit mehr als 9 000 Wohneinheiten, in den Jahren 1959/70 in drei Bau-

phasen errichtet; jedes der drei Stadtgebiete besitzt ein eigenes Gemeindezentrum und Sozialeinrichtungen.

Waldfriedhof

Großzügige Friedhofsanlage mit reichem Baumbestand aus den Jahren 1905/07 (von Hans Grässel). Inmitten der Kriegsgräberstätte steht die Friedhofskapelle von Helmut Schöner (1960/64): Über dem Grundriß eines unregelmäßigen Sechsecks erheben sich dreieckige Sichtbeton-Wandscheiben zu einem turmähnlichen Baukörper; ein formal und technisch überzeugender Entwurf. Ein schmales durchgehendes Senkrechtfenster ist die einzige Tageslichtquelle; das Relief stammt von H. E. Wemding.

Giesing

Giesing gehört zu den ältesten Siedlungsgebieten im Umkreis von München; der hier entdeckte Bajuwarenfriedhof geht auf das 6./7. Jahrhundert zurück (Fundstücke der Grabungen von 1893 und 1914 in der Prähistorischen Sammlung); 1854 eingemeindet.

Heilig-Kreuz-Kirche (Ichostraße 1)

Mitte des 19. Jahrhunderts wurde die alte spätromanische Kirche des 12. Jahrhunderts für die Gemeinde zu klein; Georg von Dollmann errichtete 1866/86 diese neugotische dreischiffige Hallenkirche in städtebaulich exponierter Lage; 1888 ließ man den romanischen Bau abreißen. Die neugotische Einturmanlage Heilig-Kreuz gehört heute zu den wenigen unversehrten Kirchen Münchens aus dem 19. Jahrhundert.
Innenraum: Hochaltar und Kanzel von Joseph Beyrer (1886/92) nach Entwürfen von Georg von Dollmann; Josephs-Altar von J. A. Müller (1888); Kreuzwegskulpturen (1889/91), Apostelskulpturen (1899) und die sechs Reliefs im Querhaus (1893/97) von Beyrer. Im Pfarrhof Skulpturen von St. Barbara und St. Katharina aus dem 16. Jahrhundert.

Haidhausen

Die Besiedlung Haidhausens geht nach urkundlichen Belegen mindestens auf das Jahr 807 zurück; 1854 Eingemeindung.

Herbergshäuser (An der Kreppe und Wolfgangstraße 5a; Abb. 65)

Einfache bauernhofartige Herbergshäuser des 17. Jahrhunderts mit Holzlauben und Vorgärten – eine Seltenheit, da die meisten Häuser dieser Art im Au-Viertel während des Krieges zerstört wurden. Sie stehen seit August 1979 unter Denkmalschutz.

St. Johann Baptist (Kirchenstraße 39)

Älteste Kirche dieses Stadtgebietes; der früheste Bau (wohl eine kleine Kapelle) ging 807 in den Besitz des Freisinger Bischofes über. Der mittelalterliche, spätgotische Bau des 13. Jahrhunderts, von dem wahrscheinlich noch Reste im Turm erhalten sind (heute mit Spitzhelm von 1863), wurde 1632 während des Dreißigjährigen Krieges von den Schweden zerstört; um 1700 Wiederaufbau durch Wolfgang Zwerger (?) mit Spätrenaissance- und Barock-Elementen. Das Gotteshaus war bis 1879 Pfarrkirche.
Innenraum: Hochaltar von Franz Xaver Feichtmayr (1776); schönes Kruzifix aus der Zeit um 1520 (Südwand); Bischofsstatuen des 17. Jahrhunderts.

St. Johann Baptist (Johannisplatz 22)
Neugotische Pfarrkirche von Matthias Berger (1853/79). Die Saalkirche mit ihren beiden hohen Chortürmen und dem Westturm mit Spitzhelm zeigt eine schöne Ziegelsteinfassade im Stile der Maximilianischen Gotik (s. S. 315f.); teilweise mißlungene Restaurierung in den Jahren 1969/70.

Harlaching

Wallfahrtskirche St. Anna
(Harlachinger Berg 30)
Die älteste Quellenangabe über die Wallfahrtskirche St. Anna stammt aus dem Jahre 1163; damals gehörte die Kirche zum Besitz des Klosters Tegernsee. Nach den schweren Zerstörungen im Dreißigjährigen Krieg (1632) erfolgte 1653 der Wiederaufbau und 1753/61 der Neubau unter Verwendung des spätgotischen Chorturms; die Entwürfe für diesen anmutigen Rokoko-Kirchenraum stammen wahrscheinlich von Johann Michael Fischer. Einfacher quadratischer Gemeindesaal mit Gewölbe in Form einer Stichkappentonne und eingezogenem Chor, der von einer Flachkuppel überspannt wird; zurückhaltende Stuckornamentik.
Innenraum: Die Fresken sind Spätwerke von Johann Baptist Zimmermann (1765) mit Themen aus dem ›Leben von Joachim und Anna‹; Rokoko-Altar mit spätgotischer Holzplastik der ›Selbdritt‹ (um 1510); Skulpturen von St. Joachim und St. Joseph an den Seitenwänden; Seitenaltäre mit flachen Nischen, in denen kleine Gemälde mit Darstellungen von Anna und Maria sowie Joachim und Maria mit kostbaren Rokoko-Rahmen untergebracht sind, die zu den Meisterwerken des Münchner Rokokos zählen. Der rechte Seitenaltar ist wahrscheinlich eine Stiftung des letzten wittelsbachischen Kaisers Karls VII. (Kurfürst Karl Albrecht), er trägt u.a. die Symbole Kaiserkrone, Adler, Löwe und Kurhut; Kanzel mit Rocaille-Ornamenten (1768).

Tierpark Hellabrunn
(Siebenbrunner Straße 6)
Anfang des 20. Jahrhunderts wurde auch in München der Wunsch nach einem zoologischen Garten wach. Nachdem 1905 Hermann Manz den ›Verein Zoologischer Garten‹ gegründet hatte, gelang es unter der Schirmherrschaft des Prinzregenten Luitpold 1910/11 nach Plänen von Emanuel von Seidl den ›Tierpark Hellabrunn‹ zu errichten (der Name Hellabrunn geht auf ein kleines Lustschloß zurück, das einst an dieser Stelle stand).
Die ursprüngliche Landschaft des alten Isarflußlaufes, ihr Wasserreichtum und das dicht bewaldete östliche Hangufer der Isar boten ein ideales Gelände für dieses Projekt, bei dem sich Architektur und Landschaft in idealer Weise verbinden ließen. Anders als in den übrigen zoologischen Gärten, wo der Tierbestand nach zoologisch-systematischen Aspekten aufgebaut ist, stellt der Tierpark Hellabrunn den ersten *Geo-Zoo* dar, der rein nach ›tiergeographischen Regionen‹ unterteilt ist: den Tieren aus Afrika, Asien, Australien, Nord- und Südamerika, Europa und den Polargebieten ist jeweils ein großräumiger Bereich des Gartens zugewiesen.
Das 1910/11 von Gabriel und Emanuel von Seidl errichtete Elefantenhaus wird von der ersten freitragenden Betonkuppel der Welt überspannt.

Hasenbergl

Wohnanlage ›Am Hasenbergl‹
Eine der ersten Trabantenstädte Münchens (1960/65) mit ca. 7300 Wohneinheiten.

Evangeliumskirche (Stanigplatz 11)
Ev.-luth. Pfarrkirche; Hallenkirche mit Turm und Gemeindezentrum, 1962 von H. von Werz und J. Chr. Ottow erbaut.

St. Nikolaus (Staniglplatz 13)
Röm.-kath. Pfarrkirche von Hansjakob Lill (1962/63); moderner Zentralbau über einem vierpaßähnlichen Grundriß mit vier Konchen und Zeltdachkonstruktion.

Johanneskirchen

St. Johann Baptist (Gleißenbachstraße 2)
Für München seltenes Beispiel einer spätromanischen Chorturmkirche (spätes 13. Jh.); auf einem sanften Hügel angelegt und von einer wehrhaften Friedhofsmauer umgeben; Fresken an der Nordwand aus dem 14. Jahrhundert, Portal von 1520; Einbau eines neuen Gewölbes mit qualitätvollen Stukkaturen von 1688; Hochaltar von Ignaz Günther mit St. Elisabeth und St. Zacharias; Seitenaltäre aus der Zeit um 1800.

Milbertshofen

Ursprünglich Schäftlarner Besitz; 1913 eingemeindet.

St. Georg (Alter St. Georgs-Platz 6e)
St. Georg wurde um 1510 vom Schäftlarner Abt als spätgotische Kirche mit Einflüssen der Renaissance errichtet; 1944 waren nur noch Chor und Turm erhalten, Ergänzung durch flachgedecktes Langhaus. Von der Ausstattung sind teilweise noch ausgezeichnete Stücke erhalten: Flügelaltar aus dem Umkreis Jan Polacks (um 1510); St. Georg-Statue (hl. Schrein); Sakramentshäuschen.

Moosach
1913 eingemeindet.

St. Martin (Martinsplatz 1)
Einzige spätromanische Kirche (13. Jh.) im Münchner Stadtgebiet; bis 1924 Pfarrkirche. Im Chorraum des dreijochigen spätromanischen Saalbaus mit Chor und Westturm schönes gotisches Rippengewölbe; Stukkierung des Langhauses 1. Hälfte des 18. Jahrhundert. 1956/58 Renovierung.

Neuhausen

1164 urkundlich erstmals erwähnt; 1890 eingemeindet.

St. Benno (Ferdinand-Miller-Platz 1)
Dreischiffige neuromanische Basilika mit Doppelturmfassade, Querhaus und Drei-Apsiden-Ostwerk; die von Leonard Romeis errichtete Kirche (1888/95) gehört neben St. Anna (s. S. 348ff.) zu den überzeugendsten neuromanischen Sakralbauten des 19. Jahrhunderts. Die Bronzeskulptur vor der Kirche stellt St. Benno dar und ist eine Arbeit von Georg Albertshofer (1910). 1947/53 Wiederaufbau der 1944 zerstörten Kirche.

Herz-Jesu-Kirche (Lachnerstraße 8)
An der heutigen Stelle der Herz-Jesu-Kirche wurde 1889 die hölzerne Halle des VII.

Deutschen Turnfestes von Johann Marggraff zur Kirche ›Mariae Himmelfahrt‹ umgebaut. Nach der Kriegszerstörung Neubau unter Verwendung der alten Kinohalle von Obersalzberg (1948/51 von Friedrich Haindl). Teilweise sehr kostbare Ausstattung. Südwestliche Seitenkapelle: vier Flügel eines spätgotischen Schnitzaltars mit Darstellungen aus dem Marienleben, wahrscheinlich von Michael Erhart um 1482/85 (ursprünglich aus Thalkirchen); ›Grablegung‹ von Karl Kaspar (1917/18); Glasmalereien mit Themen aus dem Alten und Neuen Testament von Richard Seewald (1968).

Maria-Trost-Kirche (Winthirstraße 15)
Im Ursprung spätgotischer Bau des 15. Jahrhunderts, der als Ersatz für eine ältere hölzerne Kapelle errichtet wurde. Während des 17./18. Jahrhunderts mehrere Umgestaltungen; 1867/71 Neubau von Langhaus und Turm, 1872 neues Patrozinium ›Mariae Himmelfahrt‹, 1931 Einsturz des Turmes und Beschädigung des Langhauses, 1933 Wiederaufbau unter Verwendung des gotischen Chorraumes von Richard Berndl, nach den Kriegszerstörungen 1949 Wiederaufbau durch J. Sommerberger. *Innenraum:* frühbarocker Hochaltar, Grabrelief des St. Winthir.

Nymphenburg
1839 eingemeindet.

Neuer Botanischer Garten
(Menzinger Straße 63)
Wurde auf Anregung von Karl von Goebel 1909/14 als Ersatz für den in der Stadt gelegenen Alten Botanischen Garten (Farbt. 5) nördlich des Nymphenburger Parks angelegt. Die Gartengestaltung stammt von Ludwig Ullmann und folgt gleichermaßen wissenschaftlichen Anforderungen der Botanik wie künstlerischen Ansprüchen der Gartenarchitektur. 1936 Neugestaltung der Gartenanlage: 1975 Neubau des Palmenhauses (Landbauamt München).

Der Botanische Garten gehört heute mit seinem großzügigen Freigelände, den Majolikaskulpturen von Joseph Wackerle und den Majolikavasen der Nymphenburger Porzellanmanufaktur zu den bedeutendsten und schönsten Deutschlands.

Hirschgarten (De-la-Paz-Straße/Königsbauerstraße/Arnulfstraße)
Der Hirschgarten wurde um 1780 von Karl Theodor als Wildfreigehege angelegt, das teilweise heute noch existiert; 1791 entstand ein kleines Jägerhaus, das 1970/71 als Restaurant umgebaut und erweitert wurde, einer der schönsten Biergärten Münchens (Abb. 127); um den 22. Juli alljährlich acht Tage Magdalenenvolksfest.

Schloß Nymphenburg (Farbt. 44–46, Abb. 10, 92, 93, 118–120, 135, 136)
Das Schloß Nymphenburg entstand als stadtnahe wittelsbachische Sommerresidenz in Anlehnung an die Architektur oberitalienischer und römischer Landvillen. Von der Gründung im Jahre 1664 bis zum Ende des 19. Jahrhunderts haben fünf wittelsbachische Kurfürsten dieses größte Barock-Schloß Deutschlands (685 m Gesamtlänge) zu meisterhafter Vollendung geführt.

Die streng symmetrisch konzipierte Schloßanlage besteht aus geschickt angeordneten, kubisch geschlossenen Pavillonbauten, die sich um einen (ebenfalls) kubischen Haupt- bzw. Mittelpavillon gruppieren.

Während stadteinwärts die breite hofbildende Schloßfassade von einem halbkreisförmigen, architektonisch geschlossenen Rondell-Ehrenhof (500 m Durchmesser) eingefaßt ist, dehnt sich nach Westen hin der im Stile niederländischer Gartenarchitektur angelegte Nymphenburger Park aus. Park- und Schloßanlage werden von einer gemeinsamen Mittelachse durchzogen, die sich in Richtung Stadt als großartige Auffahrtallee parallel zum Kanal verlängert. Der von der Würm abgezweigte Kanal läuft streng axial auf die große Marmorkaskade im Westen der Gesamtanlage. Beiderseits der Kanalachse stehen als Querachse der Anlage (in ursprünglich kleinen abgeschlossenen Parkgebieten) vier wohlproportionierte Gartenschlößchen; zur Kaskade hin (Westen): Badenburg (Abb. 92) und Pagodenburg; zum Schloß hin (Osten): Amalienburg (Farbt. 46, Abb. 135) und Magdalenenklause (Abb. 136).

Baugeschichte
Kurfürst Ferdinand Maria (1651–1679)
Ferdinand Maria schenkte seiner Gemahlin Henriette Adelaide zur Geburt ihres Sohnes Maximilian Emanuel 1663 die Schwaige in Kemnath. Erste Pläne für eine ›maison de plaisance‹ entwarf Amadeus Castellamonte, die von der Kurfürstin abgelehnt wurden. 1664 Beginn der Bauarbeiten für ein Sommerschloß (Mittelpavillon) nach Plänen von Agostino Barelli, die ab 1673 von Enrico Zuccalli weitergeführt wurden und 1675 vollendet waren. 1675 Stukkaturen von Andreas Römer; die Leinenwandgemälde wurden von Stefano Catani, Antonio Domenico Triva, Joseph Werner und Antonio Zanchi ausgeführt. Nach dem Tode der Kurfürstin (1676) ruhte der Ausbau der Schloßanlage.

Kurfürst Maximilian II. Emanuel (1679-1726)
Nach Entwürfen von Enrico Zuccalli führte 1702/04 Antonio Viscardi die vier flankierenden kubischen Wohnbauten aus und verband diese durch Galerien mit dem Mittelbau; die beiden östlichen Bauten konnten erst durch Joseph Effner 1714/16 fertiggestellt werden. Zuccalli ließ aus den Hauptfassaden des Mittelbaus zwei Reihen mit je drei großen Rundbogenfenstern herausbrechen, gliederte die Fassaden durch Lisenen und gab damit die ursprüngliche Kleinteiligkeit auf. Umbau des ›Steinernen Saals‹, 1701/1703 von Johann Anton Gumpp ausgemalt (Farbt. 45); 1701 Erweiterung der Parkanlage durch Charles Carbonet und Bau des von der Würm abzweigenden Kanals.

Durch die Folgen des Spanischen Erbfolgekrieges (s. S. 57f.) unterblieb der weitere Ausbau bis 1714. 1715 entwarf Joseph Effner einen Gesamtplan für die Schloßanlage; im gleichen Jahr wurde Dominique Girard als Gartenarchitekt verpflichtet. Änderung der Gartenfassaden durch Effner: die Lisenen wurden bis zum Traufgesims als durchgehende Pilaster mit vergoldeten korinthischen Kapitellen ausgebildet; die seitlich angrenzenden vier Fensterachsen reduzierte Effner auf drei Achsen; dadurch erreichte er einen Dreier-Rhythmus und ausgewogene Vertikalität des Mittelteils; die Stuckreliefs an den Fenstern führte Charles Claude Dubut aus; damit war die noch heute erhaltene Fassade vollendet. – Als nächste Erweiterung kamen die beiden flankierenden Vierflügelbauten hinzu; im Süden: Marstall mit Kavalierswohnungen aus dem Jahre 1719, Innenausbau von Johann Gunetzrhainer und François Cuvilliés d. Ä. (1733/47); im Norden: 1723/24 als Pendant die Orangerie.

Zu dieser Zeit waren am Bau u. a. beteiligt: Guillaume de Groff und Giuseppe Volpini (Bildhauer); Jacopo Amigoni, Franz Joachim Beich, Nicolas Bertin, Nikolaus Gottfried Stuber, Joseph Vivien (Maler).

1723/24 entstanden anstelle der geplanten Arkadengalerien zwischen Mittelbau und Marstall bzw. Orangerie zweigeschossige Verbindungsbauten.

Anfang des 18. Jahrhunderts gab Maximilian II. Emanuel die Gartenschlösser in Auftrag, die nach Entwürfen von Effner errichtet wurden: Pagodenburg (1716/19), Badenburg (1719/21; Abb. 92) und Magdalenenklause (1725; Abb. 136).

Kurfürst Karl Albrecht (1726–1745)

Für den weiteren Ausbau der Schloßanlage nahm Karl Albrecht bevorzugt die Dienste Cuvilliés' d. Ä. in Anspruch. Der bereits von Effner nach dem Vorbild von Karlsruhe entworfene Plan für die radial angelegte Wohnstadt im Osten der Karlsstadt kam nicht zur Ausführung; Cuvilliés verwirklichte lediglich den halbkreisförmigen Rondellplatz; die zehn geplanten Wohnpavillons entstanden 1729/58, die verbindende Ringmauer geht auf das Jahr 1778 zurück. Im mittleren Bau an der Nordostkrümmung war seit 1761 die von Maximilian III. Joseph 1747 gegründete Nymphenburger Porzellanmanufaktur untergebracht. Zur gleichen Zeit (1730) wurde zur Stadtseite hin der Kanal mit seinen beiden Auffahrtalleen ausgebaut; 1731 ließ Girard im Park die von Effner entworfene Kaskade errichten. Eine Ergänzung zu den Gartenschlössern bildet das Rokokomeisterwerk von Cuvilliés d. Ä., die 1734/39 ausgeführte Amalienburg. 1768 wurde das Wasserbecken der Kaskade mit rotem und grauem Mamor ausgekleidet.

Kurfürst Maximilian III. Joseph (1745–1777)

Im wesentlichen wurden nur Umbauten und Neuausstattungen im Schloß unter der künstlerischen Bauleitung von Cuvilliés durchgeführt: Johann Baptist Zimmermann schmückte 1755/57 den ›Großen Saal‹ (auch ›Steinerner Saal‹ genannt) mit farbenfrohen Fresken und reich verzierten Rokokostukkaturen aus (Farbt. 45), Umgestaltung zu einem Fest- und Konzertsaal; Cuvilliés d. Ä. selbst arbeitete hauptsächlich an der Innenraumgestaltung des Garten- und Emporensaales.

Kurfürst Karl Theodor (1777–1799)

1792 übergab Karl Theodor den Nymphenburger Schloßgarten der Öffentlichkeit. 1795 Verbreiterung der Galerietrakte zwischen Schloß und Seitenpavillon zur Rondellseite hin. Der Gartenarchitekt Friedrich Ludwig von Sckell wurde nach München berufen. Restaurierung aller Fassaden.

Kurfürst Maximilian IV. Joseph (1799 bis 1825; ab 1806 als Maximilian I. Joseph König von Bayern)

Für seinen bevorzugten Wohnsitz gab König Maximilian I. Joseph ab 1806 verschiedene Umbauten in Auftrag, die von Charles Pierre Puille ausgeführt wurden: ›Neue Zimmer‹ des Königs im Erdgeschoß des Südpavillons, darüber die ›Neuen Appartements‹ der Königin; Umbau des Nordpavillons. Sckell begann mit der Umgestaltung der barocken Parkanlage (1804/23) in einen Landschaftsgarten englischer Prägung; Leo von Klenze ließ, dem klassizistischen Zeitgeschmack entsprechend, 1826 den bekrönenden Giebel am Schloß entfernen und ordnete, ein kräftiges Kranzgesims an.

Seit 1945 mehrere Restaurierungen; 1971/ 1972 Vollendung des Nordpavillons.

Schloß-Innenräume
(Die Numerierung folgt der des ›Amtlichen Führers der Bayerischen Verwaltung der Staatlichen Schlösser, Gärten und Seen‹)
1 ›Großer Saal‹ (auch ›Steinerner Saal‹ genannt; Farbt. 45): In der architektonischen Struktur geht der festliche zweigeschossige Saal auf Entwürfe von Zuccalli und Effner zurück. Deckenfresken von Johann Baptist Zimmermann und seinem Sohn Franz (1755/ 57): Nymphen huldigen der Göttin Flora (Allegorie auf ›Nymphenburg‹) – im Zentrum: Apollo mit seinem Sonnenwagen; antike Götter auf dem Olymp: Venus und Diana, Apoll und Minerva (Osten), betrunkener Bacchus – Musikempore: Bauern werden in Frösche verwandelt (Ovid) – an den Seitenwänden: Allegorien der vier Temperamente – Stukkaturen von Feichtmayr (nach Entwürfen von Cuvilliés): Stuckskulpturen: die zwölf Monate; in den Ekken: die vier Elemente
2 ›1. Vorzimmer‹ mit weiß-gold gefaßter Holzvertäfelung von Johann Adam Pichler. – Deckengemälde (1675 von Zanchi): Ceres auf einem Wagen wird von einem Drachen gezogen; Eckfelder mit Puttendarstellungen (von Johann Anton Gumpp)
3 ›Gobelinzimmer‹: Barockes Deckengemälde von Johann Andreas Wolff (Anfang 18. Jh.): ›Trojanisches Pferd‹; Brüsseler Wandteppiche um 1720 (Rückwand) und um 1690 (Seitenwände)
4 Ehemaliges Schlafzimmer: Barock-Dekke mit Gemälden von Joseph Werner (1672/ 1673); Wandvertäfelung frühes 19. Jahrhundert; rückwärtige Wandfelder 1966 mit blauem Damast bespannt; im vergoldeten

Rokoko-Rahmen (an der Rückwand) ›Die kurbayerische und kursächsische Familie beim Musizieren und Kartenspiel‹ von Peter Jakob Horemans (1761)
5 ›Nördliches Kabinett‹: 1763/64 von Cuvilliés d. Ä. umgestaltet; Rocaille-Stukkaturen von Franz Xaver Feichtmayr d. J.
6 ›Schönheitsgalerie‹ von Maximilian II. Emanuel
7 Wappenzimmer
8 Karl-Theodor-Zimmer
9 Nördliche Galerie: Wandvertäfelung von Johann Adam Pichler; Veduten von Franz Joachim Beich (1722/23)

Südflügel
10 ›1. Vorzimmer‹: Barocke Decke mit Gemälden von Antonio Domenico Triva
11 ›2. Vorzimmer‹: Barocke Decke mit Gemälden von Triva (1675); Mittelbild: ›Erdgöttin Kybele‹, 1966 restauriert
12 Schlafzimmer: Deckengemälde von Triva (1675)
13 ›Chinesisches Lackkabinett‹: 1763/64 von Cuvilliés d. Ä. umgestaltet; Deckenstukkaturen von Feichtmayr; Lackmalereien von J. G. Hörringer
14 ›Südliche Galerie‹: 1760 vollendet; Gemälde von verschiedenen Schloßansichten: Schleißheim, Lustheim, Lichtenberg, Landshut mit Burg Trausnitz (Stammsitz der Wittelsbacher), alle von Franz Joachim Beich; andere von Nikolaus Gottfried Stuber und Joseph Stephan

Südlicher Pavillon
15 ›Schönheitsgalerie‹ Ludwigs I.: Im Auftrag von König Ludwig I. malte Joseph Stieler in den Jahren 1827/50 insgesamt 36 Bildnisse schöner Frauen aus verschiedenen Gesellschaftsschichten, unter ihnen ›Lola

Montez‹; ein Bildnis ging verloren, zwei von Friedrich Dürck (1861) kamen hinzu

16 Maserzimmer: 1810 eingerichtet, 1959/1960 erneuert; das Porträt Ludwigs I. mit seiner Gemahlin Therese ist von Heinrich W. Vogel (1841 nach Stieler)

17 Kabinett

18 Kleine Galerie

19 Blauer Salon: 1959/60 restauriert

20 Schlafzimmer: 1959/60 restauriert

Schloßkapelle (im 2. nördlichen Pavillon) Die zweigeschossige Schloßkapelle St. Magdalena geht auf Entwürfe von Viscardi zurück und wurde 1715 geweiht; die Mitwirkung Kögelspergers ist anzunehmen. Deckengemälde von Joseph Mölck; die Christus-Statue (Anfang 17. Jh.) ist wahrscheinlich ein Werk von Christoph Angermair (oder von Andreas Faistenberger?)

Der Park und seine Schloßburgen

Große Parterre (Abb. 93) Vor der Gartenfassade des Schlosses breitet sich die ›Große Parterre‹ aus; parallel zur Mittelachse schöne Marmorskulpturen von Dominikus Auličzek, Boos, Ignaz Günther, Machiori und Straub.

Pagodenburg Erstes Gartenschlößchen, das im Nymphenburger Park errichtet wurde; der Grundriß – eine Mischung aus den geometrischen Figuren eines Achteckes und eines griechischen Kreuzes – soll eine Idee Maximilians II. Emanuel gewesen sein. Weiterentwickelt und ausgeführt wurde der Entwurf 1716/19 von Joseph Effner. Durchgehende Pilaster auf hohen Sockeln und mit

korinthischen Kapitellen sind der sparsame Schmuck dieser höfischen Architektur ohne Repräsentationscharakter; Balkongitter und Stukkaturen von Guillaume de Groff, Erneuerung des Fassadendekors und der Raumgestaltung von Cuvilliés d. Ä. (1767). Achteckiger Zentralraum im *Erdgeschoß*: ›Saletl‹, holländische Fayence-Kacheln mit Landschaftsdarstellungen und figürlichen Szenen; ornamentale Deckenmalereien von Johann Anton Gumpp (1718/19); Stukkaturen von de Groff.

Obergeschoß: ›Chinesisches Kabinett‹ mit Lackmalereien; Deckengemälde mit den ›Pagoden‹ von Gumpp; kostbare Möbel aus Paris. 1952 Restaurierung der Fassaden; 1961/63 Instandsetzung des ›Saletls‹.

Badenburg (Abb. 92) Badeschlößchen mit Wohnräumen für den Kurfürsten. Entwurf und Ausführung des Rokoko-Schlößchens von Effner (1719/21). Reizvoller Grundriß, bestehend aus einem Querrechteck mit abgerundeten Ecken (im Norden) und dahinterliegender dreiteiliger Raumgruppe. Lebhafte Gestaltung der Fassaden durch Fensterreihung mit Rundbogenelementen und darüberliegenden Rundfenstern; Außenstukkaturen von Charles Claude Dubut; zu Beginn des 19. Jahrhunderts Fassadenumgestaltung (Stuckdekor entfernt) nach dem Geschmack des Klassizismus durch Klenze. Reizvoller Blick gegen Süden durch das ›Löwental‹. *Innenräume:* (Eingangs-)Festhalle, spätbarocke Stukkaturen von Dubut; Deckengemälde von Jacopo Amigoni (1952/53 fast vollständig erneuert). Südseite: Mittelraum, Spielzimmer mit chinesischen Papiertapeten; linker Raum, ehemaliges Schlafzimmer mit chinesischer Papiertapete; rechter

Raum, Bad des Kurfürsten; holländische Kacheln; Büstenkonsolen von Dubut; Stuckmarmor von Johann Georg Bader; Stuckaturen von Zimmermann; Deckengemälde mit mythologischen Szenen in Grisaillemalerei von Nicolas Bertin: Herkules, Wassernymphen, Diana, Leda mit dem Schwan, Europa und Zeus in Stiergestalt.

Magdalenenklause (Abb. 136)
Klause bzw. Eremitage für Maximilian II. Emanuel, der sich hier eine romantische Bußstätte errichten ließ, um sich in die Einsamkeit zurückziehen zu können. Entwurf von Joseph Effner (1725). Die bewußt ruinös gestaltete Architektur (mit künstlichen Rissen und Sprüngen in den Wänden) zeigt neben romanischen und gotischen Stileinflüssen auch maurische Elemente. Vorraum und Kapelle: Kuppel im Kapellenraum mit bunten Mosaiksteinen; Deckengemälde von Stuber mit Themen aus dem Leben der Büßerin Maria Magdalena; Stuckfigur der St. Magdalena von Volpini (1726); Brunnen mit ›heilkräftigem Wasser‹.

Amalienburg (Abb. 135)
Eines der schönsten Rokokoschlößchen Deutschlands, das sich mit seiner würdevollen Architektur harmonisch in die Landschaft einfügt. Die Amalienburg wurde für die Kurfürstin Maria Amalie als Jagdschlößchen errichtet. Der reizvolle Grundriß mit seiner gelungenen Raumdisposition ist ein Entwurf von Cuvilliés (1734/39): In den rechteckigen Grundriß schneidet axial ein kreisrunder Zentralraum ein, der zur Schloßseite hin leicht konvex ausschwingt und so auf der Westseite eine konkave Gegenbewegung erzielt. Die Fassaden des eingeschossigen Baukörpers zeigen schöne

Stukkaturen von Johann Baptist Zimmermann: Jagdgöttin Diana und Satyre.
Innenräume (offizielle Numerierung): 5 Spiegelsaal (Farbt. 46), großartige Dekoration in Silber; Deckenstuck zeigt Jagdszenen 6 Jagdzimmer, Wanddekoration in Silber und Gelb; Gemälde mit Jagddarstellungen von Peter Jakob Horemans; Landschaftsbilder von Feret 7 Fasanenzimmer bzw. ›Indianisches Kabinett‹ 8 Küche mit blau-weißen und bunten holländischen Kacheln 4 Ruhezimmer mit schönen Rokoko-Schnitzereien 3 Blaues Kabinett 2 Retirade 1 Hundekammer.

Große Kaskade
Der barocke ›Wasserfall‹ ist ein Entwurf von Effner (1771); die Marmorverkleidung stammt von Cuvilliés (1769). Die Skulpturen zeigen: Quellnymphe (Allegorie für die Isar), Flußgott (Allegorie für die Donau), Herkules und Löwe, Minerva mit Eule, Flora und Windgott Äolus (alle von Volpini), Mars, Minerva (von Boos), Thetis mit Delphin (von Charles de Groff) und Neptun mit Seepferd (von Guillaume de Groff).

Monopteros (auf einer Landzunge im Badenburger See; Abb. 10)
Leo von Klenze fertigte im Auftrage Ludwigs die Entwürfe an (1862), die von K. Mülthaler 1865 ausgeführt wurden.

Marstallmuseum (seit 1952 in der südlichen Vierflügelanlage; vom Rondell aus links)
Eine der reichhaltigsten Sammlungen dieser Art, die vorwiegend aus den ehemaligen Beständen der wittelsbachischen Wagenburg und Sattelkammer stammt (Kutschen, Prunkkarossen, Pferdegeschirr, Schlitten u. a., Abb. 118-120).

Hubertus-Brunnen (Waisenhausstraße/ Ostende des Nymphenburger Kanals)
Der 1903/07 von Hildebrand geschaffene Hubertus-Brunnen entstand im Zusammenhang mit der Gestaltung der Prinzregentenstraße bzw. des Prinzregentenforums (s. S. 321ff.) vor dem Nationalmuseum. Dort bildeten ehemals das Reiterstandbild des Prinzregenten Luitpold und der Hubertus-Brunnen eine selbständige Einheit im Zentrum des Forums. Der Brunnen mußte jedoch 1937 beim Neubau des Studiengebäudes für das Nationalmuseum abgetragen werden und fand erst 1954 am Nymphenburger Kanal seinen heutigen Standort.

Das schwungvoll überkuppelte Brunnengebäude ist eine überzeugende Verbindung von neobarocker Architektur und klassizistischer Bildhauerei. Der ganze Baukörper wirkt wie eine wohlproportionierte Plastik. In den Nischen der halbkreisförmig vorspringenden Ecken stehen vier Bronzeskulpturen: Waldfrau, Amazone als Jägerin, Bogenschütze und Jäger mit Beute; im Innern ein bronzener ›Hubertus-Hirsch‹.

Oberföhring

Seit 750 urkundlich belegt; ab 903 Freisinger Besitz. Hier zerstörte Heinrich der Löwe 1158 Markt, Brücke und Zoll, verlegte sie ›Ze de Munichen‹ und gründete München (s. S. 15ff.); 1913 eingemeindet.

St. Lorenz (Muspillistraße 14)
Stimmungsvoll gelegene Dorfkirche von Wolfgang Zwerger (1680). Der vierjochige Saalbau wird von einem Gewölbe in Form einer Stichkappentonne überspannt; eine gute Raumwirkung wird durch die feinen

Stukkaturen und die ausgewogene Pilastergliederung erreicht. Barocker Hochaltar (um 1680) mit neuzeitlichem Gemälde; Seitenaltäre aus der 2. Hälfte des 18. Jahrhunderts.

Obermenzing

Urkundlich seit der Zeit um 750 erwähnt; 1938 eingemeindet.

›**Alter Wirt**‹ (Dorfstraße 39)
Idyllisches Dorfgasthaus aus der Zeit um 1589/90; kräftiger fünfgeschossiger Baukörper mit Erkerturm und Walmdach (im Laufe der Jahrhunderte mehrfach verändert).

St. Georg (Dorfstraße 37a)
Im 14. Jahrhundert Filialkirche von St. Quirin in Aubing. 1444 Weihe der spätgotischen flachgedeckten Saalkirche; 1610 werden im Westen der Turm und eine kleine Kapelle angebaut, 1972 konnten Fresken des 15. und 18. Jahrhunderts freigelegt werden.

Oberwiesenfeld

Olympiapark (Umschlagrückseite, Farbt. 36, 37, Abb. 130, 132, 133, Fig. 87)
Sport- und Erholungsgebiet mit künstlichem See (insgesamt 2,8 qkm), das nach einem Gesamtentwurf von Günther Behnisch und Partnern für die XX. Olympischen Sommerspiele 1972 errichtet wurde (1968/72). Mit diesem Projekt gelang es, das bis dahin unattraktive Gelände des Oberwiesenfeldes unter Einbeziehung eines Trümmerberges (heute Olympiaberg, 60 m hoch) städtebaulich erheblich aufzuwerten

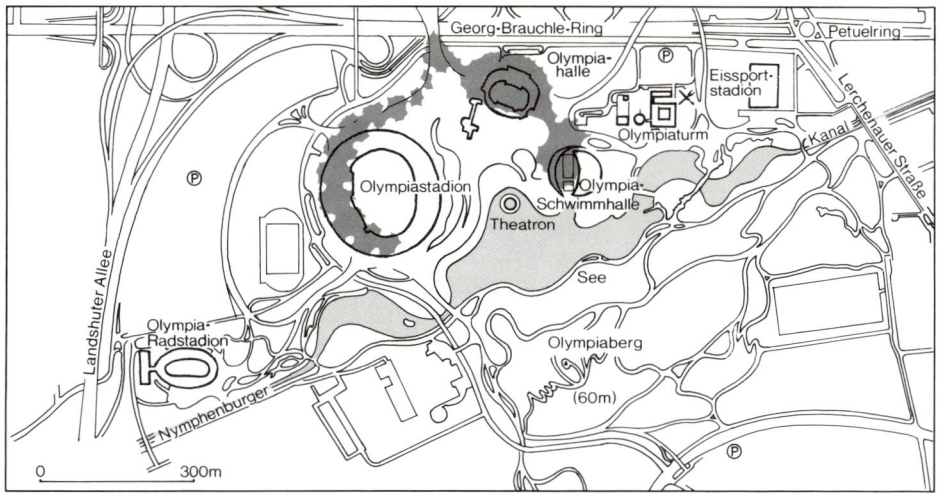

Fig. 87 *Olympiapark, Übersichtsplan*

(auf dem ehemaligen Oberwiesenfeld lande-
ten 1909 der erste Zeppelin und ein Parseval-
Luftschiff).

Die Gebäude
Fernsehturm mit Drehrestaurant, 290 m
hoch (Baureferat München, 1965/68); die
Eissporthalle von R. Schütze (1967) wurde
1972 auf insgesamt 7000 Zuschauerplätze
vergrößert; Olympiastadion mit Zeltdachkonstruktion (75000 qm, 80000 Zuschauer), Sport- bzw. Mehrzweckhalle (1200 Zuschauer) sind Bauten der Architektengemeinschaft Behnisch und Partner (1968/72).
Olympisches Dorf der Männer (1968/71)
von Heinle, Wischer und Partner; Olympisches Dorf der Frauen (1968/72) von Günther Eckert und Werner Wirsing; Volley-
ballhalle für 3700 Zuschauer (1969/72) von
Heinle, Wischer und Partner; Radstadion
für 5000 Zuschauer (1970/72) von Herbert
Schürmann.

Pasing

Um 800 erstmals urkundlich erwähnt. Die
Salzstraße von Reichenhall nach Augsburg
führte durch Pasing. 1938 eingemeindet.

Maria-Geburt-Kirche
(Am Klostergarten 9e)
Seit dem 14. Jahrhundert (bis 1881) Filialkirche von St. Quirin in Aubing. Die spätgotische, flachgedeckte Saalkirche mit dreiseitig geschlossenem Chor und schönem
Netzgewölbe wurde 1680 barockisiert und
1880 wieder regotisiert.

Perlach

Seit 784 als ›Peralohe‹ urkundlich belegt;
1930 eingemeindet.

St. Michael (Pfanzeltplatz 1)
1728 Neubau nach Plänen von Johann

373

Mayr, anstelle der spätromanischen Dorf-kirche des 12./13. Jahrhunderts. An der Ausführung der Kirche beteiligte sich von 1731 an Michael Pröbstl; 1732 Weihe; 1788 Turmobergeschoß. Der tonnengewölbte Innenraum mit tiefer Ostapsis hat eine se-henswerte Ausstattung: Hochaltar von 1796; Fresken von Anton Zächenberger und Nikolaus Gottfried Stuber. 1951/52 Wieder-aufbau.

Pipping

St. Wolfgang (Pippinger Straße 49a)
Die von Herzog Sigismund (1478/80) errich-tete spätgotische Saalkirche, die über Jahr-hunderte unversehrt blieb (nur der Spitz-helm wurde 1794 nach einem Blitzschlag ergänzt), ist ein erlesenes Beispiel mittelal-terlich-dörflicher Sakralarchitektur. Ihren leicht höfisch anmutenden Charakter erhielt die Kirche durch ihren herzoglichen Bau-herrn, der auch die Schloßkapelle Bluten-burg zehn Jahre später errichten ließ. Der hell verputzte Backsteinbau zeigt schöne Fassadenmalereien mit heraldischen Moti-ven des Hauses Wittelsbach. Klare Propor-tionen bestimmen den Innenraum. Der von Jan Polack ausgemalte Altarraum wird von einem eleganten Netzrippengewölbe über-spannt. Wandmalereien von Jan Polack (1479); Glasmalereien aus dem Jahre 1478; dreiteiliger Hochaltarschrein mit St. Wolf-gang, wahrscheinlich von einem Schüler Po-lacks oder Mälesskirchers, wie auch die beiden Seitenaltäre: Muttergottes mit St. Wolfgang und St. Leonhard (Norden); Christus zwischen St. Antonius Eremita und St. Laurentius (Süden); gotische Stein-kanzel mit Fresken, die die vier Kirchenvä-ter darstellen.

Ramersdorf

Seit dem 11. Jahrhundert urkundlich belegt; 1864 eingemeindet.

St. Maria (Aribonenstraße 9; Abb. 145)
St. Maria ist eine der ältesten Wallfahrtskir-chen Altbayerns, die schon im 14. Jahrhun-dert große Bedeutung erlangte; 1360 schenkte ein Sohn Ludwigs des Bayern der Kirche eine Kreuzreliquie. Um die Wende des 14./15. Jahrhunderts spätgotischer Neu-bau anstelle einer seit dem 11. Jahrhundert bestehenden Kirche. 1675 gelungene Barockisierung unter Wahrung des goti-schen Raumcharakters. 1792 erhält der Turm seine Kuppel. Bereits 1945 erfolgte Wiederaufbau.
Innenraum: Hochaltar mit dem Gnadenbild der thronenden Muttergottes (um 1480, wahrscheinlich von Grasser); spätgotischer Flügelaltar mit Kreuzigungsdarstellung Grassers und Malerei von Polack 1482/83 (Nordwand; Abb. 145); schönes Tafelbild der Schutzmantelmadonna (1503); Votiv-bild der ›42 Geiseln‹ Gustav Adolfs von Schweden (s. S. 52) von Matthias Kager (1635; 1634 in Auftrag gegeben).

Schwabing

Erstmals 782 als ›Schwapinga‹ urkundlich erwähnt; 1887/90 selbständige Stadt; 1891 eingemeindet.

Bamberger Haus (Brunnenstraße 2)
Ehemaliges Gartenrestaurant am Eingang des 1911 angelegten Luitpold-Parkes. Der einfache zweigeschossige Bau entstand 1912 nach Plänen von Franz Rank unter Verwen-dung der barocken Sandstein-Bauplastik des

›Böttinger Hauses‹ (›Prell-Hauses‹; 1707/13) aus Bamberg, die dort 1899 demontiert wurde und 1900 nach München gelangte.

Erlöserkirche
(Ungererstraße 13, Münchner Freiheit)
Die Erlöserkirche von Theodor Fischer aus den Jahren 1899/1901 (Jugenstilzeit) entstand als städtebaulicher Akzent der Leopoldstraße, als Pendant zur Ludwigskirche; sie sollte mit ihren aufgelockerten Baumassen im Stile ländlicher Dorfarchitektur von der Stadt- zur Vorstadt-Bebauung überleiten. Im Innenraum: Jugenstil-Taufstein nach einem Entwurf von Fischer; auch die Kapitelle zeigen Einflüsse des Jugendstils.

Nordfriedhof (Ungererstraße 130)
1896/99 von Hans Grässel angelegt; kräftige Zentralbaukirche mit hoher Tambourkuppel über einem achteckigen Grundriß, flankiert von offenen Arkadenhallen.

St. Joseph (Josephsplatz 1)
Einer der ersten Bauten um die Jahrhundertwende, der im nachempfundenen Stil des Frühbarocks entstand; Architekt: Hans Schurr (1898/1902).

St. Ursula (Kaiserplatz 1)
In der Absicht, für Schwabing ein neues städtebauliches Zentrum zu schaffen, was nicht gelang, stellte August Thiersch 1894/1897 die von ihm entworfene dreischiffige Basilika St. Ursula in die Achse der Friedrichstraße. Ein wohlproportionierter Bau, der sich als erster Sakralbau Münchens um die Jahrhundertwende von den mittelalterlichen Architekturvorbildern abwandte und den Stil der italienischen Frührenaissance aufgriff.

St. Sylvester (Biedersteiner Straße 1a)
St. Sylvester besteht heute aus zwei Kirchen: der gotischen Dorfkirche (1654/61 barockisiert) mit (teilweise romanischem) Turm und Spitzhelm (1687/88) aus der Zeit um 1500 und dem neobarocken Zentralbau mit Zeltdach, der 1925/26 von Hermann Buchert angefügt wurde. *Innenraum:* Gotischer Bau – Langhaus mit Tonnengewölbe; frühbarocker Hochaltar; Rosenkranzmadonna (1692); Verkündigungsgruppe aus dem Umkreis von Ignaz Günther. Neubau – St. Thaddäus-Statue; St. Benedikt-Büste und St. Barbara-Büste (alle um 1770 von Günther); Kanzel aus dem Jahre 1663; Hochaltar mit zwei Bischofskulpturen (wohl von Meinrad Guggenbichler).

Suresnes-Schlößchen (Werneckstraße 1)
Auch Werneck-Schlößl genannt. Gut erhaltenes vorstädtisches Lustschloß des 18. Jahrhunderts (heute Katholische Akademie), das Johann Baptist Gunetzrhainer 1715/18 für den Kabinettssekretär Wilhelms errichtete; der Name des Schlößchens geht auf die Pariser Exilwohnung von Wilhelm zurück. Der zweigeschossige Bau mit hochgezogenem Mittelrisalit birgt heute noch zwei Räume mit kostbarem Stuckdekor des Frühklassizismus. 1969/70 Restaurierung.

BMW-Verwaltungsgebäude
(Petuelring 130; Farbt. 38)
Turmförmiges Großraumbüro (18 Etagen) mit einem aus vier Kreisen zusammengefügten Grundriß; elegante Aluminiumfassade; der ganze Baukörper wird von einer Hängekonstruktion getragen, nur der Kern mit Versorgungsräumen ist bis zu den Fundamenten hinuntergeführt. Architekt: Karl Schwanzer (1970/72). In dem niedrigen

kreisförmigen Nebengebäude ist das BMW-Museum untergebracht.

Wohnhaus, Ainmillerstraße 22
Eines der wenigen gut erhaltenen Jugendstil-Häuser Münchens, 1899 von Ernst Haiger und Henry Helbig erbaut. Gut gegliederte Fassade mit einer Vielzahl von figürlichem Dekor und Floramotiven, die farbenreich betont sind. 1970 gelungene Restaurierung; Erdgeschoßzone leider zerstört.

Wohnhaus, Georgenstraße 8
Palastähnliche Stadtvilla aus der Jahrhundertwende von Joseph Hoelzle (1880/81, auch ›Pacelli-Palais‹ genannt) mit reicher Fassadengestaltung im neubarocken Stil. Der heutige Zustand geht auf den Umbau 1900/01 zurück (ebenfalls von Hoelzle). Die Plastiken sind von H. Schneider.

Sendling

Als ›Sentilinga‹ bereits seit 782 urkundlich erwähnt; 1705 fand hier die ›Sendlinger Bauernschlacht‹ statt (s. S. 58); 1877 eingemeindet.

St. Anton (Kapuzinerstraße 38)
Kapuzinerklosterkirche, seit 1936 Pfarrkirche. Das Gotteshaus ersetzt die 1802 abgerissene Klosteranlage des Ordens, die sich seit 1600 (von Maximilian I. berufen) auf dem heutigen Maximiliansplatz befand. Den Neubau der Kirche errichteten Ludwig Marchert und Hans Schurr in den Jahren 1893/95 als neuromanische Basilika (die Klosteranlage selbst entstand erst 1846). Der gewählte Standort ist seit dem 16. Jahrhundert ein beliebter Wallfahrtsort. Östlich der

Kirche steht die ›Schmerzhafte Kapelle‹, eine barocke Rotunde aus den Jahren 1702/1703, die als Ersatz für einen Vorgängerbau entstand. Im Innenraum der Kirche befindet sich ein schönes Gemälde von Peter Candid, die ›Heilige Familie‹ (1602), das noch aus dem alten Kloster stammt.

St. Maximilian (Auenstraße 1)
St. Maximilian ist eine Ergänzung zu den neugotischen Kirchen im Isarbereich (s. Au, Giesing, Haidhausen), die alle um die Wende zum 20. Jahrhundert entstanden sind. Die dreischiffige neoromanische Basilika mit kräftigen Querhaustürmen und dreiapsidialem Ostwerk beherrscht das linke Isarufer; St. Maximilian entstand 1895/1908 nach Entwürfen von Heinrich von Schmidt.

Alt-St. Margaret (Plinganserstraße 1)
Neubau für die bei der ›Sendlinger Bauernschlacht‹ zerstörte gotische Kirche, die 1711/1712 nach Plänen von Wolfgang Zwerger entstand; lediglich im Turm finden sich noch mittelalterliche Baureste. Im linken Apsisfenster Glasmalerei aus dem Jahre 1493. An der nördlichen Außenwand eine Darstellung der Bauernschlacht von 1705 (Wilhelm Lindenschmit, 1830).

Neu-St. Margaret (Margaretenplatz 1)
Die Entwürfe für die im italienischen Hochbarock errichtete Kirche lieferte Michael Dosch, der den Bau 1902/10 ausführte und dann bis zur Vollendung im Jahre 1913 von Franz Xaver Boemmel abgelöst wurde. Hauptakzent der stark plastischen Fassadengestaltung bildet die Westseite mit dem nördlich versetzt anschließenden Turm. *Innenraum:* Rokokoaltar, Holzskulpturen von St. Margaret und St. Georg (um 1500).

131 ›Arabella-Park‹ mit Hypo-Bank, Verwaltungszentrum (Walther und Bea Betz, 1973/81); perspektivische
   Zeichnung
◁ 130 Detail des Olympia-Zeltdaches (Günther Behnisch und Partner, 1972)
   132 Olympiaberg (60 m hoch) und Olympiaturm (290 m hoch; 1965/68)

133 Gesamtansicht des Olympiageländes

134 Treppenhaus im Schloß Schleißheim (Joseph Effner, Johann Baptist Zimmermann und Charles Claude ▷
Dubut, 1719/21)

135 Amalienburg (François Cuvilliés d. Ä., 1734/39)

136 Magdalenenklause (Joseph Effner, 1725)

137   Schloß Linderhof (König Ludwig II./Georg von Dollmann, 1874/78)   138   Schloßpark Linderhof ▷

139 Altenstadt: Spätromanische ›Kreuzigungsgruppe des ›Großen Gottes von Altenstadt‹ (frühes 13. Jh.; 3,18 m hoch)

140 Weyarn, St. Peter und Paul: ›Pietà‹ von Ignaz Günther (1764)

141 Blutenburg, Schloßkapelle St. Sigismund (1488/97): Innenraum mit den drei gotischen Altären

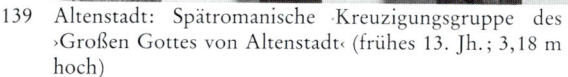

142   Rabenden: Gotischer Hochaltar (um 1510) aus St. Jakobus major: St. Jakob, St. Simon und St. Thaddäus

144 Forstenried, Heilig-Kreuz-Kirche: Spätromanisches Kruzifix (1160); wahrscheinlich im Kunstkreis von Salzburg entstanden und über Andechs (bis 1229) nach Forstenried gekommen

◁ 143 Herrenchiemsee, Schloß: Hauptfassade des fertiggestellten Mitteltraktes

145 Ramersdorf, Wallfahrtskirche St. Maria: Christus von Erasmus Grasser; Hintergrundmalerei von Jan ▷
   Polack

146 Petersberg bei Dachau
St. Peter: Romanische
Fresken: Christus in der
Mandorla

148 Petersberg bei Dachau, ▷
St. Peter (1104/07),
Spätromanische Dorf-
kirche mit drei Apsiden

147 Petersberg bei Dachau,
St. Peter: Romanische
Fresken: Kreuzigungs-
szene und St. Peter

Thalkirchen

1900 eingemeindet.

Asam-Schlößl (Benediktbeurer Straße 19)
Wohnhaus des Cosmas Damian Asam, das
sich der Künstler 1729/32 zu einem ›fürstlichen‹ Landsitz umbauen ließ. Die Fassaden
überzog Asam selbst freskenartig mit barocker Architektur-Malerei.

St. Mariae Himmelfahrt
(Frauenbergplatz 1)
Schönes Beispiel einer barocken Dorf- und
Wallfahrtskirche. Reste des romanischen
Baues (13. Jh.) nur noch im Turm erhalten;
Altarraum (um 1400) Langhaus (Mitte 15.
Jh.); um 1760 von Ignaz Günther
barockisiert und umgestaltet; 1907/08 im
Westen Zentralraum-Anbau von Gabriel
von Seidl; kostbarstes Kunstwerk: das spät-
gotische Gnadenbild des Hochaltars (um
1482, vielleicht von Gregor Erhart).

Schwanthalerhöhe

Ausstellungspark (Theresienhöhe 15)
Bereits 1908/10 von Wilhelm Bertsch und
Richard Schachner als Park für Ausstellun-
gen angelegt; heutiges Messegelände.

Bavaria
(Theresienhöhe 16; Farbt. 29, Abb. 16, 17)
18,5 m hohe Bronzestatue (mit Sockel 30 m
hoch) von Ludwig Schwanthaler (1837);
Entwürfe von Klenze; Bronzeguß von Ferdinand von Miller (1844/50).

Ruhmeshalle
(Theresienhöhe 16; Farbt. 29, Abb. 16, 17)
Die Ruhmeshalle ist eine der am besten

gelungenen Architekturschöpfungen Leo
von Klenzes (1843/53); die ausgewogenen
Proportionen der einzelnen Bauglieder zeigen höchste Vollendung des dorischen Stils.
Die offene Säulenhalle mit ihren beiden weit
vorgezogenen Eckrisaliten bildet einen hof-
artigen Raum, in dem die Bavaria aufgestellt
wurde; Sockel und Stylobat geben dem Bau
Höhe, Säulen (48) und Metopen (94) verleihen ihm Pracht und Würde. Die Ruhmeshalle ist als Gedenkstätte für ›verdienstvolle
Bayern‹ gedacht.

St. Paul (St. Pauls-Platz 11; Farbt. 31)
Dreischiffige neugotische Basilika mit Stileinflüssen der rheinischen Gotik; Loslösung
vom strengen Historismus. Der Bau ist ein
Werk von Georg Joseph von Hauberrisser
(1892/1906).

Untermenzing

Erstmals urkundlich erwähnt 750; 1938 eingemeindet.

St. Martin (Eversbuschstraße 11)
Die spätgotische St. Martins-Kirche ist ein
schönes Beispiel einer mittelalterlichen
Dorfkirche, wie es im Münchner Stadtgebiet sehr selten zu finden ist. Wie die Kirchen in Pipping (s. S. 374) und Blutenburg
(s. S. 361) ist auch St. Martin eine Stiftung
Herzog Sigismunds und wurde 1499 von
Ulrich Randeck errichtet.
Innenraum: Gewölberippen im Langhaus
und Netzgewölbe im Chorraum. Im Altarraum sind sechs gotische Glasfenster aus
dem Jahre 1499 erhalten. Hochaltar mit
gotischen Tafelbildern (1. Hälfte 17. Jh.);
sitzende Madonna (Ende 15. Jh.)

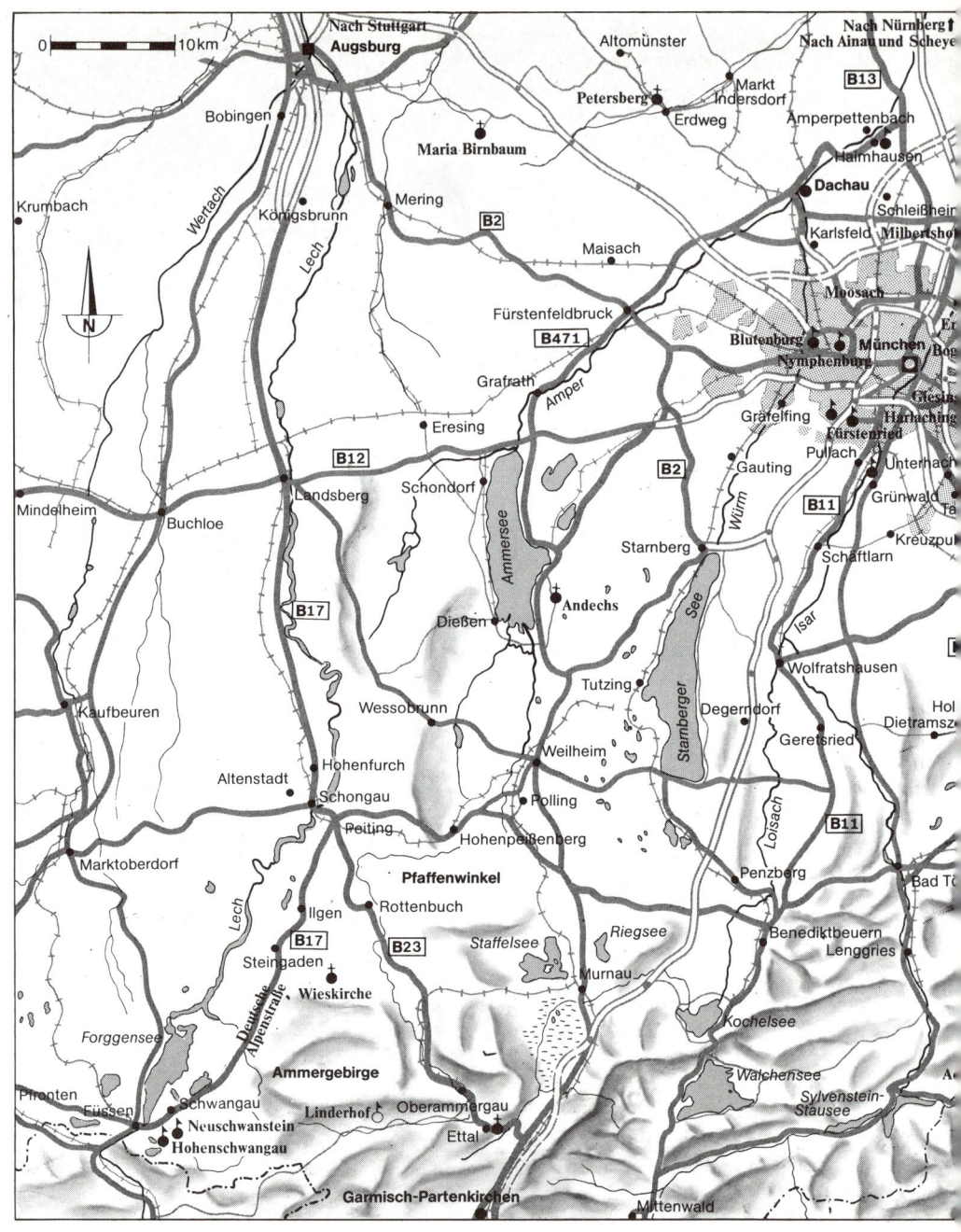

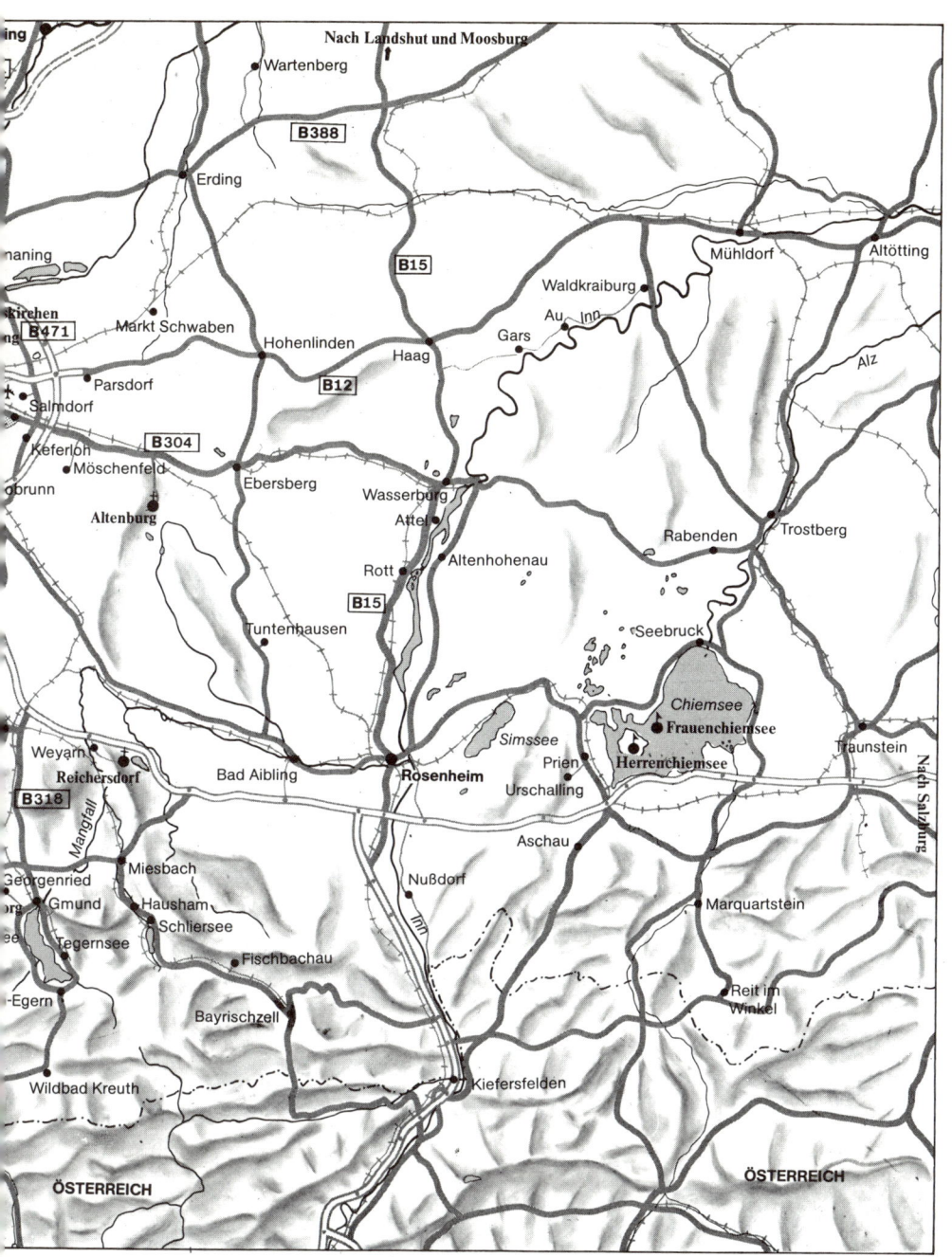

Vorschläge für Ausflüge ins Münchner Umland (s. Fig. 88)

(Die Auswahl der Orte erfolgte hauptsächlich unter dem Gesichtspunkt, Werke vorzustellen, die Münchner Künstler in der Umgebung schufen)

Kunstschätze im Norden und Nordwesten Münchens

Ainau (B 13, Richtung Ingolstadt – 66 km)
St. Ulrich: Ehemalige romanische Schloßkapelle aus der Zeit um 1230; durch gotische Veränderungen erhielt die Apsis ein Netzgewölbe; im 19. Jahrhundert Erweiterung des Langhauses mit Flachdecke. Unverputzte Kirche mit Kalk- und Sandsteinquadern. Seltenes Beispiel meisterhafter romanischer Bauplastik mit lombardischem Einfluß: Im gestuften Rundbogenportal Tympanon mit Christusdarstellung; rechts daneben ›Einzug in Jerusalem‹.

Altomünster
(Landstraße Dachau/Aichach – 42 km)
Einziges *Birgittinnenkloster* Deutschlands: Um 750 von St. Alto als Benediktinerdoppelkloster gegründet, seit 1485 Doppelkloster des Birgittenordens. Die Klosterkirche ist das letzte große Werk des Münchner Architekten Johann Michael Fischer (1763 Baubeginn); reiche Ausstattung u. a. von Johann Baptist Straub und Jakob Rauch.

Amperpettenbach
(B 13, Richtung Ingolstadt – 25 km)
St. Martin: Romanische Backsteinkirche mit spätgotischen Veränderungen (um 1500); Ende des 17. Jahrhunderts teilweise barockisiert. Kostbare spätgotische Glasmalereien (1516); im rechten Chorfenster:

die Familie des Münchner Ratsherrn Hans Ligsalz, des Stifters der Kirche.

Dachau (Landstraße – 17 km)
Schloß: Die ursprüngliche Vierflügel-Binnenhofanlage entstand 1546/73 nach Entwürfen von Heinrich Schöttl unter Wilhelm IV. und Albrecht V.; 1715 Umbau durch Joseph Effner; 1806/09 verfällt die Anlage bis auf den Südwest-Trakt. Elegantes Treppenhaus und prachtvoller Festsaal.
KZ-Gedenkstätte: Die 1965 eröffnete Gedenkstätte enthält in ihrem Museum eine Dokumentation mit rund 500 Exponaten über das Konzentrationslager Dachau und andere NS-Konzentrationslager.

Freising (B 11, Autobahn – 33 km)
Um die Wende zum 7. Jahrhundert war Freising bajuwarischer Burgsitz; seit 739 durch Bonifatius Bistum; bis zum 14. Jh. ›geistiger Mittelpunkt‹ Oberbayerns.
Dom St. Maria und Korbinian: Meisterwerk eines romanischen Dombaus (1100) mit Krypta (Farbt. 48) und Kreuzgang; nach mehreren Umbauten 1723/24 barockisiert. Fürstbischöfliche Residenz (14./17. Jh.); Klosterkirche Neustift (von Viscardi 1705/1715) und Diözesanmuseum.

Haimhausen
(B 13, Richtung Ingolstadt – 23 km)
Schloß: Ende des 17. Jahrhunderts unter Beteiligung von Johann Andreas Wolff errichtet und 1797 von François Cuvilliés d. Ä. umgestaltet. In dem gut restaurierten Schloß ist heute eine öffentliche ›Antiquitätenschau‹ untergebracht (Mi – Fr 10³⁰–18⁰⁰, Sa 14⁰⁰–18⁰⁰, Tel. 08133/6403).

◁ *Fig. 88   Lage der beschriebenen Kunststätten im Münchner Umland*

Indersdorf (über Dachau – 32 km)
Ehemaliges Augustiner-Chorherrenstift:
Kloster und Kirche sind eine Stiftung des
Pfalzgrafen Otto IV. (um 1120). Die einst
prächtige spätromanische Pfeilerbasilika
wurde 1754/58 barockisiert; Tafelbild von J.
A. Wolff (1691), Fresken von M. Günther,
plastische Gestaltung von A. Faistenberger.

Maria Birnbaum
(Landstraße Dachau/Aichach – 47 km)
Wallfahrtskirche: 1659 erste Wunderhei-
lung an diesem Ort; damals wurde ein Ves-
perbild verehrt, das in einem hohlen Birn-
baum stand. 1661/68 errichtete Konstantin
Bader den architektonisch sehr reizvollen
Zentralbau der Kirche.

Moosburg
(B 11, Richtung Landshut – 50 km)
Ehemalige Stiftskirche St. Kastulus: Romanische Kirche des 12. Jahrhunderts mit wenigen gotischen und barocken Elementen;
herrliche romanische Bauplastik; spätgotischer Altar von Hans Leinberger (1511/14).

Petersberg bei Erdweg (Landstraße Da-
chau/Aichach – 34 km)
*Ehemalige Benediktinerklosterkirche St. Pe-
ter:* 1104 auf einem Burgberg der Wittelsbacher (damals noch Scheyern) erbaut; dreischiffige Basilika, eine der schönsten romanischen Kirchen Oberbayerns; sehr gut erhaltene Fresken im Chorraum, die zu den
ältesten Altbayerns zählen (Abb. 146–148).

Scheyern
(B 13, Richtung Ingolstadt – 48 km)
Benediktinerkloster: Um 1080 von Haziga
von Scheyern gegründet. Die dreischiffige
Klosterkirche Mariae Himmelfahrt wurde

im 16. und 18. Jahrhundert entscheidend
verändert; die barocke Ausgestaltung
stammt u. a. von Ignaz Günther (um 1760);
im Tabernakel des Hochaltars das ›Scheyer-
ner Kreuz‹ (1738 von Johann Georg Her-
komer aus Augsburg).

Schleißheim (B 13 – 13 km)
1626 ließ Maximilian I. die von Wilhelm V.
im Jahre 1597 errichtete *Musterschwaige* mit
Herrenhaus zum ›Alten Schloß‹ umbauen.
Erst Maximilian II. Emanuel verwirklichte
die gewünschte Selbstdarstellung des Für-
stenhauses durch den Bau von Schloß ›Lustheim‹, einem barocken Garten- und Jagdschloß, das Enrico Zuccalli 1684/85 nach
römischen und französischen Vorbildern
ausführte. Das Schlößchen liegt am Ende
des Kanals gegen Osten und beherbergt eine
wertvolle Porzellansammlung. Die Entwürfe für das ›Neue Schloß‹ sind ebenfalls Arbeiten von Zuccalli, der ab 1701 die Ausführung leitete, später von Effner abgelöst wurde. Die Schloßanlage Schleißheim gehört
heute zu den großen Schloß- und Parkanla-
gen Europas. Ihre monumentale Barock-
Architektur ist eine der am besten gelungenen Schöpfungen dieser Epoche (Treppenhaus, Abb. 134, und großer Festsaal).

Wartenberg
(Landstraße Erding/Moosburg – 68 km)
Gottesackerkirche St. Georg: Von der um
1500 gegründeten spätgotischen Kirche
steht heute nur noch der Chorturm; das
Langhaus wurde 1719 abgebrochen, da man
die Steine für die neue Pfarrkirche benötigte. Schöner spätgotischer Altarraum mit
Netzgewölben; spätgotischer Flügelaltar
(aus Apolding) der Landshuter Schule; der
Gnadenstuhl stammt aus der Zeit um 1500.

Kunstschätze im Westen und Südwesten Münchens

Altenstadt (B 12, Richtung Landsberg/B 17, Richtung Schongau – 89 km)
St. Michael: Die um 1220 gegründete drei-schiffige Basilika mit dominierendem Ost-werk (drei Apsiden/zwei Türmen) ist einer der bedeutendsten Bauten der Romanik; kaum ein anderer Bau ist im Originalzu-stand so vortrefflich erhalten wie dieser. Der Altarraum wird beherrscht von dem ›Gro-ßen Gott von Altenstadt‹, einem 3,18 m hohen Holzkruzifix aus dem frühen 13. Jahrhundert (Abb. 139); gotische Fresken-fragmente (im Chor 14. Jahrhundert/ im südlichen Seitenschiff 15. Jahrhundert).

Andechs (B 12, Richtung Herrsching/Am-mersee – 42 km)
Benediktinerklosterkirche und Wallfahrts-kirche: Der Sage nach soll hier St. Rasso im 10. Jahrhundert die von ihm aus Jerusalem mitgebrachten Reliquien aufbewahrt haben; als diese 1388 auf ›wunderbare Weise‹ wie-dergefunden wurden, blühte Andechs (der ›Heilige Berg‹) als Wallfahrtsort auf. Die um 1420 errichtete Klosterkirche erfuhr mehr-fach Veränderungen; heute erscheint sie im Glanze des Barocks nach Arbeiten von Lo-renz Sappel. – Die herrliche Lage des Klo-sters, seine landschaftlich reizvolle Umge-bung und die Klosterbrauerei machen An-dechs zu einem beliebten Ausflugsziel.

Diessen am Ammersee
(B 12, Richtung Landsberg – 54 km)
Ehemalige Augustiner-Chorherren-Stifts-kirche St. Maria: Landschaftlich reizvoll gelegene Kirche am Südwestufer des Am-mersee. St. Maria ist eine der reifsten spät-barocken Architekturschöpfungen Johann Michael Fischers (1732/39). Der Höhepunkt der meisterhaften Raumgestaltung ist der von François Cuvilliés d. Ä. entworfene Hochaltar, der von Joachim Dietrich ausge-führt wurde; ferner: Skulpturen von Straub, Kreuzigungsbild von Desmarées und beach-tenswerte Holzstatue des St. Petrus von Grasser um 1490 (in der Sakristei).

Eresing
(B 12, Richtung Landsberg – 45 km)
St. Ulrich: Der ursprünglich spätgotische Bau (1488) erhielt 1618 ein neues Langhaus und eine Gruftkapelle; besonders sehens-wert ist die Kirche wegen ihrer gut gelunge-nen Umgestaltung durch Dominikus Zim-mermann (1756/57). Das Deckenfresko von Franz Martin Kuen zeigt eine Darstellung der ›Schlacht auf dem Lechfeld‹; Hochaltar um 1700; Muttergottes Ende 15. Jahrhun-dert.

Fürstenfeldbruck (B 2, Richtung Kaufbeu-ren/Landsberg – 26 km)
Mariae Himmelfahrt: Eine der bedeutend-sten Barock-Kirchen Bayerns, deren Bau 1701 nach Entwürfen von Giovanni Anto-nio Viscardi begonnen und in den Jahren 1714/66 durch Johann Georg Ettenhofer vollendet wurde. Meisterhafte Ausstattung von den Brüdern Asam (Stuck und Gewöl-bemalereien). Ferner: Sandstein-Madonna (um 1330, in der Vorhalle) und thronende Muttergottes (Anfang 16. Jh.).

Grafrath
(B 12, Richtung Landsberg – 36 km)
Wallfahrtskirche St. Rasso: Kleine Barock-Kirche von Michael Thumb (1686/94) mit guten Stukkaturen der Brüder Feichtmayr,

Deckenfresken von Johann Georg Bergmüller und Hochaltar von Johann Baptist Straub (1759), der als eines seiner besten Werke gilt.

Pfaffenwinkel
(B 2, Richtung Weilheim – 75 km)
Landschaft zwischen Weilheim/Steingaden/Schongau/Rott, in dem mehrere sehenswerte Kirchen und Klöster liegen: St. Michael in *Altenstadt* – Mariae Himmelfahrt in *Hohenfurch* – Mariae Himmelfahrt und Gnadenkapelle in *Hohenpeißenberg* – Mariae Heimsuchung in *Ilgen* - ehemalige Stiftskirche in *Polling* – ehemaliges Augustiner-Chorherrenstift in *Rottenbuch* – *Schongau* (an der alten Römerstraße) – St. Johannes d. T. in *Steingaden* – ehemaliges Benediktinerkloster und St. Johannes in *Wessobrunn* – Wallfahrtskirche zum Gegeißelten Heiland in der *Wies*.

Eine Rundfahrt von Weilheim aus und zum Ausgangspunkt zurück erstreckt sich über ca. 120 km.

Polling (B 2, Richtung Weilheim – 61 km)
Ehemalige Augustiner-Chorherren-Stiftskirche: Einer Legende zufolge geht die Gründung des Klosters auf den Agilolfingerherzog Tassilo III. zurück, der hier in der 2. Hälfte des 8. Jahrhunderts ein vergrabenes Holzkreuz gefunden haben soll. Die heutige Anlage entstand in den Jahren 1416/20 und wurde 1621/23 von Hans Krumper im Renaissance-Stil umgestaltet; im 18. Jahrhundert Barockisierung. Besonders qualitätvolle Ausstattung im Innenraum: sagenhaftes ›Tassilo-Kreuz‹ (um 1230); spätgotische Muttergottes von Hans Leinberger (1526); Tabernakel von Johann Baptist Straub u. a.

Pullach
(B 11, Richtung Mittenwald – 11 km)
Heilig-Geist-Kirche: Schlichte spätgotische Kirche (Ende 15. Jh.); stimmungsvolle Lage über einem Steilhang; erlesene Ausstattung: Hochaltar (›Ausgießung des Heiligen Geistes‹) um 1480; Seitenflügel um 1500; Salvatorskulptur (um 1420); zwei gotische Glasfenster (um 1470); monumentale spätgotische ›Kreuzigungsgruppe‹ an der nördlichen Außenwand (um 1500).
Burg Schwaneck: Romantische Burganlage, die Friedrich von Gärtner 1842/43 für den Bildhauer Ludwig Schwanthaler errichtete; heute Jugendherberge.
Schloßkapelle St. Ignatius (gehört zum Stadtteil Solln–Warnberg 1):· Renaissance-Kapelle aus der Zeit Wilhelms V. (1597) mit kostbarer, teilweise spätgotischer Ausstattung.

Rottenbuch (B 2, Richtung Füssen – 89 km)
Maria-Geburt-Kirche: Der romanisch-gotische Bau blieb mit seiner eleganten Barockisierung (1737/42, Joseph und Franz Xaver Schmutzer) bis heute gut erhalten; Fresken teilweise von Matthäus Günther (Farbt. 51).

Steingaden (B 2, Richtung Füssen – 82 km)
St. Johann Baptist: Romanische Sandsteinquaderkirche des 12. Jahrhunderts, die fast unverändert erhalten geblieben ist. Die Gründung geht auf Herzog Welf VI. zurück, der vor seinem Aufbruch zum zweiten Kreuzzug ein ›gnädiges Haus aus Stein‹ stiftete. Trotz Barockisierung gute Raumwirkung der dreischiffigen Basilika; Fresken mit Themen aus der Geschichte der Welfen; schöner (nur teilweise erhaltener) Kreuzgang des 13. Jahrhunderts (Farbt. 49).

Wessobrunn
(B 2, Richtung Weilheim – 68 km)
Ehemalige Benediktinerabtei: Das Wesso-
brunner Kloster war eines der ältesten und
bedeutendsten Altbayerns und geht auf die
Gründung Tassilos III. (um 753) zurück.
Die hier gefundene Handschrift des ›Wesso-
brunner Gebetes‹ befindet sich heute in der
Bayerischen Staatsbibliothek, München
(Faks. v. Clm 22053 = Hbh DI 22053-1);
das Gebet entstand vor 814 und ist das
älteste Stabreimgedicht in althochdeutscher
Sprache.

1810 wurde der größte Teil der aus dem
13. und 17. Jahrhundert bestehenden Klosteranlage zerstört; die erhaltenen Bestände
sind immer noch sehr eindrucksvoll. In der
St. Johannes-Kirche (1757/59) von Franz
Xaver Schmutzer befindet sich ein überle-
bensgroßes spätromanisches Kruzifix aus
dem Jahre 1153.

Wies (B 2/6/472, Richtung Weilheim/Peiting
– 87 km)
Wallfahrtskirche: In einsamer Lage in den
Wiesen des Alpenvorlandes errichtete Dominikus Zimmermann 1746/54 eine der bedeutendsten deutschen Barock-Kirchen.
Der Zentralraum (mit fast gotischer Raumwirkung) ist angefüllt mit beschwingten
Stuckdekorationen des Rokoko und farben-
prächtigen Fresken (Johann Baptist Zimmermann, 1745/54; Farbt. 50). Die Wall-
fahrtsgeschichte dieses Ortes beginnt erst
1739: In jenem Jahr beobachtete eine Bäue-
rin auf der Wies, wie der Christus einer
Geißelsäule Tränen vergoß. Bald erwirkte
der Bauer den Bau einer ›Wies-Kapelle‹, die
so stark besucht wurde, daß das Kloster
Steingaden den Bau einer Kirche für den
›Wies-Heiland‹ beschloß.

Kunstschätze im Süden Münchens

Bad Tölz (Autobahn Salzburg/Ausfahrt
Holzkirchen – 44 km)
Bad Tölz wurde bereits 1180 urkundlich als
›Tollenz‹ erwähnt. Durch die Isarüberque-
rung der Salzstraße blühte die Siedlung zu
einem wichtigen Handelsplatz Oberbayerns
auf. Die 1845 entdeckten Jodquellen brachten dem an beiden Isarufern malerisch gelegenen Ort wirtschaftlichen Aufschwung als
Kurort. Historisch wertvolle Bausubstanz,
teilweise mit Fresken geschmückt, prägten
die Marktstraße des romantischen Orts-
kerns. Besonders sehenswert: *Kalvarienberg* mit *sieben Kapellen;* spätgotische
Pfarrkirche.

Benediktbeuern
(B 11, Richtung Mittenwald – 57 km)
*Ehemalige Benediktinerklosterkirche St.
Benedikt:* Bereits um die Mitte des 8. Jahrhunderts gegründet, entwickelte sich Benediktbeuern schnell zu einer der größten
Klosteranlagen Altbayerns und ist wahrscheinlich sogar das älteste Benediktinerkloster nördlich der Alpen. Im 15. Jahrhundert
und später noch einmal in der 2. Hälfte des
17. Jahrhunderts erreichte das Klosterleben
einen geistigen Höhepunkt; schöne Treppen
im Südflügel. Von hier stammt u. a. die
Handschrift der ›Carmina Burana‹ mit acht
farbigen Miniaturen und Vagantenliedern
des 12./13. Jahrhunderts (Bayer. Staatsbibliothek, Perg. Hs.; 24,9:17,7; 112 Bl).

Die heutige Klosterkirche entstand 1680/
1685 nach Entwürfen von Kaspar Feichtmayr; die Fresken stammen von Hans Georg Asam, dem Vater der Asam-Brüder;
nördlich angebaut die Anastasia-Kapelle

von Johann Michael Fischer (1750/58), Dekkengemälde von Johann Jakob Zeiller, Altargemälde von Jacopo Amigoni, Büstenreliquiar von Ägid Quirin Asam; seit 1930 Kloster der Salesianer.

Dietramszell (Autobahn Salzburg/Ausfahrt Holzkirchen – 46 km)
Ehemalige Augustiner-Chorherren-Stiftskirche: Der Tegernseer Mönch Dietram gründete hier 1102 ein Kloster, für das Bischof Otto I. von Freising 1156 eine dreischiffige romanische Basilika weihte. Überreste dieser Basilika sind nicht mehr vorhanden. Die heutige Klosterkirche von Johann Baptist Zimmermann mit ihren prachtvollen Fresken und Rokoko-Stukkaturen gehört zu den bedeutendsten bayerischen Barock-Kirchen.

Ettal (B 2/6, Richtung Garmisch - 85 km)
Benediktinerklosterkirche (Farbt. 54): Kaiser Ludwig der Bayer gründete an diesem Ort 1330 für 22 Mönche ein Benediktinerkloster; die 1370 geweihte Klosterkirche entstand als gotischer Zentralbau mit zwölfeckigem Grundriß, Mittelsäule und doppelgeschossigem Umgang – ein höchst seltener Kirchentypus. Im 18. Jahrhundert wurde das Ettaler Kloster entscheidend umgestaltet: Enrico Zuccalli entwarf (1710) die von Joseph Schmutzer eingebaute Kuppel, legte eine schwungvolle Barock-Fassade mit zwei Türmen vor den gotischen Bau und entwickelte den Chorraum. Barock und Gotik verschmolzen zu einer Einheit. Das riesige Kuppelfresko von Johann Jakob Zeiller (1746) und die Rokoko-Dekorationen Zimmermanns haben hohen künstlerischen Wert. Die Klostergebäude stammen größtenteils aus dem 20. Jahrhundert.

Georgenried (Autobahn Salzburg, Ausfahrt Holzkirchen/B 318, Richtung Tegernsee – 52 km)
St. Georg: Landschaftlich reizvoll gelegene spätgotische Kirche (1528), die noch fast vollständig in ihrem Originalzustand erhalten ist. Außenarchitektur wie Innenraumgestaltung beeindrucken durch ihre Klarheit. Kostbare Ausstattung: spätgotische Kreuzigungsgruppe (2. Hälfte 15. Jh.); Hochaltar mit spätgotischem Tafelbild; Schnitzfiguren des St. Petrus und St. Paulus (16. Jh.).

Hohenschwangau
(B 12/17, Richtung Füssen – 120 km)
Kronprinz Maximilian ließ 1833 anstelle einer mittelalterlichen Burg, die seit dem 12. Jahrhundert überliefert ist, aber 1809 zerstört wurde, von Domenico Quaglio die Burg Hohenschwangau als fürstliche Sommerresidenz errichten.

Kreuzpullach
(Richtung Oberhaching – 20 km)
Heilig-Kreuz-Kirche: Gutes Beispiel einer schlichten Dorfkirche des frühen 18. Jahrhunderts, wahrscheinlich von Philipp Jakob Kögelsperger im Jahre 1710 erbaut. Im Innenraum des Saalbaues befindet sich neben der soliden Ausstattung des 18. Jahrhunderts ein gotischer Flügelaltar (unter der Empore) aus dem Jahre 1513 aus der Werkstatt Jan Polacks.

Linderhof (Autobahn Garmisch – 112 km; Farbt. 52, Abb. 137, 138)
Im abgelegenen Graswangtal errichtete bereits König Maximilian II. auf dem Lehenhof der Bauernfamilie Linder ein hölzernes Jagdschloß, das den Namen ›Linder-Hof‹ beibehielt. Ludwig II. verdrängte das väter-

liche ›Königshaus‹ zunehmend durch sein von Georg von Dollmann (1874/78) errichtetes Schlößchen, das zu seinem Lieblingsaufenthaltsort wurde. Der ›Maurische Kiosk‹ und die ›Venusgrotte‹ (nach dem Motiv in Wagners Tannhäuser) wurden später hinzugefügt.

Mittenwald (B 11 – 90 km)

Irgendwo im heutigen Stadtgebiet von Mittenwald lag einst die römische Siedlung ›Scarnia‹ (mitten im Scharnitzer Wald) und die dazugehörige Straße. Im Mittelalter gewann der Ort durch die Isarflößerei und die (1492 eröffnete) Kesselbergstraße nach München wirtschaftliche Bedeutung. Im 17. Jahrhundert wurde die Stadt Zentrum der Herstellung von Saiteninstrumenten (besonders von Geigen). Heute besitzt sie die einzige Geigenbauschule Deutschlands. *Pfarrkirche St. Peter und Paul* mit originellem Turm, Stukkaturen im Innenraum von Joseph Schmutzer.

Mittenwald zählt zu den beliebtesten Luftkurorten Bayerns; der Charme des Stadtbildes mit prachtvollen Fassadenmalereien des 18. Jahrhunderts ist gut erhalten.

Neuschwanstein (B 12/17, Richtung Füssen – 122 km; Farbt. 53)

Mitten in der wildromantischen Gebirgslandschaft über der Pöllat-Schlucht ließ Ludwig II. die Ruinen der Vorderschwangau-Burg abtragen, um sich hier sein ›Traumschloß‹ Neuschwanstein errichten zu lassen. Anregungen für die architektonische Gestaltung des Schlosses holte sich der König in Versailles und auf der Wartburg. 1868 begann Eduard Riedel mit den Bauarbeiten; die Vollendung des Projektes (1886) erlebte Ludwig II. nicht mehr.

Oberammergau

(Autobahn Garmisch – 105 km)

Oberammergau, weltberühmt für seine Passionsspiele, die auf das Pestjahr 1633 zurückgehen, ist die Heimat der ›Herrgottsschnitzer‹. Die Anfänge dieser Holzschnizkunst lassen sich bis ins 16. Jahrhundert zurückverfolgen (s. Heimatmuseum).

Zahlreiche Häuser in Oberammergau sind mit ›Lüftl-Malereien‹ geschmückt, die dem Ortsbild viel Atmospäre verleihen.

Reichersdorf (Autobahn Salzburg/Ausfahrt Weyarn – 45 km)

St. Leonhard: Spätgotisches Kirchlein (1496), das 1760/62 im Barock-Stil umgestaltet wurde. Innen u. a. zwei Meisterwerke von Erasmus Grasser: Hochaltargruppe ›Muttergottes, St. Eligius und St. Leonhard‹ (1502/05); Altaraufsatz (westliche Empore) mit Hochrelief des St. Achatius (1506).

Schäftlarn

(B 11, Richtung Wolfratshausen – 20 km)

Ehemaliges Prämonstratenserkloster: Das direkt im Isartal gelegene Kloster wurde bereits um 760 als Benediktinerkloster gegründet, doch schon im 10. Jahrhundert wieder verlassen. Erst Bischof Otto I. von Freising ließ das Kloster 1140 erneuern und übergab es den Prämonstratensern. 1180 verkünden die Schäftlarner Annalen: »München wird zerstört, Föhring wieder aufgebaut« (s. S. 18). Die heutige Anlage entstand im 18. Jahrhundert, die Klostergebäude in den Jahren 1702/06 nach Entwürfen von Viscardi; die Klosterkirche in der Zeit 1733/1751 durch Cuvilliés d. Ä. und 1751/57 durch Johann Baptist Gunetzrhainer (vielleicht in Zusammenarbeit mit Johann Michel Fischer). Architektur und Ausstattung der barocken Klosterkirche sind von höchster Qualität.

Tegernsee (Autobahn Salzburg, Ausfahrt Holzkirchen/B 318 – 54 km)
Im Naherholungsgebiet von München liegt der *Tegernsee* mit gleichnamigem *Kloster* (Klosterkirche, Schloß, Gymnasium und Bräuhaus), das zu den ältesten Klosteranlagen Bayerns gehört. Es wurde 719 gegründet und 746 geweiht; bereits um 900 besaß das Kloster 11860 Höfe bzw. Siedlungen. Möglicherweise gehörte im 12. Jahrhundert auch die Mönchssiedlung Munichen (s. S. 15) auf dem Petersbergl zum Besitz von Tegernsee – auf die sich die Gründung Münchens stützt.

Das Kloster Tegernsee war über Jahrhunderte kultureller Mittelpunkt in Bayern, dessen geistige Ausstrahlung und Wirkung auf das bayerische Umland von kaum einer der anderen großen Abteien erreicht wurde. Seine Hochblüte erlebte das Kloster im 11. und 15. Jahrhundert sowie im 17. und 18. Jahrhundert. Besonders hervorzuhebende kulturelle Leistungen des Klosters sind: erste Aufzeichnung des Runenalphabetes; erste Übersetzung angelsächsischer Gedichte in altdeutschem Stabreim; erste Urkunden über Glasmalerei und Erzguß in Deutschland; erster Ritter- und Abenteuerroman Deutschlands, ›Ruodlieb‹ (um 1050, in lateinischen Hexametern); eines der ersten deutschen Liebesgedichte (um 1150):

»Dû bist mîn, ich bin dîn:
des solt dû gewis sin,
dû bist beslozzen
in mînem herzen:
verlorn ist daz slüzzelîn:
dû muost immer drinne sîn.«;

eines der frühesten Dramen des Mittelalters, das ›Spiel vom Antichrist‹ (um 1160, lateinisch ›Ludus de Antichristo‹).

Um 1500 übertraf die Sammlung der Klosterbibliothek die Bestände des Vatikans. Während der Säkularisation wurden die Klosterschätze größtenteils zerstreut, die wertvollsten Bände gelangten in den Besitz der Bayerischen Staatsbibliothek, München.

Klosterkirche St. Quirin: Die aus dem romanischen Urbau entstandene dreischiffige Basilika der Gotik wurde 1684/88 von Antonio Riva barockisiert (s. Fig. 89). Nach der Säkularisation (1803) verfielen die Klostergebäude zum größten Teil; Leo von Klenze leitete später im Auftrage Maximilians I. Joseph den Umbau der Kirche und gestaltete 1824 die Fassade im klassizistischen Sinne nach dem Vorbild der Kirche St. Trinità dei Monti in Rom, wobei die Doppeltürme auf das 11. Jahrhundert zurückgehen. Das mittelalterliche Rotmarmor-Relief von Adalbert und Oatkar, den Stiftern des Klosters Tegernsee (aus dem altbayerischen Adelsgeschlecht der Huosi), blieb in der Fassade erhalten.

Der ›gotische‹ Innenraum der Kirche zeigt heute eine barocke Vierungskuppel; im südlichen Seitenaltar des hl. Benedikt befinden sich Plastiken von Johann Baptist Straub; die Fresken stammen von Hans Georg Asam, dem Vater der Brüder Cosmas Damian und Ägid Quirin Asam.

Tegernseer Umland
Die Landschaftsgestaltung des Tegernseer Tales geht auf König Maximilian I. Joseph zurück, der sich von Ludwig von Sckell, dem Schöpfer des Englischen Gartens in München, beraten ließ.

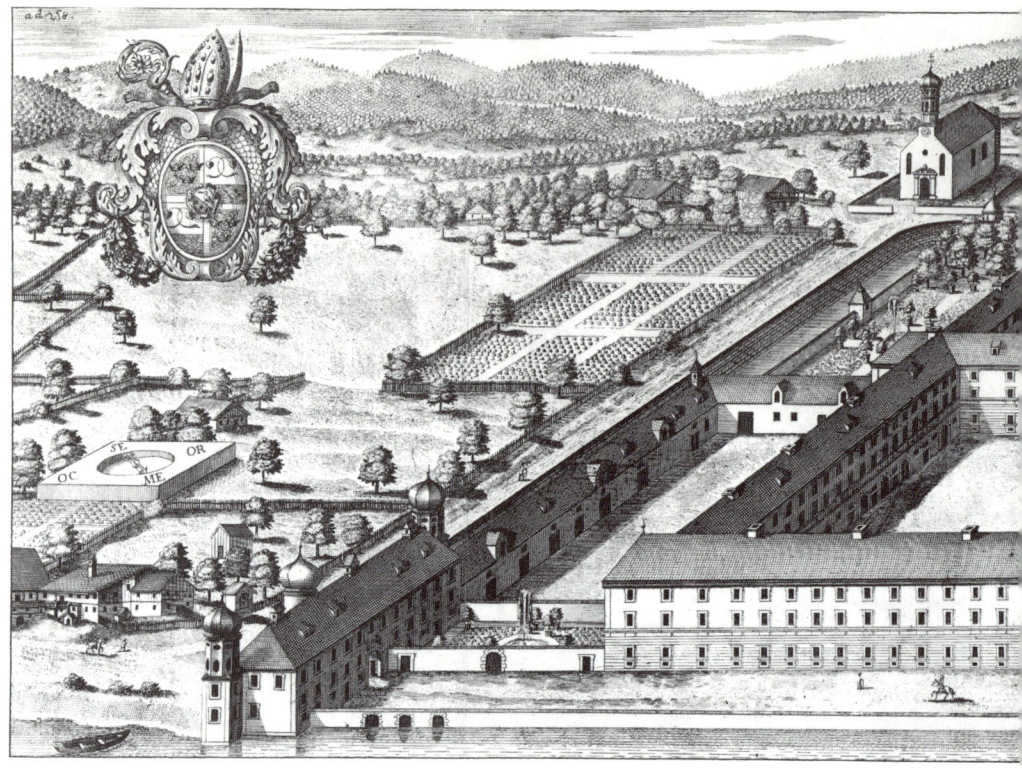

Fig. 89   Das Kloster Tegernsee, wie es in der Barock-Zeit geplant war, aber nie vollendet wurde. Stich von Michael Wening, 1701

Schon damals siedelten sich viele Künstler am Tegernsee an: Maler wie Joseph Stieler (Stieler-Haus) und Olaf Gulbransson (Gulbransson-Museum), später die Dichter Ludwig Thoma (Haus in der Tuften), Ludwig Ganghofer u. a. Auch sei an dieser Stelle an die Landschaftsbilder von Wilhelm von Kobell erinnert, der gern Tegernseer Motive malte.

Tegernsee besitzt für München als Naherholungsgebiet große Attraktivität: Am Westufer liegt das weltbekannte Jodbad *Wiessee*, in *Rottach* gibt es berühmte Gaststätten. In *Gmund* befindet sich eine schöne Hallenkirche von Lorenzo Sciasca (rechts neben der Tür ein Relief von Ignaz Günther). Am Talende liegt der Übergang (schöne Wanderung) zum *Sylvensteinsee* und *Achensee* sowie zum Inntal und nach Italien. Beliebte Bergtouren: *Neureuth* mit Übergang zum *Schliersee; Bodenschneid* und *Spitzinggebiet, Wallberg, Hirschberg* mit Übergang nach *Lenggries* (Abb. 149) und *Bad Tölz* im Isartal.

404

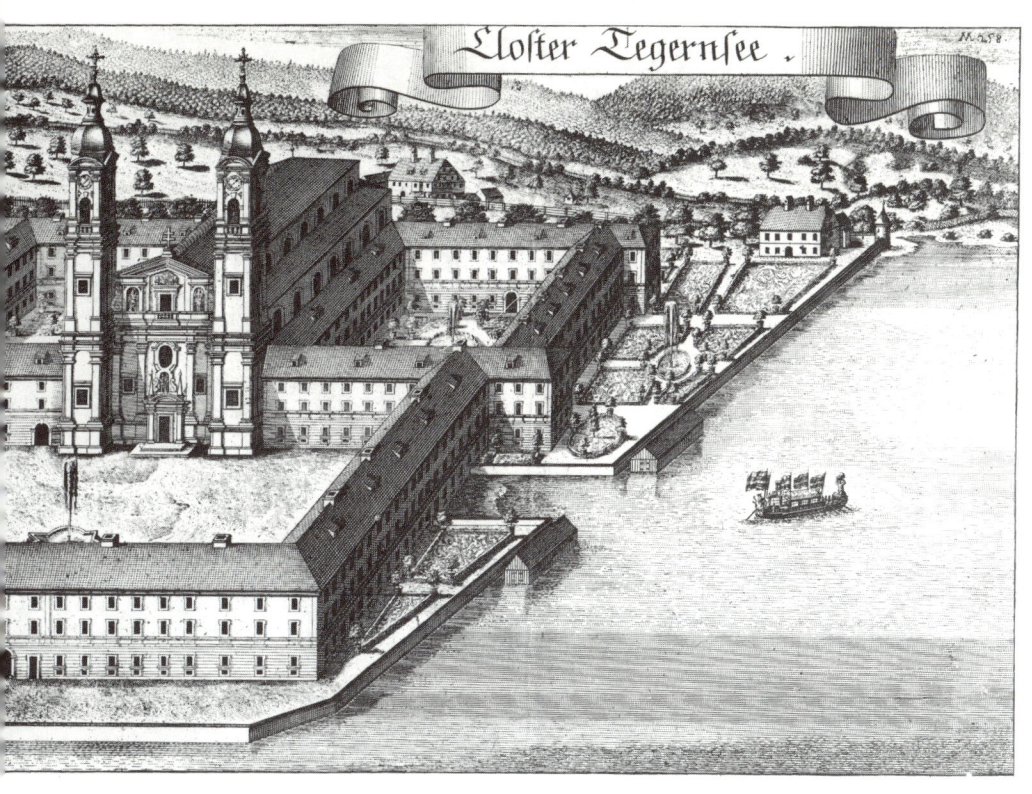

Closter Tegernsee.

Weyarn (Autobahn Salzburg/Ausfahrt Weyarn – 38 km)
St. Peter und Paul: Im 18. Jahrhundert entstand an der Stelle einer romanischen Gründung (1133) des Augustiner-Chorherrenstiftes ein neuer Turm (1627/32) und nach Plänen von Lorenzo Sciasca eine neue Kirche (1687/93). Besonders sehenswert sind die von Ignaz Günther geschaffenen Werke: Tabernakel des Hochaltars (1763); Muttergottes (1763); ›Pietà‹ (1764; Abb. 140); Verkündigung (1764).

Kunstschätze im Osten und Südosten Münchens

Altenburg (B 304, Richtung Wasserburg/Abzweigung Zorneding – 27 km)
Wallfahrtskirche St. Maria: Die an der Stelle einer ehemaligen ›alten Burg‹ auf einer bewaldeten Anhöhe gelegene spätgotische Kirche ist ein Werk aus der Zeit um 1400. Nach Restaurierungen in den Jahren 1467 und 1583 folgte 1710 die Barockisierung. Der größte Teil der Ausstattung stammt aus

dieser Zeit; aus gotischer Epoche sind u. a. erhalten: Holzrelief mit der Darstellung des auferstandenen Christus und der Maria Magdalena (um 1500), Holzschnitzwerk einer Muttergottes (um 1500). Ein zeitgenössisches Bild der Wallfahrtskirche (die im 16./18. Jh. ihren Höhepunkt erlebte) aus dem Jahre 1710 von Franz Joachim Beich befindet sich im Münchner Bürgersaal (s. S. 255f.).

Altenhohenau am Inn (B 304, Richtung Wasserburg – 64 km)
Dominikanerinnenklosterkirche St. Peter und Paul: 1235 stiftete Graf Konrad von Wasserburg dieses erste dominikanische Frauenkloster Oberbayerns. Die um 1380 errichtete Kirche enthält in der Apsis romanische Teile (1239); 1770/80 Barockisierung und Bereicherung mit kostbarer Ausstattung. Der Hochaltar stammt von Ignaz Günther (eines seiner reifsten Werke); an der Nordwand ist ein spätgotischer ›Crucifixus dolorosus‹ mit einem Astkreuz (um 1340) erhalten.

Attel am Inn
(B 304, Richtung Wasserburg – 55 km)
Ehemalige Benediktinerklosterkirche St. Michael: Dominierend erhebt sich über dem Steilufer des Inns die um 1038 gegründete Klosteranlage. Die Architektur der Kirche (1713/15) wie die des Klosters (17./18. Jh.) ist unbedeutend; sehenswert ist dagegen die wertvolle Ausstattung von St. Michael: großartiges romanisches Kruzifix (Anfang 13. Jh.); spätgotischer Kalvarienberg (in der Sakristei); gotischer Taufstein; Rotmarmor-Grabmahl von Wolfgang Leb (1509) für das Stifterehepaar Engelbert und Mathilde von Limburg-Wasserburg (5. südliche Seitenka-

pelle); Tabernakelengel und Immaculata-Holzfigur von Ignaz Günther (um 1762), eine der gelungensten bayerischen Rokokoplastiken.

Au am Inn
(B 12, Richtung Mühldorf – 67 km)
Ehemalige Augustiner-Chorherren-Stiftskirche St. Maria: Die um 1120 gegründete Klosteranlage erhielt 1708/17 (wahrscheinlich) nach Plänen von Domenico Christoforo Zuccalli ihre neue Klosterkirche: Zuccalli errichtete auch die weiter südlich liegenden Klostergebäude (1687/88). Besonders hervorzuheben ist die Kirche wegen ihrer meisterhaften Grabdenkmäler: Rotmarmorepitaph für Propst Chr. Sperrer (1515 gest.; 1. nördliche Kapelle); Denkmal für Maria Theresia von Törring (1756 gest.), vielleicht eine Arbeit von Johann Baptist Straub (2. nördliche Kapelle).

Frauenchiemsee (Autobahn Salzburg/Ausfahrt Bernau – 79 km)
Benediktinerinnenklosterkirche St. Maria: Das von Tassilo III. im 8. Jahrhundert gestiftete frühkarolingische Kloster wurde im 9. Jahrhundert von Irmigard, einer Tochter des ostfränkischen Königs Ludwigs des Deutschen (843–876), geleitet. Ihr Grab wie auch der Münsterbau dieser frühen Klosteranlage wurde erst 1960 aufgedeckt; seltenes frühromanisches Portal. Den romanischen Baumaßnahmen des 12./13. Jahrhunderts (Turm 11. Jh.; Kuppel 1626) folgten 1472/76 spätgotische Veränderungen; 1536 wurde die in den letzten Jahren der Spätgotik entstandene Marienkapelle barockisiert. Neben der historischen Bedeutung dieser altbayerischen Klosteranlage sind vor allem die romanischen Fresken (1160/70) kunstge-

schichtlich von höchstem Rang. Landschaftlich sehr stimmungsvoll auf der Fraueninsel gelegen, steht St. Maria in harmonischem Einklang mit den Klosterbauten aus dem Jahre 1730.

Gars am Inn
(B 12, Richtung Mühldorf – 62 km)
Ehemalige Augustiner-Chorherren-Stiftskirche St. Maria: Das bereits im 8. Jahrhundert von Tassilo III. gegründete und an St. Peter in Salzburg geschenkte Benediktinerkloster wurde Anfang des 12. Jahrhunderts vom Augustiner-Orden übernommen. Die heutige Anlage stammt aus der reifen Barockzeit des 17. Jahrhunderts; sowohl das Kloster (1657/65) als auch seine Kirche (1661/90) sind Werke von Gasparo und Domenico Christoforo Zuccalli. Von der Ausstattung sind vor allem die Grabplatten mit meisterhaften Hochreliefs des 15. Jahrhunderts zu erwähnen. Besonders gelungen ist der Porträtkopf von J. Hinterkircher (1420 gest.) mit einer sehr individuellen Physiognomie.

Herrenchiemsee (Autobahn Salzburg/Ausfahrt Bernau – 79 km)
Ehemaliges Benediktinerkloster: Die Stiftung des Klosters geht auf Tassilo III. (8. Jh.) zurück, der auch das Benediktinerinnenkloster auf der Fraueninsel gründete (s. S. 406). Von der ehemaligen Klosteranlage des 17. Jahrhunderts ist nur noch ein Vierflügelbau erhalten: das ›Alte Schloß‹ mit seinem prachtvollen Kaisersaal (1700) und seiner zweischiffigen Bibliothekshalle (1735).
Die kleine *Pfarrkirche* aus dem 17. Jahrhundert ist jedoch im Kernbau gotischen Ursprungs.

Neues Schloß: Als Ludwig II. 1867 erstmals in Versailles war, faßte er den Entschluß, das französische Schloß mit seiner Parkanlage auf der Herreninsel nachzubauen. Georg von Dollmann lieferte dem König die Pläne, so daß 1878 mit den Bauarbeiten begonnen werden konnte. Von 1883 an übernahm Julius Hofmann die Bauleitung, doch schon 1886 mußten der Schloßbau und die von Karl Effner begonnene Gartengestaltung eingestellt werden. Durch die Finanzprobleme des Königs blieb das Projekt unvollendet: Die im Rohbau befindlichen Seitenflügel wurden 1907 abgetragen; erhalten blieb das 103 m lange Mittelgebäude (Abb. 143), dessen Innenräume wertvolle kunstgewerbliche Arbeiten enthalten.

Keferloh
(B 304, Richtung Ebersberg – 10 km)
St. Aegidius: Romanische Dorfkirche (Mitte 13. Jh.) mit schöner Außengestaltung der aus Tuffquadern bestehenden Apsis. Im Innenraum Reste romanischer Fresken und spätgotische Schnitzwerke. In Keferloh entstand Ende des 18. Jahrhunderts der typisch bayerische Bierkrug, der heute noch nach diesem Dorf ›Keferloher‹ genannt wird.

Möschenfeld
(B 304, Richtung Ebersberg – 14 km)
Wallfahrtskirche St. Ottilie: Saalbau aus dem Jahre 1640 mit gut gegliederter Außenarchitektur. Wertvollster Schatz: acht spätgotische Tafelbilder (Ende 15. Jh.) mit Themen aus der Ottilien-Legende (Emporen).

Rabenden
(B 304, Richtung Wasserburg – 82 km)
Kirche St. Jakobus major: Kleine unscheinbare Dorfkirche (1458) mit Kostbarkeiten

der spätgotischen Altarkunst aus dem Salzburger Umkreis von dem sog. ›Meister von Rabenden‹: St. Jakob-Hochaltarschrein (um 1510) mit den Aposteln Simon, Jakobus und Judas Thaddäus (von links nach rechts; Abb. 142); Vesperbild an der Nordwand; südlicher Seitenaltar mit St. Eustachius; nördlicher Seitenaltar mit der Heiligen Madonna; an der Empore spätgotische Schnitzereien.

Rott am Inn
(B 304, Richtung Wasserburg – 63 km)
Ehemalige Benediktinerklosterkirche St. Marinus und St. Anianus: Das von Pfalzgraf Kuno von Rott um 1081 gestiftete Kloster erhielt in der 2. Hälfte des 12. Jahrhunderts eine dreischiffige romanische Basilika, von der bis auf die Untergeschosse der beiden Türme nichts mehr erhalten ist. 1759/67 entstand nach Entwürfen und Plänen von Johann Michael Fischer ein barockes Meisterwerk, für das die namhaftesten Künstler der damaligen Zeit verpflichtet werden konnten: u. a. der Maler Matthäus Günther, der Bildhauer Ignaz Günther und die Stukkateure Franz Xaver Feichtmayr und Jakob Rauch.

Salmdorf (B 12 oder B 304 bis Kreuzung mit der B 471 – 15 km)
Mariae Himmelfahrt: Spätgotische Dorfkirche mit Veränderungen aus dem 17. und 18. Jahrhundert; gut erhaltenes gotisches Rippengewölbe im Chor. Kostbarster Schatz der Kirche ist die vollplastische Holzstatue der ›Marienklage‹ aus der Zeit um 1340.

Tuntenhausen (Autobahn Salzburg/Ausfahrt Bad Aibling – 54 km)
Pfarr- und Wallfahrtskirche Mariae Himmelfahrt: Das seit dem 10. Jahrhundert urkundlich belegte ›Toutinhusa‹ ist einer der ältesten und berühmtesten Wallfahrtsorte Altbayerns, der seit 1441 aufgesucht wird. Von der einst gotischen Kirche (1513/33) sind nicht mehr als der Turm (mit gotischen Netzgewölben) und Reste des Chorraumes erhalten. 1621/30 errichtete Veit Schmidt den Neubau, eine gelungene Mischung von ausklingender Gotik und Renaissance. Weit sichtbares Wahrzeichen der Kirche ist ihr seltener Turm mit Doppelspitzhelmen aus dem 19. Jahrhundert.

Urschalling (Autobahn Salzburg/Ausfahrt Bernau – 81 km)
St. Jakobus: Spätromanische Dorfkirche westlich des Chiemsees mit Kreuzgratgewölbe, in der 1930/41 ein für Bayern beispielloser mittelalterlicher Freskenzyklus freigelegt wurde: Fresken mit Themen aus dem Neuen Testament, die teilweise aus der Zeit um 1200 und um 1380 stammen.

Wasserburg (B 304 – 54 km)
Der von einer Flußschleife des Inns umschriebene Landschaftsraum war 1137 für Hallgraf Engelbert der geeignete Platz, um eine ›Wasserburg‹ zu gründen. Die inselähnliche Lage bestimmte Gestalt und Wachstum der Stadt bis zum 20. Jahrhundert.
Pfarrkirche St. Jakob von Hans Stethaimer (1431), Kanzel und ehemaliger Hochaltar von Martin und Michael Zürn (1638/39).

Praktische Reisehinweise

Anreise nach München

Mit dem Auto
Autobahn Stuttgart
Autobahn Nürnberg
Autobahn Salzburg
Autobahn Garmisch-Partenkirchen
Autobahn Landshut (im Ausbau)

Informationsstellen an den Autobahnen
(Zimmerreservierung und Lotsen;
1 Stunde Lotse ohne Fahrer DM 21,–;
1 Stunde Lotse mit Fahrer für das eigene
Auto DM 23,–)

Lotsenstationen:
Freimann	(BAB Nürnberg)	
	Tel.	32 54 17
Ramersdorf	(BAB Salzburg)	
	Tel.	67 27 55
Harlaching	(B 13 Holzkirchen)	
	Tel.	6 90 96 66
Unterdill	(BAB Garmisch)	
	Tel.	75 63 30
Obermenzing	(BAB Stuttgart)	
	Tel.	8 11 24 12

Informationsstellen für den Autofahrer
ADAC-Information	Tel.	57 71 1
ADAC-Pannendienst	Tel.	76 76 76
ACE-Pannendienst	Tel.	53 65 02

DTC-Dt. Touring Automobilclub
Amalienburgstraße 23   Tel.   8 11 10 48

Parkmöglichkeiten in der Innenstadt
Garage am Deutschen Theater
Schwanthalerstraße 10, Tel. 59 52 34
Garage in der Amalienpassage
Türkenstraße 84, Tel. 28 13 11
Parkgarage Isartorplatz
Baaderstraße 6, Tel. 29 74 50
Parkhaus am Färbergraben
Einfahrt Färbergraben und Fürstenfelder
Straße, Tel. 59 49 61
Parkhaus am Hofbräuhaus
Hochbrückenstraße 9, Tel. 29 87 22
Parkhaus am St. Jakobs-Platz
Oberanger 35/37, Tel. 26 66 84
Parkhaus Pschorrblock
Einfahrt Altheimer Eck, Tel. 24 28 65
Marienplatzgarage
Rindermarkt 16, Tel. 24 08 75
Tiefgarage vor der Oper
Residenzstraße, Tel. 59 49 61

Camping
Deutscher Camping-Club e. V.
Mandlstraße 28, Tel. 33 40 21
Campingplatz Langwieder See
Eschenrieder Straße 119, Tel. 8 14 15 66

Campingplatz München-Obermenzing
  Lochhausener Straße 59, Tel. 8 11 22 35
Campingplatz Nord-West
  Dachauer Straße 571, Tel. 1 50 37 90
Campingplatz Thalkirchen
  Zentralländstraße 49, Tel. 7 23 17 07

Entfernungen zwischen München und anderen europäischen Großstädten

München	– Amsterdam	843 km
	– Berlin	584 km
	– Bremen	753 km
	– Essen	638 km
	– Frankfurt/Main	395 km
	– Hamburg	782 km
	– Hannover	639 km
	– Köln	578 km
	– Mailand	502 km
	– Nürnberg	167 km
	– Paris	831 km
	– Rom	925 km
	– Salzburg	138 km
	– Stuttgart	220 km
	– Wien	446 km
	– Venedig	469 km
	– Zürich	302 km

Mit der Eisenbahn

München ist internationaler Eisenbahnknotenpunkt – täglich mehrere Zugverbindungen zu fast allen deutschen Städten.

Auskunftsstellen der Bundesbahn
Fernmündliche Zugauskunft
Tel. 59 29 91 und 59 33 21–23
Platzkartenbestellung
Tel. 59 04/2 14
Auto im Reisezug
Tel. 59 02/2 15 und 2 27
Sonderzüge und Sonderfahrten
Tel. 1 28/58 46
Haus-zu-Haus-Gepäckabholung
Tel. 1 28–1

Mit dem Flugzeug

Internationaler Flughafen in
München-Riem
Flugauskunft, Tel. 92 11 22 7

Verkehrsverbindungen in München

MVV – Münchner Verkehrs-Verbundnetz
Münchner Verkehrs- und Tarifverbund GmbH, Thierschstraße 2, Tel. 2 38 03–1 (Aukünfte über den öffentlichen Personen-Nahverkehr in der Stadt und Region München)
S-Bahn-Zugauskunft, Hauptbahnhof (Gleis 26), Tel. 55 75 75

Der Münchner Verkehrsraum ist in sechs ringförmige Zonen aufgeteilt:
1. und 2. Zone – Innenraum
3. bis 6. Zone – Außenraum
Die *Fahrkarten* sind für alle Verkehrsmittel einheitlich, sie haben Gültigkeit auf allen S-Bahnen, Straßenbahnen und Omnibussen. Der Fahrpreis richtet sich nach der Anzahl der Fahrtzonen.
Für *Stadtbesichtigungen* empfiehlt sich das sog. ›24-Stunden-Ticket‹:
für den Stadtkern (Innenraum) DM 5,–
für das Gesamttarifgebiet DM 9,–

Der Föhn – wolkenlos und tiefblauer Himmel

Der Föhn gehört in Süddeutschland zu den berühmten Wettererscheinungen. Man kennt ihn auch von vielen anderen Gebirgen der Erde. Er weht u. a. östlich der Rocky Mountains, auf Grönland, in Südamerika und Japan.

Klima in München

(Meteorologisches Institut der Universität München)

mittlere Zahl der Tage mit mindestens 0,1 l/m²	Januar	Februar	März	April	Mai	Juni	Juli	August	September	Oktober	November	Dezember	
Tagesmittel	−1,2	0,1	3,6	7,7	12,7	16,6	18,2	17,7	14,7	9,0	4,0	0,0	°C
mittleres monatliches Maximum	9	10	16	20	25	28	29	28	25	20	14	9	°C
mittleres monatliches Minimum	−16	−14	−9	−4	0	5	7	6	2	−3	−8	−13	°C
absolutes Maximum	16	21	24	29	32	35	36	35	32	28	24	19	°C
absolutes Minimum	−30	−32	−20	−8	−6	−1,4	3	3	−2,5	−8	−15	−26	°C
mittlere tägliche Sonnenscheindauer	2	3	4	5	7	7	8	8	6	4	2	1	Std.
Sonnenscheindauer insgesamt	57	91	145	171	226	230	249	227	179	126	60	40	Std.
Niederschlagsmenge	49	39	52	71	99	119	128	106	91	62	53	33	l/m²
mittlere Zahl der Tage mit mind. 0,1 l/m²	16	14	15	16	17	17	17	16	14	14	15	16	Tage

Die Ursachen der Föhnwirkung auf den Menschen sind noch nicht hinreichend erforscht. An der Existenz der sog. ›Föhnempfindlichkeit‹ ist nicht zu zweifeln, wenn sie anscheinend auch nur in Südbayern und in keinem anderen Föhngebiet in auffallendem Maße auftritt. Sie äußert sich in Müdigkeit, kombiniert mit Schlaflosigkeit, Unruhe, Nervosität, mangelnder Aufmerksamkeit, vor allem beim Autofahren, in schweren Fällen sogar als Asthma, Migräne, Herzbeschwerden und Kreislaufstörungen.

411

Im allgemeinen bleiben Leute, die nach Oberbayern ziehen, zunächst beschwerdefrei; erst nach fünf bis zehn Jahren treten Föhnbeschwerden auf. Erwähnenswert ist, daß viele Einheimische wie Zugezogene überhaupt nichts verspüren oder sich in dieser Wettersituation sogar besonders wohl fühlen.

Was ist das Charakteristische am Föhn? Er ist ein warmer, trockener, vor allem böiger Wind, der von der Leeseite von Gebirgen weg weht. Dabei ist es fast wolkenlos und der Himmel ist tiefblau. Gleichzeitig herrscht große Sichtweite, so daß von München aus die Alpen mit allen ihren Gebirgsformen zu erkennen sind. Auf der Luvseite des Gebirges ist der Himmel bedeckt, und es regnet. Beide Erscheinungen – Luv-Wetter und Lee-Wetter – gehören zusammen.

Im Durchschnitt werden ca. 50 Tage pro Jahr mit Föhn am Alpennordrand beobachtet. Mit zunehmender Entfernung von den Alpen nimmt die Föhnhäufigkeit deutlich ab, so daß in München im Mittel nur noch ein Föhntag pro Jahr registriert wird. Dennoch gibt es in München eine große Anzahl von Tagen, an denen föhnähnliche Verhältnisse herrschen: geringe Bewölkung, niedrige Luftfeuchte, erhöhte Temperaturen und hohe Sichtweiten, aber kein Wind – also auch kein ›Föhn‹. Diese Wettersituationen beschreibt man exakter mit dem Begriff der ›föhnigen Aufheiterung‹*, die in München meist bei Föhn im Gebirge beobachtet wird.

* Nach einem noch unveröffentlichten Manuskript von Klaus Peter Hoinka, ›Statistical Analysis of Foehn and Foehnic Opening‹, München 1979

Touristische Informationsstellen

Fremdenverkehrsamt München
(Beratung für alle Aufenthaltsfragen)
Postanschrift: Postfach, 8000 München 1
Telex: 05–24 801 frast d
Telefonische Auskunft:
Sammel-Nr. (089) 2 39 11

Zimmervermittlung, Auskunft, Prospekte:
Hauptbahnhof (Außenfront):
Tel. 2 39 12 56–25 9
Täglich 8–23 Uhr, keine telefonische Zimmervermittlung

Flughafen
Ankunftshalle,
Tel. 90 72 56 und 2 39 12 66
Mo bis Sa 9–22 Uhr, So 11–19 Uhr
Keine Flugauskünfte, keine telefonische Zimmervermittlung

Fremdenverkehrsverband München – Oberbayern e. V.
Sonnenstraße 10/III,
Tel. (089) 59 73 47 und 59 63 51
Beratung für Ausflüge ins Münchner Umland
(nur während der üblichen Geschäftszeit
Mo bis Fr 8–12 Uhr und 13–16 Uhr)

Deutscher Alpenverein
(Alpine Auskünfte)
Praterinsel 5, Tel. 29 49 40

Wichtige Telefonnummern	
Feuerwehr	1 12
Funkstreife	1 10
Rettungsdienst	22 26 66
Ärztlicher Notfall-Dienst	55 86 61
Apotheken-Notdienst	59 44 75

Festkalender – Das Münchner Jahr

7. Januar bis Aschermittwoch: Fasching mit ca. 2500 Bällen in München; besondere Attraktion: die ›Damischen Ritter‹

März: Starkbierzeit während der Fastenzeit; ›Salvator‹ und die anderen Biere auf . . .ator können getrunken werden

Mai: Maibock

Juni: Schleißheimer Schloßkonzerte, Bachfest

Juni/Juli: Nymphenburger Sommerspiele

Juli: Auer Jakobi-Dult

Juli/August: Opernfestspiele

Sept./Okt.: Oktoberfest – das Oktoberfest dauert 16 Tage und endet jeweils am 1. Sonntag im Oktober. Vor der Eröffnung: Samstagvormittag (ca. 10 Uhr) Einzug der Wiesn-Wirte; am Sonntag Trachten- und Schützenumzug

Oktober: Auer-Kirchweih-Dult

Dezember: Während der Adventszeit Christkindl- und Kripperlmarkt

Ferner gibt es verschiedene musikalische Veranstaltungen während der wärmeren Jahreszeit: Schloßkapelle Blutenburg, Kloster Schäftlarn, Wies-Kirche u. a. Schäfflertanz alle sieben Jahre auf dem Marienplatz; nächste Termine 1984, 1991 . . .

Münchner Schmankerl

›Brotzeit‹

Brotzeit machen kann man in München zu jeder Tageszeit, dazu gehören:

Leberkäs – Stierbrat, Schweinefleisch und Speck mit Zwiebeln, Majoran und Muskat

Obatzta – angemachter Käse: meist Camenbert oder Gervais mit feingehackten Zwiebeln, Pfeffer, Paprika, Kümmel, Eigelb, Butter und Salz

Radi – auf Hochdeutsch Rettich

Tellerfleisch – in Scheiben geschnittenes, gekochtes zartes Rindfleisch mit frisch geriebenem Meerrettich

Weißwürste – zu Brat verarbeitetes Kalbfleisch und Schweinespeck mit Zwiebeln, Petersilie und Pfeffer

›Suppn‹

Kartoffelsuppn – Fleischbrühe mit Kartoffeln, gelben Rüben, Lauch, Sellerie, Petersilienwurzeln, Paprika, Majoran, Pfeffer und Salz

Leberknödlsuppn – Fleischbrühe mit Knödln aus Rindsleber, alten Semmeln, Milz, Mehl, Zwiebeln, Knoblauchzehe, Majoran, Pfeffer und Salz

Pfannkuchensuppn – Kräftige Brühe mit zerschnittenen dünnen Pfannkuchen

Vorspeisen

Euter – gekochtes Euter, in Scheiben geschnitten, paniert und in heißem Fett gebraten

Saures Lüngerl – gebeizte Kalbslunge mit Einbrenne

Schweinszüngerl im Kraut – gekochtes Schweinszüngerl mit Wacholderbeeren, Lorbeerblättern und Pfefferkörnern, dazu Sauerkraut

›Fleischernes‹

Blut- und Leberwürste

Fleischpflanzl

Kalbshaxn gebraten

Schweinsbraten

Schweinshaxn

Spanferkel

Fisch
Forellen (blau)
Renken (gebacken)

Süße Sachen
Apfelkiacherl
Auszogne – Hefeteigküchlein, in Butterschmalz gebacken
Dampfnudeln – (aus Hefeteig) mit Vanillesauce
Krapfen – Ballen aus Hefeteig, in Fett ausgebacken, mit Puderzucker
Zwetschgndatschi

Kleiner Restaurant-Führer

Bayerisch/Münchnerisch
Altes Hackerhaus, Sendlinger Straße 75, Tel. 24 19 77
Alter Wirt, Obermenzing, Dorfstraße 39, Tel. 8 11 15 90
Augustinerbräu, Neuhauser Straße 16, Tel. 2 60 41 06
Bratwurstherzl, Heiliggeiststraße 3, Tel. 22 62 19
Donis'l, Weinstraße 1, Tel. 22 01 84
Zum Franziskaner, Residenzstraße 9, Tel. 22 15 80
Perusastraße 5, Tel. 22 50 02
Hackerkeller, Schwanthalerstraße 111, Tel. 50 70 04
Haxnbauer am Platzl, Münzstraße 5, Tel. 22 19 22
Hax'n Stub'n, Marktstraße 6, Tel. 33 19 77
Hofbräuhaus am Platzl, Am Platzl 9, Tel. 22 08 59
Hundskugel, Hotterstraße 18, Tel. 26 42 72
Jodlerwirt, Altenhofstraße 4, Tel. 22 71 28

Mathäser-Bierstadt, Bayerstraße 5, Tel. 59 28 96
Platzl, Münzstraße 8, Tel. 29 31 01
Pschorr-Keller, Theresienhöhe 7, Tel. 50 10 88
Ratskeller, Marienplatz 8, Tel. 22 01 13
Salvator-Keller am Nockherberg, Hochstraße, Tel. 48 32 74
Zum Spöckmeier, Rosenstraße 9, Tel. 26 80 88

Böhmisch/Tschechisch
Der brave Schweijk, Neureutherstraße 15, Tel. 37 24 06
Goldene Stadt, Oberanger 44, Tel. 24 24 37

Chinesisch/Indonesisch
China-Restaurant Canton, Theresienstraße 49, Tel. 52 21 85
Hongkong, Tengstraße 34, Tel. 37 66 13
Java, Heßstraße 51, Tel. 52 22 21

Fränkisch
Frankenhof, Karl-Theodor-Straße 97, Tel. 3 00 81 31
Frankenkrug, Kaiserstraße 5, Tel. 34 80 09
Nürnberger Bratwurstglöckl, Frauenplatz 9, Tel. 22 03 85

Französisch
Bernd's Kogge, Nymphenburger Straße 215, Tel. 16 87 87
Crêperie Bretonne, Amalienstraße 71, Tel. 28 15 19
La Mer, Schraudolphstraße 24, Tel. 28 45 35
Occam Bistrot, Occamstraße 13, Tel. 34 87 92
Werneckhof, Werneckstraße 11, Tel. 39 99 36

Griechisch
Griechische Taverne, Rabelstraße 37,
Tel. 48 71 14
Mykonos, Georgenstraße 105,
Tel. 37 67 42
Scorpios, Maxburgstraße 4, Tel. 29 95 55

Italienisch
Eine große Zahl guter Restaurants in allen
Stadtteilen.

Indisch
Sultana, Franz-Joseph-Straße 28,
Tel. 33 28 71

Jugoslawisch
Bei Milan am Dom, Weinstraße 7,
Tel. 22 50 50
Bosna, Grünwald, Frundsbergstraße 11,
Tel. 6 41 15 47
Dalmatiner-Grill, Geibelstraße 10,
Tel. 4 70 44 15
Opatija, Brienner Straße 41, Tel. 59 12 02
Zadar-Grill, Theresienstraße 54,
Tel. 28 79 69

Kaukasisch/Griechisch
Kasak, Friedrichstraße 1, Tel. 39 17 71

Mexikanisch
Palenque de Mexico, Mauerkircherstraße 2,
Tel. 98 01 49

Polynesisch
Traders Vic, Promenadeplatz 4,
Tel. 22 61 92

Biergärten
Alter Wirt, Thalkirchen,
Frauenbergplatz 9, Tel. 7 23 11 07
Augustinerkeller, Arnulfstraße 52,
Tel. 59 43 93

Aumeister, Sondermeierstraße 1,
Tel. 32 52 24
Chinesischer Turm-Gaststätten,
Im Englischen Garten, Tel. 39 59 90
Franziskaner-Fuchsenstuben,
Perusastraße 5, Tel. 22 50 02
Forsthaus Wörnbrunn,
Wörnbrunn b. Grünwald, Tel. 6 41 15 93
Gaststätte Hirschau, Gyßlingstraße 7
Im Englischen Garten, Tel. 36 99 45
Grüntal, Grüntalstraße 1, Tel. 98 09 84
Hirschgarten, Hirschgartenstraße 1,
Tel. 17 25 91
Kaisergarten, Kaiserstraße 34, Tel. 34 77 52
Löwenbräukeller, Stiglmaierplatz,
Tel. 52 60 21
Max-Emanuel-Brauerei,
Adalbertstraße 53, Tel. 28 45 70
Osterwald-Garten, Keferstraße 12,
Tel. 34 53 70
Pschorr-Keller, Theresienhöhe 7,
Tel. 50 10 88
Salvatorkeller, Hochstraße 77,
Tel. 48 32 74
Schloßwirtschaft Zur Schwaige,
Schloß Nymphenburg 30, Tel. 17 44 21
St. Emmeramsmühle, St. Emmeram 41,
Tel. 95 39 71
Weichandhof, Obermenzing, Betzenweg
81, Tel. 8 11 16 21

Cafés
Botanischer Garten, Menzinger Straße 65a,
Tel. 17 03 33
Café Arzmiller, Theatinerhof, Tel. 29 42 73
Café am Dom, Marienplatz 2, Tel. 22 27 66
Café Erika, Kurfürstenstraße 2,
Tel. 39 09 22
Café Frantzmann, Lenbachplatz 9,
Tel. 59 23 07
Café Glockenspiel, Marienplatz 28,
Tel. 24 29 38

Café Hölzl, Dachauer Straße 24,
Tel. 59 27 47
Hofgarten-Café Annast, Odeonsplatz 18,
Tel. 22 47 68
Café Kreutzkamm, Maffeistraße 4,
Tel. 29 32 77
Café Luitpold, Brienner Straße 11,
Tel. 29 28 65
Max-II-Espresso, Maximilianstraße 13,
Tel. 29 25 69
Münchner Freiheit, Ungererstraße 20,
Tel. 39 51 18
Café Princess, Landwehrstraße 2,
Tel. 55 43 60
Café Zur schönen Münchnerin,
Karl-Scharnagl-Ring 60,
Tel. 29 43 08

Schlemmerlokale
Aubergine, Maximiliansplatz 5,
Tel. 59 81 71
Käferschänke, Prinzregentenstraße 73,
Tel. 47 60 11
Luitpold-Grill, Brienner Straße 11,
Tel. 29 28 65
Rauchfang, Hohenzollernstraße 14,
Tel. 34 22 71
Schwabinger Grillroom, Friedrichstraße 1,
Tel. 39 31 01
Schwabinger Weinschatulle,
Theresienstraße 71, Tel. 72 28 71 60
Tantris, Johann-Fichte-Straße 7,
Tel. 36 20 61
Walterspiel, Maximilianstraße 17
Im Hotel Vier Jahreszeiten, Tel. 22 88 21

Jazzlokale
Allotria, Türkenstraße 33, Tel. 28 73 42
Alte Burg, Bismarckstraße 21, Tel. 33 14 52
Domicile, Leopoldstraße 19, Tel. 39 94 51
Memoland, Siegesstraße 19, Tel. 34 33 34

Striptease
Cabaret Eve, Oskar-von-Miller-Ring 2,
Tel. 2 80 98 55
Fernandel-Bar, Hans-Sachs-Straße 2,
Tel. 26 59 78
Lola Montez, Platzl 1, Tel. 22 15 50

Weinstuben/Weinkeller
Altdeutsche Weinstube,
Tattenbachstraße 6, Tel. 22 52 68
Feldherrnkeller, Theatinerstraße 27,
Tel. 22 67 70
Hahnhof, Leopoldstraße 32,
Tel. 33 22 41
Hahnhof, Sendlinger-Tor-Platz 11,
Tel. 59 19 63
Hahnhof, Tengstraße 6
Tel. 37 11 17
Neuner, Herzogspitalstraße 8,
Tel. 2 60 39 54
Palais-Keller, Promenadeplatz 2,
Tel. 22 12 55
Pfälzer Weinkeller, Fendstraße 2,
Tel. 39 34 06
Pfälzer Weinprobierstube,
Residenzstraße 1, Tel. 22 56 28
St. Georg, Prinzregentenplatz 13,
Tel. 47 30 38
Schwarzwälder's Naturweinhaus,
Hartmannstraße 8, Tel. 22 72 16
Weinstadl, Burgstraße 5,
Tel. 22 10 47
Weinkrüger, Feilitzschstraße 25,
Tel. 39 80 19
Zur Lindenwirtin, Marienstraße 4,
Tel. 22 57 69

Zum Ratsch'n und Biertrinken
Alter Ofen, Zieblanderstraße 41,
Tel. 52 75 27
Alter Simpl, Türkenstraße 57, Tel. 28 72 42

Bauernwirt, Clemensstraße 7, Tel. 34 41 45
Bit-Stube, Barer Straße 68, Tel. 28 47 33
Fraunhofer, Fraunhoferstraße 9,
Tel. 24 04 55
Grünes Eck, Marktstraße 16, Tel. 34 81 39
Harry's New York Bar, Falkenturmstraße
9, Tel. 22 27 00

Haus der 111 Biere, Franzstraße 3,
Tel. 33 12 84
Occampils, Occamstraße 11,
Tel. 34 80 05
Pupille, Liebigstraße 14, Tel. 22 67 03
Schwabinger Spritz'n,
Hesseloher Straße 20, Tel. 39 43 75

Münchner Museen und Sammlungen
*(Adressen, Telefonnummern,
Öfnungszeiten)*

Alte Pinakothek
Europäische Malerei des 14.–18. Jh.
Barer Straße 27 (Nordeingang),
Tel. 28 61 05
Täglich (außer Mo) 9–16.30 Uhr

Bayerisches Nationalmuseum
Prinzregentenstraße 3, Tel. 22 25 91

Kunstgeschichtliche Sammlungen
Plastik, Malerei und Kunsthandwerk Europas vom Mittelalter bis zum 19. Jahrhundert. Fachsammlungen für Glasgemälde, Barock-Skizzen, Miniaturen, Elfenbein, Glas, Kostüme, Porzellan, Fayencen, Uhren, Goldschmiedearbeiten
Di bis Fr 9.30–16.30 Uhr, Sa und So 10–16.30 Uhr

Volkskundliche Sammlungen
Bauernstuben, Trachten, Hafnerkeramik, bäuerliches Handwerk, religiöse Volkskunde, Krippen.
Di bis Fr 9.30–12 Uhr und 13.15–16.30 Uhr, Sa und So 10–12 Uhr und 13.15–16.30 Uhr

Bayerische Staatssammlung für Allgemeine und Angewandte Geologie
Luisenstraße 37 (Erdgeschoß), Tel. 5 20 31
Mo bis Fr 9–18 Uhr

Bayerische Staatssammlung für Paläontologie und historische Geologie
Saurier und Säugetiere der Vorzeit, Urelefanten-Skelett (Lichthof), Fossilfunde aus Süddeutschland, Meteoritenkrater Nördlinger Ries
Richard-Wagner-Straße 10, Tel. 52 03/3 61
Mo bis Do 8–16, Fr 8–15 Uhr

BMW-Museum
Historische Sammlung von Flugmotoren, Motorrädern und Automobilen der Bayerischen Motoren Werke AG aus der Zeit von 1919 bis zur Neuzeit sowie Sporttrophäen
Petuelring 130, Tel. 38 95/33 06
Mo bis Fr 9–17, Sa 9–15 Uhr

Deutsches Jagdmuseum
Trophäensammlung, Jagdwaffen aus drei Jahrhunderten, Jagdutensilien, Jagdgemälde und Graphiken, Jagdprunkschlitten
Neuhauser Straße 53, Tel. 22 05 22
Täglich (außer Mo) 9.30–16 Uhr

Deutsches Museum

In seiner Art das größte technische Museum
der Welt
Auf der Isarinsel (Ludwigsbrücke),
Tel. 2 17 91
Täglich 9–17 Uhr

Die Neue Sammlung

Staatliches Museum für Angewandte Kunst,
ein Institut zur Förderung der guten, zeitgemäßen Gestaltung der menschlichen Um-
welt in wechselnden Ausstellungen, deren
Sammlungen Kunsthandwerk von der ma-
nufakturellen und industriellen Produktion
bis zu Architektur und Städtebau zeigen
Prinzregentenstraße 3, Tel. 22 78 44
Ständige Ausstellung nur nach vorheriger
Anmeldung zu besichtigen; Wechselausstellungen täglich (außer Mo) 10–17 Uhr

Glyptothek

Sammlung griechischer und römischer
Skulpturen
Königsplatz 3, Tel. 28 61 00
Di, Mi, Fr bis So 10–16.30, Do 12–20 Uhr

KZ-Gedenkstätte Dachau mit Museum

Täglich 9–17 Uhr

Mineralogische Staatssammlung

Theresienstraße 41, Tel. 23 94–1
Di bis Fr 13–17 Uhr, Sa und So 13–18 Uhr

Moderne Kunst

Europäische Malerei und Skulptur des 20.
Jahrhunderts und Wechselausstellungen
Ständige Ausstellung bis März 1980 ge-
schlossen. Wechselausstellungen täglich
(außer Mo) 9–16.30 Uhr
Prinzregentenstraße 1 (Westeingang),
Tel. 29 27 10

Münchner Stadtmuseum

Ständige Ausstellung ›Münchner Wohnkultur von 1700 bis 1900‹, Moriskenraum mit
den Moriskentänzern von Erasmus Grasser,
Waffensaal mit den Beständen des Bürgerlichen Zeughauses

Weitere Sammlungen:
Deutsches Brauereimuseum
Tel. 2 33/22 54
Puppentheater in Europa und Asien
Tel. 2 33/22 59
Photomuseum Tel. 2 33/29 48
Filmabteilung Tel. 2 33/23 48
Musikinstrumentensammlung
Tel. 2 33/23 67
St. Jakobs-Platz 1,
Tel. 2 33/22 54
Täglich (außer Mo) 9–16.30 Uhr

Museum in der Stuck-Villa

Restaurierte Villa des Künstlers Franz von
Stuck mit Originalfresken, Gemälden, Gra-
phiken und Dokumentationen aus der Zeit
um 1900
Prinzregentenstraße 60, Tel. 47 12 60
Täglich (außer Mo) 10–17 Uhr

Neue Pinakothek
und Staatsgalerie moderner Kunst

Malerei und Plastik des 19. und 20. Jahrhunderts
Barer Straße 29, z. Zt. im Bau; Eröffnung
1980

Prähistorische Staatssammlung

›Vorgeschichte in Bayern‹, ›Römische Kai-
serzeit‹ und ›Frühes Mittelalter‹
Lerchenfeldstraße 2, Tel. 29 39 11
Täglich (außer Mo) 10–16 Uhr, Do bis 21
Uhr

Residenzmuseum

Fürstliche Räume der Renaisance,
des Rokoko und des Klassizismus
Besichtigung am Vormittag: Ahnengalerie,
Antiquarium, Schlachtensäle, Porzellan des
19. Jahrhunderts, Ostasienporzellan, Kur-
fürsten- und Charlottenzimmer, Trierzim-
mer, Reiche Zimmer, Nibelungensäle
Besichtigung am Nachmittag: Ahnengale-
rie, europäisches Porzellan, Hofkapelle, Pa-
ramentenkammern, Reliquienkammer, Rei-
che Zimmer, Silberkammer, Steinzimmer,
Nibelungensäle; Altes Residenztheater
(Cuvilliés-Theater)
Eingang Max-Joseph-Platz 3,
Tel. 22 46 41
Di bis Sa 10–12.30 Uhr und 13.30–16.30
Uhr, So 10–13 Uhr

Schack-Galerie

Deutsche Malerei des 19. Jahrhunderts
(Böcklin, Dillis, Feuerbach, Klenze, Len-
bach, Marées, Piloty, Rottmann, Schnorr
von Carolsfeld, Schwind, Spitzweg)
Prinzregentenstraße 9,
Tel. 22 44 07
Täglich (außer Di) 9–16.30 Uhr

Schatzkammer der Residenz

Kronen und Kleinodien, Goldschmiede-
werke und Juwelen aus zehn Jahrhunderten
Eingang Max-Joseph-Platz 3, Tel. 22 46 41
Di bis Sa 10–16.30 Uhr, So 10–13 Uhr

Staatliche Antikensammlung

Sammlung griechischer Vasen; griechische,
etruskische und römische Kleinplastik;
Goldschmuck, Glas
Königsplatz 1, Tel. 59 83 59,
Di und Do bis So 10–16.30 Uhr, Mi 12–20
Uhr

Staatliche Graphische Sammlung

Handzeichnungen und Druckgraphik von
der Spätgotik bis zur Gegenwart
Studiensaal Meiserstraße 10,
Tel. 55 91/3 41
Mo bis Fr 9–13 Uhr und 14–16.30 Uhr

Staatliches Museum für Völkerkunde

Kunst und Kultur außereuropäischer
Völker
Maximilianstraße 42, Tel. 22 48 22
Täglich (außer Mo) 9.30–16.30 Uhr

Staatliche Münzsammlung

Münzen, Medaillen, Plaketten, Geldzei-
chen, Gemmen und Kameen
Residenz, Eingang Residenzstraße 1,
Tel. 22 72 21
Täglich (außer Mo) 10–16 Uhr

Staatliche Sammlung ägyptischer Kunst

Denkmäler des ägyptischen Altertums von
der Vorgeschichte über die klassischen Epochen bis in hellenistisch-römische Zeit;
frühchristliche (koptische) Kunstwerke des
Niltals, nubische und meroitische Kunst
und assyrische Monumentalreliefs
Residenz, Eingang Hofgartenstraße 1 beim
Obelisk, Tel. 29 85 46
Täglich (außer Mo) 9.30–16 Uhr, Abendöff-
nung Di 19–21 Uhr

Städtische Galerie im Lenbachhaus

Kandinsky und die Maler des ›Blauen Reiter‹, Kunst nach 1945
Luisenstraße 33, Tel. 52 10 41–43
Täglich (außer Mo) 9–16.30 Uhr, jeden Di
9–20 Uhr

Valentin-Musäum

Dokumente und Bilder alter Münchner
Volkssänger, ständige Ausstellung über die

großen Münchner Komiker Karl Valentin und Liesl Karlstadt. Münchner ›Curiositäten-Schau‹, Volkssängermuseum und Volkssängerlokal
Im Isartorturm, Tel. 22 32 66
Mo, Di, Sa 11.01–17.29 Uhr, So 10.01 bis 17.29 Uhr

Werner-von-Siemens-Institut für Geschichte des Hauses Siemens
Geschichte des Hauses Siemens in Modellen, Bildern und Demonstrationsgeräten
Prannerstraße 10,
Tel. 2 34/26 60 (außer Sa/So)
Mo bis Fr 9–16 Uhr, Sa und So 10–14 Uhr

Theater/Kleinkunstbühnen

(Theater-Merkblatt für Rollstuhlfahrer mit Hinweisen für Kartenvorbestellung, Preise, Kartenabholung und Parkmöglichkeiten. Erhältlich mit frankiertem Umschlag beim Ce Be eF, Brigitte Klawitter, Waskestraße 3, 8000 München 19, Tel. 13 37 24)

Altes Residenztheater (Cuvilliés-Theater)
in der Residenz, Eingang Residenzstraße 1

Bayerisches Volkstheater
St. Wolfgangs-Platz 9, Tel. 48 28 29

La Cumbia
Südamerikanische/spanische Folklore;
Taubenstraße 2, Tel. 65 85 01

Deutsches Theater, Schwanthalerstraße 13

Furore Companietheater
in der Universität, Veterinärstraße 1,
Tel. 39 76 34

FTM – Freies Theater München
Wörthstraße 9, Tel. 4 48 36 57

Hinterhoftheater
Gabelsbergerstraße 50, Tel. 52 23 31

Intimes Theater
im Künstlerhaus, Lenbachplatz 8,
Tel. 59 80 36

Kleinkunstbühne Drehleier
Balanstraße 23,
Tel. 48 43 37 und 48 43 05

Kleine Komödie im Bayerischen Hof
Passage Promenadeplatz und Prannerstraße, Tel. 29 28 10

Kleine Komödie am Max-II-Denkmal
Tel. 22 18 59

Liederbühne Robinson
Dreimühlenstraße 33, Tel. 77 22 68

Marionettenstudio Kleines Spiel
Neureutherstraße 12 (Eingang Arcisstraße),
Tel. 4 80 19 67

Modernes Theater
Hesseloherstraße 3, Tel. 22 54 73

MUH – Musikalisches Unterholz
Sendlinger Straße/Ecke Hackenstraße
(im Saal des alten Hackerhauses)

Münchner Kammerspiele
im Schauspielhaus, Maximilianstraße 26,
Tel. 22 43 38

Münchner Lach- und Schießgesellschaft
Haimhauser Straße/Ecke Ursulastraße,
Tel. 39 19 97

Münchner Marionettentheater
Blumenstraße 29a, Tel. 26 57 12

Das Münchner Rationaltheater – ein politisches Kabarett
Hesseloherstraße 18,
Tel. 60 65 17 und 33 40 50
angeschlossen:
KIK – Kinderkabarett im Rationaltheater

Münchner Theater für Kinder
Dachauer Straße 46
Tel. 59 54 54 und 59 38 58

Nationaltheater
Max-Joseph-Platz, Tel. 22 13 16

Off-Off-Theaterclub
Potsdamer Straße 13, Tel. 39 37 29
angeschlossen:
Kinder- und Jugendbühne im Off-Off

La Peseta Loca
Südamerikanische/spanische Folklore;
Oberländerstraße 1a, Tel. 77 28 45

Platzl
am Platzl, Münzstraße 8–9,
Tel. 29 31 01–05

pro T
Isabellastraße 40,
Tel. 4 48 66 93 und 37 41 62
angeschlossen: **KIMAT –**
Kinder machen Theater im pro T

Residenztheater
Max-Joseph-Platz 1,
Tel. 21 85/4 13 oder 22 57 54

Scala Theater
am Wedekindplatz, Feilitzschstraße 12,
Tel. 60 65 17

Schwabinger Kleinkunstbühne
›Heppel & Ettlich‹
Kaiserstraße 67, Tel. 34 93 59

Song Parnass – Kleinkunstbühne
Einsteinstraße 42, Tel. 4 70 29 95

Staatstheater am Gärtnerplatz
Gärtnerplatz 3, Tel. 2 60 32 32

studiotheater
Ungererstraße 19 (Fuchsbau), Tel. 34 38 27

TAMS – Theater am Sozialamt
Haimhauser Straße 13a, Tel. 34 58 90

Theater am Einlaß
Am Einlaß 4, Reichenbachplatz,
Tel. 2 60 82 80
angeschlossen: **Kindertheater am Einlaß**

Theater Brienner Straße
Brienner Straße 50, Tel. 52 19 07

Theater der Jugend in der Schauburg
Franz-Joseph-Straße 47,
Tel. 29 52 63 und 22 53 71

Theater im Fraunhofer
Fraunhoferstraße 9, Tel. 50 15 58

Theater im Marstall, Marstallplatz

Theater im Weinhaus über dem Landtag
Maria-Theresia-Straße 2a,
Tel. 8 11 91 38

Theater in der Kreide
Karl-Marx-Zentrum Neuperlach,
Peschelanger 11, Tel. 6 70 60 80

Theater in der Leopoldstraße
Leopoldstraße 17, Tel. 39 40 81
angeschlossen: **Münchner Märchenbühne**

theater k –
Theater in der Kurfürstenstraße
Kurfürstenstraße 8, Tel. 33 39 33

Theater ›Die kleine Freiheit‹
Maximilianstraße 31 (Maximilianpassage),
Tel. 22 11 23

Theater 44
Hohenzollernstraße 20, Tel. 32 87 48

Werkraumtheater
der Münchner Kammerspiele
Hildegardstraße 1, Tel. 22 43 38

Literaturverzeichnis (Auswahl)

Kunst und Kulturgeschichte

Braunfels, Wolfgang: Abendländische Kloster-
baukunst, Köln 1969

Dehio, Georg: Handbuch der deutschen Kunstdenkmäler, neu bearb. von Ernst Gall, Band
Oberbayern, München/Berlin 1960

Dombart, Theodor: München. Das Werden und
Wachsen des Stadtbildes, München 1931

Eidlinger, Karl: Ludwig Michael von Schwanthaler, Ausst.Kat., Reichersberg 1974

Grohmann, Will: Wassily Kandinsky zum 100.
Geburtstag, Berlin 1966

Grote, Ludwig: Der Blaue Reiter, Ausst.Kat.,
München 1949

Habel, Heinrich: Der Münchner Kirchenbau im
19. und frühen 20. Jahrhundert, München 1971

Hahn, August: Der Maximiliansstil. Festschrift
100 Jahre Maximilianeum, hrsg. von Helmut
Gollwitzer, München 1952

Hederer, Oswald: Die Ludwigstraße in Mün-
chen, München 1942
– Karl von Fischer, München 1961
– Leo von Klenze, München 1964
– Friedrich von Gärtner, München 1976
– Bauten und Plätze in München. Ein Architek-
turführer, München 1979

Kiener, Hans: Die klassizistische Form im 19.
Jahrhundert. Festschrift für H. Wölfflin, München 1924

Klopfer, Paul: Von Palladio bis Schinkel. Eine
Charakteristik der Baukunst des Klassizismus.
Geschichte der neuen Baukunst, Band 9, Eß-
lingen 1911

Knopp, Norbert: Die Restaurierung der Münchner Frauenkirche. Festschrift für L. Dussler,
München 1972

Lieb, Norbert: München – Lebensbild einer
Stadtkultur, München 1952/1972
– München. Die Geschichte seiner Kunst, Mün-
chen 1977

Lieb, Norbert/Sauermost, Heinz Jürgen: Die Kirchen in München, München 1973

Ludwig, Horst: Münchner Malerei, München
1978

Megele, Max: Baugeschichtlicher Atlas der Landeshauptstadt München, München 1951
– Baugeschichtlicher Atlas der Landeshauptstadt
München, westliche Vororte der Stadt, München 1956

Rank, Josef: Entwicklungsgeschichte Münchens.
Graphische Darstellung, München 1947

Schattenhofer, Michael: Das alte Rathaus in München, München 1972

Wichmann, Siegfried: Franz von Lenbach und
seine Zeit, Köln 1973

Zauner, Franz Anton: München in Geschichte
und Kunst, München 1914

Geschichte

Bosl, Karl: Bayern im Umbruch. Die Revolution
von 1918, München 1969
– München, München 1971

Bourier, Karl: Bayerns Verdienste um Griechenland im 19. Jahrhundert. Bayernland, München 1932

Hubensteiner, Benno: Bayerische Geschichte,
München 1963

Mann, Golo: Deutsche Geschichte des 19. und
20. Jahrhunderts, 2. Auflage, Frankfurt 1959

Rall, Hans: Zeittafeln zur Geschichte Bayerns,
München 1974

Reiseführer

Biller, Josef H./Rasp, Hans-Peter: München. Kunst- und Kulturlexikon, München 1978
Hauttmann, Max/Karlinger Hans: München. Bayerisches Wanderbuch, Band 1, München 1920
Pfistermacher, Ursula: Verborgene Kostbarkeiten, Bände 3–6, Nürnberg 1967
Reitzenstein, Alexander Frhr. von/Brunner, Herbert: Reclams Kunstführer Bayern, Stuttgart 1970

Ältere Geschichte und Erzählungen

Fahrnbacher, Heinrich: Erinnerungen an Italien, Sicilien und Griechenland aus den Jahren 1826 bis 1844, München 1851
Ringseis, Nikolaus Nepomuk: Erinnerungen, Band 4, Regensburg 1866

Erzählungen

Arens, Hanns: Unsterbliches München, Streifzüge durch zweihundert Jahre literarischen Lebens der Stadt, München 1968
Dirrigel, Michael: Residenz der Museen, München 1970

Hausenstein, Wilhelm: Liebe zu München, München 1958
Hollweck, Ludwig: München. Liebling der Musen, Wien 1971
Roth, Eugen: München – so wie es war, Düsseldorf 1965
Reitzenstein, Alexander Frhr. von: Altbaierische Städte, München 1963
Spengler, Karl: Münchner Straßenbummel, München 1960
– Es geschah in München, München 1962
– Hinter Münchner Haustüren, München 1964
– Münchner Historien und Histörchen, München 1967
Spindler, Max: König Ludwig I. als Bauherr, München, 1958

Bildbände und allgemeine Werke

Bäthe, Kristian: Wer wohnte wo in Schwabing?, München 1965
Butry, Walter: München von A–Z, München 1966
Dreesbach, Martha: München im Bild. Sammlung Proebst. Schriften des Stadtmuseums München 1950

Abbildungsnachweis

Amtlicher Führer durch die Residenz, hrsg. von der Bayerischen Verwaltung der Staatlichen Schlösser, Gärten und Seen Fig. 55/56
Architektursammlung der TU München (Gärtnersammlung) Fig. 52a, 72, 74
Bavaria-Verlag, Gauting (Dietl, Kummels, Schmidt, Schmied) Abb. 3, 5, 9, 10, 127
Bayerisches Nationalmuseum, München Abb. 121, 122, 123, 124; Fig. 23, 24, 25, 51

Bayerische Staatsbibliothek, München Fig. 36–39
Bayerische Staatsgemäldesammlungen, München Abb. 106, 107; Fig. 18, 35
Bayerische Verwaltung der Staatlichen Schlösser, Gärten und Seen, München Abb. 118–120; Fig. 13
Walther und Bea Betz, München Abb. 131
Biller, Josef H./Rasp, Hans-Peter: München. Kunst- und Kultur-Lexikon, München 1978

Fig. 50, 60, 65, 83, 86, Fig. S. 229, 232, 236, 237, 238

Joachim Blauel, Gauting bei München Farbt. 10, 12–14

BMW-Presse-Foto, München Farbt. 38

Bomhard, Prien/Chiemsee Fig. 77

Braunfels, Wolfgang: Abendländische Stadtbaukunst, Köln 1969 Fig. 31

Dirr, Pius: Grundlagen der Münchner Stadtgeschichte, München 1937 Fig. 1

Karlheinz Egginger, München Abb. 12, 13, 18, 19, 67, 129

Tilman Freudling, München Abb. 26, 38, 48, 52, 81, 91, 135

Ulrich Freund, München Abb. 32, 65, 83, 144

Eva-Maria von Gagern-Hübsch, München Farbt. 39, 43

Klaus Gallas, München Abb. 33, 34, 97

Geiges, München Abb.132

Häuserbuch der Stadt München, München 1966 Fig. 44a/b, 49b, 53a/b

Dinah Hayt, München Farbt. 40–42

Oswald Hederer, Gmund/Tegernsee Abb. 15, 58, 69, 71, 74–78, 90; Fig. 29, 32, 75, 89

Dieter Höss, München Farbt. 3, 4, 32

Alex Kempkens, München Farbt. 36

Joachim Kinkelin, Worms (Löbl, Pahlke, Schneiders, Ziegler) Farbt. 5, 22, 37, 46, 51, 52, 55; Abb. 149

Knopp, Norbert: Die Frauenkirche zu München und St. Peter, Stuttgart 1970 Fig. 43, 45, 63

Knopp, Norbert: Die Restaurierung der Münchner Frauenkirche, Festschrift für L. Dussler, München 1972 Fig. 42

Kunstantiquariat von Brincken, München Fig. 21

Lieb, Norbert/Sauermost, Heinz Jürgen: Die Kirchen in München, München 1973 Fig. 46, 58, 59, 62, 63, 66

Löbl-Schreyer, Bad Tölz Farbt. 16, 17, 19, 21, 45, 48, 49; Abb. 1, 2, 28, 124, 139, 140, 142

Luftbildverlag Hans Bertram, München Abb. 10–14, Abb. S. 8–12

Manfred Mehlig, Lauf i. Baden Farbt. 53

Arnulf Milch, München Fig. 41, 57, 64, 67, 68, 73, 78, 81, 82, 88, Karten in den Umschlagklappen

Moschner, München Abb. 21–23, 59–63, 68

Münchner Olympiapark GmbH, München Fig. 87

Münchner Verkehrs- und Tarifverbund GmbH, München Hintere Umschlagklappe

Werner Neumeister, München Farbt. 9, 24; Abb. 4, 14, 16, 17, 25, 27, 29, 30, 31, 34–37, 39–47, 49–51, 53–57, 70, 72, 73, 79, 80, 82, 87–89, 94–96, 98–104, 125, 126, 130, 133, 134, 136, 137, 138, 141, 143, 145–148

Fritz Prenzel, Gröbenzell Farbt. 7, 8, 20, 24, 25, 26, 30, 31, 33, 34, 35

Preußischer Kulturbesitz/Deutsche Staatsbibliothek, Berlin Fig. 40

C. L. Schmidt, München Umschlagvorderseite, Umschlaginnenklappe; Farbt. 1, 2, 5, 6, 18, 23, 27, 28, 29, 44, 46, 47, 50, 54

Wolfgang Schwarze: Alte Münchner Stadtansichten. Kunst und Wohnen Verlag GmbH, Wuppertal 1978 Farbt. 11, 13

Staatliche Antikensammlung und Glyptothek, München Abb. 110–115; Fig. 69

Staatliches Museum für Völkerkunde, München Abb. 116, 117

Stadtarchiv, München Fig. 2, 3, 10, 11, 14, 44a, 44b, 49b, 53a, 53b, 54

Städtische Galerie im Lenbachhaus, München Farbt. 15; Abb. 105, 108, 109

Stadtmuseum, München Frontispiz S. 2, Fig. 4, 9, 15, 16, 19, 20, 22, 26, 27, 30, 47, 48, 49a, 52b, 54, 61, 76

Hildegard Steinmetz, Gräfelfing Abb. 84–86

Süddeutscher Verlag, München (Buch, Hetz, Hug, Melcher, Neuwirsch, Riemer, Schneck, Sittl) Abb. 6, 7, 8, 11, 20, 24, 64, 66, 92, 93, 128

Zeitschrift für Bauwesen, 1855 Fig. 80

Register

429

437

DuMont Kunst-Reiseführer

Das Elsaß

Wegzeichen europäischer Kultur und Geschichte zwischen Oberrhein und Vogesen. Von Karlheinz Ebert

Frankreichs gotische Kathedralen

Eine Reise zu den Höhepunkten mittelalterlicher Architektur in Frankreich. Von Werner Schäfke

Das Tal der Loire

Schlösser, Kirchen und Städte im ›Garten Frankreichs‹. Von Wilfried Hansmann

Die Provence

Ein Reisebegleiter durch eine der schönsten Kulturlandschaften Europas. Von Ingeborg Tetzlaff

Südwest-Frankreich

Vom Zentralmassiv zu den Pyrenäen – Kunst, Kultur und Geschichte. Von Rolf Legler

Griechenland

Athen

Geschichte, Kunst und Leben der ältesten europäischen Großstadt von der Antike bis zur Gegenwart. Von Evi Melas

Die griechischen Inseln

Ein Reisebegleiter zu den Inseln des Lichts. Kultur und Geschichte. Hrsg. von Evi Melas

Kreta – Kunst aus fünf Jahrtausenden

Minoische Paläste – Byzantinische Kirchen – Venezianische Kastelle. Von Klaus Gallas

Alte Kirchen und Klöster Griechenlands

Ein Begleiter zu den byzantinischen Stätten. Hrsg. von Evi Melas

Tempel und Stätten der Götter Griechenlands

Ein Reisebegleiter zu den antiken Kultzentren der Griechen. Hrsg. von Evi Melas

Guatemala

Honduras – Belize. Die versunkene Welt der Maya. Von Hans Helfritz

Holland

Kunst, Kultur und Landschaft. Ein Reisebegleiter durch Städte und Provinzen der Niederlande. Von Jutka Rona

Indien

Von den Klöstern im Himalaya zu den Tempelstädten Südindiens. Von Niels Gutschow und Jan Pieper

Indonesien

Ein Reisebegleiter nach Java, Sumatra, Bali und Sulawesi (Celebes). Von Hans Helfritz

Iran

Kulturstätten Persiens zwischen Wüsten, Steppen und Bergen. Von Klaus Gallas

Irland – Kunst, Kultur und Landschaft

Entdeckungsfahrten zu den Kunststätten der ›Grünen Insel‹. Von Wolfgang Ziegler

Italien

Apulien – Kathedralen und Kastelle

Ein Reisebegleiter durch das normannisch-staufische Apulien. Von Carl Arnold Willemsen

Das etruskische Italien

Entdeckungsfahrten zu den Kunststätten und Nekropolen der Etrusker. Von Robert Hess

Florenz und die Medici

Ein Begleiter durch das Florenz der Renaissance. Von My Heilmann

Ober-Italien

Kunst, Kultur und Landschaft zwischen den Oberitalienischen Seen und der Adria. Von Fritz Baumgart

Von Pavia nach Rom

Ein Reisebegleiter entlang der mittelalterlichen Kaiserstraße Italiens. Von Werner Goez

Rom

Kunst und Kultur der ›Ewigen Stadt‹ in mehr als 1000 Bildern. Von Leonard von Matt und Franco Barelli

Das antike Rom

Die Stadt der sieben Hügel: Plätze, Monumente und Kunstwerke. Geschichte und Leben im alten Rom. Von Herbert Alexander Stützer

Sardinien

Geschichte, Kultur und Landschaft – Entdeckungsreisen auf einer der schönsten Inseln im Mittelmeer. Feengrotten, Nuraghen und Kastelle. Von Rainer Pauli

»Richtig reisen«

Alle Bände mit zahlreichen Karten, Plänen und praktischen Reisehinweisen

Von Klaus Gallas erschien in unserem Verlag

Kreta

Kultur, Landschaft, Menschen
148 Seiten mit 43 Farbtafeln und 102 einfarbigen Abbildungen, Leinen mit Schutzumschlag
»Ein Land von unvergleichlicher Schönheit und Ursprünglichkeit. Der Verlag hat in einem sehr schönen Bildband diesen Zauber eingefangen und bietet in knappem Text auch die Inselgeschichte.« *Wochenpresse, Wien*

Sizilien

Insel zwischen Morgenland und Abendland. Sikaner/Sikuler, Karthager/Phönizier, Griechen, Römer, Araber, Normannen und Staufer
392 Seiten mit 39 farbigen und 125 einfarbigen Abbildungen, 87 Zeichnungen und Plänen, Literaturhinweisen, 96 Seiten praktischen Reisehinweisen, kartoniert (DuMont Kunst-Reiseführer)
»Für Sizilienkenner und solche, die es werden wollen eine wirkliche Bereicherung und zugleich auch ein sehr praktisch-handlicher Begleiter unterwegs ist der von Klaus Gallas verfaßte Band. Die Gliederung des Buches folgt der Geschichte. Nach Kapiteln über Sizilien als Thema der Mythologie und die Vorgeschichte der Insel vom Paläothikum bis zur Bronzezeit ist der erste Hauptteil Sizilien als griechische Kolonie gewidmet. Der gelbe Teil des Buches bietet, neben den praktischen Hinweisen Kurzinformationen von A–Z.« *Wiesbadener Tagblatt*

Kreta

Kunst aus fünf Jahrtausenden. Minoische Paläste – Byzantinische Kirchen – Venezianische Kastelle
288 Seiten mit 28 farbigen und 97 einfarbigen Abbildungen, 68 Zeichnungen und Plänen, 52 Seiten praktischen Reisehinweisen, kartoniert (DuMont Kunst-Reiseführer)
»Häufige Studienreisen gaben Gallas die Voraussetzung, in Text und Bild umfassende Informationen und Beschreibungen von Kunstdenkmälern und Landschaften in einem komprimierten Band zusammenzutragen. Auch dieses Buch enthält als praktischer Reiseführerteil Routenvorschläge, die ergänzt werden durch allgemeine Reisehinweise.« *Artis*

Iran

Kulturstätten Persiens zwischen Wüsten, Steppen und Bergen.
328 Seiten mit 13 farbigen und 190 einfarbigen Abbildungen, 90 Zeichnungen, Karten, Plänen, 60 Seiten praktischen Reisehinweisen, kartoniert (DuMont Kunst-Reiseführer)
»Sie benötigen dieses Buch, wenn Sie sich mit dem geographischen Lebensraum Irans befassen müssen oder mit den verschiedenen Epochen vom 5. Jh. v. Chr. bis ins 20. Jahrhundert. Das Kultur- und Kunstgeschehen wird sorgfältig aufgezeigt. Hervorragende Bebilderung und mustergültige Erklärungen zu den architektonisch wertvollen Bauten und Stilen. Im Anhang befindet sich der praktische Reiseführer und eine Zusammenfassung der wichtigsten Sehenswürdigkeiten.« *Die Tat*